现代管理论丛

灾害性公共危机治理
基于体制、机制和法制的视界

On the Governance of the Disaster Public Crisis:
From the Perspective of Regime, Mechanism and Legislation

○ 周晓丽/著

社会科学文献出版社
SOCIAL SCIENCES ACADEMIC PRESS (CHINA)

图书在版编目（CIP）数据

灾害性公共危机治理：基于体制、机制和法制的视界／周晓丽著. —北京：社会科学文献出版社，2008.11
（现代管理论丛）
ISBN 978 - 7 - 5097 - 0362 - 5

Ⅰ. 灾… Ⅱ. 周… Ⅲ. 紧急事件 - 公共管理 - 研究 - 中国　Ⅳ. D63

中国版本图书馆 CIP 数据核字（2008）第 145977 号

中文摘要

　　本书研究的对象是我国不断出现的灾害性公共危机事件。之所以作出这样的研究定位，一方面在于，随着经济和科技的飞速发展、全球化的不断推进和社会依存度的增加，各种各样的公共危机事件频繁涌现；另一方面在于，公共危机是一个十分宽泛的概念，如果不能对其作相应的分类，就无法研究相应的公共危机事件发生的具体过程并进行有效的治理。我国原本就是一个灾害性公共危机事件多发的国家，各种自然灾害、技术灾害、环境灾害、公共卫生灾害、人为火灾或爆炸的产生日益频繁，所以本书把研究限定在那些由于自然或人为原因引起的，威胁到社会公共或共同的安全或利益，要求政府以及社会其他主体迅速采取措施加以应对的完完全全的"公害物品"。

　　灾害性公共危机的治理是一个复杂的系统工程，没有相应的组织体系、法律体系以及具体的运作机制，灾害性公共危机的治理只能是一片混乱，难以达到应有的目的。要想合理应对灾害性公共危机，就要建立政府和全社会共同参与、相互合作的组织系统，统一指挥、分工协作的组织体制，以及体系完备、责任明确、权利保障合理的法律体系和反应灵敏、功能齐全、协调有方、运转高效的公共危机治理机制。"三制"是相辅相成的，任何一方的缺失或不足都会对灾害性危机的应对产生不利影响。但在同样的条件下，机制的完备可以弥补体制或法制方面的某些不足，反之亦然。总体来说，"三制"的实行是灾害性危机事件得以有效治理的关键。

传统经济学一般认为市场能够有效处理私益物品，国家和政府提供公益物品和服务。实践证明，这种政府与市场二元分析法有一定的合理性，但是这种理论判断对于复杂的现实事物显得过于简单，在一定程度上限制了人们的理解与创造。灾害性公共危机的治理既具有公益性质，但同时随着公共危机范围和对象的不同又存在着不同的结果，单纯的市场或政府治理的制度安排都不可能完全适应灾害性公共危机治理这一复杂的公共事业。因此，政府在提供灾害应对和治理服务时，在人、财、物方面有时也会"力不从心"，当然，单纯市场也不是能解决政府失灵的"灵丹妙药"。所以本书的思路是：灾害性公共危机的治理是政府的天职，这是不可否认的，也是必需的，但是政府在进行单中心治理时必然会存在着众多的问题：一是政府权力的扩张。缺乏相应的公共危机治理的法律和制度，造成了政府危机治理中的随意性乃至对法律权限的突破，不知不觉偏离正确轨道。二是财力不足。我国是发展中国家，公共危机事件的不断出现，必然会给国家造成巨大的财政压力。所以可以对公共危机治理的相应环节进行分解，通过多样化的公共物品供给途径，来减轻政府危机治理的财政压力。三是治理效率低下。由于地方政府及其官员在公共危机治理中存在着博弈，会出现花大钱办小事乃至不办事的现象。这都是单中心治理产生的问题。但是第三部门的发展壮大、公民性的培育，对促进灾害性公共危机的顺利治理和和谐安定社会的建构起着重要的作用。所以，灾害性公共危机的多元复合治理不仅是提高公共危机治理效率的需要，也是民主政治发展的需要。

由于本书把灾害的应对当作是一个复合合作治理的过程，所以本书一方面针对我国灾害性公共危机治理体制、机制和法制方面存在的问题进行了分析，结合实际建构了灾害性公共危机应对的体制、机制和法制框架。另一方面强调灾害性公共危机治理应是一个强调公众、社会力量参与为特征的治理模式。在这种治理模式中，要发挥政府在危机救治中的主导作用，因为公众心理的脆弱，他们需要强大有力的政府；建立政府与非政府组织的协同合作机制，发挥非政府部门的力量，实行合作共治；加强与媒体的沟通与合作，利用媒体发布信息，传达精神；加强全球合作，提高我国危机救治效率，降低救治成本。另外，论文也综合分析了我国灾害性公共危机治理的根本目标以及政府、相关组织、公众提高灾害应对能力的路径选择。

关键词：灾害性公共危机　中国　治理　体制　机制　法制

Abstract

This thesis studies the disaster public crises which are taking place in our country one after another. Two reasons lead us to this orientation. On one hand, the rapid growth of economy and technology, the accelerating globalization and increase of social reliance, result in frequent public crises of all sorts. On the other hand, public crisis is a broad concept. Without relevant classification, we can hardly study the course of certain public crisis events, nor carry out efficient governance. Our country is already a nation with frequent disaster public crises, with different kinds of disasters caused by nature from time to time, such as technological disaster, environmental disaster, public health disaster; man-made fire or blast. Therefore, this thesis orients the study on the definition of entirely "public bads" which are caused by natural or man-made reasons, threat social public, common security or interest, and needs to be handled with instant actions taken by the government and the other social main bodies.

The study regards the governance of disaster public crisis as a complicated systematic project. Without corresponding organizational structure, legal system and specified operational mechanism, governance could only be chaos and ineffectiveness. To handle the disaster public crisis properly, we need to set up an organizational system with both government and the entire society participation and cooperation, an organizational structure that works cooperatively under one command, an

[Abstract]

integrated legal system that clarifies definitive responsibilities and social security system to protect rights, and a public crisis governance mechanism that reacts sensitively, functions completely, manipulates properly and operates efficiently. These three factors all depend on each other. Any absence or insufficiency would harm the public crisis reactions with disaster. But under the same condition, the integrity of the mechanism will be able to make up the deficiency of the structure and system and vice versa. Generally speaking, the realization of the Three Systems is the key point to govern public crisis events of disaster.

Traditional economics often suggests that the market can effectively deal with private goods, while the country and the government provide public goods and service. Practice proves this dualistic analysis method based on government and market is basically reasonable, but as for the complicated reality, that theoretical judgement seems too simple and restricts our comprehension and creativity to a certain extent. Governance of public crisis with disaster nature is a kind of public goods, but it also carries different outcomes with the different influence range and object. Simple governance system and institutional arrangement by market or government both cannot possible to fit the complicated public affaires of public crisis governance. Therefore, when providing measures and governance service, the resource of personnel, finance and material is sometimes not adequate as what we need. Of course, pure market is not a panacea to remedy government failure, either. So this article suggests, the governance of disaster public crisis is a necessity and undeniable obligation for the government. But problems might exist in the mono-centered governance. The first is the outspread of government power. The insufficiency of relevant legal system and the lack of restriction by laws and institutions will cause the random behavior of governance, or even breakthrough of the legal path. Another problem is the insufficiency of financial resource. Firstly, our country is a developing country. Secondly, frequent disasters are emerging. These put a heavy burden on the state finance. So we can break down public crisis governance into parts, relieve the government's financial pressure through diverse approaches of public goods providing. The third is low efficiency of governance. Because of the game-playing exists in local governments and officials during governance of public crisis, there is a phenomenon that large funds only solve small problem or even nothing at all. All those problems come from mono-centered governance. But the development of the non-government section and the civic education are playing an important role in promoting the successful governance of public crisis and establishment of a harmonious stable society. So the multiple governance of disaster public crisis is not only necessary for efficiency, but also a demand by the development of democratic politics.

Since the article treats the reactions to disasters as a process of compounded governance, this thesis, on one hand, sets up a framework of system, structure and legislation according to the problems existing in our country's public crisis governance systems. On the other hand, it thinks the governance of disaster public crises should pay more attention to the roles of the civil and social organizations. In this governance structure, because of the weakness of the civil mind, they need a power government, moreover, the government should cooperate with the NGO, the media and the international organizations in order to reduce the cost and improve the effectiveness of governance. Finally, the article integratively analyzed the ultimate aim of the governance of public crisis with disaster nature in our country and other path choices to the successful governance.

Key words: disaster public crises China governance regime mechanism legal system

目　录

序　一 …………………………………………………………… 1

序　二 …………………………………………………………… 1

导　论 …………………………………………………………… 1

第一章　灾害性公共危机：一个当代社会必须正视的
　　　　重大问题 ………………………………………… 23
　第一节　灾害、公共危机及灾害性公共危机 ………………… 23
　第二节　灾害性公共危机的成因与扩展分析 ………………… 42
　第三节　风险与风险社会理论审视 …………………………… 50
　小结 …………………………………………………………… 60

第二章　我国社会转型时期灾害性公共危机产生的
　　　　因素分析 ………………………………………… 63
　第一节　社会转型与我国灾害性公共危机 …………………… 63
　第二节　现阶段我国灾害性公共危机的诱因分析 …………… 69
　小结 …………………………………………………………… 90

第三章　我国灾害性公共危机治理的理论分析 ……………… 92
　第一节　和谐社会理论与公共危机治理 ……………………… 92
　第二节　新公共服务理论与公共危机治理 …………………… 98

第三节　多中心制度理论与公共危机治理 …………………… 105
　第四节　治理和善治理论的分析框架 …………………………… 109
　小结 ……………………………………………………………… 118

第四章　我国灾害性公共危机治理现状：体制、机制与
　　　　法制层面的审视 ……………………………………… 121
　第一节　制约我国灾害性公共危机治理的主要因素 ………… 121
　第二节　我国灾害性公共危机治理体制及评价 ……………… 133
　第三节　我国灾害性公共危机治理机制及评价 ……………… 140
　第四节　我国灾害性公共危机治理法制及评价 ……………… 153
　小结 ……………………………………………………………… 161

第五章　若干发达国家灾害性公共危机治理：体制、
　　　　机制与法制层面的考察 ……………………………… 163
　第一节　美国灾害性公共危机治理考察 ……………………… 163
　第二节　日本灾害性公共危机治理考察 ……………………… 171
　第三节　澳大利亚灾害性公共危机治理考察 ………………… 176
　第四节　比较与借鉴 …………………………………………… 180
　小结 ……………………………………………………………… 187

第六章　若干国内外灾害性公共危机治理案例的
　　　　实证分析 ……………………………………………… 189
　第一节　SARS 危机治理的审视 ……………………………… 189
　第二节　松花江水污染事件治理的反思 ……………………… 204
　第三节　日本阪神·淡路大地震危机治理的评析 …………… 216
　小结 ……………………………………………………………… 223

第七章　我国灾害性公共危机治理对策：目标设计与
　　　　路径选择 ……………………………………………… 225
　第一节　我国灾害性公共危机治理的目标设计 ……………… 225

第二节　危机治理中各主体间合作的理论依据与现实
　　　　基础 …………………………………………… 235
第三节　增强政府应对灾害性公共危机能力 ………… 270
第四节　相关治理主体能力的培育 …………………… 278
第五节　灾害性公共危机治理的重要手段：电子政务和
　　　　遥感技术 ……………………………………… 285
小结 ………………………………………………………… 299

**第八章　我国灾害性公共危机治理对策：体制、机制和
　　　　法制的创新** ……………………………………… 301
第一节　完善灾害性公共危机治理体制 ……………… 301
第二节　创新灾害性公共危机治理机制 ……………… 320
第三节　健全灾害性公共危机治理法制 ……………… 336
小结 ………………………………………………………… 343

结　语 …………………………………………………… 344

参考文献 ………………………………………………… 348

后　记 …………………………………………………… 364

补　记 …………………………………………………… 367

表 目 录

1-1	…………………………………………………	29
1-2	危机类型概览 …………………………………	30
1-3	技术风险产生的影响 …………………………	57
2-1	政府职能及其划分 ……………………………	78
4-1	政府组织危机决策和常规决策的典型特征对比 …	122
4-2	政治文化的类型 ………………………………	132
4-3	灾害性公共危机事件与其对口主管部门 ………	135
4-4	"预"（预测）和"警"（警示）的功能 ………	144
5-1	日本应急法律体系的主要内容 …………………	172
6-1	SARS治理进程大事记 …………………………	192
6-2	中国SARS治理的理想模式及其实践 …………	201
7-1	囚徒困境模型 …………………………………	236
7-2	公营部门、私营部门、第三部门对提供服务者服务质量的期待 …………	249
7-3	公营部门、私营部门、第三部门的适用范围 …	250
7-4	政府与第三部门参与应急管理的异同 …………	252
7-5	信任与社会秩序 ………………………………	265
7-6	制度对信任的价值 ……………………………	266
8-1	常规决策与公共危机决策的区别 ………………	303

图 目 录

1-1 灾害、公共危机、灾害性公共危机的关系 …………… 35
1-2 天灾导致土匪形成的演进过程 ……………………… 41
1-3 风险源、灾害与灾害性公共危机 …………………… 62
4-1 突发公共事件的分类分级 …………………………… 149
5-1 美国灾害性公共危机事件处理流程 ………………… 166
5-2 美国国家灾害应急网络图 …………………………… 168
5-3 日本中央防灾会议机构图 …………………………… 172
5-4 澳大利亚联邦政府危机管理机构及其职能 ………… 177
7-1 灾害性公共危机治理系统 …………………………… 226
7-2 澳大利亚公共危机治理的过程与目标 ……………… 229
7-3 澳大利亚公共危机治理的战略愿景 ………………… 234
7-4 媒体危机报道功能的扩散效应 ……………………… 278
7-5 遥感技术应用结构图 ………………………………… 298
8-1 我国灾害性公共危机治理体制 ……………………… 318
8-2 灾害性公共危机预警机制的构成 …………………… 326
8-3 我国灾害性公共危机治理机制 ……………………… 335
8-4 公共危机及灾害性公共危机应急的法制框架 ……… 339

序 一

灾害性公共危机治理，是中国特色的应急管理体系建设的重要内容，是公共管理、公共治理研究的新领域。

公共危机管理在国际上是一个比较年轻的学科。在我国，尤其是在"非典"之后，随着国家应急管理体系建设的快速发展，对公共安全、公共危机管理的研究迅速开展，发展很快。公共危机管理是一项综合性很强的系统工程，需要解决各种复杂的技术问题、管理问题，包括治理的理论框架、研究方法、基本原理、应用体系等。这本书对此做了有益的探讨。

面对灾害性公共危机，人类应该怎样应对？危机管理体系怎么建设？

人类的祖先在没有现代化的设备和现代减灾防灾学理论的情况下，往往靠观察星星月亮的方位布局和看天象云象来预测风雨旱涝，以规避自然灾害，在漫长的历史进程中积累了大量经验，发展了天文减灾防灾文化。现在，科学技术有了飞跃发展，但是，在大自然面前，人还是渺小的。特别是在遭遇巨灾时，采取躲避的方式，仍然不失为一种积极的措施。"三十六计走为上"，就是强调选择的多样性。

与规避相比，即便是在古代，人类也有与自然界合作式、互动性的灾害性危机管理实践。"人定胜天"，"战天斗地"，都是优秀的传统人文精神。

当前，我国现代化建设进入新的阶段，改革和发展处于关键时期，影响公共安全的因素增多，各类突发公共事件时有发生。

加强突发公共事件应急管理，已经成为关系我国经济社会发展全局和人民群众生命财产安全的大事，成为全面落实科学发展观、构建社会主义和谐社会的关键环节。

党中央、国务院十分重视突发公共事件应急管理，反复强调要居安思危，增强忧患意识、危机意识，并在加强政府应急管理体系建设、建立应急机制和依法进行应急管理等方面取得了很大进展。胡锦涛总书记在党的十七大报告中要求："完善突发事件应急管理机制。"国务院于2005年以来每年都召开全国应急管理工作会议。在第一次全国应急管理工作会议上，温家宝总理指出，加强全国应急体系建设和应急管理工作，必须做到健全体制，明确责任；居安思危，预防为主；强化法治，依靠科技；协同应对，快速反应；加强基层，全民参与。在应对"非典"疫情这一重大公共突发事件的过程中，各级政府在应急管理方面进行了许多成功探索，为全面加强应急管理积累了宝贵的经验。同时，防治"非典"的过程中也暴露出一些亟待解决的问题。进一步加强应急管理工作，建立健全应急管理体系，成为摆在各级政府及其部门面前一项极为重要的任务。

对各种突发公共事件实施应急管理，是各国政府的一项重要职能和责任。如何提高政府应急管理能力，是现代各国政府和社会普遍关注的问题。国外在突发公共事件应急管理方面的经验集中表现在两个方面：一是建立应急管理组织体系。包括建立协调有效的应急组织管理体制和机制，拥有一支专业化的应急救援队伍，及时、准确、透明的新闻发布机制，广泛参与的社会化自救互救形式。二是加强应急管理制度建设与应急文化建设。包括构建完善的法律体系、高度重视危机管理研究、不断提高公众的危机意识。

近年来，我国灾害性突发公共事件应急机制建设取得了长足的进展，初步建立了灾害性突发公共事件应急预案体系，积极推进灾害性突发公共事件监测报告和预警、指挥决策系统建设，不断完善部门间信息沟通与措施联动机制，建立应急救援队伍，进行应急培训、演练，合理配置应急资源，加强应急物资储备，强化指导各地规范、有序地开展应急处置工作，广泛参与国际交流与协作，应对灾害性突发公共事件的能力得到明显提高。我国开展应急管理的经验，可以凝聚为"一案三制"（应急管理预案，应急管理体制、机制和法制）、"分类管理"（把公共危机分成四类，实施共性整合式管理）、"五个兼顾"（优良传统、现实条件、核心需求、未来发展与国际经验有机结合和兼顾），"六大建设"（指挥平台、制度资源、救援力量、物资储备、宣传培训、演习演练）。即以预案建设为突破口，全面加强应急体系建设，初步走出了中国特色公共危机管理路子。这是在深刻把握突发公共事件危机管理规律的基础上，有高度、有深度、有广度地提炼而成的具有普遍意义的经验，是我国应急管理工作的精髓。

但是，我国灾害性突发公共事件应急管理建设还存在很多薄弱环节。主要表现在法律保障体系不健全、应急指挥决策体系和协调管理机制有待完善、监测报告网络系统不健全，预测预警能力不强、应急处置能力和设施相对滞后、应急体系运行经费没有保障、应急物资储备体系尚不完善、公众宣传和健康教育力度不够，公众普遍缺乏应对突发公共事件的常识、自我防护意识和自救互救能力等。

灾害性突发公共事件应急管理是一门应用科学。从宏观上讲，要研究灾害性突发公共事件的发生、发展、消亡的演变规律，研究应急管理体系和过程；从微观上讲，要研究灾害性突发公共事件应急管理中的各个要素以及要素之间的关系，应急管理方法与模型等。

在灾害性突发公共事件应急管理中，政府部门必须发挥其主导地位。这是实践"三个代表"重要思想，落实科学发展观，坚持立党为公、执政为民，构建社会主义和谐社会的需要，是维护国家安全、社会稳定和人民群众利益的重要保障，是履行政府社会管理和公共服务职能，提高行政能力的重要内容。在灾害性突发公共事件应急管理中，政府要从以下五方面提高管理水平：

第一，健全体制，明确责任。要在党中央、国务院统一领导下，建立健全分类管理、分级负责、条块结合、属地管理为主的灾害性突发公共事件应急管理体制，形成统一指挥、功能齐全、反应灵敏、运转高效的应急机制。各级政府要把加强灾害性突发公共事件应急管理摆上重要位置，把人力、财力、物力等公共资源更多地用于社会管理和公共服务。

第二，居安思危，预防为主。要健全灾害性突发公共事件应急管理机制，健全监测、预测、预报、预警和快速反应系统，加强专业救灾抢险队伍建设，健全救灾物资储备制度，搞好培训和预案演练，全面提高国家和全社会的灾害性突发公共事件应急管理能力。不断完善各级各类应急预案，并认真抓好落实。

第三，强化法治，依靠科技。要加快灾害性突发公共事件应急管理的法制建设，形成有中国特色的应急管理法制体系，把灾害性突发公共事件应急管理工作纳入规范化、制度化、法制化轨道。高度重视运用科技提高应对灾害性突发公共事件的能力，加强应急管理科学研究，提高应急装备和技术水平，加快应急管理信息平台建设，形成国家公共安全和应急管理的科技支撑体系。

第四，协同应对，快速反应。各地区各部门要树立大局意识和责任意识，不仅要加强本地区本部门的灾害性突发公共事件应急管理，落实好自己负责的专项预案，还要按照总体应急预案的要求，做好纵向和横向的协同配合工作。健全应对突发公共事件的组织体系，明确各方面职责，确保一旦有事，能够有效组织，快速反应，高效运转，临事不乱。

第五，加强基层，全民参与。要特别重视城乡基层和各项基础工作，做好社区、农村、学校、医院、企事业等基层单位灾害性突发公共事件应急管理工作，提高基层应对灾害性突发公共事件的处置能力。广泛宣传和普及公共知识、应急管理知识和自救知识，提高群众参与应急管理能力和自救能力。

在加强应急管理实践的同时，要加大理论研究力度，努力创建中国特色的灾害性突发公共事件应急管理理论体系。

中国特色的灾害性突发公共事件应急管理理论体系，应该建立在总结历史经验和教训，研究理论，借鉴外国先进做法，立足国情的基础之上，重点应强调以下内容：应急管理组织体制和运行机制理论体系，决策和协调理论体系，预防和风险理论体系，宣传、教育和培训、演练理论体系，法制、规范和科学支撑理论体系，物资、储备和征用理论体系，社会动员和公众沟通理论体系，心理干预和分析理论体系，强度、峰值及管理评估理论体系，补偿和重建理论体系，绩效和问责理论体系等。

中国行政管理学会副会长兼秘书长、研究员、博士

2008年5月1日

序　二

自 2003 年遭遇 SARS 危机以来，有关危机管理的实践得到了各级政府的高度重视。首先，各级政府建立了完备的应急预案体系，包括国家总体应急预案、省级应急预案、国务院部门应急预案、国家专项应急预案。2006 年 1 月 12 日发布的《国家地震应急预案》确立了抗震救灾的组织指挥体系及职责、预警和预防机制、应急响应指南、后期处置指南、保障措施指南等，为抗震救灾提供了良好的预案基础。

2008 年 5 月 12 日四川省汶川发生 8.0 级大地震，震级和强度、烈度都高于 32 年前的唐山大地震，地震导致大量的人员伤亡，估计遇难人数超过 8 万人，400 多万人无家可归。地震发生后，国家立即启动《国家地震应急预案》，各个部门和各级政府也立即启动相关预案，国务院成立抗震救灾指挥部，总理作为总指挥立即赶赴灾区直接指挥抗震救灾工作。各级政府、各个部门，包括军队、武警和公安，密切配合协调，抢救和治疗幸存者、安置灾民、抢修基础设施。这一切，不仅取得了国内老百姓的认可，而且还得到了西方媒体的认可。政府在此次抗震救灾中的表现可以说是优秀。这说明，建立政府和全社会共同参与、相互合作的组织系统，统一指挥、分工协作的组织体制，以及体系完备、责任明确、权利保障合理的法律体系和反应灵敏、功能齐全、协调有方、运转高效的治理机制，对于抗震救灾是非常重要的。周晓丽的新著《灾害性公共危机治理》一书，专门研究危机治理的体制、机制和法制，可以说具有重要的实践意义。

该书共八章，依次研究了灾害性公共危机的基本理论，中国灾害性公共危机产生的基本因素及相关理论，从体制、机制与法制层面审视了国内的现状和国外的经验，研究了3个案例，在此基础上探讨了中国灾害性公共危机治理的目标与路径选择，探索了如何进一步完善、创新体制、机制与法制。

该书的特色是，认为灾害有其自然属性，但也有其复合的合作治理过程的属性。它不仅针对我国灾害性公共危机治理体制、机制和法制方面存在的问题进行了分析，结合实际建构了灾害性公共危机应对的体制、机制和法制框架，而且特别强调灾害性公共危机治理应是一个以强调公众、社会力量参与为特征的治理模式。在这种治理模式中，首先要发挥政府在危机救治中的主导作用，因为公众心理的脆弱性，他们需要强大有力的政府；建立政府与非政府组织的协同合作机制，发挥非政府部门的力量，实行合作共治；加强与媒体的沟通与合作，利用媒体发布信息，传达精神；加强全球合作，提高我国危机救治效率，降低救治成本。

就如周晓丽的著作所描述的，此次抗震救灾，我们看到政府和军队的确起到了核心的作用，正是他们的努力，使得震区的灾害有所缓解，灾民的基本生活得到了保障，没有出现重大疫情。但我们也看到，社会和市场也同样起着不可替代的作用，这一切与各式各样的公民社会组织以及20多万志愿者的努力也是密切相关的。如何更好地在政府、社会、市场和公民个人，乃至国际救援力量之间建立良好的合作治理机制，是有效进行抗灾能力建设，在抗灾过程中有效应对灾害，在灾后进行有效的灾后重建的重要的制度保障。

周晓丽的著作完成于2008年地震之前，但其前瞻性的研究，基本上反映了此次抗震救灾的实际格局。抗震救灾，应急预案很重要，应急能力建设和保障很重要，但与此相关的治理机制更为重要。周晓丽的著作可以帮助我们更好地思考政府、社会、市场和个人的相互关系，思考如何建立和完善合作治理机制，从而充分发挥各个方面的积极性，更好地抗震救灾。

是为序！

中国人民大学公共政策研究院执行副院长、
教授、博士生导师　毛寿龙
2008年5月30日

导　　论

怀着对和平与发展的无限期盼，人类步入了 21 世纪。然而，经济和科技的飞速发展、全球化的不断推进和社会依存度的增加，在某种程度上加速了公共危机事件的蔓延和扩张，各种各样的公共危机事件不断涌现。如切而诺贝利核泄漏、日本地铁沙林事件、美国"9·11"恐怖袭击事件、韩国大邱地铁纵火事件、美加大停电事故、SARS 事件、禽流感以及 2004 年底的印度洋海啸……举目所及，各种公共危机事件层出不穷，人类社会似乎已经进入了公共危机事件的频发期。

历史上，中国是一个灾害性公共危机事件多发的国家。现阶段，我国正在从计划经济体制向市场经济体制转变，从一个内向型、封闭的经济体系向一个外向型、开放的经济体系转变，从一个以个人权威为基础的社会政治管理体制向一个以民主与法治为依据的社会管理体制转变，我国正处在一个经济转轨和社会转型的重要时期。在经济和政治改革过程中，存在着诸多的不稳定因素，很有可能因为社会竞争加剧，流动加快、分化加速，加之全球气候、生态环境的变化，技术的开发和利用，诱发诸如公共安全、卫生、交通、能源、市政等方面的灾害性公共危机事件。如何及时有效地应对各种突发灾害性公共危机事件，如何尽可能地预防这些公共危机事件和减少其带来的负面影响，如何更好地保护人民的生命和财产安全，促进社会的和谐稳定和可持续发展，已经成为各级政府和整个社会所面临的重要问题。

一 研究的背景及意义

（一）研究的背景

随着社会的发展和进步，公共行政从原先的统治行政、管理行政逐步向服务行政发展。以威尔逊为代表的传统公共行政强调政治与行政的分离，认为在政治中追求的是民主，在行政中追求的是效率。在过于强调效率的理念下，行政中的回应性就被忽视了，服务的观念被淡化了。而新公共管理理论正是传承了威尔逊的理念，在效率优先的价值指导下，通过民营化或市场化的方法，来"重塑"政府。而以珍妮特·V.登哈特、罗伯特·B.登哈特为代表人物的新公共服务理论实际上就是对这种偏向的纠正。他们指出公共行政是以服务为宗旨的，政府或政府官员的首要任务是帮助公民明确表达并实现其公共利益，而不是试图去控制或驾驭社会，即政府的职能应是"服务而非掌舵"，是向社会民主价值和为公众服务理念的回归。所以，新公共服务强调的是一种以公民为服务对象，强调政府公共管理的多元主体，多元参与，以尊重公民权，实现公共利益为目标，社会协调运作的综合治理模式。党的十六届三中全会和十届全国人大二次会议通过的政府工作报告都明确地指出，各级政府要全面履行职能，在继续搞好经济调节，加强市场监督的同时，更应注重履行社会管理和公共服务职能，提高政府的公共服务水平，促进经济发展和社会进步协调一致，促进中国公共行政系统由传统型向现代型转变。

本书强调的是灾害性公共危机的"治理"而不是"管理"，主要是为了阐明在灾害性公共危机治理过程中，政府、社会、媒体与公民的参与性和互动合作性。依据传统经济学理论，市场能够有效处理私益物品，国家或政府提供公益物品和服务，灾害性公共危机的治理毫无疑问地被列入公共服务的行列。与此相应，公益物品的生产和提供者就应该是国家或政府。但是，这种划分方法既不严格又缺少科学性，可以说是在政府与市场二元框架思维影响下的一种条件反射，并不是建立在对物品性质深思熟虑和科学分析的基础上的。由于灾害性公共危机事件的复杂性，以及影响的范围、广度和深度不同使彼此之间存在着差异性，而且随着时间和空间的变化，世上绝对的公益物品和公共服务是不存在的，任何东西都不是一成不变，相反都是处在不断变化之中，并且由于"凡是属于最多数人的公共事物常常是最少受人照顾的事物，人们关怀着自己的所有，而忽视公共的事物；对于公共的一切，他至多只留心到其中对他个人多少有些相关的事物"。[1] 因此，对于灾害性公共危机的治理，不能单纯地把其看作纯粹的公共服务，只能依靠政府制定的相应措施来进行治理，因为，"极少有制度不是私有的就是公共的——或者不是'市场的'就是'国家的'。许多成功的公共池塘资源制度，冲破了僵化的分类，成为'有私有特征'的制度的各种混合。……在现实场景中，公共的和私有的制度经常是相互齿合和相互依存的，而不是存在于相互隔绝的世界里"[2]。另外，在现代社会，由于灾害性公共危机巨大的危害性、威胁性、不确定性和紧迫性，在公共危机到来之时，如果只靠政府，实行单一的治理机制，必然会产生诸多的问题。例如在SARS危机事件的治理过程中，由于某些政府官员初期的处置不当，导致疫情蔓延，民众和社会都为此付出了沉重的代价。鉴于此，公共危机的治理是一个复杂的过程，在这个治理过程中政府仍然占据着核心地位，但是市场、第三部门、公民个人以及媒体都具有不可忽视的作用。那么，面对日益增多并造成巨大危害的公共危机事件，"政府应该承担什么样的角色？其他——我们姑且称之为私人的或民间的——社会机构的作用又是什么？谁应该对谁做哪些事情？在特定的时空条件下，何为社会责任在这些强大而又截然不同的行动者之间的最佳配置，家庭最应该做些什么？哪些事情交给自发组织起来的志愿团体或者市场来做最为妥当？

---

[1] 〔古希腊〕亚里士多德：《政治学》，吴寿彭译，北京，商务印书馆，1983，第48页。

[2] 〔美〕埃莉诺·奥斯特罗姆：《公共事务的治理之道》，余逊达、陈旭东译，上海，上海三联书店，2000，第31页。

政府应该做什么？"[①] 为了消除危机造成的损害，保护人民的生命和财产安全，公共危机的治理不仅成为国际社会关注的焦点，也成为公共管理理论和实务界越来越重视的一个领域。

(二) 研究的范围和动因

随着社会的发展，目前国内外出现的公共危机事件种类日益繁多。从我国的情况看，各种各样的突发性公共危机事件发生的可能性正在迅速增加。生命线工程事故（供水、供电、供油、供气、供热等方面出现的灾难或危机）、群体性事件（基层政府或政府部门与公众之间、不同利益群体之间的矛盾激化所形成的冲突）、政治事件（恐怖主义、分裂主义和极端主义三种势力的破坏活动，以及其他敌对分子的破坏活动，如"法轮功"活动）、社会生产活动中的灾难事故（如矿难、火灾、有毒气体液体泄漏）、烈性传染病事件、自然灾害型危机事件、国际关系型危机事件等不断出现或潜滋暗长，从而直接影响到人民生命财产的安全或社会的稳定发展。由于多样性的公共危机事件起因不同，所以对其应采取的措施也不同。对于利益失衡型和权利异化型公共危机事件主要应从深层次去寻找原因，如通过建立公平的社会运行机制，科学民主的决策机制，推行政务公开，加强廉正作风，强化思想政治工作，为弱势群体建立利益诉求的正常渠道，建立公平公正的法制环境和保证公民权利的司法制度来解决。对于国际关系型公共危机，如战争则要采取戒严、全国动员等一般公共危机情况下不能采用的手段和措施，更要借助于有力有效的外交手段来解决。不同的公共危机采取不同的手段来进行治理。由于研究的视野和能力有限，本人把自己的研究范围限定在那些灾害性的公共危机事件。本书把灾害性公共危机定义为由于自然或人为原因引起的，威胁到社会公共或共同的安全或利益，要求政府以及社会其他主体迅速采取措施加以应对的"公害物品"。由于

---

① 〔美〕E.S. 萨瓦斯：《民营化与公私部门的伙伴关系》，周志忍等译，北京，中国人民大学出版社，2002，导论第3页。

重大公共危机事件种类繁多，公共危机是一个十分宽泛的概念，如果不能对其作相应的分类，就无法研究相应的公共危机事件发生的具体过程并进行有效的治理。但是，由于国际上还没有明确统一的标准，世界各国的分类也都是基于各自的国情，做法不尽相同，并且在不断变化调整之中。同时，由于社会各种因素间的相互交叉与相互缠绕，要安全地、严格地按照科学的方式对危机事件进行划分，确实存在很大的困难。有些公共危机事件很难说是自然灾害型还是人为灾害型的，而且不同的公共危机是可以相互转化的，例如，洪涝灾害、重大事故会衍生出防疫问题，天气异常、技术灾害造成公民的恐慌会诱发社会稳定乃至出现社会危机。为了进行有效的研究，必须对其作适当的划分，且应遵循以下几个原则：一是实质相关；二是完备性或穷尽；三是互斥或不相交；四是一致性，即避免跨类错误；最后是层级差别。[①] 在没有完备的分类标准下，本书根据灾害以及公共危机的内涵，把研究的范围限定在以下几种类型：一是自然灾害；二是技术灾害；三是环境灾害；四是公共卫生灾害；五是人为火灾或爆炸。

本书从体制、机制和法制的层面来分析灾害性公共危机事件的治理，主要原因在于灾害性公共危机的治理是一个复杂的系统工程，没有相应的组织体系、法律体系以及具体运作的机制，灾害性公共危机的治理只能是一片混乱。具体来说，体制和机制从制度层面规定了灾害性公共危机事件应对的主体、机构、责任以及具体行动的程序、手段和步骤。要想合理应对这类危机，就要建立政府和全社会共同参与、相互合作的组织系统，统一指挥、分工协作的组织体制，以及体系完备、责任明确、权利保障合理的法律体系和反应灵敏、功能齐全、协调有方、运转高效的公共危机治理机制。三者是相辅相成的，任何一方的缺失和不足都会对灾害性危机的应对产生不利影响。但在同样的条件下，机制的

---

① 杨冠琼：《公共政策分析：理论、方法与模型》，北京，经济管理出版社，2003，第236页。

完备可以弥补体制和法制方面的某些不足，反之亦然。总的来说，"三制"的实行是灾害性危机事件得以有效治理的关键。本人把灾害性公共危机作为自己的研究范围，主要原因有：

第一，这类公共危机具有普遍性和多发性。一方面，我国是一个自然灾害多发的国家。地震、洪水、台风、火灾等自然灾害"屡治不衰"，且有日益扩大之势。如1976年7月28日河北省唐山市发生的7.8级的地震，造成24.2万人死亡，26万余人受伤，并在顷刻间将一个工业发达的唐山市夷为平地，直接经济损失上百亿元。松花江污染事故之前，在哈尔滨地区就造成恐慌，很多人带着帐篷去宿营，就是谣传有地震的发生。可见，人们对地震的恐惧之深！并且自然灾害具有群发性、链发性和衍生性。[①] 正是如此，所以在自然灾害性危机事件出现后一定要采取适当的措施，及时应对，避免灾害的进一步扩大，导致更大的社会动荡和不安。另一方面，各种传染性公共卫生事件也是灾害产生的重要根源，从2002年年末开始的SARS，到后来的禽流感，举国上下已经深切体会和感受到了它们带来的恐慌和危害！

第二，这类公共危机事件具有严重的危害性。在国家以经济建设为中心的指导思想之下，工业化的发展突飞猛进，而工业化必然带来环境灾害和其他各种致灾因子。化工产品和化工技术的发展，为社会的进步提供了巨大的推动作用。但是生产有害化工产品的工厂和企业的设立，为灾害性公共危机事件的产生提供了一个潜在的致灾源，因为操作失误或技术应用不当以及其他方面原因造成有毒化学品的泄漏、爆炸足以使民众的生命财产受到巨大损失。所以高科技是一把双刃剑，在为人类造福的同时也投下了灾难的阴影。1986年苏联切尔诺贝利核电站泄

---

① 群发性是指灾害具有在某一时候、某一空间集中爆发的特性。链发性是指由首先发生的原生灾害诱发产生的一连串次生灾害。衍生性主要是由于自然灾害发生破坏了人类生存的和谐条件，由此导致一连串其他灾害的可能性。

漏事故就是一起震惊世界的重大工业技术事件。我国这类事故也是接连不断，如重庆开县"12·23"天然气泄漏，造成243人死亡，危害很大。

第三，这类公共危机事件与人类的生产生活密切相关。据联合国《减少灾难的危险报告》，1990年世界上共发生261起自然灾害，受灾人数为9000万人；2003年，这两个数字分别上升到337起和2.54亿人，13年间，全球受灾人数几乎增加了3倍。报告还指出，随着全球气候的变化，从中长期来看，洪水、干旱、飓风、地震等自然灾害发生的次数将会增加，强度将会加大，所以人员和财产的损失也会更大。自然界作为人类的母亲，它的任何变动必然导致人类生产生活的巨大变化。

第四，对于具体的某种灾害，如洪水、地震等，人们研究的比较多，但对于那些复合型、灾害性的公共危机事件的研究还存在许多不足之处。特别是只重视事后的救治，而忽视了事前的预防、预警、预测、预案、预控，不能真正实现减灾的直接目标。而且在实践方面，只重视政府以及科研专家的参与，忽视社会公众的灾害意识的培育和灾害应对中参与"自救"、"互救"和"公救"能力的提升。另外，灾害的管理体制和法规建设尚不完善，缺乏具体细致、操作性强的指导标准和原则，所以本书希望通过对灾害性公共危机事件的研究，能够为我国成功防灾、减灾、灾害预警、灾害应急、恢复重建以及灾害救助提供重要的思路和现实借鉴。

（三）研究的意义

从2001年9月11日，美国纽约世界贸易中心大楼的滚滚浓烟加深了人们对危机这一幽灵的恐惧以来，世界范围内危机事件接连不断。2003年春季的"非典"危机事件在短短几个月的时间内，从单一的区域性公共卫生突发事件迅速发展成对全球政治、经济、文化、外交等多方面造成巨大负面影响的复合型公共危机事件；2004年岁末的印度洋海啸，造成30万人死亡，50多万人受伤，100多万人流离失所。社会学家普遍认为全球风险社会已经到来。贝克认为人们将"生活在文明的火山上"。① 在全球化时代,"或早或晚,现代化的风险同样会冲击那些生产它们和得益于它们的人。它们包含着一种打破阶级和民族社会模式的'飞去来器效应'。生态灾难和核泄漏是不在乎国家边界的。……风险社会在这个意义上是世界性的风险社会"。② 长期以来,我国不仅自然灾害众多,而且公共安全事件不断。2003年12月23日,中石油四川石油管理局川东钻探公司承钻的位于开县境内的罗家16号井发生井喷事故,导致243人因为硫化氢中毒死亡,2124人因硫化氢中毒住院治疗,65000多人被紧急疏散安置,9.3万多人受灾,直接经济损失达6432.31万元的严重后果;2004年第14号台风"云娜"重创浙江省,造成164人死亡,24人失踪,受灾人口达1299万人,直接经济损失达到181.28亿元;2004年10月和11月,在大平煤矿和陕西铜川的陈家山煤矿发生特大瓦斯爆炸事故,分别造成147名和166名矿工遇难③……总之,人类在谋求发展的过程中,经历了太多的磨难,地震、核事故、洪涝、"非典"、台风、火灾,各种各样的危机事件,不胜枚举。

由于能否有效地处理好灾害性公共危机事件将直接关系到政府在公民心目中的权威地位和良好形象,直接影响着我国的政治稳定和经济发展,直接影响到社会公众的生产和生活,所以,对这一问题的研究具有重要的意义。第一,时代和社会实践意义。众所周知,灾害性公共危机的频现对于转型期我国的稳定和发展产生了重大影响,对于这一问题的研究不仅是时代的需要,而且也是我国公共管理的主要任务。同时,由于我国在灾害性公共危机治理方面的现实情况,只倚重政府,而不对我国的现实政治、

---

① 〔德〕乌尔里希·贝克:《风险社会》,何博闻译,南京,译林出版社,2004,第13页。
② 〔德〕乌尔里希·贝克:《风险社会》,何博闻译,南京,译林出版社,2004,第21页。
③ 《中国灾害大事记》,载 http://www.zaihai.cn/Html/20061225192448-1.Html。

文化、历史、法律、制度以及其他方面的因素进行分析，必定有偏颇之处。因此，明确我国灾害性公共危机治理中的问题，并建立相应的治理结构，具有重要的实践意义。第二，理论和现实意义。本书通过对国内外公共危机治理理论的考察和我国灾害性公共危机治理中出现问题的分析，提出了我国灾害性公共危机治理路径，这对于治理我国灾害性公共危机具有重要的借鉴意义。

二　国内外研究现状评析

（一）国外的研究状况

虽然危机状态一直伴随着人类社会，但是人们对它的关注并不密切。危机管理理论最早主要应用于企业危机领域，后来，随着影响范围扩大，超过单一组织的危机事件不断发生，危机管理被引入到各个行业，包括政治领域，受到各国政府的重视。早期西方学术界对危机的研究主要集中在对自然灾害的研究上，危机研究还没有成为一门独立的学科。对危机特别是公共危机管理进行系统理论研究则是20世纪60~70年代以后的事情。20世纪六七十年代，西方国家尤其是美国出现了诸如"古巴导弹危机"、"反越战运动"、"水门事件"和大规模的学生运动等严重的政治、社会危机，如何应对政治和社会领域发生的危机事件，成为上至政府部门下至普通学者广泛关注的问题。危机理论在政治学、社会学和国际关系领域出现了一个研究高潮，研究领域比较齐全，理论研究、国际危机研究、灾难研究等领域出现了大量专著。如1970年戴恩斯的《灾难中的组织行为》，1972年赫尔曼的《国际危机》和1983年齐默尔曼的《政治暴力、危机与革命》等。1986年以来德国社会学家乌尔里希·贝克发表了《风险社会》（1986）、《风险时代的生态政治》（1988）、《世界风险社会》（1999）、《风险社会理论修正》（2000）等一系列的著作，对风险社会理论作了全面的阐述。他从生态环境与技术的关系切入，把风险首先定义为技术对环境产生的威胁，然后不断扩大概念的适用范围，使之与反思的现代性理论联系在一起，从而抽象为一个具有普遍意义的概念，以揭示现代性对人类产生的影响。他认为风险是"一种应对现代化本身诱致和带来的灾难与不安全的系统方法。与以前的危险不同的是，风险是具有威胁性的现代化力量以及现代化造成的怀疑全球化所引发的结果。它们在政治上具有反思性"。[1] 在后来的著作中，他更明确地指出，风险是"预测和控制人类行为未来后果的现代方式"，而这些后果是"彻底（radicalized）的现代化产生的意料之外的后果"。风险已经"成了政治动员的主要力量"，成为一种造成传统政治范畴过时的话语体系。[2] 同时对危机研究的角度，也扩展到行政管理和公共关系领域，受到各国的重视，成立了专门的研究机构，如美国行政管理会的危机管理分会、瑞典的危机管理研究和培训中心等，对危机进行研究总结。

从灾害性危机事件的角度研究的著作主要有：理查德·T. 西尔威斯、威廉·L. 沃著的《美国和加拿大的灾害管理：紧急事务管理中的政治、政策制定及管理分析》[3]；威廉·L. 沃所著的《相处灾害，应对灾难：紧急事务管理导论》[4]；乔治·哈多和杰恩·布洛克所著的《紧急事务管理导论》[5]。这些著作主要从介绍FEMA（美国联邦应急事务管理局）的形成背景、发展历程、运作机制及其在各种公共危机事件管理中的表现开始，然后再对具体的灾害性危机事件，如自然灾害中的洪水、地震、火山、飓风、龙卷风、山火、暴风雪、热浪等，人为灾难中火灾、暴

---

[1] 〔德〕乌尔里希·贝克：《风险社会》，何博闻译，南京，译林出版社，2004，第21页。

[2] Ulrich Beck, 1999, *World Risk Society*. London：Polity Press, pp. 3 – 4.

[3] Richard T. Sylves, William L. Waugh, *Disasters Management in the U. S. and Canada：The Politics, Policymaking, Administration and Analysis of Emergency Management.*

[4] William L. Waugh, *Living with Hazards, Dealing with Disasters：An Introduction to Emergency Management.*

[5] George Haddow, Jane Bullock：*Introduction to Emergency Management.* Butterworth – Heinemann, 2003.

力冲突、恐怖及骚乱，技术灾害中的危险物质事件、核事件、航空及其他运输灾难的过程作全面的介绍，其成熟、实用的政策法规、运作机制和丰富的危机治理经验对世界各国灾害性事件的治理都具有重要的意义。

（二）国内的研究状况

中国自古以来就重视对危机的预防和管理，在博大精深的中国古代文化中，对危机管理有过充满辩证思想的论述。例如"存而不忘亡、安而不忘危、治而不忘乱"、"居安思危、思则有备"等。虽然我国对灾害研究得比较早，但是对公共危机和灾害性公共危机管理研究则是近些年的事情。对公共危机研究从时间上大体可以划分为三个阶段："9·11"事件前，"9·11"事件后到SARS事件之间和SARS公共卫生事件之后。也有人把其称为研究的冷淡期、惊醒期和热潮期。[①] 1989年潘光主编的《当代国际危机研究》堪称是中国第一部有关危机的学术专著。1993年胡平的《国际冲突分析与危机管理研究》比较系统地阐述了危机的有关理论。但这两部著作，主要是对国际政治危机的研究。而从政府管理的角度来研究危机的较少。1997年许文惠和张成福主编的《危机状态下的政府管理》一书的问世，可以说是一个明显的转变，标志着我国危机管理从主要对国际危机转向对国内危机的研究。后来，随着时间的推移，研究这一问题的著作层出不穷，主要有1999年胡宁生主编的《中国政府形象战略》，2002年朱德武编著的《危机管理——面对突发事件的抉择》，从企业的角度对危机管理的内容和方法进行论述。但是公共管理领域的学者并没能对危机管理问题足够重视，只注重常态下政府的管理研究。而一些从事国际问题研究的学者，出版专著介绍了不少西方发达国家在危机管理方面的经验。如2001年，北京太平洋国际战略研究所出版的《应对危机——美国国家安全决策机制》一书，从历史

[①] 薛克勋：《中国大中城市政府紧急事件响应机制研究》，北京，中国社会科学出版社，2005，第8页。

透视、结构功能、体制运行三个部分对美国的国家安全决策机制作了全面、深入、细致的研究。2003年,中国现代国际关系研究所危机管理与对策研究中心出版了《国际危机管理概论》一书,对俄罗斯、美国、韩国、以色列、日本五国的危机管理机制进行了梳理与介绍,而且列举了13个典型的危机管理案例并予以分析,是介绍国外危机管理机制的一本比较全面的著作。薛澜、张强、钟开斌著的《危机管理——转型中国面临的挑战》一书,从社会转型期的时代大背景出发,探讨了我国现阶段危机形态的根源和特征,勾勒出了我国现代化危机管理体系的基本框架,为促进公共治理结构的顺利转型和社会的协调发展提供了可以借鉴的模式。另外,李经中编著的《政府危机管理》,徐伟新主编的《国家危机管理概论》,冯惠玲主编的《公共危机启示录——对SARS的多维审视》,《学习时报》编辑部的《国家与政府的危机管理》以及房宁主编的《突发事件中的公共管理——"非典"之后的反思》等著作也对政府危机管理中的问题,特别是SARS控制中政府的管理行为进行了分析和研究。

  针对公共危机的治理,张成福在《公共危机管理:全面整合的模式与中国的战略选择》一文中提出了全面整合的政府危机管理体系。这种体系是指在高层政治领导者的直接领导和参与下,通过法律、制度、政策的作用,在各种资源支持系统的支持下,通过整合的组织和社会协作,通过全程的危机管理,提升政府危机管理的能力,以有效的预防、回应、化解和消弭各种危机,从而保障公共利益以及人民的生命、财产安全,实现社会的正常运转和可持续发展。① 另外,杨雪冬在《全球化、风险社会与复合治理》一文中,通过对风险的分析,首次提到了"复合治理"一词,并提出了复合治理的五个特征:第一,复合治理由多个治理主体组成。包括国家组织、非政府组织、企业、家庭、个人在内

---

① 张成福:《公共危机管理:全面整合的模式与中国的战略选择》,载《中国行政管理》2003年第7期。

的所有社会组织和行为者都是治理的参与者,不能被排斥在治理过程之外,更不能被剥夺享受治理结果的权利。第二,复合治理是多维度的。这既体现为地理意义上的纵向多层次,从村庄、部落到国家、区域乃至全球范围;也表现为治理领域横向的多样性,人类活动的任何领域都需要治理。第三,复合治理也是一种合作互补关系。第四,个人是复合治理最基本的单位。尽管复合治理需要制度安排,并且是通过它来规范行为者的,但是要使治理可持续地运转,必须提高个人的自觉性和能动性,只有他们具有风险意识,把制度安排贯彻到行动中,才能最大限度地解决风险。第五,复合治理的目标是就地及时解决问题。风险的空间扩大性和时间延展性,使得应对风险必须从时时处处入手,避免风险由可能性风险转化为后果严重的风险。[①] 但是,他主要是从治理主体的视角提出了应对风险的管理理念,事实上,应对危机还需要各方面的工作予以配合。近年来,为了应对日益频繁的危机事件,提高政府危机管理能力,我国开始组建官方的危机管理研究队伍,2001年春季中国现代国际关系研究所成立了"反恐怖研究中心",第二年他们又成立了"危机管理研究中心"。此后,清华大学、中国人民大学等高校也纷纷成立危机理论研究机构,开始对我国危机管理机制进行系统研究。目前,南京大学组建了风险研究基地和研究中心,开始系统研究这一问题。

(三) 综合评价

西方公共危机管理的研究也有其特定的历史与现实情况。一方面,20世纪50年代之后,世界风云变幻、动荡不安、社会主义与资本主义两大阵营的对峙、美苏两大阵营的争霸,亚非民族独立后国内政治不稳,全球南北差距拉大,冲突凸现,危机成为全球关注的重大问题。另一方面,一些国家在迈向现代化的过程中,经济、社会系统日益庞大和复杂,公共管理领域迅速扩张,

---

[①] 杨雪冬:《全球化、风险社会与复合治理》,载《马克思主义与现实》2004年第4期。

任何薄弱的环节都可能带来巨大的灾难,形成这一公共管理领域的问题,另一些国家正处于向现代化的过渡之中,各种矛盾和冲突也会多而复杂。另外,人类社会在迈向现代化的过程中,对自然资源的严重破坏,同时也遭受到自然界对人类的恶性回报。正是在这种背景下,危机研究成为政治学、经济学、社会学、管理学直面的重要问题。同时,公共危机管理研究的相关理论基础和分析工具也逐步成熟。

西方国家公共危机治理方面的研究,从研究的范围上看,由原来单纯的企业危机管理、政治危机管理扩展到公共管理领域。从研究目标上看,由原来的政治目标逐步发展到建立相应的公共危机管理体系,实现有效的危机管理,保障社会的稳定和正常发展。从研究的重点来看,由原来的事后应急处理到对危机生命周期的注重,特别是加强了对公共危机发生前的预警系统研究。从研究的内容上看,由单一对一国国家危机状况的研究走向跨国性比较研究。由于不同的国家在危机管理方面有着自己的特点和经验,这对于我国公共危机治理具有重要的借鉴意义。从研究的方法上,也呈现出多样化的趋势,心理学、组织行为理论、管理理论、社会学、政治学、经济学方面的理论都得以广泛运用。

我国对公共危机管理的研究,可以分为以下几类。一是"制度论"。主要从制度的视角来看危机管理,认为近年来我国发生的一系列危机及政府处理的不得力,主要原因在于我国相关机制不健全、制度存在缺陷而影响了政府的危机管理能力。二是"经验论"。这类学者从感性主义出发,重视经验尤其是国外成功经验的作用。一方面,他们通过对美国、日本等发达国家在危机管理上的成功经验及有关危机管理方面富有成效的制度建设的介绍为我国危机管理和相关制度建设提供借鉴,另一方面,也有学者在总结近年来我国政府在危机应对与管理方面存在的问题的基础上,提出了自己的政策建议。事实上以上两者存在着诸多相通之处,那就是一方面注重经验,另一方面认为制度也是不可或缺的。三是"全面整合论"。以张成福为代表的全面整合论认为,高新科技的发展以及国内外形势的复杂多变，使得现代危机事件具有多样性和复杂性，政府对于危机事件的解决不能借鉴依靠某一资源、模式和策略。四是"公共关系论"。公共关系学与危机管理关系密切。在西方国家，公关手段一直备受危机管理专家的青睐，它的一些原则、方式、方法策略在危机管理中得到了广泛应用，而且卓有成效。随着近年来我国各种危机事件的频繁发生，人们在与危机的交锋中也逐步意识到了公关手段在危机应对和管理中的独特作用。持有这种论点的人认为在公共危机管理中，应当注重科学地运用公共关系学的原理、方法应对危机。[①] 五是"多元参与管理论"。对于各种各样的危机事件，薛澜认为，政府、媒体、社会网络、法律体系是现代危机管理体系建设的基本框架，彼此应相互协调。他认为，从根本上说，单纯的危机管理体系的建设并不能保证社会的安全无忧，危机管理的最佳途径是优化程序性决策，从而有效避免危机的发生，长治久安根本上取决于公共治理结构的优化：治理主体由过去单一的政府变为由政府、企业、社会组织各方有序参与的合作集体；治理规范由过去单纯的国家法令变为法令、道德和社会及公民自主参与治理并存；治理程序从仅考虑效率变为公平、民主和效率等并重；治理的手段由单纯强调法制变为重视法治、德治和社会公民自愿的合作相互补充；等等。

总之，无论是国外还是国内，对公共危机造成危害都有了清晰的认识。但是，对于公共危机的治理，大部分国家，尤其是我国，在理论研究上认为公共危机的治理是政府作为公共事务管理者和公共服务提供者的应有职责，因此，在公共危机治理的制度安排和供给上主要采用的是政府一元治理的制度安排，大部分研究都局限于如何提高政府的治理能力。但是，公共危机的治理是一个复杂的过程，涉及灾害性公共危机治理的体制、机制和法制

[①] 杨安华：《近年来我国公共危机管理研究综述》，载《江海学刊》2005年第1期。

相互作用，相互支撑与配合。那么要有效地得以治理应有什么样的体制、机制安排？国家应该如何建构和完善灾害性公共危机法制体系，打造法治化的平台呢？

三　研究的目标与思路

（一）研究的目标

面对我国日益频繁出现的灾害性公共危机事件，对公共危机能够有效治理的迫切心情推动着本人对这一问题的深入研究。我把题目定为"灾害性公共危机治理"，是想通过对我国灾害性公共危机的现状以及治理中存在的问题进行分析，来寻求我国公共危机治理的根本。具体来说，本书的研究目标可分为两个不同的层次：较高的目标是想通过对我国灾害性公共危机治理体制、机制和法制层面存在的相关问题进行梳理，为我国灾害性公共危机的治理提出一个切实可行的治理路径，以期为将来公共危机的治理提供借鉴和参考；较低的目标是用一个全新的视界来看待灾害性公共危机的治理，使人们对灾害性公共危机的治理中体制、机制和法制的作用有一个全新的认识。如果上述目标之一能够得以实现，将使我们从以下几个方面受益：一方面，全面反思我国灾害性公共危机治理中存在的问题和不足。灾害性公共危机治理中出现的问题和不足，既可能是理论指导方面的，也可能是实际的操作层面的。无论是体现在哪一方面，我们都将立足于我国现实危机状况和国情，坚持用实事求是的态度来分析问题，为理论建构和实践提供依据。另一方面，促进灾害性公共危机治理方式的转变。由于传统公共危机的治理被看作是政府的天然职能，但是，通过运用多中心制度理论、治理理论对其进行分析，政府单一治理理论中存在的困境是必然的，为了弥补其不足，必然寻求新的可行的灾害性公共危机治理路径。

（二）研究的思路

传统经济学一般认为市场能够有效处理私益物品，国家和政府提供公益物品和服务。实践证明，这种政府与市场二元分析法有一定的合理性，但是，这种理论判断对于复杂的现实事物显得过于简单，在一定程度上限制了人们的理解与创造。灾害性公共危机的治理既具有公益性质，但同时随着公共危机影响范围和对象的不同又存在着不同的结果，单纯的政府或市场治理的制度安排都不可能完全适应公共危机治理这一复杂的公共事业。因此，即使拥有无限权力的政府，提供公共危机治理服务时，在人、财、物方面有时也会"力不从心"，当然，单纯市场也不是解决政府失灵的"灵丹妙药"。正如诺贝尔经济学奖得主肯尼斯·J. 阿罗所言："在这些公共事务方面，市场并没有发挥作用；霍布斯的可怕的主权者也没有干预以使其处于正常。"① 所以本书的思路是：灾害性公共危机的治理是政府的天职，这是不可否认的，也是必需的，但是政府在进行单中心治理时必然会存在着众多的问题：一是政府权力的扩张。缺乏相应的公共危机治理的法律和制度，造成了政府危机治理中的随意性乃至对法律权限的突破，不知不觉地走向"大政府"，这与"有限政府"理念是相背离的。二是财力不足。我国是发展中国家，公共危机事件的不断出现，必然会给国家财政造成巨大的负担。所以可以对公共危机治理相应环节进行分解，通过多样化的公共物品供给途径，来减轻政府危机治理的财政压力。三是治理效率低下。由于地方政府及其官员在公共危机治理中存在着博弈，会出现花大钱办小事乃至不办事的现象。这都是单中心治理产生的问题。但是第三部门的发展壮大、公民性的培育，都为促进公共危机的顺利治理和和谐安定社会的建构起着重要的作用。因此，公共危机的多元复合治理不仅是提高公共危机治理效率的需要，也是民主政治发展的需要。

本书研究的对象是现阶段我国出现的日益频繁的灾害性公共危机现象，研究内容除了导论和结语之外还有共八章的内容。第

---

① 〔美〕奥斯特罗姆、帕克斯和惠特克：《公共服务的制度建构》，宋全喜、任睿译，上海，上海三联书店，2000年中译本序第5页。

一章主要介绍公共危机及其灾害性公共危机的概念、类别、成因及其危害,并对西方国家的风险社会理论作详细的介绍。第二章分析了我国现阶段灾害性公共危机产生的相关因素,如人与自然相处的非和谐性,经济发展中的偏差,政府公共管理能力的缺失,全球化形势之下危机的放大和延展以及人类危机治理能力的局限性等等。第三章主要通过对危机治理的相关理论进行分析,提出它们在应对或治理危机中的作用。借助于公共物品和多中心理论来对我国公共危机治理的属性以及公共危机治理中的"政府全能"的理念进行反思,来说明公共危机治理中不仅需要政府,但在政府治理能力不足的情况下,政府、市场、第三部门、媒体都发挥着重要作用。第四章主要对制约我国灾害性公共危机治理的一些因素以及体制、机制与法制现状进行分析和评价,以求找出其中存在的问题和不足。第五章主要是分析主要发达国家如美国、日本、澳大利亚在应对灾害性公共危机方面的做法,特别是在体制、机制和法制方面对我国灾害性公共危机的借鉴及其启示。第六章通过对国内外灾害性公共危机治理的实证分析,指出了我国在应对这方面危机时的优势与不足。第七章主要分析了我国灾害性公共危机治理的根本目标以及使其顺利治理的其他路径选择。由于本人把灾害的应对当作是一个复合治理的过程,所以,在本章中分析了第三部门在危机应对中的作用和社会各主体应对危机时合作的理论基础。如信任重建和各主体能力提升的路径等等。第八章主要针对我国灾害性公共危机治理体制、机制和法制方面存在的问题来建构灾害性公共危机应对的体制、机制和法制框架。

四 研究的方法与创新

(一)研究的方法

1. 文献研究法

灾害性公共危机的治理是一个复杂的过程,危机治理机制的形成和建立也是一个长期复杂的过程,其中涉及政府和非政府等多方面的力量。在危机治理中还涉及相关机构的设置、权限划分、协调合作、程序操作等问题。无论是世界上其他国家还是现在中国政府都制定了公共危机治理方面的法律、法规、协议以及技术上的操作程序，对灾害性公共危机的研究也是一个很好的借鉴途径。本书所指的文献主要是已有的相关研究成果以及大量有关自然灾害、安全生产、公共卫生安全等有关方面的法律、法规。具体来说本文的写作主要查阅和参考了以下文献：一是外文资料中有关公共危机概念和理论方面的研究著作和论文。由于受到收集渠道的限制，这方面的资料显得不足。二是有关公共危机研究方面的译著。由于公共危机管理的研究是一个崭新的领域，许多理论主张都是来源于西方发达国家的研究，特别是在直接可以利用的外文资源有限的情况下，译著成为一个重要的参考资源。三是国内有关公共危机管理方面有意义的著作和论文，主要涉及我国公共危机管理的现状、问题、对策思路以及经验总结和案例分析等等。

2. 案例研究法

灾害性公共危机治理的效果如何，要靠实践来验证。本文通过选用国内外有重大影响的灾害性公共危机事件进行分析，来说明何种治理机制是值得借鉴的，并相应地对一些公共危机治理事件中的问题进行评析。由于已经发生过许多灾害性公共危机事件，对其中一些进行分析和评价不但具有可行性，而且对以后类似事件的治理还会起到更大的指导和借鉴作用。

3. 比较研究法

由于许多灾害性公共危机事件都是相对的，不同的国家在公共危机的治理方面有着自己的特色。所以通过比较分析才能判断各种治理方法的长短优劣，取其精华，弃其不适。总的来说，由于各国政治、经济、文化、地理环境、自然状况等因素不同，由此引发的公共危机事件也不尽相同，因此，在危机治理上自然会存在差异。但是，通过比较分析的目的就是为了找出其共同点或相似点。本书通过对比中国和国外有些国家在灾害性公共危机治理方面的优点和差距,来弥补中国公共危机治理方面的不足,并给予中国公共危机的治理一些相应的思路和建议。

4. 制度分析与经济分析的方法

这一分析方法把任何物品或者是服务都看成是复杂的,并且是可以进行细分的,而不简单地说某物品就是公益物品或公共服务,或者说某物品就是私益物品或由私人提供的服务。认为不同的公益物品和服务的性质不同,所以其融资、生产、供给、提供以及消费政策可能导致不同的问题产生。这一分析框架着眼于公益物品和公共服务的有效供给。通过对问题的分析,分别在操作层次、集体选择层次和立宪层次进行政策选择。在这个理论分析框架之内,主要应用有关人的理论和物品理论构成。本书的研究还运用到经济分析的方法。贝克尔认为,经济分析是一种统一的、适用于解释全部人类行为的方法……经济分析能够应用的范围如同强调稀缺手段与各种目的的经济学定义一样广泛。[①] 对公共危机的治理进行经济学的分析,坚持用效率、财政平衡、可持续发展作为危机治理的价值目标和绩效标准,具有重要的意义和作用。

5. 理论联系实际的方法

运用理论联系实际的方法研究灾害性公共危机管理,就是为了更好地把书面知识同活生生的现实相结合,理论不能成为检验真理的标准,唯有实践才是检验理论真理性的标准。作为真理标准的实践不是一时一地的实践,它具有空间的广泛性和时间的无限性。在公共危机的治理机制还不是很完善的情况下,如果在实践中应对危机的某些做法是合理有效的,而现实理论还比较滞后,就必须对有益的经验进行借鉴,做到从实践中来,到实践中去。

---

① 〔美〕加里·S. 贝克尔:《人类行为的经济学分析》,王业宇、陈琪译,上海,上海三联书店,上海人民出版社,1995,第11页。

（二）研究的创新

从西方到东方，无论是发达国家还是发展中国家，没有一个国家是绝对安全的，各种公共危机事件随时都可能会发生，公共危机是任何国家都必须面对和治理的问题。目前我国对灾害性公共危机管理的研究，虽然也有不少的研究成果，但研究的积淀还相当薄弱，无论是理论研究还是实证研究都还处于起步阶段，公共危机管理的理论体系还未形成，许多研究领域都还存在着空白。进入博士学习阶段以来，本人一直把政府公共管理特别是公共危机管理的研究当作自己学习和研究的范围并且已经取得了一定的研究成果，攻读博士学位期间发表论文二十多篇，其中论文《论公共危机的复合治理》通过对现代社会公共危机事件层出不穷、危害之大与传统的以政府为中心单一危机治理机制存在的问题进行分析，提出复合治理的必要性以及在实行复合治理中需要克服的问题及其救治策略。另外本人也参与童星教授主持的"建立健全社会预警与应急机制管理体系研究"这一重大课题的研究工作，对自己研究的工作具有重大的帮助和促进。

具体来说，《灾害性公共危机治理——基于体制、机制和法制的视界》一书的创新主要体现在以下几个方面：

首先，本书从治理的角度，而非单纯的政府管理的视角来分析灾害性公共危机事件的治理。虽然灾害性公共危机的治理是政府不可推卸的责任，但并不意味着由政府"唱独角戏"，同时由于政府治理能力的限制，不可能包揽所有灾害性危机事件的管理，还应当有全社会的积极参与、密切配合，在此基础上分析了政府、企业、第三部门、公民等在灾害性危机治理中的权与责，提出了主体复合治理的思路。

其次，对于公共危机的研究，大多研究者都是从太宽泛的角度对其进行研究，其实公共危机本身种类繁多，甚至不同种类之间的公共危机事件的治理存在着天壤之别，如利益失衡型公共危机与生态灾害型公共危机。正是如此，本书对灾害性公共危机进行研究，并对此作了较为详细的划分。

再次，本人把灾害性公共危机的治理过程当作是一个体制、机制和法制相统一的、相互支撑的系统过程，提出了灾害性公共危机治理的框架："三制五预两能力"。三制，即体制、机制和法制。五预，即预测、预防、预警、预控、预案。两能力主要是指政府体制内的危机处理能力和政府体制外的危机应对能力。

最后，从研究路径上，除了专门研究法律的专家对公共应急法制作了一定的研究，公共管理研究领域的专家很少对此予以关注，本文通过对我国灾害性公共危机治理法制中存在的问题进行分析，并提出了对公共危机和灾害性公共危机治理的法制框架。

第一章
灾害性公共危机：
一个当代社会必须正视的
重大问题

第一节 灾害、公共危机及灾害性公共危机

人常说："天有不测风云，人有旦夕祸福。"自从人类社会产生以来，各类灾害和危机便随之而生，其历史将和人类的历史一样久远，与人类相始终。特别是在现阶段，灾害、公共危机成为人们使用频率较高的词汇。那么灾害、危机究竟是什么？如何来定义呢？它们到底存在着什么关联与不同呢？

一 灾害的内涵、分类与特性

（一）灾害的内涵

对于灾害这一普遍使用的词汇，国内外学者给予了不同的界定。国内学者徐长乐认为："灾害是由自然原因、人为因素或二者兼有的原因而给人类的生存和社会的发展带来不利后果的祸害。"在英语中与灾害相对应的词语是"disaster"，指一事件或状况造成对生命与价值（包括生命、生存、物质利益、生存环境）的威胁，可以分为自然和人为的危害。而过去用灾害一词侧重于自然灾害。如日本学者金子史朗认为，灾害"是一种自然现象，与人类关系密

切，常会给人类带来危害或损害人类生活环境。这样的自然现象就称为灾害"[1]。澳大利亚学者 W. 尼克·卡特认为："灾害是一种突发的或逐渐积累的自然或人为事件。它的侵害是如此之严重，以至于受影响的社会必须对它采取专门的对策。"国内学者谢礼立认为，自然灾害"是指发生在生态系统中的自然过程，可导致社会系统失去稳定和平衡的非常事件，其特点是使社会造成生命和财产损失或导致社会在各种原生或有机的资源方面出现严重的供需不平衡"。无论人们对灾害如何界定，其中都蕴涵着相同的特征：①对于承灾体而言，灾害是一种不幸的事件。②灾害的影响是负面的，主要表现在对人类的生命和财产带来损失和危害。③致灾因子既可能是"天灾"，也可能是"人祸"，或者二者兼而有之。④这些来自自然或社会的破坏力超出了人类社会的承载力，危害成为必然。

所以，本书把灾害定义为在自然界自身和人与社会的相互作用中，由于自然、人为或者二者叠加而产生的对人类生活和环境带来损害的事件或现象。

（二）灾害的分类与特征

灾害主要分为以下几种：针对灾害造成的后果，灾害分为特大灾害、重大灾害和一般灾害；就灾害的过程而言，分为突发性灾害和缓发性灾害；就灾害影响区域而言，分为全球性灾害、区域性灾害、国家性灾害、地区性灾害和局部性灾害；就动力因素而言，分为自然灾害、人为灾害和人为自然兼而有之的复合型灾害；就灾害成因而言，分为大气圈灾害、水圈灾害、生物圈灾害、岩石圈灾害和天文灾害；就受体而言，分为城市灾害、农村灾害、海洋灾害和陆地灾害等。有必要指出的是，自然灾害与人为灾害之间没有绝对的界限，某些灾害的起因可以是自然的，也可以是社会人为的，或者两者兼而有之，其中某种成因起主导作用。如地震谣言、新闻媒体传播非政府部门的地震预报意见，天气异常造成人群的无端猜疑

---

[1] 〔日〕金子史朗：《世界大灾害》，庞来源译，济南，山东科技出版社，1981，第2页。

等原因造成群众不必要的恐慌、外逃、停工停学、抢购风、搭防震棚等。这是因自然原因而引起的社会灾害。又如错误的规划，由于人口增加、耕地减少、在河滩地搞开发区，造成中小洪水产生水灾；未进行地质勘探，在不稳定的地层上建工厂、造楼房，造成严重的地质灾害。这是由于人为因素引起的自然灾害。显然我们平时所说的灾害，既包括自然灾害，也包括与其密切相关的人为灾害。[①]

灾害作为一种事件或现象，从其形成机理来看，首先具有自然性和社会性。[②] 无论是气象灾害、海洋灾害还是地质灾害，都与自然的变异密切相关。甚至许多人为事故也与一定的自然条件有直接关系或间接关系：森林与草原火灾多发生在气候干燥的季节；交通事故的多发与雨雪浓雾密切相关。同时灾害的发生也与灾害所处的自然地理位置密切相关。灾害的社会性主要表现在三个层面：一是灾害最终结果的社会性，任何灾害的灾难性后果都要由人类社会来承担。二是灾害过程的社会性。灾害对社会造成危害程度的大小，一方面取决于生产力和科技的发展水平，一方面也取决于社会制度、社会管理水平和社会成员的防灾意识。三是灾害原因的社会性。灾害作为一种"建立在自然现象基础之上的社会历史现象"[③] 当然具有社会性。

第一，灾害的普遍性和永存性。我们社会发展的历史可以说就是一部与灾害作斗争的历史。从我国古代的大禹治水到2004年的印度洋海啸，灾害时时发生，无处不在。

第二，灾害的多样性和差异性。由于灾害的成因与产生机理、产生的过程、方式与后果以及影响所涉及的时空不同，灾害就具有了多样性和差异性。

第三，灾害的突发性和缓发性。自然灾害形成的过程有长有短，有缓有急，有些灾害在致灾因子的变化超过一定的强度时，就

[①] 孙绍骋：《中国救灾制度研究》，北京，商务印书馆，2004，第5页。
[②] 汪汉忠：《灾害、社会与现代化——以苏北民国时期为中心的考察》，北京，社会科学文献出版社，2005，第49页。
[③] 于光远：《灾害学》，创刊号题词。

会在几天、几小时甚至更短的时间内发生，这类灾害就具有突发性。如地震、洪水、飓风、风暴潮等，这类灾害由于使人猝不及防，因此危害更大。一些灾害是在致灾因子长期影响下，逐渐成灾的，如土地沙漠化、水土流失、环境恶化等，这类灾害称为缓发性灾害。一般来说缓发性灾害影响面积大，持续时间长，虽然发展缓慢，但如果救治不及时，同样也能造成极大的经济损失并危及人类健康。

最后，灾害的群发性和伴生性。许多自然灾害，特别是等级高、强度大的自然灾害发生之后，常常诱发一连串的次生灾害接连不断地发生，这种现象就称为灾害的群发性和伴生性或者灾害链。例如较大规模的洪灾发生之后，常常会出现流行疾病。在灾害链中最早发生的起主导作用的灾害称为原生灾害；而由原生灾害所诱发出来的灾害则称为次生灾害；至于自然灾害发生后，破坏了人类生存的和谐条件，由此还可能导生出一系列其他灾害，这些灾害泛称为衍生灾害。

二 危机与公共危机的内涵及类型

(一) 危机与公共危机的内涵

从字源上考察，"危机"（crisis）本来是一个医学术语，指人濒临死亡，游离于生死之间的那种状态。如果医生能妙手回春，病人也许能大难不死，重新回到"生"的状态；如果回天无力，那么病人就将命归黄泉，离开这个世界。所以医学上危机是指人在生死之间，在两个世界之间，在两种状态之间游离。[①]《汉语大词典》中对"危机"的解释是："潜伏的祸害或危险"，三国时魏国吕安在《与嵇茂齐书》中记载："长空风波潜骇，危机密发。"或指严重困难的关头。[②] 目前看来，危机更是一个用途广泛，含义较多的词，同紧急事件、灾害、事故等皆有相同的意蕴。但对

[①] 中国现代国际关系研究所危机管理与对策研究中心：《国际危机治理概论》，北京，时事出版社，2003，第1~2页。
[②] 《汉语大词典》，北京，汉语大词典出版社，1998，第644页。

于危机的定义，国内学者讨论的并不多，大多借用国外学者的定义。研究危机的先驱 C. F. 赫尔曼认为：危机是威胁到决策集团优先目标的一种形势，在这种形势中，决策集团做出反应的时间非常有限，且形势常常向令决策集团惊奇的方向发展。① 这一定义主要说明危机决策的困难性。针对此定义，荷兰莱登大学危机研究专家乌里尔·罗森塔尔指出，危机威胁到的不只是决策主体的目标，危机发展的结果也不仅仅是生存或毁灭的选择。他认为危机是一种严重威胁社会系统的基本结构或基本价值规范的情形。在这种情形下，决策主体必须在很短的时间内，在极不确定的情况下做出关键性决策。② 巴顿（Barton）（1993）认为危机是"一个会引起潜在负面影响具有不确定性的大事件，这种事件及其后果可能对组织及其员工、产品、服务、资产和声誉造成巨大的损害"。③ 这一定义强调危机不仅威胁到财物，而且危及人和组织的名声，从而强调危机管理中沟通与重塑形象的重要性。此外，国外的许多学者，如斯特恩（Sten）、拜楠德尔（Bunander）、格林（Green）、米托夫（Mitroff）和皮尔逊（Pearson）等，也从不同的角度对危机给出了界定。在英语中与"危机"相关的词语有 crisis 和 emergency 等。Emergency，紧急事件或突发事件，一般是指突然发生并危及公众生命财产安全，需要立即采取措施加以应对的重大事件。Crisis，危机，指政府或组织在未预警的情况下突然爆发的情景或事件，可能威胁到国家的存亡和带给人民生命、财产的严重损失和其他负面影响，迫使决策者在极短的时间内做出决策，并采取行动，以使灾害和损失降低到最低限度。虽然这些词分别强调了"危机"事件的不同侧面和重点，但事实上涵盖

---

① C. F. Herman, *Internal Crisis: Insights from Behavioral Research*, New York Free Press, 1972, p. 13.
② Uriel Rosenthal, etc, (ed.), *Coping With Crises: the Management of Disaster, Riots, and Terrorism*. Springfield, Illinois: Charles L. Thomas Publisher ltd. 1989, p. 10.
③ 〔澳〕罗伯特·希斯：《危机管理》，王成等译，北京，中信出版社，2000，第 19 页。

了同样的观点和意蕴,所以本文把"危机"当作其通用语。

近年来,在借鉴西方学者观点基础上,国内许多学者也提出了自己的界定。刘刚把危机定义为一种对组织基本目标的实现构成威胁,要求组织必须在极短时间内做出关键性决策和进行紧急回应的突发性事件。① 刘长敏认为,危机通常是在决策者的核心价值观念受到严重威胁或挑战、有关信息很不充分、事态发展具有高度不确定性和需要迅速决策等不利情景的汇聚。② 也有人指出,危机是指社会遭遇严重天灾、疫情,或出现大规模混乱、暴动、武装冲突、战争等,社会秩序遭受了严重破坏,人民生命财产和国家安全遭受直接威胁的非正常状态。③ 国内对危机管理最早研究的许文惠、张成福认为,从系统论的角度来看,危机是一种改变或破坏系统平衡状态的现象,也可以视为系统的失衡状态。从危机管理的角度来看,危机可以被认为是一种决策形式,在此情势下,国家的利益受到威胁,严重的对抗可能因失控而导致暴力冲突,而管理者做出决策和反映的时间相当有限。透过千差万别的环境可以看出,危机的本质似乎就是不一致、矛盾和冲突而导致的一种紧张状态。④ 清华大学薛澜等人认为,危机是相对于一个社会系统的基本价值和行为准则架构产生了严重威胁,并且在时间压力和不确定性极高的情况下,必须对其做出关键决策的事件。⑤ 除此之外,经济学、社会学等领域的学者也都对其作了许多界定。本人认为危机是对一国或一地区或者是某一单位的政治、经济、文化、生产、生活等某一方面或多方面产生影响或威胁,需要采取紧急措施加以应对的事件或状态。

---

① 刘刚:《危机管理》,北京,中国经济出版社,2004,第3页。
② 刘长敏:《危机应对的全球视角——各国危机应对机制与实践比较研究》,北京,中国政法大学出版社,2004,第11页。
③ 马建珍:《浅析政府的危机管理》,载《长江论坛》2003年第5期。
④ 许文惠、张成福:《危机状态下的政府管理》,北京,中国人民大学出版社,1998,第22页。
⑤ 薛澜、张强、钟开斌:《危机管理——转型期中国面临的挑战》,北京,清华大学出版社,2003,第26页。

虽然许多学者提到公共危机，但对其进行界定的人却相当少。一种颇具影响的，从公共管理的角度理解公共危机的观点认为，公共危机是一种产生了影响社会正常运作的，对公众的生命、财产以及环境等造成威胁、损害，超出了政府和社会常态的管理能力，需要政府和社会采取特殊的措施加以应对的紧急事件或紧急状态。① 本人也比较倾向于这种看法。根据《辞海》的解释，"公"的中文意为"公共"、"共同"，与"私"相对。根据《汉语大词典》的解释，"公共"意味着公有的、公用的、共同的。总之，在汉语中，公共主要强调了多数人共同使用或公用。所以，公共危机是指威胁到社会公共或共同的利益，要求政府以及社会其他主体迅速采取措施加以应对的紧急情况或状态。

（二）危机与公共危机的类型

正确认识公共危机的类型不仅是使其得以治理的关键一环，而且对于明确责任、制定预案、科学组织和资源的整合具有重要的意义。由于各国所处的政治、经济、社会、历史和地理环境等方面存在巨大的差异，所以发生和可能发生的公共危机事件具有多样性和独特性。同时，由于所依据的标准不同，公共危机被划分为多种类型，综合国内外的研究，主要有以下的划分方法：

（1）罗森塔尔从危机发展和终结的速度两个角度同时入手，将危机分为四类。这种分类通过对危机事件发展过程的良好把握和总结而得出，对于快速决策起着重要的作用。如表1-1所示。

表 1-1

危　　机	快速发展	逐渐发展
快速终结	龙卷风型	腹泻型
逐渐终结	长投影型	文火型

资料来源：Uriel Rosenthal, *Managing Crises: Threat, Dilemma, Opportunities*, Springfield, Illinois: Charles L. Thomas Publisher ltd. 2001, p. 6.

---

① 张成福：《公共危机管理：全面整合的模式与中国的战略选择》，载《中国行政管理》2003年第7期。

（2）胡宁生在综合前人划分的基础上，对危机分类作了归纳，如表 1-2 所示。

表 1-2　危机类型概览

划分标准	相应的危机类型
动因性质	自然危机（自然现象、灾难事故）/人为危机（恐怖活动、犯罪行为、破坏性事件）
影响的时空范围	国际危机、国内危机、组织危机
主要成因及涉及范围	政治危机、经济危机、社会危机、价值危机
采取手段	和平方式的冲突方式（如静坐、示威、游行等）/暴力性的流血冲突方式（恐怖活动、骚乱、暴乱、国内战争等）
特殊状态	核危机/非核危机

资料来源：胡宁生：《中国政府形象战略》，北京，中共中央党校出版社，1999，第 1173~1177 页。

（3）许文惠和张成福把危机划分为结构优良型危机和结构不良型危机：结构优良型危机是指其围绕着某个具体的现实问题，这个问题在现有条件下可以实现，不涉及政治和社会制度的核心价值和根本原则；危机的核心问题比较单纯，不是政治、经济或社会等各种矛盾的综合；危机范围有限，社会动员程度低，斗争手段合法，没有外来敌对势力的介入；参与者一般采用合法的斗争手段，如游行、示威、罢工、宣传等，而不是使用暴力性的非法手段；冲突双方并不是你死我活的关系，双方存在沟通和协商的可能性；有使危机避免升级和持久发展的可能性、可行性；对社会和政治体系的影响具有非根本性，不会导致体制的激烈变革和对政权的严重冲突；政府控制危机局势的难度相对不大。① 结构不良型危机的特征正好与之相反。也有学者把其称之为良性危

---

① 许文惠、张成福：《危机状态下的政府管理》，北京，中国人民大学出版社，1998，第 23~25 页。

机和恶性危机。[①] 他认为良性危机的影响是负面的，但其基本不涉及颠覆国家政权，变更核心价值，危及政治稳定和社会根本秩序，处理过程中容易形成合作机制，凝聚向心力，从而推动危机管理体制的建立、优化和完善；恶性危机则体现为政治化和意识形态化的政治冲突，直接危及国家政权的稳定，有造成政治分裂之虞。

也有人把公共危机分为突发性灾害型危机和重大社会危机两类。[②] 本人也主张把公共危机分为灾害型危机和重大社会危机。前一类危机又可粗分为自然灾害与事故性灾害。这一类型的危机也是本书讨论的重点。如日本阪神大地震，1998年我国特大洪水灾害，2003年的SARS危机以及苏联切尔诺贝利核泄漏等。突发的特大自然灾害，往往是难以预测的，造成的社会灾害也通常是巨大的。但是当灾害降临之际，政府采取的应对措施与危机管理决策正确与否，往往不仅关系到灾害处置的结果，通常还可以表现出政府的效能，而且一旦处置不当，自然灾害便有可能引发或演变为社会危机。事故型危机通常是人为或技术性原因造成的，由于危机决策处理不当而导致灾难扩大与恶化的事件。社会危机又可分为国内危机和国际危机。国际危机很好理解，指一国与外国或多国间发生的外交、政治、军事、领土争端、民族宗教、经济乃至环境资源等方面的矛盾、冲突引起的危机。这类危机通常通过外交途径谋求解决，如解决不力则酿成战争，从而引发更大的危机（甚至触发国内危机）。国内危机可分为经济危机、政治危机、社会危机（如因宗教民族冲突以及其他社会矛盾原因引发的危机）等。本书讨论的灾害性公共危机的范围主要是指与公众生命、财产安全直接相关的，又需要动员社会各方面的人财物积极参与处理的灾害性危机事件，如突发的生物灾害、重大的工业

[①] 胡鞍钢：《如何正确认识SARS危机》，载《国情报告》SARS专刊2003年第9期。

[②] 《学习时报》编辑部：《国家与政府的危机管理》，南昌，江西人民出版社，2003，第16页。

技术型污染事件,重大的自然灾害危机,而社会危机如经济危机、战争危机、政治危机,由于其处理的手段较为专业和特殊,同时由于本人的研究能力和视野有限,所以把这方面排除在本人研究的范围之外,但是由于许多社会危机发生之后,剩余的都是灾害性的公共危机情形。国外许多国家和政府对这类事件的救治可以说是颇有成效的,其经验可以借用到灾害性公共危机事件的处理中,例如美国"9·11"公共危机的事后治理很多地方是值得我们学习和借鉴的。所以我把公共危机事件限定在那些基本上不涉及颠覆国家政权,变更核心价值,事件出现后政府和民众具有共同利益,面对共同的困难和情势,能够并肩战斗,协同行动的灾害性公共危机事件。

三 灾害性公共危机的内涵与类型

(一) 灾害与公共危机的关系

首先,灾害与公共危机分属于两个不同的概念。灾害对人类造成的损害,由于致灾因子及承载体的承受力不同而有大有小。如果那些灾害的发生只损害到少量的公众的安全与利益,在小范围能够解决的灾害,就不是公共危机。也就是说,公共危机造成的危害比一般的灾害要大。其次,从外延来看,公共危机的外延比灾害的外延大。① 以战争为例,战争很可能引发公共危机,公共危机的外延应该包括战争,但战争却不属于灾害。另外像经济危机、金融危机、破坏性很大的突发群体性事件都属于公共危机的范畴,但不属于灾害。再次,从内涵来看,公共危机与灾害有许多共同点,如都会对人类的生活或生命财产造成威胁和损害,都需要紧急应对和处理,从外延来看,许多突发灾害事件,如大地震、大洪水、大事故,既是灾害也是公共危机。

(二) 灾害性公共危机的内涵和类型

通过以上分析我们可以把灾害性公共危机定义为由于自然或

---

① 黄顺康:《公共危机管理与危机法制研究》,北京,中国检察出版社,2006,第77页。

人为原因引起的，威胁到社会公共或共同的安全或利益，要求政府以及社会其他主体迅速采取措施加以应对的"公害物品"。根据辞海的解释，"公"的中文意为"公共"；"共同"，与"私"相对。根据《汉语大词典》的解释，"公共"意味着公有的、公用的、共同的。总之，在汉语中，公共主要强调了多数人共同使用或公用。Public Goods 在国内文献中一般被译为公共物品、公共产品、公益物品等。而事实上，如果从享用的主体性质来看，Public Goods 与 Private Goods 相对应，前者可翻译为"公共物品"，后者可译为"私人物品"；从对公众的影响来说，Public Goods 与 Public Bads 相对应，前者可译为"公益物品"，后者可译为"公害物品"。

灾害性公共危机与公共危机虽存在着相同的一面，但其不同点也是明显的。具体来说，灾害性公共危机必须同时满足以下条件：首先，必须对公共利益产生较大的，尤其是负面的、消极的影响；其次，危机事件本身必须能够引起社会公众的高度关注；最后，危机事件的解决必须涉及公共权力的介入，没有公共权力的介入，在私人之间就能处理和解决的事件也不能称之为这类公共危机事件。而公共危机事件本身有负面的，也有积极的，如有的群体性上访事件本身属于公共危机，但事件本身可以起到化解矛盾，甚至促进国家方针政策的改进和优化的作用。

所以，我们可以把灾害性公共危机事件看成是完完全全有害的。当其外部影响广泛，同时又无法实现外部不经济的内部化，而对社会公共利益产生重大消极影响时，我们就可以将其称为灾害性公共危机事件。

灾害性公共危机事件主要包括以下几种类型：

一是自然灾害。主要有地震灾害、洪涝灾害、台风灾害、地质灾害等等。自然灾害种类繁多，而且有的破坏性极其强烈。一场强烈的地震可以毁掉一座城市，使无数的家庭家破人亡。例如1976年的唐山大地震造成了24万多人死亡。2004年12月26日，位于印度尼西亚苏门答腊岛附近海域，由于地震而引发海啸，造成30多万人死亡，50多万人受伤，100多万人流离失所，近200

万人急需食物、洁净的水和卫生医疗服务。①

二是技术灾害。科学技术的发展给人类带来了便利的同时，技术灾害也接踵而至。这种技术性灾害主要是由于人的行为失控或不恰当运用技术所导致的结果。主要有核泄漏、天然气泄漏等等。例如1986年发生的位于苏联乌克兰地区基辅以北的切尔诺贝利核电站泄漏事故。这次事故造成了数百万人受害，仅乌克兰政府公布的分类赔偿名单中就有300多万人。并且其造成的危害直至现在仍未有消弭，有关专家预测该技术灾害对公众造成的负面影响将会持续100年之久。

三是环境灾害。主要包括严重的大气污染、水污染、固体废弃物污染、放射性物质污染等等。例如2005年11月13日，位于吉林省吉林市的中国石油吉林石化公司双苯厂（又称101厂）新苯装置，由于P－102塔发生堵塞，循环不畅，以及处理不当造成了两个小时连环爆炸六次的重大安全事故。在爆炸事故发生后，监测发现苯胺、硝基苯、二甲苯等主要苯类污染物大量流入松花江。污染废水排入占全国流域面积1/20的松花江后，在其沿岸需要饮用江水的数百万人，将处在无饮用水的危机中。用水主要集中在哈尔滨市和吉林省的松原市，其中哈尔滨，这座拥有三百多万城区人口的特大城市，由于这场突如其来的污染事件，从11月23日起，不得不全城停水四天。

四是公共卫生灾害。根据《突发公共卫生应急条例》所作的界定，公共卫生灾害主要是指突然发生，造成或者可能造成社会公众健康严重损害的重大传染病疫情、群体性不明原因疾病、重大食物和职业中毒以及其他严重影响公众健康的事件。例如2003年初爆发的"非典型性肺炎"（又称"SARS"）疫情，由于其传染性强，最初阶段对其传播的规律不了解，缺乏控制经验，致使"非典"由广东迅速蔓延到山西、北京、内蒙古、河北等20多个省市。从SARS危机肆虐到2003年6月疫情基本平息，全球

---

① 《印度洋海啸遇难者总人数逼近30万》，www.sina.com，2005－02－04。

SARS 患者累计 8450 人（含疑似病人），累计死亡 810 人。在中国国内，截止到 2003 年 8 月，中国内地共有 5327 人感染 SARS 病毒，349 人因此丧失了生命；中国香港 1755 例，死亡 300 人；中国台湾 665 例，死亡 180 人。[①] SARS 给中国的旅游、餐饮、运输、商贸等行业都造成了巨大的损失。

五是人为火灾或爆炸。人类因自身活动而引起的火灾和爆炸事故时有发生，重大火灾不仅连绵不断而且造成的危害也是极大的。例如 2002 年 3 月 1 日凌晨，四川省南充市市区的府街小食品批发市场发生特大火灾，造成 19 人死亡，21 人受伤。批发市场 2000 平方米营业房、近 1000 万元商品化为灰烬。[②]

通过上文分析，灾害、公共危机、灾害性公共危机的关系可以用图 1-1 所示。

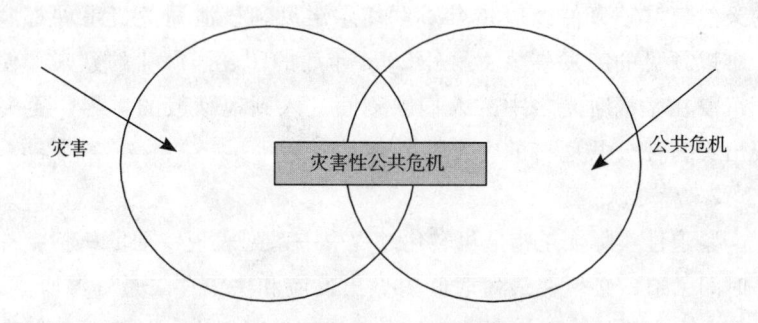

图 1-1 灾害、公共危机、灾害性公共危机的关系

四　灾害性公共危机的特征与危害

（一）灾害性公共危机的特征

灾害性公共危机的产生既可能是因为"天灾"，也可能是因为"人祸"，但是总的来说，存在的各种各样的灾害性公共危机

[①] 《世界最新数据：全球因非典死亡人数上升至 919 人》，http://news.big5.anhuinews.com/system/2003/08/17/000418127.shtml。

[②] 杨云伦：《南充"3·1"特大火灾原因的剖析》，http://www.safe001.com/2005/wen2/0722-02.htm。

事件必然有其共性存在,主要表现在以下几个方面:

1. 突发性

所谓突发性,是指灾害性公共危机的产生具有一定的隐蔽性和偶然性,其往往是在人们没有准备的情况下,出乎人们意料出现的。也就是说,由于灾害性公共危机发生的时间、发生的地点难以把握和预测,发展过程难以控制,结果难以估量,潜在隐藏的危机一旦浮出水面,便可能瞬间形成翻江倒海之势,对社会造成巨大威胁。例如我们对许多致命的自然灾害还无法做到准确预报,对于像SARS这样的新型传染病也无法预先认知,对于像松花江水污染那样的灾害性公共危机事件难以预料。所以"那些能够预防的危机都只能称之为问题,只有那些无法预知的、被忽视的,具有颠覆性的意外事故,才算得上真正的危机"。[①] 重庆开县的天然气井喷事件,1986年苏联切尔诺贝利核泄漏危机事件都属于难以预见的突发事故。另外2004年底的印度洋海啸的到来,使正沉浸在幸福时光之中的人们顷刻间进入到地狱般的世界,更显现出灾害性公共危机的突发性。

2. 紧迫性

紧迫性实际上是指危机转化过程中一系列表现特征的概括:一是时间紧迫,必须在最短时间内做出反应和决策;二是资源匮乏,必须在人力不足、财力不够、信息不畅等情况下有效整合和配置资源;三是"涟漪效应"———一石激起千层浪,必须形成一整套策略以防止危机的扩散和蔓延。这就要求危机决策者和管理者必须在有限的时间里,采取有效的措施,立即行动,不容耽搁和拖延,否则将会引起更大的灾难出现。试想如果2003年SARS危机最初出现时,有关部门不谎报、不瞒报、不漏报,立即采取有效的措施,这场令人身心受到极大挑战的高传染性、高死亡率的疫情还会如此肆虐吗。总之,灾害性公共危机的紧迫性主要是说,当它被人们发现和

---

① 〔美〕劳伦斯·巴顿:《组织危机管理》,符彩霞译,北京,清华大学出版社,2002,第3页。

感知到的时候,事情已经到了十分紧要的关头,如果不及时采取有效的措施,危机事件就会进一步扩大和升级,给社会带来更大的危害。

3. 扩散性

俗话说,"城门失火,殃及池鱼"。而灾害性公共危机的扩散性则可能导致"城门失火,殃及全城"的现象出现。特别是在目前全球化和全国化的趋势下,由于社会利益主体之间交往的增加和深化,现代社会的公共危机越来越突破地域上的限制。一个危机事件的爆发可能由于"多米诺骨牌效应"而引起连锁反应。公共危机事件一旦发生,就不一定局限于某一部分,而是迅速蔓延和扩散,殃及整个地区,整个国家甚至危及其他国家;不仅影响到某一部门、某一行业,而且影响到其他部门和其他行业。例如疯牛病、"非典"、禽流感这类大规模的公共卫生疫情所具有的迅速扩散性、连续性、连锁性,往往会令一场地区性灾难迅速升级为全国乃至世界性危机,并且使得无论穷国还是富国,达官权贵、富豪大款还是平民百姓皆难以置身于局外。[1] "同时由于信息时代的发展,事物之间的联系愈发呈现多元和共时的特征,资源的有限性也会导致事实上顾此失彼,形成'连带效应',把危机的影响扩大。"[2] 所以全球化、信息化时代的危机的扩散会更为明显和突出。

4. 多发性

美加大停电,SARS事件,2004年底的印度洋海啸……举目所至,各类灾害性公共危机事件层出不穷,公共危机似乎已成为社会发展进程中难以根除的恶魔。一方面,由于人类对自然界的过度介入和改造,导致污染的日益严重和生态环境的恶化,洪涝等自然灾害的发生越来越频繁,也带来更为严重和复杂的灾害性公共危机的出现。另一方面,由于社会组织内部环境和外部环境的双重复杂性以及自身的局限性,也常导致了灾害性公共危机的

---

[1] 刘利:《论信息化时代的公共危机管理》,载《四川大学学报》2004年第4期。
[2] 薛澜、张强、钟开斌:《危机管理——转型期中国面临的挑战》,北京,清华大学出版社,2003,第28页。

普遍性和不可避免性。对于灾害性公共危机这种令人谈虎色变的现象，我们要重新认识和看待。首先要把它看作社会发展中必然存在的一种现象，是社会生活的一个必要组成部分。认识到公共危机与人类社会发展相伴相生并不意味着面对危机我们就束手无策，相反，根据海恩法则①，通过发挥人的主观能动性，人类可以对绝大多数危机采取预防措施，防患于未然，减少危机的发生和危机造成的损失。所以对于灾害性公共危机这一多发的现象，我们既不能杯弓蛇影，草木皆兵，也不能麻木不仁，无所作为，要采取积极的态度，进行预防和化解。

5. 公共性

灾害性公共危机的公共性主要表现在以下几个方面：从影响主体来说，其涉及的对象不是单个的个人或单一的组织结构，而是较大范围内的社会组织、社会群体、社会公众，至少是一个特定地域内的一些群体，并且影响范围更广，危害和威胁更为严重。从涉及的内容上看，灾害性公共危机涉及社会公共利益和公共安全，是一种完完全全的公害品。从其效果来看，灾害性公共危机的发源地虽然不一定是在一个普遍的公众领域，但是随着时间的推移危机会迅速传播并引起公众的关注，成为公共话语并造成公众心理恐慌和社会秩序混乱。所以从治理上来说，不但要求政府调动相当的公共资源，进行有效的公共组织协调予以解决，并且也要求全社会动用大量的人力、物力和财力资源，要求社会各个独立的部门和公众联合起来，共同应对。也就是说，灾害性公共危机影响的"公共性"要求社会治理要具有"公共性"。

---

① 海恩法是关于飞行安全的一个现象分析：一起重大的飞行安全事故背后有29个事故征兆，每个征兆背后有300个事故苗头，每个事故苗头背后有1000个事故隐患。虽然这一分析会随着飞行器的安全系数增加和飞行器的总量变化而发生变化，但它确实说明了飞行安全与事故隐患之间的必然联系。按照海恩法则的分析，除了个别的危机事件之外，大多数危机都有一个演进的过程，先是有失误而形成危机隐患，有隐患而形成危机的"苗头"，有"苗头"而发展演变为危机。所以要防止危机事件的发生，必须把问题解决在萌芽状态。

（二）灾害性公共危机的危害

灾害性公共危机作为突如其来的灾难，它造成的危害广泛而深远。它不仅在较大程度上和较大范围内威胁人们的生命、身心健康和财产安全，而且还会导致社会混乱、经济衰退和秩序失衡。具体来说，灾害性公共危机造成的危害主要表现在以下几个方面。

首先，灾害性公共危机导致大批公众的死伤，并危及其身心健康。"任何人类历史的第一个前提无疑是有生命的个人的存在。"[1] 然而，灾害性公共危机对人类社会的最大伤害，莫过于对公众生命的扼杀。一是各种自然灾害对人生命的伤害。根据国际组织的调查，20世纪90年代，各种自然灾害平均每年导致6.2万人死亡。2001年全球发生各种自然灾害危机712起，致死3.9万人，受伤人员达1.7亿。[2] 二是各种公共卫生危机对公众生命健康的威胁。14世纪，黑死病夺走了2亿人的生命。19世纪至今，流感病毒在全世界发生了多次大流行，其中危害最大，损失最严重的是1918年流感的世界大流行。1918年全球有5亿多人感染流感，500多万人死亡，仅在美国，就有55万人丧生，这比该国在两次世界大战、朝鲜战争和越南战争中阵亡的总人数还多。目前世界上疟疾每年发病人数高达5亿，仅1997年就造成150万到270万人死亡。[3] 从SARS危机肆虐到2003年6月疫情基本平息，全球SARS患者累计8450人（含疑似病人），累计死亡810人。在中国国内，截止到2003年8月，中国共有5327人感染SARS病毒，349人因此丧失了生命，中国的旅游、餐饮、运输、商贸等行业都遭受了巨大的损失。根据亚洲银行的统计，亚洲因2003年SARS危机造成的经济损失约在280亿美元，中国遭受的损失在600亿元以上。三是各种安全事故造成了人员的伤残和死亡。据统计，2002年中国各种事

---

[1] 《马克思恩格斯选集》第1卷，北京，人民出版社，1972，第24页。
[2] 陆大生：《去年全球灾害致死4万人，气象灾害数量上升》，载《新华时报》，2002年6月18日。
[3] 胡琳琳：《健康与发展：历史回顾与理论综述》，载胡鞍钢主编《透视SARS：健康与发展》，北京，清华大学出版社，2003，第113~136页。

故死亡136102人,伤残70万人,造成直接经济损失相当于国内生产总值的2.5%左右。① 除了死亡的威胁,灾害性公共危机对社会公众来说最大的危害就是对他们心理造成的伤害。危机最终会得到控制和消除,但它给人们心理留下的恐惧、忧愤、不安等阴影和创伤却可能长期存在。1986年,苏联发生的切尔诺贝利核电站的核燃料泄漏事件,其造成的危害直至现在仍未消弭,有关专家预测该危机对公众的影响将会持续100年之久。

其次,灾害性公共危机导致资源的浪费,阻碍经济的持续健康发展。随着生产力的发展和科学技术的进步,近年来,各种危机事件造成的人员伤亡有减弱的趋势,而公共危机带来的经济损失却是有增无减。"危机会直接造成人们的生命和财产的损失;破坏基础设施;由于破坏正常的生产和服务的成本而导致生产和服务提供的损失;间接的损失包括增加债务的负担,增加财政的支出,减少储蓄。由此导致的结果是经济增长的速度降低和发展计划的延缓。"② 例如在2003年SARS流行时,国家"五一"缩短假期,减少的不但是旅游收入,而且由于民工自由流动受限,使企业不仅无法招收到自己需要的工人特别是农民工。同时,由于增加防护、消毒方面的成本导致有的企业停产,生产效益受到严重的影响,这也是对国民经济发展的严重打击。此外,危机也会使国际资本的投向发生转变:潜在的投资可能会取消,现有投资也可能会撤离。"投资者需要一个相对稳定和确定性程度较高的投资气候和环境以降低投资的风险,而危机会引起失业、抑制消费的需要、导致经济的滞胀等,这些都增加了投资环境的不确定性。"③ 所以灾害性公共危机造成的直接和间接损失是难以估量的。

再次,灾害性公共危机导致社会的失序和动荡不安。无论何

---

① 《一串沉重的数字》,载《经济日报》,2004年2月4日。
② 张成福:《公共危机管理:全面整合的模式与中国的战略选择》,载《中国行政管理》2003年第7期。
③ 张成福:《公共危机管理:全面整合的模式与中国的战略选择》,载《中国行政管理》2003年第7期。

种性质规模的突发性公共危机,必然不同程度地给社会造成破坏、混乱和恐慌。汪汉忠分析了中国古代当灾荒降临时,农民经过天灾成为饥民或流民,为了生存沉沦为土匪的过程(如图1-2所示):

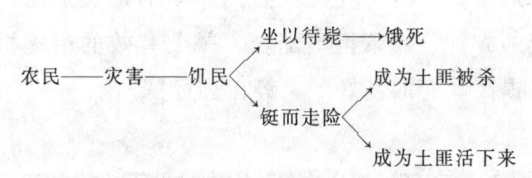

```
                      坐以待毙 → 饿死
农民 —— 灾害 —— 饥民 <       成为土匪被杀
                      铤而走险 <
                                成为土匪活下来
```

图1-2 天灾导致土匪形成的演进过程

资料来源:汪汉忠:《灾害、社会与现代化——以苏北民国时期为中心的考察》,北京,社会科学文献出版社,2005,第56页。

虽然现代社会灾害性公共危机使人们成匪变盗的现象鲜为出现,但是危机的出现,在一定程度上会抑制政策的执行,影响人们正常的生产、生活秩序。例如 SARS 危机之时,深圳、北京等地出现的抢购风潮,能够对此予以充分说明。面对危机公众表现出来的紧张、不安、恐惧都会加速公共危机的蔓延和恶化,并可能导致更大的不稳定出现。

最后,灾害性公共危机影响到政府以及相关组织的形象和声誉。正如美国学者巴顿认为的那样,危机是一个可能会影响到组织声誉和形象的大事件。的确,"21世纪是一个危机多发的世纪,政府如何处理危机以及采取何种形象对待危机,关系到其在国内和国外的形象。特别是随着电子政府治理方式的出现,政府形象将更多地展现在人们面前,这也就要求中国政府,对外树立成一个有权威的大国应有的形象。对内,在面对广大民众之时,也要用事实说话,使民众相信未来的政府是一个实干的政府,一个值得信赖的政府。"[①] 由于现代通信工具和传媒的发展,使得危机事

---

① 周晓丽:《论公共危机中政府形象及其重塑》,载《重庆社会科学》2006年第2期。

件在极短的时间内波及更大范围成为公共话题,从而使危机的影响进一步扩大。如果政府及相关组织面对危机时管理不力、缺乏回应和沟通、责任丧失,就会造成政府与社会公众之间的隔膜,使人们对政府的公信力产生怀疑,从而引发对政府的信任危机、损害政府的形象。"如果政府在公民心中的形象崩溃,公众就会对政府制定的方针、政策拒不配合。一个有效的治理机制就难以形成,所以提高政府的良好形象势在必行!"①

第二节 灾害性公共危机的成因与扩展分析

一 灾害成因理论

目前,人们在频繁使用"灾害"或"自然灾害"这些字眼,然而人类对其认识还是十分有限的。随着社会的发展,其给人类带来的损失也是灾难性的。由于自然灾害是自然力胜过人类所拥有的控制力所给人类带来的灾难,所以人们对其分析应从自然性和社会性两方面来看待。作为一种自然现象,灾害被认为是"自然界发生的能带来生命伤亡与财产损失的事件"。② 但也有人认为,从表面上看,生态失衡、"全球危机"是自然系统内平衡关系的严重残缺,实际上它是人与世界关系产生失衡,"全球危机"是以天灾形式表现的"人祸"。③ 事实上,某些灾害的起因既可以是自然的,又可以是社会的,或者是二者兼有,其中有一种因素起主导作用。我们所谈到的自然灾害既包括了全部的"天灾",也包括了大部分的"人祸"。如果从宏观上整体上讲,主要在于

---

① 周晓丽:《论公共危机中政府形象及其重塑》,载《重庆社会科学》2006年第2期。
② 〔美〕佩塔克、阿特金森:《自然灾害风险评价与减灾政策》,北京,地震出版社,1993,第18页。
③ 陈先达主编《马克思主义哲学原理》,北京,中国人民大学出版社,1999,第73页。

自然界和人类社会这两大系统内部要素的紊乱失衡，以及两者之间相互作用的不协调。但是当今世界，由于地球变异，天体活动加剧，人口迅速膨胀，经济与高科技的密集发展，加之人类自身对自然环境和社会环境的破坏，使得人类正经历着一个灾害巨变、损害程度日趋严重的时期。

对于具体的灾害而言，它是由三个相互作用的因素交互作用而成，即致灾因子、受灾体、灾情。灾害的发生就是致灾因子通过承灾体的中介而产生灾情的过程。灾情的大小既取决于灾种、致灾程度的大小，又取决于承灾体的社会时空条件和承灾力的大小。而灾情的大小又反过来影响承灾体，即人类社会的生存与发展。作为承灾体，人类社会既受到致灾因子的影响，同时也影响着致灾因子的生成和发展，有时往往构成或引发社会灾害或人为灾害。

致灾因子是形成灾害的主要原因，是具有造成生命损失或环境破坏可能的威胁因素。而致灾因子主要有天文活动、大气活动、水文活动、地壳运动、生物活动以及人类活动等。由于人类赖以生存的环境是由不同的物质和要素构成并处于运动变化之中，正是由于地质、水文等众多要素的变化以及这种变化与人类活动的相互作用，灾害由此而生。所以天气的变化导致暴雨、洪水、风暴、寒潮等气象灾害；海水的异常变化导致海潮、海啸等海洋灾害；地壳内能量的急骤释放和岩石、坡体的位移导致地震、火山以及岩崩滑坡；地陷导致地质灾害等。另外，社会所处的地理环境也对灾害的形成有巨大的影响，沿海地区才会有暴潮、海啸等灾害；山区才会有泥石流、滑坡之类的灾害；地震也多发于地质断裂带地区。

不可否认，有些灾害从一开始就和人对自然的影响作用联系在一起，甚至主要是由人为影响造成的。如2005年发生的松花江污染事件就是人类活动对环境造成的环境灾害性危机事件。随着人类科学技术的发展，人类加大了无节制地向自然索取的步伐，从而遭到大自然的报复。人类经常面临的两种潜在威胁：一是生态环境的振动频率加快，人类在预测中遇到许多不确定因素，因而使人类对自己的行为后果缺乏及时而准确的认识；二是生态平衡变得非常脆弱，人类经常处在遭受平衡失调的自然环境的报复状态之中，人类环境变得十分危险。① 这两种潜在因素，往往是诱发自然灾害的直接原因。人类乱砍滥伐、毁林造田，加剧水土流失，水旱灾害频发；过量开采地下水，造成地面沉降塌陷，海水入侵；大量排放废气、废水、废物造成严重的环境污染。臭氧层损耗，全球变暖以及全球不知名疫情的发生，无一不是违背自然规律、导致大自然报复的结果。

由于科学技术的飞速发展以及科学技术与经济活动相结合而导致技术经济的飞速发展，使得工业社会的物质财富极为丰富。不过，同时也带来了核危机、生态危机、工业事故等足以毁灭全人类的巨大灾害，使人类社会在科技高度发达的社会却普遍缺乏安全感。"其更深层的原因则是人类对自然界认识的非完备性，人的认识不可能穷尽所有的自然现象。这种人的认识所固有的局限性在人类的科技探索活动中，常常表现为人们对探索活动的结果不可能有充分的估计，因而在人们科技探索活动中出现意外，甚至造成重大灾害。"②

灾害正在破坏人类的公共利益，威胁人类的生存，无情地毁坏人类的生存环境，贪婪地吞噬着人类的生命财产，是人类生存和社会发展的大敌。"我们看到，人们为了自己的生存与灾害进行着艰苦的抗争，另一方面由于自私和短见在制造灾害、加剧灾害，从而危害自己的生存。人既是灾害的制造者，也是灾害的受害者，同时又是灾害的抗争者。面对日益严重的灾害威胁，我们需要科学的灾害观和危机观，科学解释灾害及其原因、准确分析灾害的影响，深刻认识灾害同人及社会的辩证关系。"③

---

① 李经中：《政府危机管理》，北京，中国城市出版社，2003，第21页。
② 罗祖德、徐长乐：《灾害科学》，杭州，浙江教育出版社，1998，第135页。
③ 黄顺康：《公共危机管理与危机法制研究》，北京，中国检察出版社，2006，第77页。

二 必然性与偶然性分析

各种灾害和危机的发生,既是偶然也是必然,因为我们的世界本身就是各种偶然与必然因素的有机结合。按照辩证的思想,必然性存在于偶然性之中。没有脱离偶然性的纯粹必然性,必然性通过大量的偶然性表现出来。也没有脱离必然性的纯粹偶然性,偶然性背后隐藏着必然性,偶然性为必然性的发展开辟道路,偶然性是必然性的表现形式和补充。

我们通过对各种各样的公共危机事件进行分析,就会发现,任何一个公共危机事件都是有许许多多偶然性因素所构成的,也是由复杂的偶然因素交织成的一个结果。正是由于偶然性才使各种各样的公共危机事件具有了突发性和不确定性。但如果从统计学角度来研究问题,我们对偶然性的理解就会发生变化。比如我们要统计某一地区一定时间内发生的矿难次数,也许会得出某种规律性的结果。但这种规律性与传统物理学和传统哲学所说的必然性不同,这种规律性是大概的,是概率性的。任何公共危机事件中既包含偶然性,也包含必然性。重庆"12·23"特大井喷事故就是一个必然与偶然相结合的事实。2003年12月23日22时,由四川石油管理局川东钻探公司承钻的位于开县境内的罗家16号井,在起钻过程中发生天然气井喷失控,从井内喷出的大量含有高浓度硫化氢的天然气四处弥漫、扩散,导致243人因硫化氢中毒死亡,2124人因硫化氢中毒住院治疗,65000多人被紧急疏散安置,直接经济损失达6432.31万元[①],公路上、水井边、山坳里随处可见的尸体,一幕幕悲惨的景象让人震惊!

引发"12·23"特大井喷事故的直接原因以及使其扩大的原因有:第一,钻具组合未装回压阀。若装有加压阀,井喷时井内流体就不会从钻杆内喷出,这样就能打开节流阀,关闭放喷器,正常实施井控作业。第二,防喷器组中装有全封闭闸板芯子,没

---

① 《化学灾害事故统计》,载http://www.dyyz.net.cn/chemistry/down/05040501.htm。

有剪切闸板芯子。若装有剪切闸板芯子，关井时，可将钻杆剪断，实现井眼全部关闭。第三，有关决策人员接到现场人员关于罗家16号井井喷失控的报告后，未能及时决定并采取放喷管线点火措施，以致大量含有高浓度硫化氢的天然气喷出并迅速扩散弥漫，造成事故扩大和恶化，导致了大量人员中毒伤亡。由于硫化氢燃烧后产生低毒性的二氧化硫，因此点燃硫化氢气体是制止有毒气体大范围扩散，减少毒气危害行之有效的措施。另外，罗家16号井井喷失控后，存在四条放喷管线放喷的可能性。此时若立即组织放喷，同时在放喷口点燃，损失将会是最小的。井喷失控后，队长曾组织通过压井管线向井内注重泥浆，至23时20分才停泵，这可知从井喷失控到停泵至少有1小时17分钟的时间。说明当时现场天然气浓度尚未达到爆炸极限，也未形成爆炸混合物。组织放喷点火不仅有充足的时间，而且此时间内点火也不会危及井场的安全。当井喷在失控后，井队还向上级及领导报告并请示是否点火，然而却没有得到上级及领导的明确指示，直到24日下午4时才将放喷管线的天然气点燃。此时，高于正常值6000倍的硫化氢毒气已迅速扩散蔓延了将近18个小时，从而造成了群死群伤的严重后果。[1]

如果有关技术人员没有卸下回压阀，如果防喷器组中装有全封闭闸板芯子，有关决策人员接到报告后能及时决定并采取放喷管线点火措施……另外，"如果中石油集团川东钻井公司做了充分的思想准备、组织准备和技术准备，如果该公司建立了有效的危机应急预案并进行培训和演练，如果该公司建立了行之有效的预警机制，如果该公司在事故发生前与当地政府建立了应对危机的互动机制，在事故发生后就能够从容应对，就不会在控制危机的决策上出现致命的错误，危机就不会扩大、升级，就不会造成如此惨重的损失"[2]。也就是说，这种巨大的灾害就有可能避免或

---

[1] 佚名：《"12·23"井喷特大事故周年祭》，载《劳动保护》2005年第2期。
[2] 黄顺康：《公共危机管理与危机法制研究》，北京，中国检察出版社，2006，第42页。

使危害减少。

从另一方面来说，重庆"12·23"特大井喷事故背后的一系列偶然因素也构成了一种必然因素。四川石油管理局川东钻井公司不重视公共危机管理，在人口密度较大的地区钻井采气，当地政府和老百姓对可能面临的危险全然不知，危机预防成为摆设，危机的预警机制和预控机制缺失，公司制定的操作规程形同虚设，所有这些因素叠加在一起就构成了一种发生重大灾害性公共危机的必然性。也就是说，正因为所有的防范、制约机制失效和缺失，发生事故就成为一种必然，只是或早或晚而已。可见，偶然性和必然性的辩证关系在公共危机的发生过程中表现得非常充分。各种危机事件中既充满了偶然性，这些偶然性因素的背后又有着必然性的支撑，如果我们都以一种侥幸心理来对待可能产生各种各样危机的因素，那么必然性就会通过偶然性表现出来，使必然性成为一种现实。长期以来，我们在对待公共危机的形成和扩展方面存在两个不容忽视的问题，一是不重视偶然性的研究，把危机的产生，把危机带来的巨大灾害视为一种必然，只看到危机中的必然性，看不到危机中的偶然性，认为危机是人类不可抗拒的一种意志，是来自上帝的惩罚，因此人类只能消极地逃命，或者是只能听天由命；二是只看到了危机中的偶然性，看不到这些偶然性背后有必然性的存在，看不到这些偶然性在一定情况下会转变为必然性。[1] 一个公共危机事件的产生既有偶然的因素，又有必然性因素，忽视任何一方，都有可能使公共危机事件扩大或升级，对危机事件进行全面的认识，把握其本质，是我们对其进行应对不可忽略的一个环节。

三　全球化对危机扩展的影响

全球化作为一个不可逆转的历史进程，虽然开始常常被用来

---

[1] 黄顺康：《公共危机管理与危机法制研究》，北京，中国检察出版社，2006，第43页。

指经济方面的全球化，如全球经济市场化，但是"就其性质、原因和后果而言，全球化绝不仅仅是经济全球化，把全球化的概念局限于全球市场是一个基本的错误，它同时也是社会、政治的和文化的"。① 不同研究领域的学者对全球化赋予了不同的内涵。经济学家认为，全球化是指商品、技术、信息、资本在全球范围内自由流动和配置，形成各国经济中你中有我，我中有你的相互利用、相互依存、相互融合的一种状态、过程和趋势；政治学家认为，全球化是现代化的某些制度在全球范围内的扩展或某一制度对其他制度的吞噬；哲学家认为，全球化是人类的各种文化、文明所要达到的目标，是未来文明存在的文化模式或是某种文化、文明对其他文化、文明的同化；社会学家认为，全球化是人类在环境恶化、资源匮乏、疾病蔓延等共同问题面前所达成的共识；科学家认为，全球化是人类利用现代科技手段，克服时空限制，实现各种信息的快速和自由传递。如果从全球化和公共危机的关系来说，一方面全球化导致了公共危机的加剧和蔓延，另一方面全球治理又为公共危机的快速解决提供了途径和选择。

公共危机特别是灾害性公共卫生事件与全球化密切相关，由于"全球主义将伴随着普遍的不确定性"，② 所以，全球化首先极大地增加了风险的来源。全球化的基本表现是人员、物质、资本、信息等跨资本和跨大陆流动的加速以及各个国家、社会、人群相互联系和依赖的增强，这必然导致原来限于一个国家和一个地区的风险扩散到了别的国家和地区。这些风险在扩散的过程中，通过输入、渗入和诱发等各种形式，各种风险彼此间还可能产生互动关系、产生新的风险源，增强风险的效果。也就是说，全球化使人们处在核危机、化学危机等大风险和大灾难的风暴大潮中，不存在"他人"这一范畴，可以涵盖整个人类之所有人的"我

---

① 〔英〕吉登斯：《第三条道路及其批评》，孙相东译，北京，中共中央党校出版社，2002，第 69~70 页。
② 〔美〕罗伯特·基欧汉、约瑟夫·奈：《权力、相互依赖与全球主义》，载《战略与管理》2002 年第 4 期。

们"之本身,都的确是共处于同一条大船上,而"我们"的命运也的确是共系于这同一条船上。而且,处于这条船上的人无论是船长、乘客、舵手、工程师,还是甲板上的男男女女,无论处于什么样的地方和位置,大家都要同呼吸、共命运、殊途同归。①

其次,全球化放大了风险的影响和潜在的后果。风险影响的放大主要是通过两种渠道来实现。一是相互依存的加深提高了风险的后果和承担者的数量。二是发达的现代通信技术使更多的人意识到风险的潜在后果,也容易因为信息的不完整导致过度恐慌。正如吉登斯所言,全球化就是"世界范围内社会关系的强化,这种关系以这样一种方式将遥远的地方联系起来,一个地方发生的事情受到千百里以外发生的事情的塑造,反之亦然。这是一个辩证的过程。因为地方上发生的事情可能沿着与塑造它们的延伸很远的关系相反的方向运动。地方性的变迁既是全球化的部分,又是社会联系跨越时间和空间的旁向延伸"。② 所以全球化对公共危机带来的负面影响主要体现在以下方面。

一方面,全球化导致公共危机事件的蔓延。从1986年英国出现疯牛病以来,疯牛病就像是一个恐怖的梦魇一样尾随着人类。目前疯牛病仍然以食物链的形式从各个渠道向世界各国扩散,全球仍面临着疯牛病的严重威胁。这主要原因就是在全球化的前提下,各国交往和商品活动十分频繁,海陆空运输极为畅达,这为病毒的传播打开了方便之门。

另一方面,全球化导致公共危机或灾害的影响剧增。在人员交往有限、较为封闭的情况下,公共危机事件只能影响或到达某一个地区或几个地区,对国外的影响相对较弱。但是在全球化时代,人们的交往加速了危机的扩散和蔓延,一个危机事件只要在一个城市和地区爆发,然后会迅速向其他地区蔓延。若某些地方

---

① 〔德〕乌里希·贝克:《从工业社会到风险社会》,载薛晓源、周战超主编《全球化与风险社会》,北京,社会科学文献出版社,2005,第103页。
② Giddens A., *The Conquence of Moderity*, Cambridge: Polity, 1990, p. 64.

对危机认识不清，对策失效，危机就有可能迅速向外蔓延。例如SARS疫情从2002年11月开始在广东出现，由于对这种可怕的疫情缺乏认识，加上政府对公共危机的治理缺乏认识和准备，在突如其来的危机面前显得措手不及，因此，危机事件以广东、香港地区、北京为中心向外扩散，并以迅雷不及掩耳之势波及全国26个省、市、自治区，并波及境外的30多个国家和地区，使全球8000多万人受到感染，900多人死亡。

第三节 风险与风险社会理论审视

一 风险的概念

从词源学上讲，"风险"这个词的来源仍不十分明确，充满争议。有的学者认为这个词来自阿拉伯语，有的学者认为其源自于希腊语和意大利语。考虑到它在欧洲频繁使用，有的学者将它归入14世纪的西班牙语，另一位学者在1319年的意大利文档里发现了这个词。[1] 直到17世纪中期，英文的世界才开始运用risk一词，并且被认为是源自法文risque，并把其作为航海术语，借用来指在深海上运行的货船由于遇到风暴等自然灾害而所具有的危险性或触礁现象等。吉登斯对此曾作出相应的解释："风险概念看来最初是在两个背景下出现的：它源于探险家们前往前未所知的地区的时候，还源于早期重商主义资本家们的活动。"[2] 因此，其也常被用来形容冒险进入一个新的领域，并且与保险概念紧密相关。随后风险逐渐成为商业行为和金融投资中的一个常用概念，意指某项旨在盈利的行为可能承担的利益损失，这种风险是可以通过计算量化的。而目前对于风险这一用法出现在许多相

---

[1] Piet Strdom Buckingham, *Risk, Environment and Society*, Open University Press, 2002, p. 75.
[2] 〔英〕安东尼·吉登斯：《现代性——吉登斯访谈》，尹宏毅译，北京，新华出版社，2000，第75页。

关文献中，其中最有影响的是经济学、社会学以及文化学意义上对其所作的解释：统计学、精算学、保险学等学科把风险定义为某个事件造成破坏或伤害的可能性或概率。通用的公式是风险（R）=伤害的程度（H）×发生的可能性（P）。这个定义带有明显的经济学色彩，采用的是成本—收益的逻辑，但有意思的是，人们通常只从伤害的可能性角度来了解风险，因此忽视了风险所带来的潜在受益。①

人类学家和文化学家以玛丽·道格拉斯和维尔达沃斯基为代表，把风险定义为一个群体对危险的认知。它是社会结构本身具有的功能，作用是辨别群体所处环境的危险性，把风险看成是社会产物或集体建构物。他们认为，在当代社会，风险实际上并没有增加，也没有加剧，仅仅是由于人们认知度提高了，被察觉和被意识到的风险增加和加剧了。斯科特·拉什从文化角度把风险分为了三类：社会政治风险，包括社会结构方面所酿成的风险，这种风险往往起源于社会内部的不正常、不安分、不遵守制度和规范的人物，还包括由于人类暴力和暴行所造成的风险。经济风险，包括对经济发展所构成的威胁和由于经济运作失误所酿成的风险等。自然风险，包括对自然和人类社会所构成的生态威胁和科学技术迅猛发展带来的副作用和负面效应所酿成的风险等。对于社会结构的变革和变迁，其认为社会政治风险是最大的风险的等级制度主义文化，经济风险为最大风险的市场个人主义文化，自然风险是最大风险的社团群落的边缘文化。② 而于1986年提出风险概念的德国社会学家乌尔里希·贝克则指出："风险是个指明自然终结和传统终结的概念。或者换句话说，在自然和传统失去他们的无限效力并依赖于人的决定的地方，才谈得上风险。风险概念表明人们创造了一种文明，以便使自己的决定将会造成的

---

① 杨雪冬：《风险社会与秩序重建》，北京，社会科学文献出版社，2006，第13~15页。

② 斯科特·拉什著《风险社会与风险文化》，王武龙编译，载《马克思主义与现实》2002年第4期。

不可预见的后果具备可预见性，从而控制不可控制的，通过有意采取的预防性行为以及相应的制度化的措施战胜种种（发展所带来的）副作用。"① 另外，贝克还认为风险的概念意味着：

第一，既非毁灭亦非信任/安全，而是一种真实的虚拟；

第二，是一种有威胁性的未来，（仍然）与事实相反，成为影响当前行为的参数；

第三，既是事实陈述，也是价值陈述，它在数字化道德中得以结合；

第四，控制与失控，正如在人为制造的不确定性中所表现的那样；

第五，在认识（再认识）冲突中所意识到的知识和无意识；

第六，全球和本土被同时重组为风险的"全球性"；

第七，知识、潜在影响和症候后果之间的区别；

第八，一个人造的，失去了自然和文化二元论的混合世界。②

与贝克一样，英国社会学家安东尼·吉登斯同样认为，风险社会就是日益生活在科学技术的前沿，无人能够完全明白，也难以把握各种可能的未来。他把风险分为外部风险（external risk）和人造风险（manufactured risk）。外部风险是指在一定条件下某种自然现象、生理现象或者社会现象是否发生，及其对人类的社会财富和生命安全是否造成损失和损失程度的客观不确定性。而人造风险则是一种新的风险形式，它是人们以往没有体验到的，也是无法依据传统的时间序列作出估计的。也就是说对人造风险，历史上没有为我们提供任何可以借鉴的经验，我们甚至不知道这些风险是什么，就更不要说根据概率对风险的精确计算了，以及对风险结果的预

---

① 〔德〕乌尔里希·贝克著《自由与资本主义》，路国林译，杭州，浙江人民出版社，2001，第119页。

② 〔德〕乌尔里希·贝克、芭芭拉·亚当：《再谈风险社会：理论、政治与研究计划》，载约斯特·房·龙编著《风险社会及其超越》，赵延东等译，北京，北京出版社，2005，第221~228页。

测,这就使人们陷入到前未所有的风险环境之中。①

通过对风险概念的综合分析,国内有学者把风险定义为:个人和群体在未来遇到的伤害的可能性以及对这种可能性的判断和认知。同时也指出了风险的五个基本特征:第一,风险是客观存在和主观认知的结合体。第二,风险有双重来源,即引发风险的因素可以是"上帝的行为"也可以是"人为的错误"。第三,风险是积极结果和消极结果的结合体,风险既可以被理解为机会、机遇,也可以被理解为危险和不确定性。第四,风险具有可计算性和不可计算性。第五,风险具有时间和空间维度,也就是风险是一个将来事态的名词,是未来指向并在空间上不断扩展的。通过以上分析,我们可以认为风险就是那些可能对个人、群体或社会既有收益又可能有损失的一种不确定性。②

二 风险社会理论及其意义

对于什么是风险社会,主要有三种观点:客观实体派的风险社会理论、文化意义上的风险理论和制度派的风险理论。客观实体派坚持现实论或实证论者的主张,普遍认为风险是客观的不确定,是客观存在的实体,是可预测的。他们主要用客观概率的概念来规范和测度不确定性;以科学和技术的方式呈现风险,一切不利后果,均以金钱观念观察和计价。风险真实性的认定,则以数学值的高低为认定基础。而风险研究则主要集中在风险识别,风险偶然因素的汇集,建立风险关系,对各种类型风险反应的预防性模型,以及限制风险影响的计划方案等问题上。这些探查采纳了一种理性主义的途径,它的推论建立在专家的科学预测和计量这一最精确的基本预设之上。因此,这些研究者也可以说是采纳了一种现实主义的途径来研究风险。风险理解的这个视角把风

---

① 〔英〕安东尼·吉登斯:《现代性——吉登斯访谈》,尹宏毅译,北京,新华出版社,2000,第195页。
② 杨雪冬:《风险社会与秩序重建》,北京,社会科学文献出版社,2006,第16~19页。

险的不利影响只是集中在"真实的"健康影响或生态损害方面，而技术的分析也是建立在对不利后果的一个社会共识和保证对所有研究中的风险问题同等对待的一个实证主义的方法论基础之上。这个方法论是对风险从其所处的文化和社会背景环境中做出的一个简单化的提取。①从文化意义上来解读风险社会理论的主要是以斯科特·拉什等学者为代表，他们把风险社会这一概念假定在一个社会中有一个公众关注的热点和难点，并且通常把它称之为社会的焦点，先假定每一位单个的社会成员为了他们的实际需要有一个等级秩序。与此相反，风险文化并没有假定一个确定的秩序，而是假定一个需要通过自然调节的非确定性的无序状态。风险文化存在非制度性的和反制度性的社会状态之中，其传播不是依靠程序性的规范和规则，而是依靠其实质意义上的价值。在风险文化时代对社会成员的治理方式不是依靠法规条例，而是依靠一些带有象征意义的理念和信念，因为风险文化中的社会成员宁可要平等意义上的混乱和无序状态，也不要等级森严的定式和秩序。风险文化中的不确定的准社会成员可能是一盘散沙式的集合体，并且它们是不太关心自身的实际利益的，他们只是对美好的生活抱有幻想和期望。最后，他还明确指出，风险社会将一去不返，取而代之的是风险文化的时代。伴随着风险文化时代而来的也许是人类许许多多的惶恐和战栗，并且不再有小规模的恐惧和焦虑。科学技术的迅速发展终将最大限度地满足人类的各种需要，但是，科学技术发展的负面作用也日渐暴露，伴随科学技术发展而来的各种风险也日益引起人类的重视。动辄就涉及全人类的生存安全的各种风险将是未来的风险文化时代所要研究和解决的首要问题。②

以乌尔里希·贝克等为代表的制度主义派是风险社会理论的

---

① 刘婧:《现代社会风险分析》，载《浙江社会科学》2005年第1期。
② 斯科特·拉什:《风险社会与风险文化》，王武龙编译，载《马克思主义与现实》2002年第4期。

首倡者。他们认为风险是现代乃至于可预见的未来社会的核心，它将取代诸如财富、科学、理性等因素而主导个人及社会生活的开展。风险社会基本上是以对工业社会现代化的批判为着眼点，通过不断扬弃线性的、简单的"第一现代性"（或"工业现代化"），发展出自我批判、解决难题的"第二现代性"或（"反思现代性"），因为现代工业社会所造成的安全不确定性、生态灾难已无法再用旧的社会观点、制度来解决。并且风险是人为的混合，它结合了政治、伦理、演绎、媒体、科技、文化以及人们的特别感知，因此风险是依据人们特定的社会文化感知和定义来建构的。可以说科技时代所引发的任何危机，都可以把责任归结为个人、团体、政府及其他的相关组织。每一个个人、团体、政府、组织都应该为他们的所作所为承担相应的后果。人类社会生活将存在泛道德化的趋势，而这种伦理责任的提倡，社会性与个体性的交融与平衡，都将成为人们思考的重点。有越来越多的人积极参与各种社会救助活动，体验人与人之间的相互关怀，这可诠释为个人的自我价值实现和互动价值的统一。[1]

在风险的确认和管理方面，贝克认为政治家们不能再依赖于科学专家，这是因为：第一，在不同的人和受影响的集团之间总是存在矛盾的主张和观点，他们对风险具有不同的定义。第二，专家仅仅能够或多或少地提供关于可能性的一些不确定性的事实信息，但是，永远不能回答这个问题：哪种风险是可以接受的，哪种是不能接受的。第三，如果政治家采纳科学的建议，他们就陷入错误、僵化和科学知识的不确定中。因此，风险社会的教训是：政治和道德正在获得——必须获得——替换科学论证的优先权。[2] 另外在贝克的风险社会理论中还提到另外一个概念

---

[1] 薛晓源、刘国良：《全球风险世界：现在与未来——德国著名社会科学家、风险社会理论创始人乌尔里希·贝克教授访谈录》，载《马克思主义与现实》2005年第1期。

[2] Ulrich Beck, Politics of Risk Society, Jane Franklin (ed.), *The Politics of Risk Society*, Cambridge: Polity, 1998, pp. 9–22.

"有组织地不负责任"(organized irresponsibility),"有组织地不负责任"实际上反映了现代治理性形态在风险社会中面临的困境。具体来说,这种"有组织的不负责任"体现在两个方面:一是尽管现代社会制度高度发达,关系紧密,几乎覆盖了人类活动的各种领域,但是他们在风险社会来临的时候却无法有效应对,难以承担起事前预防和事后解决的责任;二是就人类环境来说,无法准确界定几个世纪以来环境破坏的责任主体。各种治理主体反而利用法律和科学作为辩护之利器而进行"有组织地不承担责任"的活动。[1]

尽管许多社会学家对风险社会理论进行了评述,也有人认为,这一理论存在着局限性。这主要表现在三个方面:首先,风险社会理论关于风险的论述有近乎于夸张的倾向。其次,风险社会理论从来没有真正质问专家和知识的意义,尤其是没有质问他们不确定的社会文化基础。涉及专家政治化的论述时,与专家贩卖的那种知识的实用性和适当性问题相似,更多的是人们如何决定专家相信的问题。公民可能只问这些知识的可能性,或其他类型的知识可能更适合于证明,从来没有考虑过焦虑的市民所担忧的风险。再次,风险社会理论存在着风险民主问题。[2] 虽然风险社会理论在这方面的论述不足,但总的来说,风险社会理论的提出,对于揭示根植于我们社会中的思想意识,决策过程和管理活动中危机产生的方式,以及如何正确理解和应对后现代社会的生态冲突和科技发展产生的不良影响具有重要的作用和意义。

第一,风险社会理论增强了人们认知风险意识。

风险社会理论对风险特别是技术风险产生的影响作了详细的划分(如表1-3所示),将生态危机和科技发展带来的风险凸显出来,使人们对自身所面临的风险和危机有一个清楚的了解。这

---

[1] 杨雪冬:《风险社会理论述评》,载《国家行政学院学报》2005年第1期。
[2] 周战超:《当代西方风险社会理论引述》,载《马克思主义与现实》2003年第4期。

样,人们才能在今后的生活、生产中进行更好的处理和规避。也就是说,在风险和危机意识的指导下,人们才能更充分地发挥治理危机和风险的潜能。认识危机是治理危机的前提条件。尤其是在我国,较长时期以来,政府管理者与社会公众风险和危机意识淡薄,应对危机事件时的心理准备不足,以至于面对危机状态时产生焦虑、不安和恐慌。风险社会理论使我们认识到危机的真实存在,从而保持警惕,以便能在危机和风险出现时沉着应对,保持社会的稳定协调发展。

表1-3 技术风险产生的影响

危害可能性	已知	疑似的	假定的
生态的	化学物质、废气、放射性物质、转基因物质造成的影响	对生态系统造成的不可逆的破坏	生态系统的崩溃
个人的	放射性物质、病原体、有毒物质以及转基因物质对健康的伤害以及死亡	不情愿地被纳入国家保护计划	"第二级危害"造成的大规模死亡
社会的	技术化对社会关系的破坏	生活的社会形态受到损害	西方社会的再意识形态化以及社会不可逆转蜕变
政治的	超越民主合法性的高技术亚政治发展	民主制度(例如议会)以及公共空间受到侵蚀	生态技术管制以及控制社会进程
道德的	人类形象受到损害	人类特征(如性别、头发颜色、大脑的功能)被操纵、选择以及改善	人类基因的变化,使用优生法以及造人术

资料来源: Piet Strdom Buckingham: *Risk, Environment and Society*, Open University Press, 2002, p. 75.

第二,风险社会理论对人们研究和探讨工业技术性危机事件提供了重要的理论基础。现代社会，特别是切尔诺贝利核泄漏这样的重大科技灾害发生之后，打破了注重科技和工业发展的积极作用的传统思想意识，使人们开始反思和自省自己对技术的认识——"在提高生产力的竞争中，相伴随的风险总是受到而且还在受到忽略。科技的好奇心首先是要对生产力有好用，而与之联系的风险总是被推后考虑或者完全不加考虑。"[①] 这一理论的探讨，在一定程度上引起了公众（特别是技术专家）的认识和关注，使其在今后的研究中认真对待，谨慎处理。

第三，风险社会理论对社会危机治理观念的改变有着重大的意义。"从总体上考虑，风险社会指的是世界风险社会。就其轴心原则而言，它的挑战是无论在时间上还是空间上都无法从社会的角度进行界定的现代文明制造的危险。这样，第一顺序的、工业现代性的基本状况和原则——阶级之间的对立、国家地位以及线性想象、技术经济理性和控制——均被绕过和废除了。"[②] 这就要求在危机治理中打破国家作为秩序的唯一治理主体的理念。风险的时间和空间上的延展性，要求每一个公民都成为危机的治理主体。也就是说个人和政府应该树立这样一个理念：义务理念。政府的每个管理者在危机出现时能够恪尽职守，最终树立政府良好形象。同时，作为社会中的一员，任何公众在具备良好的危机意识、提高自身防护能力的同时，也要积极投身到危机治理中，打破传统上政府是危机治理天然主体而与普通公民无关的思想观念。

三 风险与危机的比较分析

通过对风险和危机的分析，我们可以得出风险与危机存在许多的相同之处，许多人认为其可以换用。如他们都对社会发展以

---

① 〔德〕乌尔里希·贝克：《风险社会》，何博闻译，南京，译林出版社，2004，第71页。
② 〔德〕乌尔里希·贝克：《世界风险社会》，吴英姿、孙淑敏译，南京，南京大学出版社，2004，第24页。

及人们的生活存在重大的影响,其形成机理都可能存在损失和不确定性,但是在定义危机时要比风险更为严格,即"危机是风险中的一种,风险包括危机,也就是说,所有的危机事件都是风险事件,但风险事件不一定是危机事件"。① 具体来说,两者的区别主要表现在以下方面。

首先,从发生时间上看,两者的指向状态不同。风险多是未来指向的,而危机是一个已知状态,并且还有可能向着更加恶化的方向发展。也就是说,风险多指潜在的事态的发展,这种发展可能是良性的也可能是恶性的。而危机主要强调一种潜在的威胁,一种正处于酝酿过程之中、有可能产生危害的征兆,是一种可能的灾难。正如贝克所言,风险本身并不是"危险"或"灾难",而是一种危险和灾难的可能性。当人类试图控制自然和传统,并试图控制由此产生的种种难以预料的结果时,人类就面临着越来越多的风险。②

其次,从影响来看,二者直接导致的结果不同。实际上,虽然风险带有很强的负面意义——这也正是人们所尽力回避的,但是其也存在积极的一面,预示着人类和社会发展的机会和希望。也就是说,风险是机会和创新,因为风险给人们提供了选择生活方式和发展道路的机会,人们通过积极创新去把握这种机会,就可能把理想变为现实。特别在经济领域,积极利用风险作出投资,也是在激烈的市场竞争中获胜的重要一环。所以,"风险一方面将我们的注意力引向了我们所面对的各种风险……,另一方面又使我们的注意力转向这些风险所伴生的各种机会。风险不只是某种需要进行避免或者最大限度减少的负面影响,它同时也是从传

---

① 刘长敏:《危机应对的全球视角——各国危机应对机制与实践比较研究》,北京,中国政法大学出版社,2004,第13页。
② 〔德〕乌尔里希·贝克、约翰内斯·威尔姆斯:《自由与资本主义——与著名社会学家乌尔里希·贝克对话》,路国林译,杭州,浙江人民出版社,2001,第138页。

统和自然中脱离出来的,一个社会中充满活力的规则。"① 而对于危机来说,在其事发后的治理过程中,如果及时,可能会给今后的发展带来机会,但是危机发生后,直接导致的却是灾害和破坏。如人员的死伤,财物的破坏乃至社会生产和生活的停止等等。"人们对危机和风险的反应是不一样的。现实生活中,当人们听到风险时,会不以为然,即风险是可以是接受的,而听到危机时,就会做出强烈的反应,即危机是难以接受的。"②

虽然在使用上有人用风险,有人用危机,但笔者认为,它们之间应该是可以通用和互换的,都可以用以描述灾难事件或事态的描述,所以本文虽然用危机事件为通用的术语,风险及相关概念还是可以借鉴的。

小 结

灾害（disaster）作为对人类生活和环境带来损害的事件或现象,近年来,随着经济和科学技术水平的发展,人们的生活水平日益提高,其对人类的侵害和困扰也更加频繁和猖獗。各种各样的自然灾害、人为灾害以及自然—人为灾害日趋严重,水污染、土地沙漠化、水土流失、地面下沉、台风肆虐、地震、安全事故等不断出现,严重地影响我们的生存和发展。可以说无论是过去、现在还是未来,灾害都是人类的敌人和面临的挑战。

而风险（risk）意味着某一行为、事件或状态所引起危害性影响的可能性。风险是一种不确定的威胁,潜在的自然或非自然的灾害或危机事件与状态是风险的源头,灾害或危机爆发的可能性越大,风险就越大,灾害或危机潜在的危害后果越严重风险也就越大。灾害或危机事件的爆发或出现意味着风险转化为现实的

---

① 刘小枫:《现代性社会绪论——现代性与现代中国》,上海,上海三联书店,2000,第47页。
② 朱德武:《危机管理——面对突发事件的抉择》,广州,广东经济出版社,2002,第9页。

损害。所以也有人将风险定义为遇到危险或遭受伤害或损失的概率。

对灾害来说，风险专门用来评述灾害将要发生的概率，并且应用高风险、中等风险、低风险等相应术语来表明概率值。也就是说，风险是人们从事生产或社会活动时可能发生有害后果的定量描述，即风险是在一定时间产生有害事件的概率与有害事件后果的乘积。可以用以下算式表示：

$$R = PS$$

式中　R——风险；
　　　P——出现风险的概率，即单位时间内发生有害事件的次数；
　　　S——风险事件的后果。

在此，用灾害性公共危机主要是对公共危机这一宽泛的概念进行限定。由于公共危机可以分为突发性灾害型危机和重大社会危机两类。社会危机又可分为国内危机和国际危机。国际危机很好理解，指一国与外国或多国间发生的外交、政治、军事领土争端、民族宗教、经济乃至环境资源等方面的矛盾、冲突引起的危机。这类危机通常通过外交途径谋求解决，如解决不利则酿成战争，从而引发更大的危机（甚至触发国内危机）。国内危机可分为经济危机、政治危机、社会危机（如因宗教民族冲突以及其他社会矛盾引发的危机）等。前一类危机又可粗分为自然灾害与事故性灾害。例如日本阪神大地震，1998年我国特大洪水灾害，2003年的SARS危机以及苏联切尔诺贝利核泄漏等。突发的特大自然灾害，往往是难以预测的，造成的社会灾害也通常是巨大的。但是当灾害降临之际，政府采取的应对措施与危机管理决策正确与否，往往不仅关系到灾害处置的结果，通常还可以表现出政府的效能，而且一旦处置不当，自然灾害便有可能引发或演变为社会危机。事故型危机通常是人为或技术性原因造成的，由于危机决策处理不当而导致灾难扩大与恶化的事件。所以，对灾害性公共危机事件的研究具有重要的意义。

通过分析,风险源、灾害与灾害性公共危机之间的延展关系可以用图1-3表示。

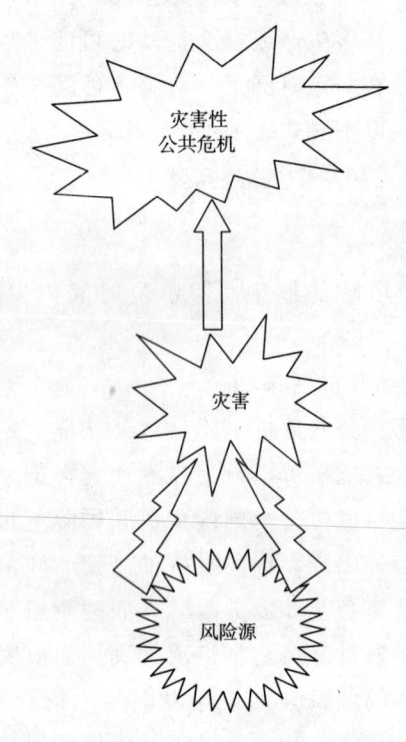

图1-3 风险源、灾害与灾害性公共危机

第二章
我国社会转型时期灾害性
公共危机产生的因素分析

第一节　社会转型与我国灾害性公共危机

一　转型时期的社会状况及其特征

随着中国社会变迁的开始，社会转型成为当前使用频率较高的一个术语。要想对社会转型有一个更好的理解，必须了解另外两个与之相关的概念"转轨"与"过渡"。"转轨"（transit）一词本是取自"转车乘换"的意思，被用来形容经济系统运行方式的改变。转型一般就是指经济的运行方式从计划走向市场，即以指令性计划为主的计划经济体制向市场调节为主的市场经济体制转换过程。这是 20 世纪最后十年里产生的影响全球经济的一场大革命。"过渡"（transition）则是对转轨过程中所产生的一系列经济现象提供的一种描述和解释，即这个"转车乘换"是一个"过渡"的过程。[①] "转型"（transformation）原是一个生物学上的概念，特指一物种变为另一物种，即为"生物细胞之间以及'裸露的'脱氧核糖核酸形式转移遗传物质的过

[①] 李维：《风险社会与主观幸福》，上海，上海社会科学院出版社，2005，总序第 13 页。

程"①。后来这一词语被社会学所借用,用来描述社会结构的演化和变迁。"中国社会主义市场经济的建立,不仅是经济体制或经济发展模式的转变,且由于经济的基础性地位,它必将引起整个社会生活及人们的社会活动方式的巨变。在这种巨变中,中国的社会结构也将得到根本性的改造,这就是社会转型。"② 也有人认为,"社会转型指的是社会的结构、功能、角色、理念、运作、规则处于尚未定型的状态与过程。从一般的意义上说,'转型时期'的最基本特征是所谓的'游戏规则没有确定'。在转型时代中,并不是完全没有规则,而是各种相互矛盾的规则同时在起作用。准确地说,转型时期的基本特点在于各种相互矛盾的规则之间的关系没有得到应有的整合。"③ 还有学者认为,社会转型是一个特定含义的社会学术语,意指社会从传统型向现代型的转变,或者说由传统型社会向现代型社会的转型过程。在这个意义上,"社会转型"和"社会现代化"是重合的,几乎是同义。④ 事实上,既然有转轨和过渡,所以社会转型就暗示着一个潜在的彼岸和追寻的结果。

改革开放以来,我国的社会转型更加全面和深刻,主要表现在两个方面:一是认为当前中国社会正处在全面转型期,其主要标志是中国社会正从自给半自给的产品经济社会向社会主义市场经济社会转化,正在从农业社会向工业化社会转化,正在从单一性质社会向异质多样性社会转移,正在从伦理社会向法治社会转化。二是认为当前中国社会转型主要表现为相互联系的三个层面:其一是结构转化,即当前中国社会的社会整体结构、社会资源结

---

① 《简明不列颠百科全书》第9卷,北京,中国大百科全书出版社,1986,第544页。
② 陈晏清:《当代中国社会转型论》,太原,山西教育出版社,1998,第1页。
③ 虞维华、张洪根:《社会转型时期的合法性研究》,合肥,中国科学技术大学出版社,2004,第205页。
④ 郑杭生、李强:《当代中国社会结构和社会关系研究》,北京,首都师范大学出版社,1987,第16页。

构、社会区域结构、社会组织结构以及社会身份结构等均在发生转化；其二是机制转换，即当前中国社会的利益分配机制、社会控制机制、社会沟通机制、社会流动机制及社会保障机制等都在发生转换；其三是观念转变，即随着当前中国社会结构的转化和机制的转换，人们的价值观念也发生转变。改革引起了社会结构基本要求的分化和重组，原有的社会结构被打破，新的社会结构要素不断生成。在这样一个转型过程中，社会结构要素的变动异常活跃，也异常动荡不安。社会结构各个部分、各要素相互错动，充满了不安定因素。社会运行处于一种不稳定状态，各种社会失序的现象在这一时期会突现出来。[①] 也就是说，社会转型期就是社会发展的阵痛时期。

二 转型时期我国灾害性公共危机的基本特征和类型

与社会转型时期相对应的是社会发展序列谱"非稳定时期"的频发期，是对人口、资源、环境、利益、公平等社会矛盾的瓶颈约束最严重的时期，也是经济容易失调、社会容易失方、心理容易失衡、社会伦理观念及重建的关键时期。"从当代的现实情况来看，几个方面的因素存在以及相互的作用使得各种灾害和危机发生的可能性大大加强：①人口的增长和人口密度的增加；②全球气候的变化；③环境的破坏和恶化；④科技发展所带来的负面作用和影响；⑤恐怖主义；⑥社会压力和冲突的增加。"[②] 2003年的"非典"正是在中国转型时期出现的一次大规模的灾害性公共危机，对社会和政府来说是一次重大的考验。具体来说，我国现阶段的灾害性公共危机主要表现出如下特点：

第一，危机发生领域广，种类多，强度大，频率高。由于处于体制转轨和社会转型时期，像中国这样一个发展中大国，灾害

---

① 刘祖云：《从传统到现代——当代中国社会转型研究》，武汉，湖北人民出版社，2000，第53~54页。
② 张成福：《公共危机管理：全面整合的模式与中国的战略选择》，载《中国行政管理》2003年第7期。

性公共危机事件既包括传统的突发性紧急事件,也包括新出现的种类不同、涉及领域广泛的危机事件。主要表现在以下几个方面:一是自然灾害。我国学者谢礼立认为,自然灾害"是指发生在生态系统中的自然过程,可导致社会系统失去稳定和平衡的非常事件,其特点是使社会造成生命和财产损失或导致社会在各种原生和有机的资源方面出现严重的供需不平衡"。从古至今,没有一个国家能躲过自然灾害的侵袭,2006年5月刚刚发生的印尼大地震恰恰说明了这一点。我国遭受灾害威胁的形势十分严峻。资料表明,我国位于地震烈度大于或等于7度的城市占城市总数的45%,全国70%以上的大城市、半数以上的人口和76%以上的工农业产值分布在气象灾害、海洋灾害、洪水灾害和地震灾害十分严重的沿海及东部平原丘陵地带。比如,1998年我国发生全国性的洪水危机,受灾人口达2.23亿,直接经济损失达1800亿元人民币。另外国内很多地区自然环境破坏发生,潜在的危机一触即发。二是技术灾害和事故。主要来自技术事故或工业事故,如爆炸、火灾、污染、辐射、泄漏等导致的人员伤亡,财产受损或环境恶化等。科学技术是一柄双刃剑,它既造福人类,又会给人类带来灾害和危机,爱因斯坦揭开了核能的秘密,人类利用了核能,但造福人类的核电站一旦出事故,其后果将不堪设想。1986年苏联切尔诺贝利核电站爆炸,大范围的核危害至今仍然挥之不去。另外,2005年11月13日,中石油吉林石化公司双苯厂苯胺车间发生爆炸,也是工业技术造成的灾害,它不仅给公司造成了巨大的经济损失,而且由于苯类污染物流入松花江,导致松花江流域水体严重污染,在冰城产生了一次严重的水危机。工业技术带来的负效应越来越为人们所关注。三是公共卫生事件。主要包括传染病,大量严重的食物中毒事件和动物疫情等。随着城市化的发展,人员流动的加速,一旦出现瘟疫、传染病、生物侵害等事件,如果控制不当导致蔓延,极有可能演化为大规模的公共危机。2003年春的SARS以及2004年出现的禽流感都是涉及全国的公共卫生危机事件。四是社会安全事件。主要包括重大治安事件、恐怖事件、经济安全事件、群体性事件和涉外事件等。由于这类事件本身的特殊性，正如前文所言，本文所探讨的灾害性公共危机事件是把其排除在外的。

第二，"涟漪效应"增强。因为危机就像一粒石子投进池水中引起了阵阵涟漪那样，一些初始的危机会引发随后更大危机。例如2003年"非典"蔓延期间，在最早出现疫情的广东省，一度出现抢购板蓝根的风潮；在福建省福州市除了抢购醋以外还有米、油、盐等物品；在北京疫情高峰时也曾出现"封城"的流言和抢购生活用品的风潮，这都给公共危机的有效治理增加了难度。

第三，危机造成的损失严重。首先是经济方面的损失。据《瞭望》周刊载文披露，中国每年因公共安全问题造成的经济损失计6500亿元，约占GDP总量的百分之六。这个数字的构成主要有以下几个方面：一是安全生产事故引发的损失共计2500亿元；二是社会治安事件造成的损失1500亿元；三是自然灾害造成的损失2000亿元左右；四是生物侵害导致的损失为500亿元。其次是人员伤亡。近些年来，我国每年在台风、洪水、滑坡、泥石流等自然灾害中丧生的人数均上万人，在各种事故灾害中丧生人数约13万人，在各类刑事案件中伤亡人数约7万人，总计约20万人的宝贵生命被夺走。其次是环境资源的破坏。地质、气象灾害增多，造成了土地沙漠化、沙土液化、地面下沉、地表裂缝、干旱缺水等生态资源破坏；大气污染、工业污染、垃圾污染、环境污染，造成气候环境不断恶化。由于环境自净能力和资源再生能力都是有限的，受到破坏后往往需要十年百年才可恢复，有的甚至无法复原。因此，对资源环境的破坏，不仅会危害当代经济社会生活，而且会贻害后代生存发展空间，影响更加深远。①

---

① 郭济主编《中央和大城市政府应急机制建设》，北京，中国人民大学出版社，2005，第25页。

三 近年来我国重大灾害性公共危机事件述要

根据世界发展进程的一般规律，当国家和地区发展到人均 GDP500 美元至 3000 美元时，往往是"非稳定状态的频发期"，是人口、资源、环境、效率和公平等社会矛盾较为突出的瓶颈时期。目前，我国正处于经济转轨和社会转型的时期，所以，各类灾害性公共危机事件不断，给我国造成了巨大的损失，本书通过事实说话，希望能够引以为戒。

四川温乐"3·23"天然气窜漏事故。1998 年 3 月 22 日 17 时，在四川省温乐县天然气矿井，当钻井至 1869 米左右时，发生溢流显示，关井后在准备压井泥浆及堵漏过程中，天然气通过煤矿采动裂缝于 3 月 23 日凌晨 5 时 40 分左右，自然窜入井场附近的四川省开江翰河坝煤矿和乡镇子煤矿等，导致乡镇子煤矿内作业的矿工，死亡 11 人，中毒 13 人，烧伤 1 人的特大事故。

四川开县"12·23"井喷事故。2003 年 12 月 23 日 22 时，由四川石油管理局川东钻探公司承钻的位于开县境内的罗家 16 号井，在起钻过程中发生天然气井喷失控，从井内喷出的大量含有高浓度硫化氢的天然气四处弥漫、扩散，导致 243 人因硫化氢中毒死亡，2124 人因硫化氢中毒住院治疗，65000 多人被紧急疏散安置，直接经济损失达 6432.31 万元，公路上、水井边、山坳里随处可见的尸体，一幕幕悲惨的景象让人震惊！

SARS 危机。2003 年春夏之交蔓延世界 30 多个国家和地区的 SARS 危机，我国也未能幸免。我国内地有 26 个省、自治区、直辖市先后发生 SARS 疫情，据世界卫生组织 2003 年 8 月 15 日公布的统计数字，截至 8 月 7 日，全球累计 SARS 病例 8422 例，病死率 11%。其中，中国内地累计病例 5327 人，死亡 349 人；中国香港 1755 例，死亡 300 人；中国台湾 665 例，死亡 180 人。SARS 危机不仅对我国的经济发展造成巨大的负面影响，并且还影响到我国的国际交往活动。

禽流感疫情。从 2004 年 1 月 27 日广西发生第一起致病性禽流感疫情之日起,中国禽流感的疫区增加到了49个,发生疫情的省份也增加到了16个,到了谈禽流感色变的地步。为了使疫情得到有效的控制,我国政府共捕杀了900多万只家禽,中央政府和地方各级财政也安排8亿多元防治资金。禽流感也给我国经济尤其是家禽养殖业带来巨大的损失。

松花江水污染危机。2005年11月13日,中石油吉林石化公司双苯厂发生爆炸,灭火时虽防止了更大的爆炸,但是造成了约100吨双苯和硝基苯混合物流入松花江。这次爆炸不仅造成了6人死亡,而且也导致了松花江重大水污染事件,给松花江沿岸尤其是沿岸大中城市人民群众生活和经济发展带来了严重影响,在国内引起了长时间的水危机和社会恐慌。同时,水污染事件还引起了国际社会的关注,造成不良的国际影响,也损害了中国石油的整体形象。目前,水污染造成的经济损失约为国民生产总值的1.5%~3%,水污染已成为不亚于洪灾、旱灾,甚至是更为严重的灾害。据统计,仅哈尔滨全城停水4天,直接损失至少75亿元左右,给松花江两岸人民工农业生产和生活带来无法估量的损失不知多少亿。

第二节 现阶段我国灾害性公共危机的诱因分析

一 人与自然的非和谐性

达尔文认为,"'自然',只是指许多自然规则的综合作用及其产物而言,而法则是我们所确定的各种事物的因果关系。"[①] 根据此定义可以对自然作如下理解:一是自生自发,与人为作用相对。也就是说事物的千变万化都是自然力长期作用的结果,而非

---

① 〔英〕达尔文:《物种起源》,周建人等译,北京,商务印书馆,1995,第95页。

外力所创造；二是认为事物发展的过程中会自动地产生出规则，形成一种自我协调的机制和结构。在此所提到的自然，是指人类赖以生存的地理环境和作为人类活动要素的自然。

　　自然界是人类赖以生存的基础，人与自然是不可分离的有机整体。物质资料的生产和再生产以及人自身的生产和再生产，都是以自然界的存在和发展为前提条件的，因为人本身是自然界长期发展的产物，没有自然界就没有人类的繁衍生息。马克思在《1844年经济学－哲学手稿》中提出："只有在社会中，人的自然存在对他来说才是他人的存在，而自然界对他来说才成为人。因此，社会是人同自然界完成了本质的统一，是自然界的真正复活，是人实现了的自然主义和自然界的人道主义。"[1] 但是自从人类出现在地球上之后，地球就从纯自然变成了带有社会性的自然。人类来到世间，已显示出其"顶天立地"的狂傲身姿。自古以来，"翌射九日"、"精卫填海"、"愚公移山"的神话被人颂扬，沉醉在"人定胜天"、"改天换地"的胜利以及与天奋斗其乐无穷，与地奋斗其乐无穷之中。随着工业社会的到来，科学技术的进步和应用，人类的创造力得到了大幅度的释放，占用自然资源的能力大大提高，人类从自然界得到了大量的财富。但这也使人类愈来愈远离大自然的怀抱，被人类惹怒的大自然用各种灾害性公共危机来一次次惩罚人类。厄尔尼诺、温室效应、物种锐减、冰川融化、森林枯竭、土地沙化、旱灾、涝灾、地震、飓风、沙尘暴等越来越频繁的自然灾害无情地反抗着人们的意志，吞噬着人们的生命和劳动成果。一百多年前，恩格斯就曾给人类提出了忠告："我们不要过分陶醉于人类对自然界的胜利，对于每一次这样的胜利，自然界都对我们进行报复……美索布达米亚、希腊、小亚细亚以及别的地方的居民，为了得到耕地，毁灭了森林，他们想不到这些地方今天竟因此成了荒芜不毛之地，因为他们在这些地

---

[1] 《马克思恩格斯全集》第42卷，北京，人民出版社，1979，第122页。

方剥夺了森林，也就剥夺了水分积聚的中心和储存器。"① 我国作为一个正在走向现代工业化的发展中国家，人与自然的非和谐性主要表现在以下方面。

一是人口问题。中国作为世界第一人口大国，巨大的人口包袱已成为制约中国经济发展的瓶颈和主要社会问题。表现为人口基数大，出生率和自然增长率高，绝对数量增长快，人口质量低（身体素质差，平均文化程度低）。现在全球每年净增人口9000万，中国约占15%，目前中国人口已达14亿，要满足这么多人口不断增长的物质生活和精神生活的需要，就要不断提高向自然母亲索取的力度。在人口压力之下，频频出现的围湖造田，毁林开荒，过度放牧，滥杀沿海野生动物，造成资源大量消耗，生态环境急剧恶化。② 离开了母亲怀抱的孩子肯定是孤独无助的。恐龙曾统治了地球近两亿年，如今已销声匿迹了。比起两亿年来，人类两百万年的生命历程不过是永恒中的一瞬。如果我们不同自然建立平等和谐的伙伴关系，谁又能断言不会被自然母亲所厌恶和抛弃呢？目前我国自然灾害频发，难道这所谓的"自然"灾害真的是纯自然的吗？事实上，许多自然灾害已经不仅仅是纯自然的，人为的、社会的因素在其中的引发作用日益明显。我国大面积暴发的沙尘暴天气，危害之大，涉及面积之广，正是人们对水资源、生物资源和土地资源过度开发利用的结果。同时，在自然与人为公共危机之间，存在着各种关联性和因果性，这种关联性和因果性会使某种单一灾害与危机转变为复杂的全球性危机，如"非典"，禽流感，其传染之快、危害之大，超出人们的意料。有人就认为这并非是病毒流行强大了，而是人类大规模地破坏自然界的结果。"任何一种文明方式都没有像现在的工业化那样存在着自身毁灭的危险，不认识到这一点很难想象当前的趋势会有什

---

① 《马克思恩格斯选集》第3卷，北京，人民出版社，1979，第518页。
② 曾迎红：《实现人与自然和谐发展，构建社会主义和谐社会》，载《科学中国人》2005年第9期。

么样的结果。"①

二是环境问题。一方面是环境污染严重。我国有1/3的土地遭受过酸雨的袭击，七大河流中有一半的水资源无水可用，1/3的城市人口不得不呼吸被污染的空气，世界上10个污染最严重的城市中，中国就占5个。2005年，瑞士达沃斯世界经济论坛发布的"环境可持续指数"（ESI）显示，在全球144个国家和地区中，中国排在133位。严重的环境污染已成为影响我国公民健康的巨大杀手。引起环境污染的物质主要有：工业"三废"（废水、废气和废渣）、农药残留、生活污染垃圾、放射性污染物等。这些有害物质进入大气造成大气污染；进入湖泊造成水污染；进入土壤造成土壤污染，环境治理难度极大。据科学测量，全球气候变暖已成为事实，近五十年的气候变暖主要是人类使用矿物燃料排放大量的二氧化碳等温室气体的温室效应造成的。另一方面是生态环境恶化、土地沙漠化、水土流失、森林和草地退化、江河断流、水生态系统失衡等一系列问题仍在加剧。生态灾害常常突然逼近我们，给经济建设和人民生活造成极大损害。根据我国专家20世纪90年代中期和2001年的研究表明，环境污染造成的经济损失约占当年GDP的3%到4%。世界银行1997年发表的报告测算，中国仅大气和水污染造成的损失就约540亿美元，占同期GDP的8%。2003年由于环境污染和生态破坏给我国造成的损失已占到GDP的15%左右。② 1998年的特大洪水危机、2003年的"非典"危机，从某种程度上说，就是自然界对我们的报复。正如歌德所说："大自然从未犯过错，犯错误的是人。"人类的价值决不可达到"人定胜天"的境界，而只能是在实践中学会认识大自然的规律，如果人类置大自然的规律于不顾，必然会遭受巨大的报复。在《人类与大地母亲》的最后，汤因比告诫性地指出：

---

① 乔晓勤编译《危机选择》，成都，四川人民出版社，1989，第1页。
② 曾迎红：《实现人与自然和谐发展，构建社会主义和谐社会》，载《科学中国人》2005年第9期。

"未来是难以预料的,因为它还没有成为现实。……毋庸置疑,过去发生的一切事情,如果条件相同仍会重演。……只有一个判断是确定的,人类,这个大地母亲的孩子,如果继续他的弑母之罪的话,他将是不可能生存下去的。他所面临的惩罚是人类自我毁灭。"①

二 经济发展中的偏差

改革开放以来,我国坚持以经济建设为中心的基本发展战略。这一转变使中国社会的面貌发生了很大的变化,综合国力大为增强,人民的物质文化生活水平显著提高,这是因为经济发展是民生的基础和保障。但是2003年的SARS危机,又迫使我们对经济发展中的问题进行反思:经济发展既要满足人们的利益要求,更要服务于社会,服务于公民的健康和安全。具体来说:

第一,经济发展中对GDP增长的片面追求。形成于20世纪30年代的国民经济核算指标GDP,提供了关于社会经济行为的大量信息。通过对这些信息的分析,一国政府能够对其经济发展态势做出恰当的估计并做出相应的决策。但这些年在经济的发展中,出现了片面发展GDP,以GDP至上的情况。"过分看重GDP的增长指数,忽略了社会全面发展的各项指标;注重人均GDP水平时,忽略了实际收入水平的变化。注重短缺的经济增长指标,忽视可持续发展指标,以至于不断发生各种破坏生态环境的问题……"②在GDP至上的理念之下,企业在存在安全隐患的情况下继续作业,政府官员为了地方的GDP增长,对此"睁一只眼,闭一只眼",甚至在特大矿难和危机发生之后,为了怕给当地经济发展抹黑,而出现隐瞒、谎报、不报乃至欺骗的行为,导致这种现象产生的另外一个原因是官员考核制中的GDP倾向。在数不

---

① 〔英〕汤因比:《人类与大地母亲》,徐波等译,上海,上海人民出版社,1992,第726页。
② 迟福林:《门槛——政府转型与改革攻坚》,北京,中国经济出版社,2005,第37页。

清的矿难中,官员虽然知道被查处之后丢官罢职的风险,但由于这种风险的贴现值低于公布真实信息后所引起的负面效果,所以很多政府官员还是会选择隐瞒信息。例如南丹"7·17"重大矿难发生后,私营企业主和地方当局刻意封锁消息,使事件被掩盖半月之久,究其原因不是地方政府官员政绩心在作祟,就是片面追求GDP惹的祸。在无数的矿难中,把经济利润放在第一位,把利润和产值看得高于人的生命,必然忽视安全,生命被漠视,这就是每年数千万矿工的死因。

第二,经济发展中的资源浪费现象。我国虽然号称地大物博,但人均资源拥有量却居于世界后列,排在世界第120位。据统计,中国人均耕地、淡水、森林、草原拥有量分别只有世界平均水平的32%、28%、14%和32%。各种矿产资源人均拥有量均不到世界平均水平的一半。例如,已探明的石油储量33亿吨,仅占世界的2.3%,人均石油开采储量只有2.6吨,为世界平均值的11.1%。已探明的可直接利用的煤炭资源储量1886亿吨,人均煤炭可采储量90吨,为世界平均值的55.4%,而且尽管我国资源贫乏,但资源消耗却远远高于世界水平,虽是世界第三大能源国,但更是第二大消耗国。目前我国已消耗全世界20%的能源的沉重代价来生产占全球4%的GDP,2003年我国消耗了全世界7.4%的石油、31%原煤、27%的钢铁、25%的氧化铝、40%的水泥。中国生产一美元价值所需要的原料是日本的7倍,美国的6倍,印度的3倍;创造一美元产值的能耗是美国的4.3倍,德、法的7.7倍,日本的11.5倍。[①] 通过对资源的过度开采和不合理使用,虽然使经济快速增长,但忽视了自然资源的社会价值和环境价值。

所以,目前有人提出绿色GDP即EDP的观点。EDP是扣除环境、生态破坏损失后的GDP,可表示为:EDP = GDP −(生产过程、恢复资源过程、污染治理过程的环境污染)+ 新增环保生态

[①] 曾迎红:《实现人与自然和谐发展,构建社会主义和谐社会》,载《科学中国人》2005年第9期。

服务价值。可见经济的增长是 GDP 的增加，经济的发展是 EDP 的增加。随着经济与环境之间关系的日益紧张，面对自然灾害的一次次肆虐，我们既不能忽视经济发展过程中的各种自然资源和生态投入，也不能无视经济活动过程投放各种废弃物以及过度开发等不适当行为对自然环境功能、质量所带来的巨大负面影响。

第三，经济与社会发展的非一致性。只有经济和社会协调发展，社会才是一个稳定和谐没有危机的社会。但是我国在经济快速发展的同时，社会事业的发展却由于投入不足、重视不够，发展远远滞后于经济的发展。以 SARS 危机为例，直接暴露了我国公共卫生和医疗体制建设的严重缺陷：一是多年来公共卫生和支出在国家预算中的比例较小，并且逐年减少，同发展中国家相比较为落后。1997~1998 年，低收入国家（人均年收入 1000~2000 美元）的公共健康支出占其财政支出的比例为 1.26%，而我国仅为 0.62%，相差达 1 倍。2000 年，世界卫生组织在对 191 个会员国进行的卫生筹资与分配公平性的评估中，我国排在第 188 位。二是城市医疗保险的社会覆盖面不大，最近几年还有下降的趋势。1993 年有 27% 的城市人口未参加医疗保险，1998 年上升到 44%。三是农村的公共卫生和医疗问题还十分突出，并且落后于改革开放以前的六七十年代。参加农村医疗保险的人口从 70 年代末的 85% 急剧下降到 90 年代的 10% 左右。[①] 正是因为政府投入了大量的时间和财力去关注经济的发展，而无力顾及或较少顾及很多公共领域，如公共卫生体系、社会保障、贫富悬殊、城乡差距等，从而导致经济发展与社会发展的不同步。改革以来特别是在 90 年代下半期，中国社会收入的分配格局发生重大变化，出现从全民"分享型"或"共享型"增长到"部分获益型"增长。[②] 经济与社会发展的不和谐，增加了风险因素和社会不稳定因素。这就要

[①] 迟福林：《门槛——政府转型与改革攻坚》，北京，中国经济出版社，2005，第 103 页。

[②] 王绍兴、胡鞍钢、丁元竹：《经济繁荣背景下的社会不稳定》，载《战略与管理》2002 年第 3 期。

求国家在发展经济的同时,加强对公共事业的投入,减少突发公共危机事件发生的可能性。"此次 SARS 导致危机,很深刻的原因就在于我国医疗卫生事业发展长期严重滞后于经济发展和社会转型,公共卫生体系建设长期严重滞后于工业化、城市化和对外开放步伐,医疗卫生严重滞后于其他产业的发展。"①

三 政府公共管理能力的缺失

政府作为公共事务的管理者,公共政策的制定者,必须有足够的治理能力才能使各种灾害性公共危机事件得以有效治理,但是就目前我国政府公共危机应对的能力方面还存在着许多不足,具体来说如下。

(一) 政府公共服务职能缺位:政府公共管理职能定位不清

"所谓政府职能,就是政府在一定时期内根据社会发展的需要而赋有的职责和功能,它反映政府的实质和活动方向。"②也就是说政府职能是指政府在实施政治统治、社会管理和公共服务过程中所承担的职责和所发挥的作用。所以,政府职能的合理界定直接影响着政府管理能力的大小和强弱,政府只有在其应当发挥作用的领域发挥作用,才能最为有效地利用有限的社会资源,最大限度地发挥政府能力,否则就会造成资源的浪费与滥用,削弱政府的能力。所以政府职能的合理确定是有效发挥政府能力的前提之一,而足够的政府能力是政府职能能够在多大程度上得到实现的基础。具体来说,政府职能与能力的关系可以用以下公式表示:

$$政府能力大小的程度 = 政府能力(A)/政府职能(F)③$$

如果 A/F 趋向 100%,也就是说政府能力使固有的职能得到

---

① 唐新林:《SARS 危机与政府治理机制创新》,www.chinareform.org.cn/ad/zhuanxingzhf/12.htm。
② 《中国政府管理百科全书》,北京,经济日报出版社,1992,第 4 页。
③ 金太军:《政府能力引论》,载《宁夏社会科学》1998 年第 6 期。

了充分的发挥,这一政府必然是强有力的;反之,如果 A/F 小于 50%,也就是说政府能力只能使政府应有职能 1/2 得到发挥,这样的政府就是软弱无力的。但这一公式的成立是建立在对政府职能合理界定的基础之上的,如果政府职能(F)中包含的不仅仅是"应有"职能,还包含"不应有"职能,或者说政府职能范围过宽或过窄,都会影响该公式的成立。政府只有把其能力集中于"应有"职能的范围之内,才能使政府能力得到最大限度的有效发挥,即政府职能应该是有限的,因为政府能力是有限的。那么现代社会,政府的职能应该是什么呢?

随着社会的发展和进步,公共行政从原先的统治职能、管理职能逐步向服务职能发展。"产生于政府之中的行政行为服务于统治的目标,政府中的行政体制也从属于统治的需要,这种服务于统治的和主要执行着统治职能的行政就是统治行政;服务于管理为目标的和主要担负着管理职能的政府行政模式是管理行政;把服务作为一种基本理念和价值追求,政府定位于服务者的角度,把为社会、为公众服务作为政府存在、运行和发展的基本宗旨,这样的行政被称为服务行政。"[①] 这种为公众服务的职能应成为政府未来发展的方向。以珍妮特·V. 登哈特和罗伯特·B. 登哈特为代表人物的新公共服务理论对此作了很好的说明。他们指出公共行政是以服务为宗旨的,政府或政府官员的首要任务是帮助公民明确表达并实现其公共利益,而不是试图控制或驾驭社会,即政府的职能应是"服务而非掌舵",是向社会民主价值和为公众服务理念的回归。正如登哈特所说:"管理公共组织不仅仅是以最有效或尽可能'理性'的方式实现特定目标的问题,公共行政人员倒是必须注意考虑其他更广泛的多种因素。他们必须关注对公共利益——尽管它难以确定——的理解,必须保障充分回应人

[①] 张康之:《论公共管理者的价值选择》,载《中共中央党校学报》2003 年第 4 期。

民的意志。"[1] 新公共服务理论为确定新的政府职能体系打下基础，为深化和拓展政府服务功能找到了理论支持，政府的首要职能是提供维护性公共服务，包括维护市场经济秩序，保护财产权利和公民权利，保卫国家安全、社会安全以及给公众创造良好的社会生活环境。世界银行《1997年世界发展报告：变革世界中的政府》中给出了政府职能的框架，如表2-1所示。

表2-1　政府职能及其划分

	应对市场失灵			提高公平
最低职能	提供纯粹公共物品： 国防 法律和秩序 产权 宏观经济管理 公共医疗			保护贫困人群： 反贫困计划 灾难救助
中间职能	应对外部性： 基础教育 环境	规制垄断： 效益规制 反托拉斯政策	克服不充分信息： 保险（健康、生命、养老金） 金融规制消费者保护	提供社会保险： 再分配养老金 家庭津贴 失业保险
积极职能	协调私人活动： 培育市场 鼓励创新			再分配： 资产再分配

资料来源：世界银行：《1997年世界发展报告：变革世界中的政府》，北京，中国财政经济出版社，1997，第27页。

但是，在计划经济体制下，政府自然就养成了无所不包、无所不管、无所不能的"万能"政府，无论是宏观的还是微观的、精神的还是物质的、经济的还是政治的，都由政府亲自来管。甚至人民的衣食住行、生老病死，都由政府包下来。政府管了许多

---

[1] 〔美〕罗伯特·B. 登哈特：《公共组织理论》，扶松茂、丁力译，北京，中国人民大学出版社，2003，第5~6页。

不该管，也管不好的事情，而为了维系这一大政府的运行，势必要投入巨额经费，形成了所谓的高价政府。市场经济的建立，要求改变原来的全能政府模式，使政府朝着有限政府转变，改变以往那种事无巨细都要由政府管理的状况，将政府职能收敛于"应该管"的责任领域。由于政府职能不明晰，政府公共管理定位不准确，导致相应的公共应急资源（如财力安排）和危机时刻应急建设不到位，责、权、利无法得到具体落实。以至于每当公共危机发生时，政府在危机初期总是面临准备不足、缺乏应对的被动局面，而在接下来的防控上又不得不通过行政手段调动一切资源来集中解决。

十六届三中全会把政府职能定位为"经济调节、市场监管、社会管理和公共服务"四个方面，然而，必须看到，在过去二十多年中，我国在确立经济建设这个工作重心的同时，有意无意地将社会的协调发展放在了次要位置。作为一个现代政府，我国政府职能应该重新定位，树立如下理念：全面实现从"全能政府"向"有限政府"转变；从"管制政府"向"服务政府"转变；从"细职能、大政府"向"宽职能、小政府"转变；从"权力政府"向"责任政府"转变；从"强政府、大社会"向"好政府、强社会"转变。具体来说，要实现下列六个转变：

——从生成建设型向公共服务和社会管理型转变；

——从行政管制型向公共服务型转变；

——从旧式发展观，片面政绩观向科学发展观、正确政绩观转变；

——从集中管理型向依靠市场调控型转变；

——从提供经济物品向提供制度物品转变；

——积极营造全社会重视社会发展的氛围。[1] 只有实现政府职能的定位清晰而准确，才能使政府在公共危机时刻不慌不忙、

---

[1] 中国行政管理学会课题组：《强化政府社会管理职能，提高政府社会治理能力》，载《中国行政管理》2005年第3期。

积极应对,打一场有准备的胜仗。

(二) 管理缺位:应急管理和快速反应机制的建设滞后

经济合作与发展组织在2003年发表的《21世纪面临的新风险:行动议程》中提出了危机管理的新观点:①以国际先进水平去评估、预防、应对传统的和新型的危机和风险;②加强应急反应,不仅在灾害或危机发生之前,而且在发生过程中、发生之后都应立即采取行动;③采取综合、协调的方式,把政府、志愿者、民间机构团结和互助在一起,做好应对计划、组织和安排;④利用新兴技术,进行有效监测和监视,落实紧急状态应急计划,做好协调工作,对媒体宣传进行适当的管理,控制受灾范围,在紧急行动上加强国防协调;⑤加强预防体系,明确风险预防、监督的责任和补偿,增加透明度。可见应急管理和各部门的快速反应机制在危机治理中至关重要。但是SARS危机发生之前,国内应对突发性公共危机事件的能力几乎是一块白板。通过抗击SARS,大量的问题和矛盾被发现并补救。在应急方面,从中央到地方,行业性、部门性的应急预案相继出台。但是政府危机治理的目标是使损失最小化,这就要求政府对潜在的危机能及时预测、有效地预防、准备和应对,对发生的危机能迅速地发出警报以进行回应和重建。也就是说政府应当建立复合能动型的危机预警机制,及时捕捉危机的征兆,尽早发现问题,因为越早发现存在的威胁,抓住解决的机遇,就越有可能控制住危机的蔓延。一个完善的危机处理系统,首先要有预警机制和危机识别体系,及时收集、辨别分析和处理各种信息,及时察觉潜伏的危机,敏锐洞察危机得以治理的关节点,最后能够实现以较少的钱办最多的事,所以危机的顺利治理离不开一套规范、有效的危机管理和快速反应机制。

从快速反应机制来看,我国尚未建立不同危机事件之间的协调机制,分部门分灾种的危机管理体系使得应对复合型和全球型公共危机事件的效率低下。目前,我国公共危机的快速反应机制还不能完全满足处理越来越多的复合型和全球型公共危机事件的要求。第一，对单项危机事件的快速反应能力比较强，而对复合危机事件的快速反应机制显得效率比较低下。由于过去多年的计划经济体制，我国一直采用分部门、分灾种的单一灾情的救援体制和危机管理模式，大规模地区性自然灾害迄今仍用"人海战术"，投入大量的部队官兵来进行应对。第二，还没有完全建立起处理不同危机事件之间的协调机制，比如同级政府不同职能部门之间的等级协调和上下级政府之间的非等级协调机制等。在防灾救援体制上，政府有关部门由于"责、权、利"等诸多因素，在应对复合型灾害时，就出现了既不能形成应对极端事件的统一力量，也不能及时有效配置分散在各个部门的救灾资源的弊端，一旦多种危机事件并发，可能会使政府对处理危机事件的政策不能很好地加以协调，从而严重地影响政府处理紧急危机事件的效率。

我国虽然刚刚颁布了一些应对公共危机事件的总体预案，同时在省、市、县、乡四级还要制定相应的"地方预案"，制定地方预案是一件相对容易的事情，但是要使"预案"在危机时刻变成"实案"，却是一个至关重要的问题。不仅需要各级政府提高危机应对的意识，而且，还要真正从人、财、物各方面进行层层落实，这样应急预案在危机时刻才能真正成为实案。

（三）投入缺位：财政供给不足

《辞海》对财政所作的解释是所谓财政即理财之政，即国家或公共团体为了维持其生存和发展的目的，而获得收入，支出经费的经济行为。财政作为国家或政府的经济行为，具有鲜明的公共性。自从国家产生以后，社会事务就划分为"公办"和"私办"的两类事务，由国家或政府来办的事务是"公办"，亦即"公事"；由私人自己来办的事务就是"私办"，亦即"私事"。财政是为国家或政府执行其职能提供财力的，属于"公办"，"公事"，自然具有公共性。财政的公共性不是市场经济条件下才存在的，前面说的国家或政府执行某种社会职能是公共事务，甚至阶级统治是历史发展的必然结果，也属于公共事务。因此，财政的公共性，不是因为冠以"公共财政"的名称而存在，而是因为财政本身的属性天然具有公共性。① 简言之，财政的公共性就是指满足社会公共需要。公共财政不仅是保障公共产品的制度安排，而且是政府有效提供公共服务，化解社会矛盾，减少社会风险，保持国家长治久安的制度基础。

　　与经济的市场化和全球化相伴随，社会生活中人的各种不确定性因素大大增加，公共风险在不断扩大。一旦风险变成了危机，如何面对危机就成了一个重要的问题。公共财政作为防范和化解公共危机的最后一道防线，自然也是应对公共危机的一个必不可少的手段。从过去的经验来看，各种公共危机一旦来临，财政总是难以置身事外。例如在"非典"危机时刻，中央财政拿出 20 亿元设立防治"非典"专项资金，地方财政拿出了 80 亿元资金用于抗击"非典"。此外，财政部门还及时制定了相应政策和措施，如税收减免、免费治疗等。但同时我们必须清醒地认识到，2003 年的"非典"毕竟只动用了几十亿元，假如是几百亿元乃至上千亿元，只靠预备费机制是远远不够的。也就是说，从目前我国现有的政府财政支付能力和财政体制看，应对少数公共危机事件的能力是具备的，但从全方位防范、常规性防范、现代化防范的广度和深度的要求来看，资金的来源和保证性尤显不足。根据我国《预算法》的规定：各级预算按本级预算支出的 1%~3% 设置预备费。2003 年中央预算按较低的比率设置的总预备费为 100 亿元，只占中央本级预算支出的 1.4%。面对我国 2003 年出现的 SARS 以及地表干旱洪涝等多种自然灾害，这种财政资金明显应对不足。这是由于在社会转轨过程中，片面强调生产性投入，以致政府经济目标和经济职能有余，公共服务和社会目标不足，片面追求国内生产总值增长指标，基础教育、公共医疗、社会保障、环境保护等公共产品提供方面，政府缺位供给不足，突发性公共危机对政府公共财政提出严峻挑战。此次 SARS 危机，很深刻的

---

① 陈共：《财政学》，北京，中国人民大学出版社，2002，第 3 版，第 27 页。

原因就在于我国医疗卫生事业长期严重滞后于经济发展和社会转型，投入不足，发展滞后。

（四）沟通缺位：政府和公众及媒体间沟通不畅

政府作为公共服务的提供者、公共政策的制定者、公共事务的管理者，必须责无旁贷地担当公共危机治理的重担。另外新闻媒体作为危机管理的重要因素，在危机状态下发挥着极其重要的作用。媒体的态度与声音直接影响着政府在治理危机中能否有效控制社会秩序，防止危机升级和避免不必要的恐慌。同时，由于面对同一危机，不同的公众承受力不同。作为影响公共危机治理的三大力量，影响危机处理的重要方面就表现在沟通互动之中：及时收集、传递和共享信息能够舒缓危机，降低危机的损害。更重要的是，一旦出现公共危机，信息沟通以及与公众、媒体的及时沟通、交流可以保证政府作出及时和准确的决策，进行危机治理。但在现阶段沟通缺位主要表现在两个方面。

一是政府与公民之间信息沟通缺乏。沟通是指为了设定的目标，凭借一定的符号载体，在个人与群体间表达思想，交流情感与互通信息的过程。从某种程度上说，危机管理过程就是政府维护、巩固或重新塑造自身公众形象的过程，反之，获得了良好形象的政府又能够强化自身的公共危机管理能力。在公共危机事件出现时，许多突如其来的状况必须靠"沟通"与"协调"来解决，许多危机管理成败的关键在于第一时间的沟通。但是在公共危机情境之下，有些地方明显缺乏危机治理方面有效的信息支持和信息沟通机制。信息采集、处理和传递的能力不强，不能及时地、准确地向公众公布信息，与公众进行有效沟通，造成公众的恐慌与猜疑，产生政府信任危机。总之，如果政府在公共危机管理中，没有回应、责任丧失、缺乏沟通，就会造成政府与社会公众之间的紧张关系。所以做好公共危机沟通与交流，及时发布信息对政府而言是极其重要的。

二是政府与媒体间交流的不畅。大众新闻媒体对任何组织而言都具有三种意义：①组织传达信息的载体。组织运用电视、广播、报纸和杂志等大众新闻媒体，将信息传达给大众，大众媒体是组织对外传达信息和各种公众进行沟通的一种重要的载体。②最能影响组织对外形象的力量。一般人将"大众新闻媒体"称为"第四权"，将记者成为"无冕之王"，大众新闻媒体已成为社会的一种"建制"。③组织的"关键公众"。因为新闻媒体具有传达信息和影响组织形象这两种意义，所以组织很需要争取媒体记者及新闻界人士的支持，让他们为组织说好话，让他们了解组织的事情，进而争取他们的好感和认同。甚至当组织发生危机时，媒体能够用比较客观和友善的态度来对待组织。同样媒体对政府形象的建构具有重要的作用，但是在危机发生时，许多政府既不举行新闻发布会发布信息，甚至还对新闻媒体带有抵触和排斥情绪，加剧政府与媒体间的矛盾与冲突。媒体可能隐瞒或歪曲危机的相关情况，或者因为对危机轻描淡写造成公众对危机的麻痹大意，或者因为夸大危机进而造成公众不必要的恐慌。所以，政府对媒体公关有助于政府良好形象的树立并对公共危机的治理起到巨大的作用。①

　　沟通与交流是建立在信息公开的基础之上的。但作为危机管理者的政府及其公务人员，其对信息在公共危机治理中的作用并非一无所知，但为何在公共危机的治理中，存在着封锁消息、信息不公开、不透明、不能交流的现象呢？本人认为主要原因有以下几个方面。

　　一是现行官员升迁制度的影响。升迁作为对官员激励的一种主要表现形式，是人人所期望的。升迁的主要依据虽然是官员自己的德、能、勤、绩。但主要看的是为官一任是否出成绩或者有没有造成什么重大失误，所以在升迁过程中，对自己有利的信息件件上报，而对自己不利的信息往往秘而不宣，甚至还会想尽一

---

① 周晓丽：《论公共危机中政府形象及其重塑》，载《重庆社会科学》2006年第2期。

切办法来掩盖,以使自己的为官之路能"一路平安"。因为很多突发事件是消极的、起负面影响的,有些地方和行业主管部门负责人常常把这些事件看成是与他们工作业绩攸关的大事,出于地方保护主义、"怕抹黑"等心理,往往会掩盖真相,阻止事件见诸报端。在数不清的矿难中,官员虽然知道被查处之后丢官罢职的风险,但由于这种风险的贴现值低于公布真实信息后所引起的负面效果,所以很多官员还会选择隐瞒信息。例如南丹"7·17"重大矿难发生后,私营企业主和地方当局刻意封锁消息,使事件被掩盖半个月之久,究其原因无不是地方政府官员政绩心在作祟。应当看到,一个地方如果出现危机事件,当然不是光彩的事情,地方形象和地方政府及其领导人的形象,毫无疑问都有损害,但面对这种事故麻木不仁、姑息养奸,对危机信息一味地采用打压封锁,结果只能是激化矛盾,并给政府形象和执政者自身造成致命而可怕的损害。

二是政府传统管理理念的影响。在计划经济条件下,政府扮演了生产者、监督者和控制者的角色,是名副其实的"万能政府"或"全能政府"。在这些理念之下,政府认为公共危机的管理只能由政府来承担,公民对信息的知晓与否,并不重要,而忽视了公民在治理公共危机中的作用。而事实上,在既定经济和技术条件下,政府自身的能力毕竟是有限的。"当一些腐败无能的政府对灾难束手无策时,社会团体透过组织网络,动员民间自发力量代替政府的角色,更显得重要"。"由于民间组织贴近居民生活,较熟识社区内的情况,由他们带领灾后重建工作,更能满足社区的需求"。[①] 所以政府通过第三部门和公民来处理公共危机中的一些问题会更加合适、有效。在"万能政府"理念之下,政府官员超越了应有权限,垄断信息,越权替普通公民做出决定,这是一种极端有害的行为。

---

① 陈世民:《互助与监督:香港公民社会与非典危机》,载《SARS、全球化与中国》,上海,上海人民出版社,2004,第188页。

三是官智民愚思想在作祟。"由于科学技术的发展，专业化趋势日益明显……专业化所要求的'专家统治'或'精英治国'与要求普通公民参与的民主形成了悖论……正因为如此，有人打着专业化的旗号，来排除公民参与……"。① 在公共危机出现时，这种精英意识就漠视公众的智力，看低公众的判断能力和承受事实真相的能力，认为一旦公众面对真实的信息，社会出现的不是理性而只是更加混乱的状态。在一个开放、分权和多中心治理的社会，没有社会力量的参与，要想赢得一切公共危机治理的胜利是难以想象的。尤其是在政府能力和资源都有限的情况下，更不该有拒绝其他社会力量参与的非理性心态。②

在日后的治理工作中，政府首先要进行信息的公开与透明。因为政府信息公开化是知情权的基础和保障。如果行政事务和公共信息失去透明度，普通公民便如盲人摸象，不知所措，就有任人摆布的可能。其次要构建政府与公众与媒体沟通的有效平台，为政府决策提供依据，否则，公共危机治理将会受到极大的影响。

从理论上说，政府要使灾害性公共危机治理能取得成功，必须具备以下条件：一是政府必须具备足够的治理能力；二是政府官员必须是全心全意为人民服务的。但是在现实中，由于政府自身理性与结构缺陷的存在，必然导致危机治理中问题的产生。第一，虽然政府公务员具有追求公共性的一面，但是在客观上也存在自利性。政府的自利性往往导致政府权力的滥用，不仅是公共利益扭曲和异化，而且还会损害整个社会利益，造成社会资源的浪费。第二，政府也并非全知全能，如同市场失灵一样，由于信息的不对称，公共需求得不到有效显示，也会出现供给不足或过剩的行为。第三，由于缺乏相应的竞争和外部压力，公益产品与

---

① 周晓丽：《公民参与：公共政策合法性的路径选择》，载《中国政治》2005年第9期。
② 刘杰、周晓丽：《论信息公开在公共危机治理中的作用》，载《社科纵横》2006年第10期。

公共服务投入与产出的分离性、官员个人工作努力与合理收入难以有机地联系，以及对政府及其行政官员监督方面存在信息不对称，导致政府部门及其官员激励与约束机制的缺失。所以这种政府单中心治理会存在三个方面的失效：一是结构性失效。其表现形式有两种：一种是国家治理能力软弱，无法负担起应有的、提供社会秩序和社会安全的功能，更无法保证市场和公民社会的正常运行；另一种是国家与公民社会、市场的关系不平衡，挤占了后两者的边界，僭越了它们的功能，从而诱发了后两者的失效。二是制度性失效。它通常指某些规则和安排存在明显的缺陷。它有三种表现形式：或者是某些社会在安全问题上没有建立相应的制度，存在制度真空；或者是虽然建立了相应的制度，但无法实现其应有的绩效，存在制度不到位；或者是已经建立的制度不适应具体的条件，存在制度的不适应。三是政策性失效。通常来说，政策性失效会削弱社会安全，但不会直接导致社会不安全。然而，周期性的政策失效必然会导致制度失效，甚至影响到整个治理结构的运行。[1]

四　全球化条件下危机的放大与延展

20世纪90年代以来，全球化（globalization）已经成为人们耳熟能详的词汇。"'全球化'挂在每个人的嘴边。这个风靡一时的字眼如今已迅速成为一个陈词滥调，一句神奇的口头禅，一把意在打开一切通向现在与未来的奥秘的万能钥匙。对某些人而言，'全球化'是幸福的源泉；对另一些人来说，'全球化'是悲惨的祸根。然而对每一个人来说，'全球化'都是世界不可逃脱的命运，是无法逆转的过程。"[2] 全球化作为一把双刃剑，促进了全球的交流、沟通与互动，同时，也加强了危机的扩散和传播。一个

---

[1] 杨雪冬：《风险社会与秩序重建》，北京，社会科学文献出版社，2006，第68~69页。

[2] 〔英〕齐格蒙特·鲍曼：《全球化》，郭国良、许建华译，北京，商务印书馆，2001，第1页。

国家或地区发生的危机事件，往往随着人员的流动迅速传播蔓延到其他国家和地区，或者在其他国家和地区产生连锁反应。近年来发生的疯牛病事件、猪口蹄疫事件、SARS疫情、禽流感等全球公共危机事件，都是全球化带来的负面效应。据报道，世界上有100种具有危险性的物种，已通过全球化下的跨国流动侵入中国，全国所有省市区都发现生物入侵者，尤其是低海拔地区和热带岛屿最为严重。外来生物入侵造成的危害主要有：第一，外来生物成功入侵后，大量繁殖，迅速生长，难以控制，造成生态环境的破坏，形成生物污染；第二，外来物种如果生存和繁殖能力强，则会压制和排挤本地物种，形成优势种群，导致多样性消失；第三，许多外来生物造成农作物和牲畜死亡，对农林牧业生产造成巨大威胁，仅这些外来生物的入侵对农林业造成的直接经济损失每年就达574亿元；第四，威胁人类健康。比如豚草、三裂叶豚衣粉是引起人体过敏症状——枯草热的主要病源。①

　　全球化使世界更为紧密地联系在一起，在这种情况下，人员之间必将发生范围更广、程度更深的相互依赖，在此状态下，任何灾害性事件一旦发生，就可能对整个全球社会造成影响，对整个系统造成更大的伤害。危机在全球化的条件下的扩散和延迟主要表现在以下方面：第一，危机扩散和蔓延的全球化。全球急性传染病不仅给原发区，也给某些地区乃至全球带来巨大的灾难。1918年在西班牙爆发的世界性流感传染造成至少24万人死亡，1957年的亚洲流感和1968年的香港流感共造成全世界150万人死亡。第二，危机影响的全球化。某一国所发生的危机事件很可能造成对于全球经济、政治等方面的连带性冲击。在SARS事件中，感染地区是全球经济最活跃的地区之一，其威胁的人群也正是全球化中最活跃的人群，因而其影响将是全球性的。第三，危机应

---

① 政协致公组：《加强物种引进监督，防止外来生物入侵》，www.china.com.cn，2003-03-05。

对的全球化。① 某些危机,如未知疾病的发生,并不是某个国家或地区独有的,而是全人类共同面对的,对其进行有效控制也不仅仅是一个国家和地区的责任,而是关系到全人类共同的安全和利益。有效应对危机事件需要国家之间的合作和国际组织的参与。全球化表明人类社会正在进入全球社会的时代。在这样一个需要相互依存、共同发展的社会中,我国在加强同国际社会交流的同时,面临的风险和危机事件会更加复杂和多样。国内的某些危机事件,迅速输出国外;来自国外的危机事件,迅速传播并波及国内。这是全球化条件下,危机传播和蔓延的重要特征。人类的生存始终面临着一种弥散性危机情境的挑战,在这样一个全球化时代,就要求我们做好各种危机应对工作,把非常态的危机事件当成危机管理中的常态。"在封闭状态下被认为是安全的东西,在开放状态下未必是如此,反之亦然;何况,有的时候,某种局部的、低度的可控的系统内紊乱,可能预示着新的功能形成或新的跃进到来或新的和谐出现,它也可能是更高阶段上的稳定与安全的前提,而一些短期内趋于自我封闭或内部抑制性改革的'安全',倒容易导致更大的麻烦……不能正视全球现实,不敢开放国门,在此基础上建立的安全目标,归根到底是实现不了的,也是守不住的。"② 在全球化形态下,采取措施认真应对危机,而不是退缩、闭关,这才是克"危"制胜的法宝。

五 人类危机治理能力的局限性

国内外经验表明,在相同背景条件下,由于应对危机能力强弱不同,各个国家控制灾害事故、危机的程度有很大差异。如果政府和社会具有较强的应对危机的能力,就可以预防甚至减少危

---

① 薛澜、张强、钟开斌:《防范与重构:从 SARS 事件看转型期中国的危机管理》,载《改革》2003 年第 3 期。

② 王逸舟:《经济全球化过程中的政治稳定与国际关系》,载中国社会科学院外事局编《世界问题最新报告——经济与社会》,北京,经济管理出版社,2000,第 9 页。

机带来的灾害。对人类危机应对能力的制约，首先体现在人类对自然认识的局限性。随着人类生产实践的深入、知识的积累和技术手段的扩展以及科学研究的专门化、深入化，人类对自然规律的认识能力得到了强化，人类认识、预测、防治和抵抗自然危机的认识能力已经大为提高。然而在浩瀚的自然界面前，人类对于自然运动规律的认识依然是沧海一粟。人类认识不可能穷尽所有的自然现象，这种局限性在科技探索活动中，常常表现为人们对其探索活动所造成的后果不可能有充分的估计，因而在人们科技探索活动中会出现重大的意外，甚至造成重大的公共危机事件。如1986年，苏联切尔诺贝利核电站发生核泄漏事故，爆炸时泄漏的核燃料浓度高达60%，受污染地区至少包括2.5万平方公里，至1992年，已经有7000多人死于这次核污染，经济损失达1800亿卢布。[①] 其次是人类控制自然手段的有限性。相对于人类认识自然的能力，人类改造或控制自然的能力更为有限，尤其是在严重的灾害性天气面前，人们所能做到的就是被动地防御，而自身不可能采取主动有效的措施，使其远离人类。最后是人类行为控制能力的制约。由于人类社会现存的种种行为不规范和控制能力的有限性，也会给人类带来极大的损失。2004年11月28日陕西陈家山发生的我国煤矿40多年一遇的特大瓦斯爆炸事故调查还未结束，2005年正月初六，辽宁阜新又发生了213人死亡的特大矿难。这虽然在很大程度上起源于企业的非安全生产，但是，人类对各种规则的置之不理也是造成灾难的重要原因。

小　　结

在经济转轨和社会转型期，我国的公共危机事件种类繁多，危害巨大，一般而言，主要有自然灾害、事故灾难、公共卫生事

[①] 〔澳〕罗伯特·希斯：《危机管理》，王成等译，北京，中信出版社，2001，第175页。

件和社会安全事件。依据突发公共事件总体应急预案,自然灾害主要包括水旱灾害、气象灾害、地震灾害、地质灾害、海洋灾害、生物灾害和森林火灾、草原火灾等;事故灾难包括工矿商贸等企业的各类安全事故、交通运输事故、公共设施和设备事故、环境污染和生态破坏事件等;公共卫生事件主要包括传染病疫情、群体性不明原因疾病、食品安全和职业危害、动物疫情以及其他严重影响公众健康和生命安全的事件;社会安全事件主要包括恐怖袭击事件、经济安全、涉外突发事件等。这些危机事件,既有自然原因产生的,也有人为原因出现的,也有自然—人为的复合型危机事件。现阶段,我国公共危机的出现乃至扩散首先是因为人对自然的不合理开发和利用导致自然对人类的报复;在经济发展过程中,片面追求经济效益,提高 GDP,而致使各种公共安全事件出现甚至破坏自然界的原生态。再次,要使危机顺利治理,政府必须有足够的人力、物力、财力和管理能力,否则,一旦危机或灾害出现,必定难以使其得以顺利治理。此外,由于全球化,外来危机的不断输入而导致社会恐慌。最后,由于人类认识、处理和控制危机的能力局限,造成了危机事件的扩大和延迟。

第三章
我国灾害性公共危机治理的
理论分析

第一节 和谐社会理论与公共危机治理

"人民安居乐业,国泰民安"是古往今来、中西内外的人心向往,也是我们党和国家的执政目标。那么究竟什么是和谐社会呢?它的内涵是什么呢?

一 和谐社会理论及其内涵

党的十六大报告指出,要在 21 世纪头二十年,集中力量,全面建设惠及十几亿人口的更高水平的小康社会,使社会更加和谐。这时,人们对小康社会的认识比较清楚,但对于和谐社会还不十分清晰。正如有学者所言:"中国人比较熟悉'小康社会',应该看到'和谐社会'与'小康社会'是一体两翼的关系。小康社会主要指经济上的目标,而和谐社会主要指经济以外的社会目标。"[①] 党的十六届四中全会通过的《中共中央关于加强党的执政能力的建设的决定》进一步提出形成全体人民各尽所能、各得其所而又和谐相处的社会,是巩固党执政的社会基础,实现党执政的必然要求。2005 年 2 月 19 日,胡锦涛总书记在中央党校省部级领导干部研讨班上的讲话中提出我们要建立的社会主义和谐社

---

① 邓伟志:《论"和谐社会"》,载《新华文摘》2005 年第 6 期。

会是民主法治、公平正义、诚信友爱、充满活力、安定有序、人与自然和谐相处的社会。

国内许多学者从不同的角度对和谐社会作出了不同的解释和界定。吴忠民认为所谓和谐社会，是指社会的各个群体能够实现良性的互动，整个社会能够表现出一种公正的状态，社会能实现安全的运行和健康的发展。① 著名社会学家陆学艺从八个角度分析了和谐社会的内涵：和谐社会是一个经济持续增长，经济社会协调发展的社会；是一个结构合理的社会；是一个社会各阶层各尽所能、各得其所、社会各阶层互惠互利、各自的利益都能得到基本满足、各阶层的利益都能得到不断协调的社会；是一个没有身份歧视、每个社会阶层之间相互开放、社会流动畅通的开放社会；是一个公平公正的社会；是一个社会事业发达、社会保障体系完备的社会；是一个各阶层有共同理想、讲诚信、守法度、民风醇厚的社会；是一个社会各阶层关系融洽、人民安居乐业、社会安定良好、社会稳定的社会。② 事实上，"和谐社会是指全面系统的和谐，社会的和谐是一个十分复杂的系统，在这一系统中，要求矛盾的双方或多方能够在统一体内相互包容、协调运作、良性转化和融合，始终使社会处在健康的、富有生机和活力的状态之中。"③ 具体来说，和谐社会蕴涵着以下思想。

第一，和谐社会是"以人为本"的社会。事实上，以人为本是社会主义和谐社会的本质和核心。这一点，从胡锦涛总书记的概括中可以清楚得知。因为民主法制是要充分保障人民自由的权利；公平正义要使所有的人享受发展成果，共同富裕；诚信友爱要让人们追求真善美，达到很高的精神境界；充满活力要充分挖掘每个人的潜力，实现人生的价值；安定有序是保障每个人

---

① 吴忠民：《"和谐社会"释义》，载《前线》2005年第1期。
② 陆学艺：《建和谐社会：扩中等收入者比重》，载《光明日报》，2004年12月25日。
③ 赵凡：《哲学视野中的和谐社会》，北京，中国政法大学出版社，2006，第4页。

生命的权利,安居乐业;人与自然和谐相处是使人们生活在优美的生态环境中,保障公民的身心健康。这充分表明我们国家在公共事务的处理中摈弃了原来的单纯以"物"或"经济"为中心的理念,在发展过程中,兼顾国家、社会、人和自然的平衡发展,而不只是注重其中的一个方面、某几个方面而忽视其他的方面,并且在同一层次上做到互相兼顾、彼此协调,而不是顾此失彼。

第二,和谐社会是人与自然和谐相处的社会。自然是人类赖以生存的基础,"皮之不存,毛将焉附"?人类生存的自然环境如果遭到毁灭性的破坏,和谐社会何从谈起?但随着工业文明的发展,人与自然的矛盾日益突出。一些地区盲目追求经济的发展,对资源和环境"掠夺式开发",严重忽视了自然环境的承载力,人为地加重了自然灾害,使社会承受自然灾害的能力愈加脆弱。一次重大的自然灾害可造成数万、数十万人死亡,千百万人受到冲击。近些年来,在台风、暴雨、洪水、滑坡、泥石流等灾害中丧生的每年都有上万人。总之,目前全球范围内普遍气候变暖、土地荒漠化、水土流失、植被减少、臭氧层破坏等是人与自然不和谐相处的结果。如果自然灾害性危机事件不断,人心恐慌,何谈社会和谐?因此追求人与自然的和谐相处,才能更体现和谐的理念。

第三,人与人的和谐。人作为社会的主体,人与人之间的和谐是和谐社会顺利发展的前提。"社会融合的目的是创造'一个人人共享'的社会;在这样的社会中,每个人都有权利和责任,每个人都可以发挥积极作用。这种包容的社会必须建立在以下基础上:尊重所有的人的人权和基本自由、文化与宗教差异、弱势及处境上不利群体的社会正义和特殊需要,民主参与与法治。"[①]和谐社会就是要做到社会能关爱每一个人,承认每一个人,尊重

---

① 丁元竹:《中国社会保护网的再造》,天津,天津人民出版社,2001,第176页。

每一个人，给每一个人充分自由的发展空间。在根本利益一致的前提下，利用各种制度和政策来化解矛盾差异和冲突。追求以邻为伴、与邻为善和人与人的团结，面对人类遭受像印度洋海啸那样的海洋危机，面对一些地方的人民仍然生活在贫困、恶劣的条件下，我们应该如何去做？人与人之间的和谐，虽然并不能减少大自然造成的灾难，但是，可以缓解危机给人类带来的痛苦。把别人的不幸当作自己的不幸，把别人的苦难当作自己的苦难，面对不幸和灾难，伸出援助之手，这是人与人之间和谐的表现。比如在应对东南亚海啸灾难中，许多国家的政府和人民及时派出了救援队，及时提供了急需的救灾物资，并广泛地开展赈灾募捐活动，以各种方式支援灾区人民，共渡难关，重建家园。没有人与人之间的和谐共存，和谐何以实现！

第四，人、社会与自然的和谐。马克思曾经指出："社会性质是整个社会运动的普遍性质，正像社会本身一样，社会也是由人生产的活动和享受，无论就其内容还是就其存在的方式来说，都是社会的活动和社会的享受。自然界的人的本质只有对社会的人来说才是存在的；因为只有在社会中，自然界对人来说才是人与人之间联系的纽带，才是他为别人的存在和别人为他的存在，才是人的现实的生活要素；只有在社会中，人的自然的存在对他来说才是他的人的存在，而自然界对他来说才成为人。因此，社会是人同自然界的完成了的本质的统一，是自然界真正复活，是人的实现了的自然主义和自然界的实现了的人道主义。"[①] 在以上论述中，马克思怀着极大的热情，预言了人类社会的三种和谐：即人与自然的和谐、人与人的和谐和人与社会的和谐。因此，人、社会与自然之间的相互交织和相互融合比他们彼此之间的相互融合更为重要，社会文明与生态文明和物质文明、政治文明、精神文明的建设，就是重塑人、自然、社会这个统一的有机整体，实现人与自然、人与人、人与社会的和谐统一，只有这样，我们才

---

① 《马克思恩格斯全集》第42卷，北京，人民出版社，1979，第112页。

能最终创造一个可持续的社会主义和谐社会。①

二 和谐社会与公共危机治理的关系

灾害性公共危机事件的不断出现，本质上就是人、社会与自然不和谐的表现。人作为社会动物，生活在社会之中，不能离开社会而存在，而由人组成的社会，没有人就失去了存在的意义；生活并存在于自然环境中的人，为了生存和发展，不断地对自然环境进行改造和征服。在这一个相互关联、密切互动、相互作用的过程中，如果人对自然、人对人、人对社会的作用不当，各种灾难就会应运而生，并转化成灾害性的公共危机事件。因此和谐社会与灾害性公共危机治理存在着重要的关系。

首先，和谐社会理论对灾害性公共危机治理具有一定指导意义。在和谐社会理论指导下，人的生命和价值是最宝贵的资源和财富，也是我们发展经济、繁荣社会的最终目的。在灾害性公共危机的应对中，如果政府将"以人为本，尊重人的生命价值"这一和谐社会的基本理念作为一切工作的出发点，就会尽心尽责地运用所掌握的一切人、财、物资源来挽救人们生命和财产。所以政府在公共危机治理中必须建立"以人为本"的理念，把广大人民群众的最基本的利益时时刻刻地放在首位，保障人民的生命财产和安全，在行动中也要以人本主义、法治、科学的原则进行政府职能转换；实行组织、资源、信息三者统一的综合治理，从过去的重视公共危机的紧急应对，向预防、预警和灾后全过程危机治理的转变。所以，和谐社会理论是化解公共危机，保障公共危机治理中的人文关怀，实现社会安全顺畅运行的重要理论。

其次，灾害性公共危机治理是构建和谐社会的重要保障。和谐社会理论本身就意味着我们国家有着一些不和谐的因素，不断出现的灾害性公共危机事件以及其他种类的危机事件是其一个重

---

① 赵凡：《哲学视野中的和谐社会》，北京，中国政法大学出版社，2006，第18页。

要的表现方面。自古以来，人类就生活在危机不断的社会中，瘟疫、饥荒、自然灾害、火灾给人类造成了巨大的灾难和损失，时刻威胁着人类的生存和安全。现阶段，进入工业化科学技术飞速发展，公共危机事件并没有减少，而是大大增加。核泄漏、天然气泄漏等重大危机事件不断出现，人们还没有从SARS灾难的惊恐中回头，禽流感接踵而至，松花江水污染以及各地连续不断的矿难在时时刻刻地提醒着我们，我们社会还存在着不和谐。安全和稳定作为社会发展的基础，是和谐社会的基本要求，灾害性公共危机事件的消弭和最大限度的减少是和谐社会的前提和保证。没有社会的安全就没有构建和谐社会的基础。试想在一个风雨飘摇、公共危机事件连续不断、人民时时刻刻生活在危机之中的社会，何谈社会发展？何谈和谐？所以，要确保社会和谐，就必须对公共危机事件进行及时有效的治理，形成一个有效应对自然灾害、事故灾难、公共卫生和社会安全等方面的有效的预警体系，形成一个统一指挥、功能齐全、反应灵敏、运转有效的公共危机治理机制，提高保障公共安全和处理公共危机事件的能力，预防和减少公共危机事件造成的损失，保障人民群众生命财产安全，切实维护社会稳定，保障和谐社会的顺利运行。

再次，灾害性公共危机治理过程本身蕴涵着社会和谐。现代社会，由于公共性的延展，公共危机的多发性和多样性，无论是国家、社会还是公民都不能单独承担起应对风险的责任，都无法应对全球化时代的公共危机。所以，对公共危机不能仅仅只依赖政府机关，依靠行政命令来进行救治，而应该在中央以及地方政府的支持下，积极吸纳相关企业（市场）、第三部门、公民乃至国际社会来进行公共危机的处理与解决。"国际组织、非政府组织、企业、家庭在内的所有社会组织和行为者都是治理的参与者，不能被排斥在治理过程之外，更不能被剥夺享受治理结果的权利。"[1] 如果人类面对各种灾害性公共危机时，各国政府和人民开

---

[1] 杨雪冬：《风险社会与秩序重建》，上海，三联书店，2000，第289页。

展积极而广泛的国际合作,如建立自然灾害预防和预警体系,向其他国家和地区及时发布自然灾害和疫情的信息,在控制和最终消灭疫情方面加强合作等。但是这一过程的实现,需要既有的公共危机参与者能够彼此关爱,和谐相处。所以,公共危机治理的过程也是一个和谐相处的团结互助过程。

最后,公共危机治理与和谐社会理论之间具有目标一致性。和谐社会的目标就是为了在人、社会和自然之间实现和谐和可持续发展。公共危机治理的结果是为了减少不安定、不和谐的因素,所以公共危机治理的目标与和谐社会的目标具有相通的一面,只是公共危机的治理是为了社会和谐采取的必需的具体的手段之一。所以温家宝总理在十届全国人大三次会议的政府工作报告中提出,要努力构建社会主义和谐社会,其中一个重要方面是提高保障公共安全和处理公共危机事件的能力,减少自然灾害、事故灾难等突发性公共危机事件造成的损失,增强国家安全意识,创建维护国家安全的新机制。

第二节 新公共服务理论与公共危机治理

一 新公共服务理论及其内涵

新公共服务理论是在对新公共管理理论进行反思和批判的基础上提出来的。具体来说,建立在民主社会的公民权理论、社区和公民社会的模型,组织人本主义和组织对话理论基础之上的新公共服务理论主要包括以下几个方面的基本观点:①政府的职能是服务,而不是掌舵。公务员日益重要的角色就是要帮助公民表达和实现他们的公共利益,而非试图通过控制或"掌舵"使社会朝着新的方向发展。现代政府的作用在于与私营及非营利组织一起,为社会所面临的问题寻找良好的治理策略。②服务于公民,而不是服务于顾客。新公共服务理论认为,公共管理者不仅要关注顾客的需求,而且更要把服务对象看作是具有公民权的公民,并且要在公民之间建立对话和合作。③公共利益是目标而非副产品。公共行政官员必须建立集体的、共享的公共利益观念，这个目标不是要在个人选择的驱使下找到快速解决问题的方案，而是要创造共享利益和共同责任。④重视公民权胜过重视企业家精神。新公共服务理论认为，与那些试图将公共资金视为己有的企业管理者相比，乐于为社会作出贡献的公务员和公民能更好地促进公共利益和公共服务。所以公共行政官员不仅要分享权力，通过人民来工作，通过中介服务来解决公共问题，而且还必须将其在治理过程中的角色重新定位为负责任的参与者，而非企业家。⑤在思想上要具有战略性，在行动上要具有民主性。满足公共需要的政策和项目可以通过集体的努力和合作过程得到最有效并且最负责任的实施。⑥承认责任并不简单。公务员不仅应该关注市场，而且还应关注法令和宪法、社区价值观、政治规范、职业标准以及公民利益。⑦重视人而不只是重视效率。① 如果公共组织及其所参与的网络能够以对所有人的尊重为基础，通过合作和分享领导权的过程来运作的话，那么从长远的观点来看，它们就更有可能获得成功。具体来说，新公共服务理论的核心主要有以下几个方面。

第一，人本主义的思想。新公共服务的人本主义思想强调人的作用与价值；强调开放性和回应性；强调人的积极性、主动性和创造性的发挥；强调组织内的对话、和谐与信任。认为不管是由政府来提供公共服务，还是由私营部门或其他第三部门来提供公共产品和服务，都不能只重视生产率，而不重视人。目前，我国正在努力建设以人为本的公共服务型政府，新公共服务理念的引入，可以打破过去中国政府管理中长期存在的以数字看政绩，以效率看管理的现状，对弱势群体的人文关怀是中国面临的一项重要的任务，在某种意义上，新公共服务的人本理念可以被吸收和利用。

---

① 〔美〕珍妮特·V.登哈特、罗伯特·B.登哈特：《新公共服务：服务而不是掌舵》，丁煌译，北京，中国人民大学出版社，2004，第40页。

第二,"以公民为本"的思想。新公共服务理论纠正了仅把服务对象当作顾客的倾向,不仅注重服务对象以顾客身份参与公共管理,更关注他们的社会公民身份。"通过使公民成为服务供给过程的必要组成部分而为政府与公民之间的一种积极关系奠定了基础。"公民通过参与政府管理活动,使自己的理想、价值和利益得以表达和实现,有助于政府管理活动的民主化。正如盖伊·彼得斯所说:"公共利益可以通过鼓励员工、顾客和公民对政策和管理决策进行最大限度的参与来体现。"他还指出这种参与可以通过四种机制来实现,一是对政府服务不佳或制度运作不当的申诉权;二是通过增强员工独立决策和影响组织政策方向的能力来实现;三是公共政策应该让有政策影响力的公众通过对话过程来做出;四是有赖于公民本身能够投入政策选择及提供服务的过程。如果我国政府在管理过程中以公民为中心,提高公民的参与意识,这无疑是对推动中国的民主建设有着不可忽略的积极作用和重要意义。

第三,践行服务意识。在新公共服务理论中,政府及其公务人员与公民之间的关系由统治者与被统治者,管理者与被管理者的关系变成了公共服务的供给者和接受者的关系,甚至还不止于此。"在一个具有积极公民权的世界里,公务员的角色发生了变化。公共行政官员将会日益扮演的不仅仅是一种提供服务的角色——他们将会扮演的是一种调解、中介甚或裁判的角色。而且他们依靠的将不再是管理控制的方法,而是促进、当经纪人、协商以及解决冲突的技巧。"政府行使公共权力主要是为了实现公共利益,为公民提供有效的公共物品和服务以及主动为公民谋取福利。也就是说,政府以及公务员日益重要的角色就是要帮助公民表达并满足他们共同的利益需求,而不是试图通过控制或"掌舵"使社会朝着新的方向发展。这一为公民服务的意识,不论是在西方国家,还是在中国,都是应该提倡和发扬的;如果政府公务员人人都有为公民服务的意识,服务型政府的建立岂能不是一件易事!

第四,重新肯定政府作用与责任。新公共服务理论认为"当公共职能是交给私营部门或者是模仿着私营部门的模型重新塑造时,为了公平公民机会和公民的宪法权利而承担的公共责任,在定义上如果说不是丧失了那么也几乎遭到了损害"。所以在政府管理过程中不能完全采用市场或政府包揽一切,"政府与市场互为制衡和互补的力量,不可偏颇一方。过分强大的政府,有可能窒息市场的原创力;而过分强大的市场,则又有可能欺行霸市,左右公共生活,甚至鱼肉百姓……在市场全球化、公司规模化和跨国化的现代条件下,政府的能力只能是随之加强和更加高效"。新公共服务理论认为责任应包含专业责任、法律责任、政治责任和民主责任,使其平衡的关键因素在于公民参与、授权及对话。这些责任表明他们将公共管理者的角色重新界定为引导者、服务者和使者,而不是视为企业家。这种政府应具有的责任意识的复兴,对于中国责任政府的建设也具有重要的作用,甚至在民众意义上可以改变市场化条件下政府责任缺失的现象。

第五,强调公民精神和公民美德。新公共服务理论认为具有公民精神倾向的人是对政府感兴趣并尊重政府的人;是具有更大的善或者公共利益观念的人;是对服务感兴趣的人。通过对公民角色和精神的培养,我们不仅可以对我们在缺少综合性的其他领域所具有的利益和经验进行整合,而且通过培养公民角色和公民美德,可以把我们带入一种与他人更为密切的关系中。"公民的活动就是在两个方面发挥着整合作用,第一,它使个人能够对自己所扮演的各种角色进行整合;第二,它可以把个人整合进社区。"在我们的社会主义建设中,如果每一位公民都是具有公民精神和公民美德的人,我们的政府管理会更加廉洁和高效;反之,如果政府的公务人员不具有相应的公民精神和美德,腐败和不道德行为就会增加,培养公民精神和美德,对当前政府公务人员的思想意识教育也具有重要的作用。①

---

① 周晓丽:《新公共服务理论及其对中国政府管理的借鉴意义》,载《新疆社科论坛》2005年第3期。

新公共服务理论虽然还是一种正在成长和发展着的理论，随着西方国家对民主、公民权、人本观念、话语理论的重视，其一定会发挥越来越重要的作用。那么，面对日益出现的公共危机事件，政府如何应对？如果保护公民权利、发挥公民的作用，新公共服务理论所蕴涵的人本主义、"以公民为本"、服务意识、政府的作用和责任、公民精神和公民美德等思想理念，对我国的灾害性公共危机顺利治理将具有重要的指导意义。

二　新公共服务理论对公共危机治理的指导作用

第一，新公共服务理论有助于我们进一步明确政府在公共危机治理中的主要责任与作用。执政党和各级政府作为公共服务的管理者，公共物品的生产者和公共服务的供给者，他们各自具有特殊的政治地位。另外，各级政府及比其他的社会部门或组织拥有更大的人力、物力、财力以及社会动员能力，所以政府理所当然处于核心地位，承担更大的责任和作用。只有这样确定了政府在公共危机治理中的核心领导地位，才是公共危机成功治理的保障，同时也避免在公共危机事件发生后政府及有关部门进行责任的推脱。但是另一方面，政府也不是万能的，是有限政府。如果把社会公共事务，特别是对公共危机的应对看作是只有政府才能管理，只有政府才能管理好的事情，社会公众参与危机治理的积极性和主动性就难以发挥。

第二，新公共服务理论有助于推动政府在公共危机治理中坚持"以人为本"、"以民为本"的方向。中国传统文化中"官本位"及"权力至上"的思想无论是在政府官员还是在普通公众中都存在着深刻的影响。官是老百姓的"父母官"，官要为民做主；民是"子民"或"臣民"，要听命于政府官员。所以长期形成的是官大于民，"官至上"、"官为本"的思想理念。事实上，"以人为本"、"以民为本"应作为我国政府治理基本理念，在公共危机治理中更应如此。由于危机破坏了政府管理社会的正常环境，使之处于各种压力共同挤压的非均衡状态。这种压力一方面来自危机自身所具有的爆破性、不可预见性以及严重危害性。如果处理不当，危机将导致更大的社会混乱、经济衰退和社会失衡；另一方面，危机处理往往非任何单独的个人和某一方面的努力所能解决，人们往往对政府寄托了极大的希望。正是由于政府急欲控制危机事态，所以比常态时刻更容易做出侵害公民权利的行为，出现"以事为本"的现象。例如在"非典"期间，隔离遍布城乡，公民人身自由无依据克减，"出现一例就地免职"等行为都是对"以人为本"、"以民为本"的突破。

正如哈耶克所说："如果个人知道，只有当强制被适用于包括他本人在内的所有的人的时候，强制才能够得到实施，那么他同意接受就是合法的理性的，当然条件是这种强制也得向所有他人适用。在许多情形中，人们之所以能够提供那种符合所有人愿望或者至少是符合绝大多数人愿望的集体产品，所依凭的就是这种方法，而且也唯有此一方法可循。"① 但是这种认同会更加剧在公共危机情况下政府权力的扩张，这种扩张有可能继续存在。"众所周知，'紧急状态'（emergencies）一直是个人自由之保护措施不断遭遇侵蚀的一个借口——此外，一旦这些保护措施被中止，那么任何一个掌握了这种紧急状态权力的人都极容易确使这种紧急状态继续存在下去。"② 在危机时刻，公众由于自身的脆弱性和心理恐慌，如果对其缺少人文关怀，政府为了应对危机一味地扩张权力，那么可能对社会公众造成的伤害会更大，阴影会更深，所以公共危机治理中"以人为本"、而不"以事为本"是一个重要的理念。

第三，强调公民精神和公民美德，将有利于增强公民参与公共危机的救治自觉性。"健全和稳定的现代民主不仅仅依赖于

---

① 〔英〕弗里德利希·冯·哈耶克：《法律、立法与自由》，邓正来译，北京，中国大百科全书出版社，1997，第336页。

② 〔英〕弗里德利希·冯·哈耶克：《法律、立法与自由》，邓正来译，北京，中国大百科全书出版社，1997，第451页。

'基本结构'的正义，而且还依赖于公民的品性与态度"。① 公共危机事件不仅仅是对一国政府能力的严峻挑战，更是对社会公众和社会整体应对意识和能力的综合考验。在一个开放、分权和多中心的社会，面对危机，没有社会公众的参与是不可想象的，而那些具有公民精神和公民美德的人就会积极参与公共危机的救治工作，从而真正体现亚里士多德所说的公民内涵："进能治国，退能守法。"例如在日本阪神大地震中，这种精神就体现得淋漓尽致。当时地震发生后，虽然没有人维持秩序，市民对俯拾皆是的财物，首先，没有人去动一动，全部是"视而不见"，他们积极有序地参与救灾工作。日本人能够战胜阪神大地震给了我们一个重要启示：没有公众的配合，政府的公共危机治理只能是事倍功半。政府争取一系列的应对措施之后，必须有公众的配合与动员，才能形成真正有效的公共治理机制，使危机得到有效的控制。面对危机，公众的自组织能力起到重要的作用。灾难当头，如果公众的自组织能力强，并能利用各种非政府组织来自救和救助别人，就可以从很大程度上减少政府的人力、物力和财力的消耗。"用程序与制度的方法去平衡个人利益是不够的，一定的公民德性与公益精神是必要的，这已经很明显。"② 所以在对法律和制度重视的同时，美德教育必不可少。社群主义的著名代表人物麦金太尔也认为必须对人进行包括教育、诱导和转变各种欲望和情感在内的美德教育。因此，促进和培育公民精神和公民美德，是灾害性公共危机治理的一个重要方面。

第四，公共服务意识是政府及公务员治理公共危机、履行公共服务职能的重要先导。十六届三中全会把政府职能定位为"经济调节、市场监管、社会管理和公共服务"四个方面。所以，政府没有自己单独的利益诉求，公共权力及其行使都来源于人民的

---

① 〔美〕威尔·吉姆利卡、威尼·诺曼：《公民的回归》，载许纪霖：《共和、社群与公民》，南京，江苏人民出版社，2003，第236页。

② Galston, William, *Liberal Purposes: Goods, Virtues and Duties in the Liberal State*, Cambridge: Cambridge University Press, 1991, p. 217.

委托和授权，其基本目的是为公众服务，受公众监督。保障社会公众的身心健康和生命财产安全，不断满足社会公众日益增长的各种公共需求，是当代政府不可推卸的责任。然而，必须看到，在过去的二十多年里，我国在确立经济建设这个工作重心的同时，将社会的协调发展放到了次要位置。作为一个现代政府，我国政府职能应该重新定位，树立服务理念。新公共服务理论为确立新的政府服务职能体系打下了基础，为深化和拓展政府服务功能找到了理论支持。政府的首要职能是提供维护性公共服务，包括维护市场经济秩序，保护财产权利和公民权利，保卫国家安全、社会安全以及给公众创造良好的社会生活环境。灾害性公共危机治理作为政府公共服务的一个重要方面，必须引起政府和公务员的高度重视，提高灾害性公共危机治理的效率和有效性。

我们应该承认，新公共服务理论提供了这样一个基础点，围绕它，我们可以把一项公共服务建立在公民对话和公共利益的基础上，并且可以将其与公民对话和公共利益结合在一起。[1] 所以，在灾害性公共危机治理中关注公民的权利和公共利益，把公众的安全放在第一位，履行服务职能，提倡公民美德是对我们最大的启示。

第三节 多中心制度理论与公共危机治理

一 多中心制度理论及其内涵

1961年美国学者文森特·奥斯特罗姆、查尔斯·蒂伯特和罗伯特·瓦伦通过对局部公共事务（如警察服务、池塘资源管理）治理的自组织机制，以及公共经济生产与消费属性的多年实证研究，认为可以把大城市地区的治理模式看作是"多中心的政治体

---

[1] 〔美〕珍妮特·V.登哈特、罗伯特·B.登哈特：《新公共服务：服务而不是掌舵》，丁煌译，北京，中国人民大学出版社，2004，第168页。

制",其中"政治"与"政府"同义。多中心政治理论的特点是存在许多决策中心,它们在形式上是相互独立的。"有许多在形式上相互独立的决策中心……它们在竞争性关系中相互重视对方的存在,相互签订各种各样的合约,并从事合作性的活动,或者利用新机制来解决冲突,在这一意义上大城市地区各种各样的政治管辖单位可以以连续的、可预见的互动行为模式前后一致地运作"。[①] 事实上多中心理论的观点主要用来阐述对公共事务的治理。他们认为,利维坦或私有化均不是公共事务治理的唯一有效的解决方案,应当在政府与市场之外寻求新的路径。

多中心治理的方式和传统的集权和分权是不同的,这种治理的理论假设主要体现在:①城市公益物品和服务在其函数和同时受到影响的人数两个方面都差异甚大;②在公益物品和服务方面具有的偏好相对类似(但总是在逐渐变化)的人倾向于聚居在一起,在居住小区里人们的偏好的类似程度大于整个大城市地区;③在为多个管辖单位服务的城市地区中生活的公民通过观察或者其他管辖单位如何解决问题而比较了解任一管辖单位的绩效;④有不同组织范围和规模的多个管辖单位使得公民较有效地选择对于自己来说最重要的一揽子服务,使公民较有效地表达其偏好和忧虑,如果必要的话,还较有效地选择向其他地区移居;⑤多个管辖单位有利于实现财政平衡,使受益者承担成本,再分配最好由州或者全国政府等非常大的政府单位负责;⑥大城市地区可能存在大量的城市公益物品和服务的潜在生产者,使得选任官员为其公民有效地选择生产者,并通过与其他生产者签约来约束绩效低的生产者;⑦努力争取续约的生产者将较可能寻求创新性的技术,在接近最优的生产规模上经营,并鼓励有效的团队生产和协作生产,以提高其绩效。[②] 文森特·奥斯特罗姆用工艺与人工

[①] 〔美〕埃莉诺·奥斯特罗姆、帕克斯和惠特克:《公共服务的制度建构》,宋全喜、任睿译,上海,上海三联书店,2000,第12页。

[②] 〔美〕埃莉诺·奥斯特罗姆、帕克斯和惠特克:《公共服务的制度建构》,宋全喜、任睿译,上海,上海三联书店,2000,第12~13页。

制品来阐述多中心治理非常形象和深刻,政府可以说是形成一个"艺术品"的一个特殊材料,艺术品的形成不是单纯的某一材料,而是多个材料的结合和工人的精心制作才得以形成。政府在国家治理中需要公民充分发挥其积极作用,国家也要扮演好其"素材"的角色。

二 多中心制度理论对公共危机治理的启示

多中心制度理论虽然是针对美国公共事务治理而提出来的一种理论模式,但是它强调公共事务治理主体的多样性,发挥各方面的作用特别是自主治理对我国连续不断出现的灾害性公共危机治理具有重要的借鉴意义。

首先,多中心制度理论为灾害性公共危机的权力划分提供了良好的框架。多中心理论的制度安排意味着"把有局限的但独立的规则制定和规则执行权分配给无数的管辖单位。所有的公共当局具有有限但独立的官方地位,没有任何个人或群体作为最终的和全能的权威凌驾于法律之上"。多中心制度安排打破了单中心制度安排中只有一个权力中心的格局,形成了一个由多个权力中心组成的治理网络,以承担国家范围内公共管理和公共服务的职能。灾害性公共危机的治理,作为国家提供公共安全服务的过程,需要中央政府和地方政府的共同努力。依照多中心的制度安排,在灾害性公共危机的治理中要充分发挥地方政府的职能。由于危机事件大多发生在一些地方政府管辖的范围内,他们对危机事件的发生、进展比较了解,信息获取相对准确和及时。所以在危机治理中,应首先发挥地方政府的主动性,地方能够解决的灾害性公共危机应先由地方政府来解决,地方政府解决不了的再交给中央政府来解决。在确保中央集中统一、确保中央统筹力度的前提下,把一部分决策权力下放给地方政府,以属地管理为主,合理调配资源,有效分享信息,在灾害性公共危机出现时做好及时有效的处理和应对。

其次,多中心制度理论强调以法律来解决各个治理主体间的冲突。在灾害性公共危机治理过程中，由于各个治理主体之间权、责、利的关系，所以在危机应对中矛盾和冲突会不断出现，如果不能及时有效地解决，公共危机应对的效率就难以提高。为此，要认真建立和健全"公共危机分级制度"，按照灾害性公共危机危害性的大小（如伤亡人数、财产损失数量、影响范围）对危机中的紧急情况进行细致的等级划分。什么样的情况可以由省级以下地方全权处理，什么样的情况必须由省级政府处理，什么样的级别必须由中央处理，都要进行严格的界定。同时要建立健全公共危机治理的法制，以法律和制度来约束各行为主体的危机管理行为。

再次，多中心制度理论增强了危机治理中政府服务意识。在多中心制度安排之下，各级政府官员都由选举产生，其权威基础在于公民，如果他们在面对灾害时没有履行危机治理的公共服务职能，或者在危机救治工作中处处侵害社会公众的人身自由和财产权利，那么他们的结果也是可想而知，就是一定会失去公众的信任。

最后，多中心制度理论有利于提高公共危机治理的效率。多中心理论在公共服务中通过增加治理主体的数量，引入市场机制、自主治理等方式来提高救治的质量和效率。在全球化的形势下，公共危机事件不是孤立的，地区性的危机亦可能变成全球范围内的国际危机，这就决定了公共危机处理需要世界人民的共同努力，除了主权国家的合作之外，国际组织及非政府组织都是解决公共危机的有效制度安排。有的地方性公共危机，更应该发挥地方政府的主动性，发挥地方非政府组织的积极参与作用，采取民主合作的参与方式，形成灾害性公共危机自主治理网络。浙江省瑞安市"老板消防队"的出现，不仅能使破坏性极强的火灾迅速扑灭，而且这种自组织的出现能够进一步推进地方经济的顺利健康发展。

多中心理论虽然对目前我国出现的灾害性公共危机的治理提供了一定的借鉴意义。但是，多中心制度理论设计也并非是十全十美的，也有其存在的前提和理论预设。首先，奥斯特罗姆等人提出的多中心理论有强烈的联邦主义色彩。文森特·奥斯特罗姆在《复合共和制的政治理论》中解决了多中心理论的宪政前提，但在条块分割的前提下，危机治理中各主体的权责关系的解决还需要很长一段路要走。其次，灾害性公共危机治理法制的薄弱。多中心理论的实施需要法律的保障，但在目前，由于公共危机治理"龙头"法的缺失，各主体之间的权能以及普通民众的权利还不能得到有效保障。另外，多中心治理需要市场（企业）、第三部门的积极参与，但中国目前的现状看，第三部门的力量还相对薄弱，无力单独承担起政府让渡出来的灾害性公共危机治理的责任。最后，信任力的不足。信任是多中心制度安排运转的重要力量。在一个充满信任的和谐社会中，各个主体参与危机治理的愿望就会明显高涨。因为在由高度信任维系的共同体生活中，人民依靠互惠与合作，能够将危机中资金和社会利益有机地结合起来共同应对灾害性危机事件。但由于危机治理中信息的不公开、不透明，加重了公民对政府的不信任，所以也影响多中心治理的顺利实施。

第四节 治理和善治理论的分析框架

一 治理和善治理论及其内涵

治理（governance）又可以译为"治道"，它的原意是控制、引导和操纵。对治理概念的起源存在着不同的说法，有的学者认为"治理"首先出现在北欧国家，指的是"合作主义"的政治结构，但更多的学者认为世界银行1989年讨论非洲的发展时首次提出"治理危机"（crisis in governance）这一概念。治理理论的主要创始人之一罗西瑙把治理定义认为是"一种由共同的目标支持的活动，这些管理活动的主体未必是政府，也无需依靠国家的强制力来实现"[①]。另外乔治·弗雷德里克森也对作为公共行政的治

[①] 俞可平：《引论：治理和善治》，载《治理与善治》，北京，社会科学文献出版社，2000，第2页。

理作出了四种界定：第一，治理包括了参与公共活动的各种类型的组织和机制，这也是第一个和最明确的含义。第二，治理一词用来说明当代的多元主义和超多元主义。在多元主义体制中，治理包括了所有利害关系的利益主体、政党、立法机关及其分支机构、利益集团、中间人、组织、顾客、媒体、卖主等等。在超多元主义看来，治理是作为公共行政观点的假设，在秩序的表面上，可以把具有各种利害关系的人们结合在一起，在这里从事治理的是公共管理者，而不是民选的政治家。第三，治理解释了多元制度——组织环境存在的原因，当代的领导者和政策企业家正是在这种多元的环境中执行政策。与传统公共管理者的工作相比，在治理的环境下，他们的工作更是随心所欲，更具有政治性，要承担更大的风险，更具有创造性，而更少具有组织性，更少受层级控制，更少受规则的限制，更少具有管理性。在某种程度上，治理是为了达到某种公共目的而在横向和纵向的组织网络中所进行的活动。第四种含义是隐含的。治理意味着重要性，意味着合法性，意味着一种为达成公共目的而作出的崇高而积极的贡献。尽管人们鄙视政府和官僚体制，但人们却认为治理是可以接受的、合法的、甚至是好的。[1] 人们认为传统公共行政是层级节制的、效率低下的、缺乏想象力的，而认为治理是具有创造力和回应力的。全球治理委员会1995年发表《我们的全球伙伴关系》报告，认为治理是各种公共的或私人的个人和机构管理其共同事务的诸多方式的总和。它是使相互冲突的或不同的利益得以调和并且采取联合行动的持续过程。这既包括有权迫使人们服从的正式制度和规则，也包括各种人们同意或以为符合其利益的非正式的制度安排。[2] 根据俞可平的解释，治理是随着公民社会的发展壮大，由公民社会组织独立行使或他们与政府一道行使的社会管理过程。

---

[1] 〔美〕乔治·弗雷德里克森：《公共行政的精神》，张成福译，北京，中国人民大学出版社，2003，第75～78页。

[2] 俞可平：《引论：治理和善治》，载《治理与善治》，北京，社会科学文献出版社，2000，第5页。

在统治理念下,国家居于权威地位,它的权力指向总是自上而下的,它通过政府的政治权威制定政策,发布和实施政策,对社会公共事务实行单向度的管理,而治理是通过协商、伙伴关系、确立认同和共同的目标等方式实施对公共事务的管理,是政府、社会组织包括公众个人上下互动的管理过程,它的管理机制主要不是依靠政府的权威而是合作网络的权威,所以其权力向度是多元的而不是单一的和自上而下的。所以其把"治理"概括为"在一个既定的范围内运用权威维持秩序、满足公众的需要,治理的目的是在各种不同的制度关系中运用权力去引导、控制和规范公民的各种活动,以最大限度地增进公共利益"①。

对于发展中国家和转型国家来说,治理所描述的国家——市场——社会三分法具有重要的参考价值,可以弥补国家和市场在调控和协调过程中的某些不足。尤其是对于公民社会和市场作用的肯定,至少开阔了这些国家公众和管理者的思路,有利于正确对待发展中出现的新问题,并构建合理的公共权力行使框架。但治理也不可能是万能的,它也内在地存在着许多局限,它不能代替国家而享有政治强制力,它也不可能代替市场而自发地对大多数资源进行有效的配置。事实上,有效的治理必须建立在国家和市场的基础之上,它是对国家和市场手段的补充。在缺乏作为制度基础的现代社会政治秩序的情况下,如果过分地夸大"治理"的效用,把本来作为远景的"治理"状态视为眼前的目标,则可能破坏正在进行的现代制度建设。我们至少可以清楚地预见三个与公共管理有关的问题:首先是本来就职能划分不明确的政府机构对责任的推诿和对利益的争夺;其次是公民社会和市场运行中出现某个强势集团,利用自己的资源基础左右公共权力的使用;再次是在公共权力运行过程中效率压倒了公平,从而牺牲某些弱

---

① 俞可平:《引论:治理和善治》,载《治理与善治》,北京,社会科学文献出版社,2000,第5页。

势群体。① 另外，在社会资源配置中不仅存在国家的失效和市场的失效，也存在着治理失效的问题。针对治理也存在失效的可能性，有的学者就提出了"有效的治理"、"良好的治理"或"善治"理论，其中运用最多的是善治理论。

概括地说，善治是治理的一种结果，就是使公共利益最大化的社会管理过程。善治的本质特性，就在于它是政府与公民对公共生活的合作管理，是政治国家与公民社会的一种新颖关系，是两者的最佳状态。玛丽－克劳德·斯莫茨认为构成善治的有以下四个要素："（1）公民安全得到保障，法律得到尊重，特别是这一切都须通过司法独立、亦即法治来实现；（2）公共机构正确而公正地管理公共开支，亦即进行有效的行政管理；（3）政治领导人对其行为向人民负责，亦即实行职责和责任制；（4）信息灵通，便于全体公民了解情况，亦即具有政治透明性。"② 综合专家学者们的观点，善治的基本要素有以下 10 个：

（1）合法性（legitimacy）。它指的是社会秩序和权威被自觉认可和服从的性质和状态。它与法律规范没有直接的关系，从法律的角度看是合法的（legal）东西，并不必然具有合法性。只有那些被一定范围内的人们内心所认可的权威和秩序，才具有政治学中所说的合法性。合法性越大，善治的程度便越高。取得和增大合法性的主要办法是尽可能增加公民的共识和政治认同感。

（2）法治（rule of law）。法治的基本意义是，法律是公共政治管理的最高准则，任何政府官员和公民都必须依法行事，在法律面前人人平等。法治的直接目标是规范公民的行为，管理社会事务，维持正常的社会生活秩序；但其最终目标在于保护公民的自由、平等及其他基本政治权利。

（3）透明性（transparency）。它指的是政治信息的公开性。每一个公民都有权获得与自己的利益相关的政府政策信息，包括

---

① 杨雪冬：《治理的制度基础》，载《天津社会科学》2002 年第 2 期。
② 俞可平：《民主与陀螺》，北京，北京大学出版社，2006，第 84 页。

立法活动、政策制定、法律条款、政策实施、行政预算、公共开支以及其他有关的政治信息。透明性要求上述这些政治信息能够及时通过各种传媒为公民所知，以便公民能够有效地参与公共决策过程，并且对公共管理过程实施有效的监督。透明程度愈高，善治的程度也愈高。

（4）责任性（accountability）。它指的是人们应当对其自己的行为负责。在公共管理中，它特别地指与某一特定职位或机构相联的职责及相应义务。没有履行或不适当地履行他应当履行的职能和行为，就是失职，或者说缺乏责任性。公众尤其是公职人员和管理机构的责任性越大，表明善治的程度越高。

（5）回应（responsiveness）。从某种意义上说，回应性是责任性的延伸。它的基本意义是，公共管理人员和管理机构必须对公民的要求做出及时的和负责的反应，不得无故拖延或没有下文。在必要时还应当定期地、主动地向公民征询意见、解释政策和回答问题。回应性越大，善治的程度也就越高。

（6）有效（effectiveness）。这主要指管理的效率。它有两方面的基本意义，一是管理机构设置合理，管理程序科学，管理活动灵活；二是最大限度地降低管理成本。善治程度越高，管理的有效性也就越高。

（7）参与（civil participation/engagement）。参与一方面包括公民的政治参与，即参与社会政治生活，另一方面还包括公民对其他社会生活的参与。后者显得越来越重要。善治实际上是国家的权力向社会的回归，善治的过程就是一个还政于民的过程。

（8）稳定（stability）。稳定意味着国内的和平、生活的有序、居民的安全、公民的团结、公共政策的连贯等。社会的稳定对于公民的基本人权、民主政治和经济发展都具有至关重要的意义。没有一个稳定的社会政治环境，很难有经济的高速发展和民主政治的有效推进。

（9）廉洁（cleanness）。主要指政府官员奉公守法，清明廉洁，不以权谋私，公职人员不以自己的职权寻租。公职人员的廉洁直接关系到治理的状况。

（10）公正（justice）。公正指不同性别、阶层、种族、文化程度、宗教和政治信仰的公民在政治权利和经济权利上的平等。[①]

根据治理与善治理论，在公共危机管理中，其治理的权威包括政府，但不局限于政府，社会团体、公共部门与私人部门等都可以成为权威。权力运行的方向是双向和多向的，而不仅仅是自上而下的，政府与民间、公共部门与私人部门之间形成良性互动。在解决和处理公共事务过程中，治理模式强调多元行为主体共同承担责任。所以可避免单一权威主义垄断信息资源等行为而陷入风险危机之中。在开放社会的条件下，预防公共危机在很大程度上取决于社会力量的动员和参与，应当相信社会的力量，拓宽社会参与渠道。

二 治理与善治理论对于公共危机治理的价值

治理与善治理论不仅指导着和平时期的公共管理活动，而且为危机状态下政府和公民的行动指明了方向，可以作为一面镜子指明危机治理中的不足和将要努力的方向。第一，治理与善治对合法性和法治的要求，要求政府在公共危机管理中一切行为法治化。但是在实际的危机救治中距离法治化还有一定的距离。一是我国还没有制定统一的处置各种突发事件紧急状态立法，缺乏各类公共危机事件引起的紧急状态的法律规范；二是现行的一些应急法律制度中，有的是由部门规章或者规范性文件确定的，其规范性不够强，效力不够高。有的法律、行政法规中对应该采取的应急措施规定的不够具体。总之，突发公共危机应急体制还不够健全，需要进一步建立起反应灵敏、指挥统一、责任明确的具体应对机制。由于"公共安全，也只能建立在尊重法律、遵守规则

[①] 俞可平：《民主与陀螺》，北京，北京大学出版社，2006，第85~86页。

以及加强权利保障上"①，所以政府必须建立一套有效的应对公共危机的法律和制度。"政府依法行使的责任似乎限制了官员们利用公共权力谋私的能力以及使之作为人身压迫工具的能力。"② 这样公共危机事件中人们的权利就会得到有力的保障，政府的行为才能因为具有合法性才会得到人们的支持。

第二，治理和善治理论强调透明性和回应性，也为公共危机治理中信息的公开提供了依据。安全时期，政府工作的透明性体现了善治的程度，危机时刻对信息公开透明提供了更高的要求。没有信息的公开与透明，只会使谣言盛行，即使暂时没有公开有关危机的信息，但最终必定会遭到隐瞒真相带来的报应。在信息技术高度发达的今天，危机中任何对真相的封锁都将显得无知。虽然"谣言止于智者"，开始如果政府信息缺失，相信谣言便自然而然成为一种理性选择，此时此刻，任何"智者"也都可能成为一个谣言的传播者。危机中公开透明是上策，任何试图欺骗公众来缓解危机的做法都将是以政府公信力来作牺牲品的。面对SARS这样人类认知程度有限，又具有极大不确定性的危机，中国政府在危机初期的信息处理方式直接导致了疫情的扩大和蔓延。直到2003年4月20日，中国政府采取了全新的危机处理策略，开始直面危机，定期通报信息。这种公开透明的做法不但使危机得到了有效控制，而且也赢得了公众和国际社会的肯定。

第三，治理和善治理论对责任和效率的关注也是公共危机治理中政府及其公务人员必须重视和提高之处。这种责任和效率，不但要求对危机及时控制，而且要把公众的利益放在首位，体现以人为本的思想。因为"过分机械式的管理，不适用危机处理；过分依赖行政守则，不能达到人情关怀的需要；而过分注重科学知识解决危机，也不能解决危机引发的道德伦理问题。有效的危机管理政策必须是'以人为本'，以科技和伦理为基础，把制度

---

① 马长山：《国家、市民社会与法治》，北京，商务印书馆，2002，第155页。
② 马长山：《国家、市民社会与法治》，北京，商务印书馆，2002，第155页。

和价值一同建构起来，对付危机"①。因此危机中对人民负责，把人民利益放在首位，才能更加投入工作，提高效率。总之，责任和效率是公共危机治理的应有之道。

第四，治理与善治对参与和稳定的关注，在危机中成了一个法则：公共危机中公民积极参与危机自救和救治，有利于社会的稳定与和谐。因为参与"提升了单个公民的'属于'他们自己的社会的归属感。……更重要的是参与过程本身的经历，以及参与过程所导致的复杂结果，不管是对于个人还是对于整个政治体系，这种参与经历使个人与他所在的社会连接起来，使得社会成为一个真正的共同体"②。由于公共危机事件的危害性和延展性，单一主体治理的不可能性，所以公民参与危机管理就成为不可或缺的部分。政府也只有调动所有的公众，发挥他们的自救和救助能力，在社会中构建一个群防群治的网络，才能使社会很快恢复稳定和秩序。治理和善治告诉我们，公民的安全要得到保障，法律要得到尊重，这一切都必须通过法治来实现；公共机构正确而公正地管理公共开支，亦即进行有效的行政管理；政治领导人对其行为向人民负责，亦即实现了职责和责任制，信息灵通，便于全体公民了解，以及政治透明性。

三 危机治理中政府形象定位：基于治理与善治理论

21世纪是一个危机多发的世纪，政府如何处理危机以及采取何种形象对待危机，关系到其在国内和国外的形象。特别是随着电子政府治理方式的出现，政府形象将更多地展现在世人面前，这就要求中国政府，对外塑造成为一个有权威的大国应有的形象。对内，在面对广大民众之时，也要用事实说话，使民众相信未来的政府是一个实干的政府，一个值得信赖的政府。根据治理与善

---

① 〔香港〕陶黎宝华：《从SARS分析危机管治的伦理》，载《中国公共政策分析》（2004年卷），北京，中国社会科学出版社，2004，第241页。
② 〔美〕卡罗尔·佩特曼：《参与和民主理论》，陈尧译，上海，世纪出版集团，上海人民出版社，2006，第6页。

治的要求，公共危机中政府应该具有以下形象来面对国内外的公众。

一是透明政府形象。透明政府是指政府管理过程中信息的公开性。特别是在危机管理中，通过公开与透明，不但可以减少政府与服务对象之间的信息不对称，而且可以减少政府公职人员渎职的可能性。在危机治理中，透明政府行政主要有以下几个方面：（1）有关危机控制的法律、政策要公开透明。要使政府制定的法律和政策及时为公民所知晓，以便公民能够有效地参与政府的活动，表达自己的愿望和要求，并对政府危机管理过程进行有效的参与和监督。（2）行政主体的公开透明。这样既可以方便行政相对人顺利地找到与自身利益相关的主体，提高政府机关办事的效率，而且又可以更好地实现社会的有序协调发展。（3）行政程序的公开透明。依法制定的行政程序必须公开透明，只有公开予以公布的政府行政程序，才具有确定力、执行力和约束力。（4）办事结果的公开透明。在行政机关具有一定的行政裁量自由权的情况中，公开办事结果，才能做到同人同事同结果，才能做到公平与公正。

二是责任政府形象。在公共管理系统中，政府是主体，它和其他公共机构直接或间接地共同行使社会公共权力，当然也必须承担相应的责任。责任政府的本质特征表现为：在人民与政府的关系上，应实现从政府权力本位向责任本位的转变；公民义务本位向权利本位的转变；在观念上，要从人民为了政府而存在向政府为了人民而存在转变；在责任制度上，应当从强调公民责任向同时强调公民责任与政府责任转变。为了更好地追究政府责任，首先必须形成一个新的行政文化。在一个权力本位严重，官场潜规则盛行的文化环境中，责任政府的理念是无法推行的。责任政府必须建构在一个义务本位、责任本位、服务本位和规则本位的行政文化土壤中，使有咎必辞、有责必究、有过必惩成为各级官员的惯例。其次，要建立健全政府责任体系，强化政府的政治责任，建立和完善行政职能。在政府工作出现违法、失职、滥用职权等情形时罢免、引咎辞职或责令辞职的政治责任制度。再次建立一支专业化、高素质、负责任的国家公务员队伍，对于政府责任的承担将有重要的作用。

三是高效政府形象。效率是评价政府管理活动的一个重要标准以及衡量政府管理活动是否奏效的重要尺度。无效率无效能的政府管理理念，不仅服务不力，而且直接影响到公共利益的实现。高效政府的基本价值取向至少包括两方面的涵义，一方面从成本方面来看，高效政府必须是一个低成本的政府，所以廉价政府是高效政府的必然选择；另一方面，从质的方面来看，高效政府不仅仅是一个讲究效率的政府，而且是一个追求高效能的政府。也就是说，政府效率是"数量和质量的统一，价值与功效的统一"。高效政府要得以实现，就必须通过政府职能的合理定位和政府能力的提升来获取。一方面要求政府致力于为法律和产权奠定基础；保持有利于投资和经济发展的宽松环境；维持宏观经济稳定；提供基本的公共服务和基础设施等基本职能。另一方面在提升政府能力上，有赖于政府管理人员素质的提高。随着电子政务的推行，政府职员如果既精通计算机与互联网的功能与作用，又熟悉政府管理方面的知识，必定会实现政府的高效施政形象。[①]

小　　结

由于和谐社会理论强调人与自然、人与社会、人与人之间的和谐相处，所以使人们在理性的思考中减少对自然的破坏，避免人与人之间的矛盾与冲突。另外由于和谐社会强调"以人为本"，所以政府会采取一切措施挽救社会公众的生命和财产安全。总之，社会和谐与灾害性公共危机有着密切的关联。一个和谐的社会必定意味着各种灾害性危机事件的减少或消弭；一个灾害性公共危

---

① 周晓丽：《论公共危机中政府形象及其重塑》，载《重庆社会科学》2006 年第 2 期。

机事件日趋减少的社会也是一个逐步走向和谐的社会。和谐社会是应对灾害性公共危机治理的理念指导，而灾害性公共危机的治理则是和谐社会存在的重要保障，这一治理过程本身也蕴涵走向和谐的过程。

面对各种各样的灾害性公共危机事件，政府的作用应该是什么呢？毫无疑问，应该是为社会公众提供一个安定和谐的环境。这也就需要政府承担起维护社会公共安全这一义不容辞的责任。灾害性公共危机的治理过程本身就是一个政府为社会公众提供公共安全服务的过程。那么政府为谁服务？怎样服务？新公共服务理论强调的政府要以民为本、服务意识、责任理念以及对公民美德的赞扬都为灾害应对与治理提供了良好的启示和借鉴。政府的首要职能是提供维护性公共服务，包括维护市场经济秩序，保护财产权利和公民权利，保卫国家安全、社会安全以及给公众创造良好的社会生活环境。灾害性公共危机治理作为政府公共服务的一个重要方面，必须引起政府和公务员的高度重视，提高灾害性公共危机治理的效率和有效性。"以人为本"、"以民为本"作为我国政府治理基本理念，在灾害性公共危机的应对中更是如此，要认真贯彻和执行危机治理中"以人为本"的原则，避免在"以事为本"的治理过程中对个人权利的侵犯。

多中心理论虽然是针对美国公共事务治理而提出来的一种理论模式，但是它强调公共事务治理主体的多样性，发挥各方面的作用特别是自主治理都对我国连续不断出现的灾害性公共危机治理具有重要的借鉴意义。多中心制度安排打破了单中心制度安排中只有一个权力中心的格局，形成了一个由多个权力中心组成的治理网络，以承担国家范围内公共管理和公共服务的职能。灾害性公共危机的治理，作为国家提供公共安全服务的过程，需要中央政府和地方各级政府的共同努力。依照多中心的制度安排，在灾害性公共危机的治理中也要充分发挥地方政府的职能。另外，多中心治理理论也强调公共事务治理中各自治组织、团体和个人的参与，所以多中心理论在公共服务中通过增加治理主体的数量，在一定程度上提高了公共事务治理质量和效率。

　　根据治理与善治理论，在公共危机管理中，其治理的权威包括政府，但不局限于政府，社会团体、私人部门、公共部门与私人部门等都可以成为权威，权力运行的方向是在双向和多向之间，而不仅仅是自上而下的，政府与民间、公共部门与私人部门之间形成良性互动。在解决和处理公共事务过程中，治理模式强调多元行为主体共同承担责任。所以可避免单一权威主义垄断信息资源等行为而陷入风险危机之中。在开放社会的环境中，预防公共危机在很大程度上取决于社会力量的动员和参与，应当相信社会的力量，拓宽社会参与渠道。由于治理和善治理论具有合法性、法治、透明性、责任性、回应、有效、参与、稳定、廉洁、公正等特征，借鉴和运用治理与善治对合法性和法治的要求，要求政府在公共危机管理中一切行为法治化；其对透明性和回应性的强调，要求灾害性公共危机治理中的信息公开与透明；另外，治理与善治对参与和稳定的关注，也要求公共危机治理中公民积极参与危机自救和救治，从而达到社会的稳定和融合。

　　总的来说，如果在社会的发展过程中，各级政府和社会公众对灾害性公共危机治理中的相关理论有充分的了解，无论是对灾害性公共危机的产生，还是对公共危机的消弭都具有重要的作用。

第四章
我国灾害性公共危机治理现状：
体制、机制与法制层面的审视

第一节　制约我国灾害性公共危机治理的主要因素

一　政府公共危机治理决策者的观念滞后与能力缺失

从急性传染病到生产事故再到自然灾害，面对现在形态众多的突发公共危机事件，政府要做到及时预警、准确识别，有效地治理危机。政府及其公共危机决策者的意识与能力具有重要的作用。虽然我国政府战胜了1998年的特大洪水，控制了"非典"和禽流感的传播和扩散，在肯定成绩的同时，我们也必须清醒地看到一些地方政府公共危机决策者自身还存在着许多问题。

首先是公共危机治理的意识淡薄。政府行政人员以及公共危机决策者的危机治理意识淡薄，在政府管理过程中思想认识不到位；对加强危机治理和突发事件处理的重要性认识不够，精神准备不充分，存在麻痹和侥幸心理，没有真正把危机治理摆上重要议事日程，从而导致危机治理机制和预警机制不健全，报告不及时，责任不明确，应对措施不力，物资储备不充分，财政支持准备不足，法制不健全，依法应对危机的能力不强等。一旦危机出现就会措施无力，政府公共管理者抱有侥幸心理，导致机会丧失，危机蔓延，给社会带来更大的灾难。其次是公共危机决策者的素质不高。政府组织的危机决策和常规决策存在着重要的区别，如表4-1所示。

表4-1 政府组织危机决策和常规决策的典型特征对比

内容	类型	危机决策	常规决策
目标取向		迅速控制危机事态的蔓延；保护民众的生命和财产安全	解决一些常见的公共问题，实现公共利益
约束条件	时间	时间紧迫，即时决策	时间充足，反复决策
	信息	信息有限，信息不完全，信息不及时，信息不准确	信息比较完全：经过详细分析获得全面深刻的信息
	人力	缺乏：决策者自身素质和专业技术都严重匮乏	丰富：经由日常的培训、训练、教育等措施提高决策者的素质
	技术	危机发生后，一般的专业技术设备往往也告失灵，特别需要一些高精尖的技术及设备	技术手段比较成熟，能基本实现自动化
决策程序		快速决策：决策权力高度集中，决策者主要依靠自己的智慧和胆略审时度势，相机决断，同时也需要聘请相关专家介入决策过程	民主科学决策：遵循特定的例行程序和标准化的操作规程；决策权力分散；经民主协商定夺最后方案
决策效果		模糊决策和非预期决策，结果往往很难预料，风险极大	可控可调可预期（局部试验和大规模修正；预测和监控执行过程）

资料来源：郭济：《中央和大城市政府应急机制建设》，北京，中国人民大学出版社，2004，第106页。

由于公共危机的爆发突然、时间短、传播快，这就要求政府危机决策者在非常有限的时间内做出反应，形成正确的判断，以

第四章 我国灾害性公共危机治理现状：体制、机制与法制层面的审视

争取到宝贵的时间，使可能的损失最小化。但是我国专业的应急管理人才稀缺，大部分从事公共危机预案制定和决策的工作人员都是兼职，没有接受过专门教育。总之无论是常态管理还是危机决策，人才队伍的建设是基础，多层次、广适应性、全方位的公共部门危机治理人才队伍的培养显得越来越重要。正如中国行政管理学会副秘书长张学栋所言："一句话：培养和造就有中国特色的公共部门应急管理人才是解决公共部门应急管理问题的治本之策。"[①]

要提高政府公共危机治理决策能力，就必须加强人才建设，培养五类人才是重中之重。一是信息型人才，这种人才是公共部门的"千里眼"、"顺风耳"。他们是危机管理人才结构中的基础人才，担负着危机管理的预警工作，其任务是及时、准确、全面搜集信息而且要不停地更新和反馈信息。信息型人才的核心素质是灵敏性、选择性和责任心。二是操作型人才，这类人才是公共部门中现场处理危机和突发事件的专业技术人才，比如消防员、警察、医护人员等。合格的操作型人才除要具备专业化的知识、职业化的技巧之外，还要有快速反应能力，很强的协同性和整合现场各种资源的能力。三是监督型人才，危机管理中，需要有人专门对整个事件的处理过程进行记录和跟踪报告，加强处理的透明度并对事件起因、处理、损失和善后进行评估。这类监督型人才要求具备很强的专业背景、动态跟踪能力、整体评估能力和政策把握能力，其中整体评估能力是关键。四是执行型人才，执行型人才可以说是危机治理中的前线指挥官。这类人才要求具备领悟力、贯彻力、协同能力，专业背景强、准确把握、果断决策。既能领悟决策层的精神又能将其很好地贯彻下去，同时具备很强的专业背景，能从整体上准确把握事态进展，并根据事态发展迅速而果断地制定出可操作性的行动计划。简言之，这是一种能

[①] 王颖：《培养有中国特色的应急管理人才》，载《国际人才交流》2004年第4期。

"上通下达"的人才，是危机管理的中坚力量。五是决策型人才，这类人才是危机管理中最高层次的人才。广义地说，决策型人才应具备五种核心能力：①对宏观事态的全面把握能力；②对事态发展趋势有超常的预测能力；③临危不惧、处乱不惊的心理素质；④熟悉事件的产生、发展、影响以及化解方法，对事态有整体、科学、深刻、系统和动态地把握并能在事态发展的不同阶段迅速而准确地做出相应对策；⑤对事业、国家和人民具有高度的责任感和很强的事业心。①

令人欣喜的是，党和国家已经开始针对公共危机人才培养采取了一些措施，如把应对突发事件的能力确定为我国公务员的核心能力之一。教育部已批准在北京理工大学设立培养危机管理高级人才为目标的硕士点。因此，有理由相信，公共部门危机管理和决策人员的素质会逐步得到改善，管理危机能力也会得到加强。

二 社会资本对建构灾害性公共危机治理网络的影响

（一）社会资本的内涵②

自从1980年法国社会学家皮埃尔·布迪厄正式提出社会资本是"真实或虚拟资源的总和。对于个人和团体来说，由于要拥有的持久网络是或多或少被制度化了的相互默认和认可关系，因而它是自然积累而成的"③这一概念以来，还有许多专家和学者给予其不同的解释。其中罗伯特·普特南认为："社会资本……指的是社会组织的特征，例如信任、规范和网络，它们能够通过推

---

① 王颖：《培养有中国特色的应急管理人才》，载《国际人才交流》2004年第4期。
② 周晓丽：《论社会资本与中国和谐社会的实现》，载《重庆社会科学》2005年第10期。
③ Pierre Burt and Loic Wacquant, *Invitation to Reflexive Sociology*, Chicago: University of Chicago Press, 1992, p. 119.

动协调的行动来提高社会的效率"①；亚历山大·波茨认为："社会资本指的是，处在网络或更广泛的社会结构中的个人动员稀有资源的能力。"② 面对不同的社会资本解释，人们可能要问：社会资本的内涵究竟是什么呢？随着社会资本从经济向政治领域的转向，其内涵逐步趋于一致：社会资本是一个共同体之内的行为主体在长期交往、合作、互动过程中形成的一系列认同的网络，这些网络传承了共同体普遍的精神、思维意识和组织方式。具体来说，社会资本的内涵主要有以下几个方面：

（1）信任和信念。信任对社会经济具有重要的作用。Casson 认为，信任能提高工作效率，获取更多的信息和资源；缺乏信任则会导致资源的配置不当，使信息传递不够完整和准确。信任不仅会获得当即价值，帮你获得想要的资源，信任还具有潜在价值，使你在未来得到意外的惊喜③。另外，Nahapiet 和 Ghoshal 指出，以共同的战略远景、共同的理解等形式出现的信念，在社会资本的产生过程中起着非常关键的作用。在缺乏共同信念或共同目标的情况下，人们就会缺少合作的理由。④ 这种信任主要表现在人们对公共利益的追求和公共精神的重塑。

（2）公民参与的互惠网络。社会资本来源的网络有开放性网络和封闭性网络。科尔曼认为，网络结构的封闭性促进了各种行为规范的出现，提高了其他成员的可信度，因此也提高了社会资本。在一个开放的结构中，很可能无法觉察和惩罚有关违反规范的行为，人们由此会对他人产生不信任，这样也就削弱了社会资

---

① 〔美〕罗伯特·普特南：《使民主运转起来》，王列、赖海榕译，南昌，江西人民出版社，2001，第167页。
② Alejandro Portes, The Economic Sociology of Immigration: A Conceptual Overview, in Portes (ed.), *The Economic Sociology for Immigration: Essays on Networks, Ethnicity and Entrepreneurship*, New York: Russell Sage Foundation, 1995, p. 12.
③ 〔英〕肯尼斯·纽顿：《社会资本与现代欧洲民主》，转引自李惠斌、杨雪冬：《社会资本与社会发展》，北京，社会科学文献出版社，2000，第1页。
④ Nahapiet J., Sumantra Ghoshal, Social Capital, Intellectual Capital and the Organizational Advantage, in *Academy of Management Review*, 1998, p. 253.

本。普特南在吸收科尔曼的观点基础上指出,联系紧密的社会网络会提高相互的信任和形成共同的社会规范,因而使民主制度有效发挥功能。"在一个拥有大量社会资本存量的共同体中,生活是比较顺心的。公民参与的网络孕育了一般性交流的牢固准则,促进了社会信任的产生。这种网络有利于协调和交流,扩大声誉,因而也有利于解决集体行动的困境。"①

(3) 规范等内在制度。许多人认为,社会资本主要是建立在共同的规范的基础之上的。这种规范是由生活在同一网络中的所有成员通过相互交往达成的社会契约发展而来的,规范包括习惯、习俗、礼貌等内在制度。这种内在化的制度规范鼓励反射式服从并能得到很高程度的遵守,不但可以节约社会成员之间的协调成本,而且在一个社会中,人们已经内化了诚实品德,社会的成员就都能自发地维持诚实。"如果信任依赖于明晰的、相互的契约,而这种契约又必须依赖于协商和监督,那么与之相比,建立可信赖的内化规则也是节省成本的。"②

(4) 规则——外在的制度。外在制度能够更直接地影响社会资本,但一直被普特南和福山所忽视。利维曾指出:"政府不仅仅是为公民提供了信任的背景,而且还影响到市民产生信任或不信任的行为。"她认为,具有较高透明度和公正的规则和制度的政府能够确保政府主体政策的可信度,从而提高了社会资本。"制度框架能增加逃避义务的风险,增加互利合作的习惯,达到抑制这种本能性机会主义的目的。"③ 所以法律和制度也是社会资本不可缺少的来源。

---

① 〔美〕罗伯特·普特南:《独自打保龄球:美国下降的社会资本》,转引自李惠斌、杨雪冬:《社会资本与社会发展》,北京,社会科学文献出版社,2000,第167页。
② 〔德〕柯武刚、史漫飞:《制度经济学》,北京,商务印书馆,2002,第124页。
③ 〔德〕柯武刚、史漫飞:《制度经济学》,北京,商务印书馆,2002,第112页。

第四章 我国灾害性公共危机治理现状：体制、机制与法制层面的审视

公共危机治理网络的建构是以丰富的社会资本为前提的，如果社会资本存量不足乃至缺失，合作治理的运转就会受阻甚至无从说起，社会资本与合作治理之间存在一种支撑关系。很难设想在一个充满怀疑、猜忌和相互陷害的环境中，公民个体之间能够形成协同一致的发展目标，能够具有团结、合作和信任的公共精神，能够形成良性的公民参与的互惠网络来共同治理危机。所以只有公民都具有团结、合作、互信的公共精神、具有高度的主体意识、权利意识和参与意识，社会的正式规划和内在制度规范完善、第三部门独立成长的前提下，公共危机复合合作治理的目标才能实现。

（二）我国社会资本现状对合作治理网络的制约因素分析

目前我国社会资本分布不均衡主要表现在两个方面：地域之间的不均衡和社会层级之间的不均衡，社会资本的这一分布使我国部分地区和部分社会层级的现代公民意识还相当缺失。市场力量不断打破了传统社会资本同质和均衡地分布的格局，不断消除了传统身份等级因素在社会资本分配中的影响，逐渐形成一种社会资本成分和密度随地区经济和文化教育发展水平而不均衡地分布的格局。[①] 从目前我国社会资本地域分布的总体情况看，东部地区、城市地区和经济发达地区的社会资本密度和存量明显要高于中西部地区、农村地区和经济欠发达地区。社会资本分布的地区间差异相应导致了现代公民意识发展的差异。总的来说，对公共危机合作治理产生制约的因素有以下几个方面。

一是信任社会资本的缺失。社会信任存在于人们的共同活动中，支持着人们之间的交往与合作，并发挥着提高交往效率的作用。改革开放以来，在以传统共同体为单位的信任正在被现代化破坏的同时，更大范围的社会信任并没有在我国形成。由于社会利益群体之间严重的不信任和不合作，仇富心理和对立情绪不断

---

① 郭忠华：《社会资本视角下的中国善治问题研究》，载《上海行政学院学报》2003年第2期。

产生，所谓的"郎顾之争"、"宝马事件"以及山东"人大代表打人事件"都反映出人民群众对政府部门的不满意和不信任。公民与公民之间，公民与政府之间的严重冲突和不信任，必然导致"信任"社会资本的缺失。

二是公民参与网络社会资本的不足。普特南认为公民参与网络增加了人们在任何单独交易中进行欺骗的潜在成本；公民参与网络培育了强大的互惠规范；公民参与网络促进了交往，促进了有关个人平衡的信息流通；公民参与网络体现的是以往合作的成功，可以把它作为一种具有文化内涵的模板，未来的合作在此之上进行。① 但是我国经历了两千多年的封建统治者虔诚地信奉唯我独尊的一统思想，实行文化专制，禁止一切"异端邪说"。结果，大多数人养成了"崇尚权威、畏惧君子"的秉性，这一性格上的缺点到今天仍然在影响着人们，人们在大部分情况下缺少参与的愿望，常常希望出现"包青天"般的官吏。这些都说明我国公民参与的理念与实践还存在着极大的缺陷，需要通过有效的渠道来解决。

三是规则和规范等社会资本的非完备性。在这里规则和规范主要是指内在和外在的制度。在转型时期，市场经济必然要求政府日益从一些传统的管理领域中撤退出来，将更多的领域交给社会去管理，但原来的许多制度已经难以有效调节新的利益矛盾，新的利益协调机制尚未健全，在面临一些新的利益冲突时甚至出现了制度缺失。

四是公共精神等信念社会资本的匮乏。公共精神作为政治文化的表现形式，在传统的政治文化中，公民没有意识到政治系统及其运行过程的存在，也不可能意识到政治过程参与者权力角色的存在。而在服从型政治文化中，人们开始关心起与自身利益密切相关的政策和法令。然而，公民基本上是被动的，他们被要求

---

① 〔美〕罗伯特·普特南：《使民主运转起来》，王列、赖海榕译，南昌，江西人民出版社，2001，第203~205页。

第四章 我国灾害性公共危机治理现状：体制、机制与法制层面的审视

而且自身也倾向于服从公共行政系统的一切输出。而在参与型政治文化中，大多数公民都把公共行政系统当成促成公民利益得以实现的合法途径，并会向系统不断提出最多的期待与要求。这种类型的政治文化系统最明显特征在于，公民意识到他们能够并且有必要对公共行政过程进行控制与影响。① 因此参与型政治文化对政治发展具有重要的作用，而公共精神作为参与型政治文化的表征，它体现了公民社会具有认同、信任、合作、互惠的精神风貌。所以具有公共精神的人是对政府感兴趣并尊重政府的人；是具有更大的善或者公共利益观念的人；是对公共服务感兴趣的人。但是目前，我国公民的公共精神的发展还处在一个相当低的水平，甚至在有些局部的地区或社会阶层，公共精神极度的匮乏乃至完全缺乏。在市场经济中出现的各种自私自利、假冒伪劣等现象都是公共精神缺失的表现。

五是作为公民社会重要依托的第三部门发育的不完善性。第三部门的发展是公民社会公共精神和公民意识发展的必然结果。第三部门在参与微观管理，提高公共产品的供给效率，完善社会保障机制，满足社会文化需求等方面发挥了重要的作用。但是我国第三部门的发展还面临着一些困难和问题，如一些第三部门受行政干预过多，官办比例过大；工作方法带有浓厚的行政化倾向，运行效率低下，缺乏主动性、创造性和进取精神，没有服务意识，缺乏应变能力；有的第三部门工作人员结构老化，专门人才匮乏，难以履行好中介组织的应有职能；还有一些第三部门违背非营利的原则，为某些个人谋取私利，财务混乱，贪污腐败，不能承担信息沟通、组织协调、公共服务、督促检查等职能，功能扭曲，角色变形，社会公信度不高等。② 第三部门的非独立性和发育的不完善，严重影响社会资本存量的提升。

---

① 〔美〕阿尔蒙德、维巴：《公民文化》，马殿君译，北京，华夏出版社，1989，第17页。

② 金太军：《第三部门与公共管理》，载《公共行政》2003年第1期。

如普特南指出的那样，社会生活中那些表现为网络、互惠规范和信任特征构成了一个社会的"社会资本"，社会资本能促进成员为实现共同利益而团结合作，减少群体内的机会主义行为，整合不同背景和价值观的人们，促进如宽容、合作和互惠等心智习惯，不但有利于亲密的、丰富的、活跃的社会基础的形成，而且能有效地弥合社会裂缝。正因为足够的"社会资本"储备能够成为社会大厦中的钢筋，有效杜绝社会中的孤立、逃避、猜疑、欺骗、背叛和化解社会变迁加剧所引起的各种矛盾，成为公共危机治理网络建构不可小视的一面。[①]

三 企业的社会责任对灾害性公共危机治理的作用

有人认为，公共危机属于公共领域，以盈利为目的的企业，不应该承担公共责任。事实上与其他组织一样，它们也都是危机管理过程中不可或缺的重要组成部分。

第一，企业虽然是独立的经济主体，但企业仍然具有社会责任。第二，现实生活中，企业也是不少危机的制造者。尤其是一些大型企业，从事高危生产的企业在生产活动中有时会发生一些事故，有的甚至是十分严重的事故，这些事故经常会侵入公共领域，引发公共危机。例如2005年11月发生在吉林省吉林市的中国石油吉林公司双苯厂爆炸事故，除了导致人员伤亡外，由于苯类污染物大量流入松花江，使松花江水中的苯胺、硝基苯、二甲苯等污染物产生超标，致使占全国流域面积1/20的松花江严重污染，在其沿岸需要饮用江水的数百万人，将面临无水的危机。其中哈尔滨这座拥有三百多万城区人口的特大城市，由于这场突如其来的污染事件，从11月23号起，不得不全城停水四天，一场严重的水危机扑面而至。当然中国石油石化公司吉林公司对这场水污染危机的治理和危机后赔偿都负有不可推卸的责任。另外重

[①] 周晓丽：《论社会资本与中国和谐社会的实现》，载《重庆社会科学》2005年第10期。

庆开县"11·23"特大井喷事故，造成243人死亡，4000多人受伤，6万多人被疏散转移。由于这次公共危机是由中石油四川石油管理局川东钻探公司在起钻过程中违章作业引起的，该公司对这次危机的治理当然责无旁贷。企业在从事可能引发大事故的生产时，一方面要采取预防措施防止事故的发生，另一方面也要制订应急预案，做好物资和技术方面的准备，一旦出现危机，企业有责任采取各种措施，千方百计地防止危机的扩大和升级，尽量减少危机造成的损失。同时，企业也应该把事故的情况及时告知政府和公众，在有效统一的指挥下，动员全社会的资源来战胜危机，这才是最佳路径和选择。

第三，许多公共危机就发生在企业所管辖的区域内，虽然不是企业自身引发的危机，但作为危机事件的第一目击者，在告知相关部门后，企业也有配合政府做好公共危机治理的义务，承担道义上的责任。如在公共危机发生之后，危机之外的许多企业积极通过各种方式提供人力、资金、物资、技术设备，这都是企业承担社会责任的直接表现。

要使企业积极参与公共危机治理，必须从两方面着手：一方面是企业要做好自身的事故防范工作。一个企业，如果他的生产活动具有某种危险性，它就应该制订周密的危机应急预案，做好危机预防方面的人、财、物和技术设备的准备工作，一旦事故发生，引发危机，就会在公共危机治理中掌握主动，在政府危机管理中心的指挥下及时消除危机，把损失降低到最低限度。另一方面要培养企业家的责任感和公共精神。具有责任感和公共精神的企业家就会热衷于公益事业，当危机发生时就会积极参与，为危机的治理献计献策，捐送财物。

四 灾害性公共危机治理中公民参与的缺失

要使公共危机的治理顺利运转，没有公民参与就如同空中楼阁。然而要使公民积极参与公共危机的治理，就需要公民具有公民道德和公民意识。公民道德和公民意识不是凭空产生的，更不是经过说教就能形成的，它需要在公共生活中逐步养成，存在于个人和社会的不断互动之中。美国著名社会学家贝拉和马德森等著的《心灵的习性》中认为，一个自私自利、纯粹追求个人成功的人，是不可能生活得美好、幸福、快乐的，然而，他们思想上认为可以弥补个人追求经济成功不足的慷慨之情，就是自愿参与一些地方性的、小范围的社会生活，诸如家庭和解，在这种群体中个人积极性与改善全体利益的相互关系相得益彰。个人的自我，正是在通过公共对话组织起来的社会生活中得以实现的。"人民应该参与影响他们生活的决策，不仅是为了正义，而且也是为了实现他们作为人的潜能的发挥。"[1] 美国学者阿尔蒙德把"政治文化"的概念运用于政治生活，把政治文化类型分为三种。如表4－2所示。

表4－2 政治文化的类型

	对政治系统的认识	政治系统的输入	政治系统的输出	对自我参与的察觉
村民型	0	0	0	0
臣民型	1	0	1	0
参与型	1	1	1	1

资料来源：G. A. 阿尔蒙德、维巴：《公民文化——五国的政治态度和民主》，马殿君译，北京，华夏出版社，1989，第566页。

从上表可以看出，在村民型的参与文化中，强调"官"的权威，公民根本没有参与的意识；在臣民型的参与文化中，公民虽然开始关心与自身利益相关的政策和法令，但参与只是被动地服从；而在参与型的文化中，公民把参与当作是表达自己利益和要求的重要途径。[2] 从总体上说，我国是属于服从型的公共行政文

---

[1] 〔美〕查尔斯·J. 福克斯、休·T. 米勒：《后现代公共行政——话语指南》，楚艳红、曹沁颖、吴巧林译，北京，中国人民大学出版社，2003，第32页。
[2] 周晓丽：《公共政策制定中的公民参与》，载《中国政治》2005年第9期。

化，所以公共精神和公共责任的缺失普遍存在。正如林语堂先生所言："中国是一个个人主义的民族，他们系心于各自的家庭而不知有社会，此种只顾效忠家族的心理实际为扩大的自私心理。""'公共精神'为一新名词，'公共意识'一词亦然，'社会服务'一词亦然，中国原来没有这种东西。"① 当公众具有公共精神和责任时，在面对公共危机时，他们的行动就不是等待政府的社会动员，而是尽可能地承担起公民的那份责任。在关键时刻，普通公民会出于公民的责任而成为社会动员的一部分。"公民责任是职务责任的基础，既体现在核心圈内又体现在核心圈外。公民责任要求处于核心圈内的每个人，以公民身份承担着自己的职务责任；公民责任还要求处于核心圈外的每个人、社会机构，以公民价值观和道德准则承担社会责任即公民责任。当'非典'可能蔓延之际，每个公民都有责任为阻止蔓延做必须做的一切。很遗憾，有些机构、个人却在危急关头等待政府发布号召，从而错失了果断处理危机的时机。"② 因此，危机中公民精神的培养还是摆在我们面前亟待解决的问题。

第二节 我国灾害性公共危机治理体制及评价

一 我国灾害性公共危机治理体制的现状：纵向集权＋横向自治

（一）纵向集权：中央政府统一领导体制

所谓"体制"，《辞海》给出的定义是：国家机关、企业单位在机构设置、领导隶属关系和管理权限划分等方面的体系、制度、方法、形式等的总称。这一定义涉及两点，一是机构的设置问题；

---

① 林语堂：《吾国吾民》，北京，作家出版社，1995，第139页。
② 杨团：《公共理性现代社会和公民责任》，载《世纪经济报道》，2003年5月21日。

二是机构建立起来面临着处理机构间关系的问题,也就是要明确隶属关系和权限划分的问题,只有处理好这一问题,机构之间才能正常运转。在现代英语中 rigime 被理解为 method or system of government or administration,可译为"体制,政府制度"。主要是关于政府或者行政机构设置是否合理、机构间及机构与外界环境的关系、机构内部各构成部分的统一协调以及机构内部人员的管理等等。

我国是一个单一制国家,历史上具有长期的中央集权传统,所以对于灾害性公共危机事件的管理,一直采用的"纵向集权+横向自治"的管理体制。具体来说,在中央层面主要由国务院进行统一领导,国务院作为国家公共危机治理的最高行政机构,统一领导各种公共危机事件的预防和处置工作。国务院设有安全生产委员会、中国国际减灾委员会等领导机构,负责统一领导和协调相关领域的公共危机事件。遇到重大灾害性公共危机事件,通常是启动非常设指挥机构,亦即成立临时性指挥机构,由国务院分管领导任总指挥,国务院有关部门参加,日常办理机构设在对口主管部门,统一指挥和协调各部门、各地区的应急处置工作。例如在 2003 年发生"非典"疫情时,2004 年发生高致病性禽流感疫情时,国务院成立了临时指挥机构,统一领导全国防治疫情工作。[①] 在实践中,这种中央集权的领导体制确实使中央的统一领导有效进行,而地方政府应对灾害性公共危机事件的积极性则是在有限的、狭窄的空间内存在,长此以往,一些地方甚至养成了对中央"等、靠、要"的思想。例如在松花江污染事件之后,地方政府及其官员长时间对灾害性事件不定性、不表态,内在的原因可能是在考虑中央政府的态度和做法。

(二)分部门与分类别的条块分割的体制

横向上,我国长期以来一直没有一个全国统一的公共危机事

---

① 郭济主编《中央和大城市政府应急机制建设》,北京,中国人民大学出版社,2005,第 56 页。

件应对管理机构,而是采取了分部门和分类别管理,依靠各个部门在自己相应的管辖范围内对某一单项灾害性公共危机进行集中处理,各个机构之间互相独立、互不隶属,发生问题各自负责,出现灾害性公共危机事件各自管理、各自应对,其他部门只是起到参与配合的作用,条块分割极其严重。各部门分工如表4-3所示。

表4-3 灾害性公共危机事件与其对口主管部门

名称	种类	主管部门
自然灾害	水旱灾害	水利部(国家防汛抗旱总指挥部)
	气象灾害	国家气象局/有关政府部门
	地震灾害	国家地震局(国务院抗震救灾指挥部)
	地质灾害	国土资源部/建设部/农业部
	草原森林灾害	国家林业局
事故灾害	核与辐射事故	国防科工委
	生态环境污染	国家环保总局
	生产事故	行业主管部门/企业总部
公共卫生灾害	传染病疫情	卫生部
	中毒事件	卫生部
	动物疫情	农业部

资料来源:改编自郭济主编《中央和大城市政府应急机制建设》,北京,中国人民大学出版社,2005,第57页。

二 我国灾害性公共危机治理体制存在的主要问题

长期以来这种部门分割、条块分割的管理机制,成为严重制约我国灾害性公共危机治理的瓶颈。

首先,部门分割、协调不足。从组织管理看,各应急部门的垂直应急管理体制较为完备,但各部门横向之间的职责分工关系并不十分明确,职责交叉和管理脱节现象并存,缺乏统一协调。例如,对化学污染事故的应急治理,环保部门、生产运输部门、安全生产监督部门和地方政府都有各自的应急预案和措施,但如何统一行动、统一调配、相互配合,事先各部门间充分协调不够,甚至互不知晓。从应急体系建设上看,特别是在基础地理信息、信息通讯、救援队伍和救灾装备的建设方面,存在着部门分割、低水平重复建设等情况,影响了国家投入的有效性。例如,有关应急部门都有自己的应急信息系统,有的相当先进和完善,但相互之间没有形成制度化的信息通报和信息资源共享机制。从应急响应过程来看,一方面灾害主管部门时常会感到应急救援力量和资源紧缺;另一方面感到协调困难,其他部门现有应急力量和资源得不到有效和充分的利用,资源闲置。[①]

其次,条块分割,资源浪费。由条块分割导致部门利益的加剧和地方利益的分化,导致中央与地方、不同部门、不同地区之间缺乏在资源利用和公共服务方面不能互相协调,使信息、物质、人才等各方面相互分割、缺乏互通互联,无法"并网",难以实现人、财、物等资源的共享。

再次,常设管理部门缺失、治理效率低下。目前,在国家层面上,由于缺少常设性的、具有会商决策功能的应急管理综合协调部门,一旦出现危机事件,领导协调机构"应运而生",这种体制带来的缺陷也不可避免。主要有:一是人员密切配合尚需时间,直接影响工作效率和工作效果。机构的人员都是从各个部门临时抽调的,相互之间的了解熟悉和配合有一个过程和磨合期,这与应急管理的极高的时效性要求不相称,有可能因协作配合不够而延误处置灾难性公共危机事件的最佳时期。此外,抽调人员彼此都有自己的部门利益,很难保证在具体的工作中能够完全从大局的需要出发。二是"应急而生"的机构在法律上没有应有的保障,在现行的机构中没有自己的位置,所以也就没有相对确定的权限,因此其实际工作的开展往往要靠对各职能部门的协调,

---

① 郭济主编《中央和大城市政府应急机制建设》,北京,中国人民大学出版社,2005,第59页。

而这样更多的是要靠领导的重视程度和组织者的个人能力，带有很大的随意性和协调结果的不确定性。三是因应对灾害性公共危机事件而成立的临时领导协调指挥机构不可能事先拟订系统的、成熟的应急管理计划，更不可能从国家安全角度或某一省（或市、县）的安全稳定的全局上，设计和制定出中长期的反危机战略和应急计划方案。①

最后，政府单中心治理，社会参与的缺失。在我国，当公共危机发生时，人们普遍认为对其治理是政府的"天职"。同时由于公共危机治理被看作是政府公益物品和公共服务的供给，所以采用的治理机制当然就是"政府单中心治理机制"。这种治理机制的设计既是受政府为"公"，市场为"私"的二元框架的影响，也是因为把政府看作是公共利益的代表者。也就是说公共利益的解决主要靠的是国家和政府，"如果没有国家，人们不能卓有成效地相互协作，实现他们的共同利益，尤其是不能为自己提供某些特定的公共物品。"② 我们的社会主义国家是在马列主义思想和理念指导下建立起来的，虽然现在实行了市场经济，但是在公共危机的治理过程中，自上而下，政府都大包大揽。特别是对SARS危机的前期治理，参与主体单一，过分倚重政府，从社会动员到各种资源的提供和组织，政府在危机治理中始终都处于绝对主体的地位。但政府的能力是有限的，面对纷繁复杂的局面，更多的是头痛医头，脚痛医脚，最后抗击"非典"的胜利，也恰恰说明，如果单靠政府自身的力量，是很难在极其有限的时间内取得公共危机治理的完全胜利的。

三 条块分割的管理体制对灾害性公共危机治理的影响

所谓公共危机管理的体制是指政府和社会共同构建起来的应

---

① 邓振春：《县级政府应急管理》，北京，光明日报出版社，2004，第27页。
② Taylor Michael, 1987, *The Possibility of Cooperation*, Cambridge: Cambridge University Press, p. 1.

对危机的结构和功能。但是长期以来，由于受"条块分割"的公共管理体制的影响，我国的公共危机管理体制也是呈现出条块分割的现象。特别是在 SARS 这样重大的危机事件应对中，这种条块分割的危机管理体制给危机的有效治理带来了极大的阻碍。

首先，条块分割的管理体制阻碍危机的科研进程。在条块分割的体制下，各个科研部门和机构各自为政，部门利益高于整体利益，所以很难从大局出发对某些危机进行研究。中国是世界上第一个报告 SARS 病例的国家，也是 SARS 疫情最严重的国家，SARS 在中国有 5000 多个病例，这是灾难，但也是医学研究的机会，相对于国外医学研究单位来说，无疑是一个很大的优势。然而在国际最早对 SARS 进行研究并取得令人瞩目科研成果的并不是中国的科学家，而是美国疾病预防与控制中心和加拿大哥伦比亚癌症研究署基因组科学研究中心的科学家。这不得不引起人们的深思，是中国科学家的研究能力低下吗？当然不是，造成这种情况的是各自为政的科技体制。比如中国农业大学罗云波教授为了找到 SARS 病毒的阳性对照样本，几次去一个高校系统以外的单位，均被婉言拒绝，最后向德国国家病毒所求援，对方很快寄了过来。他说，SARS 研究最大的问题，不是技术问题，而是现行的各自为政的科技体制。专家们都感叹，人类基因组的预测跨越了国界，可是现在，面对 SARS 危机，我们却难以跨越部门与部门的界线。罗云波教授的遭遇，并不是唯一的。国内很多 SARS 研究专家在 SARS 研究中都经历过各个系统相互封锁的事情。一些部门和单位把病毒样本作为不宣之秘，条条块块分得清清楚楚，彼此垄断资源，隔绝信息到了十分荒谬的地步，真有点"鸡犬之声相闻，老死不相往来"的态势。故此，SARS 研究专家在 2003 年 5 月 30 日的《光明日报》上强烈呼吁应尽快建立全国科研协调机构，有效调配全国科技力量、设备和资金，实现资源共享，协同作战，否则，如果再出现像 SARS 这样的公共卫生事件，带给社会的伤害将会更加巨大。

其次，条块分割的危机管理体制增加控制公共危机的难度。

在中国的公共管理体制下,由于行政权力偏重于中央而非地方,许多政策的决定权在中央各个部委。依照惯例,如果各级省市出现危机事件,应该按照对口的部门逐级上报。就拿"非典"来说,各地市要把危机情况先报给省疾病控制中心或卫生厅,省疾病控制中心或卫生厅再报到国家疾病控制中心或者卫生部,同时抄报省政府。虽然事实上能够准确地判断形势与做出正确决策的是各级地方,是所谓的"块",但是实际上他们根本无权作出及时的决定。在防治SARS问题上,北京市就是因为各自为政的管理体制,无法及时进行协调统一的行动,而失去了治理SARS危机的最佳时刻。针对这一问题,应该采取的有效措施是建立中央和地方两级协调机制。例如2003年4月20日后,在中央高层的支持下,中央和北京都建立了党政军高度集权的行政协调机制,协调在京国家机关、军队和北京各个系统的行政和卫生单位,集中配置防治SARS的人力资源、财政资源和医疗物资,才使得SARS防治走出各自为政的误区,顺利稳定局面,实现了SARS在2003年6月份的零发病率。

最后,条块分割导致危机管理中信息传递和交流的阻断。条块分割的负面危害也表现在危机信息的交流和传递方面。条块分割一方面导致政府各部门之间数据不能共享。建立基于数据共享的政府信息管理体系涉及政府各职能部门间互连互通问题。医疗机构、工商、统计、公安等部门各自拥有一套数据,其中有一部分是重合的基础数据,而这些数据在各部门间还远没有实现有效共享,从而导致资源的大量浪费,不能真正有效地发挥政府的某些职能。另一方面,条块分割造成信息的封闭。例如SARS在广东流行的早期,被认为是禽流感,因为担心对贸易的影响,所以疫情迟迟不得公布;后来又因为是"两会"期间,疫情又被再次搁置。某些地区对SARS病例的计划指标管理造成了编造数据、隐瞒真相。还有的地方为了躲避世界卫生组织的检查,SARS病人被汽车载着满街跑,不但对病人不人道,而且对社会也造成了极大的危害。也有的地方和部门对SARS疫情及其防治过程中出现的问题秘而不宣,带来的不仅是公众因无知引起的麻痹人意、谣言四起和社会的动荡不安,更重要的是卫生组织无法及时从正规渠道获取准确、有效的信息以指导决策、采取必要的措施遏制疾病的发展。SARS 在广东发生后,由于相关危机信息没有做到共享,其他地方的医疗机构没能及时了解广东疫情和大量医务人员交叉感染的事实,再度造成了大量医务人员感染,使广东悲剧又在全国其他的地方重演。截止到 2003 年 8 月,中国内地共有 5327 人感染 SARS 病毒,其中医务人员就达 1002 例。由于信息渠道的不畅通,SARS 对健康、心理,对公共卫生、医疗体系,对经济、社会、就业以及对政府公信力、能力等层面均造成巨大的冲击,影响了社会稳定。① 这是一个值得深思的惨痛教训。

第三节 我国灾害性公共危机治理机制及评价

"机制"一词,英文为 mechanism,最先用于机械工程学,原意是指机械系统中各个零件或部件之间的组合、并联和制约的方式和原理,并通过相互关联和制约,推动机械系统的良性互动。在中文中,机,指机器;制,指约束、控制。"机制"一词后来广泛应用于生物学和医药学,用于类似有机体的构造、功能和相互关系。再后来被经济学利用来比喻实现经济的协调方式和原理。② 运用到管理上,则把管理机制解释为:社会组织中各组成部分或各个管理环节相互作用、合理制约,从而使系统整体健康发展的运行机制。③ 灾害性公共危机治理也是这一系列机制协调统一的过程。灾害性公共危机事件作为人类生产和生活的一部分,预防、治理、抗击各种自然或人为公共危机是人类发展历程中的

---

① 房宁、负杰主编《突发事件中的公共管理——"非典"之后的反思》,北京,中国社会科学出版社,2005,第 92 页。
② 马维野、池玲燕:《机械论》,载《科学研究》1995 年第 4 期。
③ 李学栋、何海燕:《管理机制的概念及设计理论研究》,载《工业工程》1999 年第 4 期。

第四章 我国灾害性公共危机治理现状：体制、机制与法制层面的审视

一项重要内容之一，自然灾害以及人类活动造成的各种灾害往往给社会带来巨大的损失，而面对种种祸及大众的危机，其实就是要求政府及其他社会主体通过进行预测、预防、预控以及预案的建立，来进行紧急应对，以达到避免、减缓危害和弥补损失的行动过程。但在目前我国灾害性公共危机治理机制中存在的问题却值得我们认真思考。

一 重治轻防："四预"的缺失

在美国，"9·11"恐怖袭击三个月后，有的研究者就指出：面对恐怖袭击的侵扰，不能仅仅要求进行泄愤式的军事行动；人们必须认识到，除了偶发的恐怖事件以外，洪水、水灾、龙卷风等灾害的破坏力也同样强大；为了对危机做出回应，人们需要提前做好准备。[①] 但是我国长期以来由于公共危机应对意识的缺失，事前准备不足，只在灾害出现以后，才能号召、动员组织所有的力量来进行应对，浪费了大量的人、财、物资源，并且不能把灾害控制在萌芽状态或使其造成的损失最小化。例如在 SARS 危机期间，由于缺乏事前物资准备，卫生医疗资源的供给严重不足，也使一些商家哄抬物价，给社会造成了更大的混乱；协调机制不足，使得医院、医疗人员供需不均，资源严重浪费；公共危机预防意识不够，造成大量的医务工作者严重感染，为了应对 SARS，在危机治理过程中，国务院不得不投资百亿元用于公共卫生事业应急处理的硬件和软件建设，这其中包括健全疫情检测报告系统，使疫情报告系统一直延伸到街道和乡村，各医疗机构发现疫情可直接上网，把个案资料输入到传染病公共数据库，从而大大提高信息的分级享用，但这只对以后类似公共危机事件出现提供保障，但大部分公共危机事前应急物资技术保障不足成为一种普遍现象。预测、预防、预控和预案机制的不足是灾害性公共危机治理机制

---

① Richard Petty, 9·11 Offers Important Lessons in Disaster Preparedness, *IL Net*, January 2002.

存在的主要问题。

中国自古以来就有许多关于预防危机和预警的思想，如"居安思危，思则有备，有备无患"；"存而不忘亡，安而不忘危，治而不忘乱"；"长将有日思无日，莫等无时思有时"等。公共危机事件各种各样，有些是可以预防的，有些是无法避免的，但可以通过各种各样预防性措施减轻危机带来的危害。

一般而言，在危机管理的过程中，人们往往把注意力更多地投向危机事件已发生的紧急救援方面，而对于公共危机潜伏期的各种征兆置之不理，麻痹大意，没能给予足够的重视，结果带来很多无谓的损失和危害；同时由于危机管理者过分高估抵御各类危机事件的能力，本能做到居安思危，防患于未然，结果很多原本有足够时间可以避免，或者是及时采取各种救援措施把危机局势控制在某一特定的范围内的事件，由于管理者的粗心大意，过于自信而导致更为严重的公共危机事件的发生。

预测主要是指政府根据有关危机现象过去和现在的数据、情报和资料，运用逻辑推理来对未来可能发生的危机类型及其危害程度作出估计。对公共危机进行科学的预测，对与防范和应对危机具有重要的作用。例如20世纪90年代初至今，国际金融形势动荡不安，国际货币基金组织和世界银行、联合国非洲经济委员会、OECD、美国Lawrence Livermore国家实验室、斯坦福研究院、兰德公司、Sarkey's能源中心、加拿大社会发展研究院、德国柏林Thunen研究所、俄罗斯经济研究所、韩国产业研究院、法国及印度有关机构，都在对于可能到来的经济危机进行预测并提出对策性意见。有的学者就成功地预测到"东南亚将发生金融危机"。[1]

但是，对公共危机的成功预测，需要专业的人员对相关的数据进行搜集和整理，如果针对某一方面的预测一旦被重视和采用，

---

[1] 郭济主编《政府应急管理实务》，北京，中共中央党校出版社，2004，第40页。

第四章 我国灾害性公共危机治理现状：体制、机制与法制层面的审视

就可以为公共危机的治理节约大量的成本。我国现阶段由于在人、财、物方面的限制，对灾害事件的预测水平还存在许多的不足之处。

政府作为公共服务的提供者、公共政策的制定者、公共事务的管理者以及公共权力的行使者，在危机治理中处于重要和特殊地位，由于危机局势对社会基本价值观构成直接的威胁，政府必须应对。危机事件的处理是对政府的管理能力和效率的全面考察与综合鉴定，是衡量和反映政府治理水平的重要方面。一个完整的危机管理过程包括预警、应急和善后三个阶段。毫无疑问，通过危机预警的方法可以防止危机事件的发生或将危机造成的危害降低到最小限度，实现"使用最少量钱预防，而不是花大量钱治理"的政府管理目的。预警一词原来多用于军事活动，指通过预警来提前发展、分析和判断敌人的进攻信号，并把这种进攻信号的威胁程度报告给相应的公众，以便采取相应的应对措施。在此，公共危机的预警主要是指以先进的信息技术为依托，在危机仍未爆发之前通过对危机态势进行有效的观测、分析和判断，而采取的积极有效的应对策略。主要涉及信息的收集、传递、处理、识别及其发布等。根据国家突发公共事件总体应急预案，预警级别依据突发公共事件可能造成的危害程度、紧急程度和发展态势，一般划分为四级：Ⅰ级（特别严重）、Ⅱ级（严重）、Ⅲ级（较重）、Ⅳ级（一般），依次用红色、橙色、黄色和蓝色表示。预警信息包括突发公共事件的类别、预警级别、起始时间、可能影响的范围、预警事项、应采取的措施和发布机关等。预警信息的发布、调整和解除可以通过广播、电视、报刊、通信、信息网络、警报器、宣传车或组织人员逐户通知等方式进行，对老、幼、病、残、孕等特殊人群及学校等特殊场所和警报盲区应当采取有针对性的公告方式。事实上公共危机的预警包括"预"和"警"两方面的内容，又各自有着不同的功能，如表4-4所示。

从国家危机预警横向职能体系来看，主要包括自然灾害预警系统、灾难事故预警系统、社会安全预警系统、公共卫生预

警系统以及经济预警系统等危机各要素的预警。[①] 自然灾害预警主要包含地震、海啸、火灾、洪涝、风灾、冰雹、山崩、雪崩、暴风雪、暴风雨、泥石流、火山爆发、干旱以及其他破坏性自然灾害。灾难事故预警包括火灾、爆炸，交通事故、建筑物坍塌、危险物品、毒气、"三废"（水、汽、料）污染、辐射事故（包括核爆炸）等生产安全事故以及其他灾难性技术事故。社会安全预警包括骚乱、动乱、暴乱、叛乱、恐怖袭击和其他重大的社会冲突。公共卫生预警则主要是指对危害人类生命健康的流行性传染病和其他严重生物灾害的预警。经济预警主要是对由于资源、能源和生活必需品严重短缺、金融信用危机和其他严重经济失常状态的预警。它们与危机预警的纵向职能相互协调，使之形成一个有效的危机预警体系。但是长期以来，由于危机意识与治理意识的淡漠，预警机制根本没有发挥其应有的功效或者只是一种摆设。这种现象是进行危机治理必须重视的一个问题。

表4-4 "预"（预测）和"警"（警示）的功能

	预	警
主要内容	收集、整合、处理相关信息，预测某一类事件的发展动态	根据预测结果，及时对特定的目标人群发布警示信息
信息流程	以由外而内为主，间有互动	以由内而外为主，间有互动
作用对象	特定的政府部门	特定的政府部门和潜在的受影响群体
实施手段	以先进的信息发布技术平台，通过预测和仿真等技术	通过公共媒体、政府内部信息渠道等

资料来源：郭济主编《中央和大城市政府应急机制建设》，北京，中国人民大学出版社，2005，第85页。

[①] 郭济主编《中央和大城市政府应急机制建设》，北京，中国人民大学出版社，2005，第85~86页。

| 第四章 我国灾害性公共危机治理现状：体制、机制与法制层面的审视

所谓公共危机的预控，是指在发现危机征兆和危机信号，并进行确认后，或者在危机已经开始来临，但还没有造成巨大损失时，迅速采取措施，对危机进行及时、有效地控制，尽可能用较小的代价迅速化解危机，避免危机扩大和升级，避免危机造成大规模的人员伤亡和财产损失。公共危机的预控是危机前管理的一个重要环节，它与危机预警紧密相连。危机预控的目的主要有两个方面：一是在发现危机征兆，确认危机可能爆发时，或者在危机已经在相邻的地方爆发时，迅速采取果断措施，把危机消灭在萌芽状态。这样，就可以避免危机大规模爆发，或者阻断危机蔓延到本地的途径，避免危机在本地区发生。二是即使不可能把危机消灭在爆发之前，或者消灭在萌芽状态，也要尽可能地采取措施缓解危机，即尽可能地把危机的强度控制在一定的范围以内，避免危机迅速扩大和升级，避免造成惨重的人员伤亡和财产损失。[1]

有学者把危机的预控和预防当作危机管理中一个意义相同的概念，认为危机的预控、预防就是根据监测、预警情况，对可能发生的危机事件进行预先的控制和防范，以防止危机的发生，或者减轻危机发生后的危害后果。[2] 也有学者认为危机预防是危机预控的前提和基础，危机预控是危机预防的继续和延伸。[3] 本人比较认同后者的观点。因为危机预防主要是指在危机发生前通过政府和社会的共同努力，采取有效的措施来消除危机隐患，或者在危机爆发之前做好人、财、物等各方面的准备以防止危机的扩大和升级。作为一种先发制人的措施，它是危机管理的第一步，是避免危机爆发，防止危机扩散，减少损失的关键，当然也是危机管理的基础。同样如果没有危机预防阶段在人、财、物乃至国

---

[1] 黄顺康：《公共危机管理与危机法制研究》，北京，中国检察出版社，2006，第131页。
[2] 李经中：《政府危机管理》，北京，中国城市出版社，2003，第46页。
[3] 黄顺康：《公共危机管理与危机法制研究》，北京，中国检察出版社，2006，第133页。

民危机预防意识和法律体系等方面的准备,危机预控就不可能顺利地进行。因为如果没有全民的预防意识作支撑,危机预控就很难得到政府的高度重视和民众的积极配合;如果没有在危机发生前建立起公共危机管理的各种组织机构,危机预控就失去了载体,更没有成功的可能;如果没有建立起危机管理的法律制度,就不可能有规范的危机预控措施;如果没有事先做好的技术和物资准备,危机预控就会成为无米之炊。

对于公共危机的预控和预警,虽然都是在发现危机征兆之后所采取的一系列危机管理措施。但从时间顺序来看,危机预警发生在危机预控之前,因为必须首先发现有关危机的信息,并对这些信息进行传递、分析、确认,然后才能采取预控措施。所以,危机预警是危机预控的前提和基础,危机预控是对危机预警的理性反应,是危机预警的必然延续。危机预控对危机预警有很大的依赖性,没有危机预警提供及时准确的危机信息,危机预控就不可能实施,更谈不上效果。因为,如果人们没有及时地发现危机信息,或者对危机信息判断失误,认为不会引发危机,自然就不会采取预控措施,就会造成危机突然爆发,或者危机迅速扩大,这时,当然也就失去了进行危机预控的最佳时机,危机管理职能立即进入应急处理阶段。相反,没有危机预控,危机预警的作用就不可能充分发挥,因为危机预控是危机预警的一个主要目的,危机预警的很多措施,就是为了尽早、尽快发现危机信息,以便给危机预控留下更大的空间,就是为了使危机在大规模爆发之前就能将其有效控制,从而避免造成巨大的破坏和损失。可见,危机预控与危机预警是相辅相成,缺一不可的。[1] 正是在上述条件缺失的情况下,我国灾害性公共危机治理的"四预"需要进一步完善和提高。

---

[1] 黄顺康:《公共危机管理与危机法制研究》,北京,中国检察出版社,2006,第134页。

二 预案制定和执行的不力

公共危机的预案又称公共危机应急计划，是指政府、有关部门、专业救援抢险队伍在发生突发公共危机事件前预先制定的，危害发生后采取的一整套技术措施、管理办法和行动的指导性方案。"凡事预则立，不预则废。"公共危机应急预案对于公共危机应急决策的科学性、高效性，对于应急指挥的权威性和规范性都具有重要的意义。

首先，危机预案能够增强应急决策的科学性。应急决策的科学性来源于对危机状态的准确预测和判断，来源于对于应急资源的准确了解和科学配置。由于公共危机应急预案是在对以往危机管理成败进行总结的基础上，按照危机爆发的规模、程度、登记确定相应的警戒等级以及处置方式和程序，一旦危机发生，只需要通过现场监测或者情报监测，就能够比照相应的等级确定相应的处理方案，所以对于提高危机决策的科学性具有重要的作用。

其次，公共危机应急预案能够提高危机决策的效率。危机时刻，时间就是生命，政府及其相关部门能否在有限的时间内做出最优或者令人最满意的决策，是危机损害得以减少的重要一环。如果预案在前，并把可能爆发危机的规模、程度、等级一一列举出来，危机一旦爆发，只要了解危机的基本发展状况，就能够按照应急预案来进行有序处置，这就大大缩短了危机决策的时间，为合理高效应对危机打下良好的基础。

再次，公共危机应急预案能够增强公共危机应急管理的有序性。危机一旦爆发，必须有专业人员按照既定的程序，有条不紊地进行处置，才能避免危机时刻应对中的混乱和无序，从而更加有效地化解危机，最大限度地减轻危机造成的危害。由于危机预案把不同类型、不同层次的危机处置按照精简、统一、效能的原则进行程序编排，不同等级的危机类型由不同层次的指挥机构、指挥人员进行指挥，一旦确定危机的等级，就可以按照预案，确定相应的指挥机构、指挥人员和处置程序，这在一定程度上提高了危机管理的有序性，减少危机管理中的盲目性和主观臆断。

最后，公共危机应急预案能够增强应急指挥的权威性。应急指挥的权威性基于两个前提，一方面来自于指挥人员的专业性，要求指挥人员业务熟练，专业性强；另一方面是指挥人员权力的法定性，要求指挥人员的行为要在法律许可的范围内进行，不能突破法律规定的限度。应急预案对指挥人员的指挥程序作出了明确的规定，尤其是对法律规定的指挥人员出现空缺时的递补规则作出规定，使凡是按照递补程序可能作为指挥者的人员都必须熟知处置的内容、程序以及决策方案，否则就不能称之为一个合格称职的指挥者。由于预案对指挥者的资格、权力、责任都有明确的规定，所以能够很好地按照规定进行指挥，既能够保证危机管理的顺利进行，也使危机管理者的命令有效地得以执行，从而保证应急指挥的权威性。

目前，我国已经具有较完备的预案体系。国务院于 2006 年 1 月 8 日发布《国家突发公共事件总体应急预案》（以下简称总体预案）。总体预案共 6 章，分别为总则、组织体系、运行机制、应急保障、监督管理和附则。总体预案是全国应急预案体系的总纲，明确了各类突发公共事件分级分类和预案框架体系，规定了国务院应对特别重大突发公共事件的组织体系、工作机制等内容，是指导预防和处置各类突发公共事件的规范性文件。总体预案将突发公共事件分为自然灾害、事故灾难、公共卫生事件、社会安全事件四类。按照各类突发公共事件的性质、严重程度、可控性和影响范围等因素，总体预案将其分为四级，即 I 级（特别重大）、II 级（重大）、III 级（较大）和 IV 级（一般），如图 4-1 所示。

总体预案适用于涉及跨省级行政区划的，或超出事发地省级人民政府处置能力的特别重大突发公共事件应对工作。总体预案规定，突发公共事件发生后，事发地的省级人民政府或者国务院

第四章 我国灾害性公共危机治理现状：体制、机制与法制层面的审视

图 4-1 突发公共事件的分类分级

有关部门在立即报告特别重大、重大突发公共事件信息的同时，要根据职责和规定的权限启动相关应急预案，及时、有效地进行处置，控制事态。必要时，由国务院相关应急指挥机构或国务院工作组统一指挥或指导有关地区、部门开展处置工作。

同时，国务院各有关部门已编制了国家专项预案和部门预案；全国各省、自治区、直辖市的省级突发公共事件总体应急预案均已编制完成；各地还结合实际编制了专项应急预案和保障预案；许多市（地）、县（市）以及企事业单位也制定了应急预案。至此，全国应急预案框架体系初步形成。

预案的效果在于实际运用。一个有效的预案必须具有针对性、可操作性和完备性，一个科学的预案规划尽量要提前设想到爆发危机的各种方式、范围、程度和危害等等，否则预案就会成为疲于应付的方案。下面的资料对"应急预案"变成"应付方案"的现象进行了充分的说明，也充分暴露出了预案制定中存在的问题。

"应急预案"不能成为"应付方案"

据新华社（记者宋振远）的报道：面对严峻的"非典"疫情，各地都按照中央部署制定了应急处理预案。但记者在基层采访时发现，个别县乡和单位的应急预案只是机械地套用上级文件，原则性要求多，实质性内容少，成了对付上级检查的"应付方案"。

在一个乡镇，记者听完镇长介绍后，向他索要了一份镇里制定的"防非"应急预案。这个预案在戴了一串"为了"的政治帽子后，草草列出了"建立有关机构"、"工作职责及分工"、"有关要求"三方面内容。整个"预案"不足千字，对于相关工作及职责，没有落实到具体人员，只是点了一串政府部门的名字。至于防治"非典"的应急处理流程，基本没涉及。

有个县制定的"防非"预案看起来篇幅很长，但大多是从省政府办公厅下发的应急处理方案中"摘抄"的，其中"有关部门要各司其职，密切配合，协调联动""要及时发现和改进工作中的薄弱环节""要大力开展爱国卫生运动，认真做好健康教育工作"等一类空话连篇。预案在"工作机构"中列出了长达两页的"领导名单"，但通篇没有结合本县实际分析区域特点，制定有针对性的防治措施。预案最后说，"对工作不力者将严肃处理"。至于什么表现属"工作不力"，"严肃处理"又究竟是怎样处理，均没有提及。

第四章 我国灾害性公共危机治理现状：体制、机制与法制层面的审视

这些不痛不痒的"防非"预案，使人联想到矿山事故的预警问题。近几年来，为什么一些地方对矿山事故只会"事后反应"，做不到"事前预警"？一个重要原因即某些"应急预案"或"预警方案"操作性差，是经不起实战检验的"绣花枕头"。

在突如其来的非典袭击中，一些地方因至今未发现疫情，并未真正进入防治非典的"实战"状态，存在侥幸思想。问题恰恰就出在这里。应急预案变成了摆设，一旦疫情爆发，必然陷入被动。

"应急预案"成为"应付方案"，说明少数领导干部在人命关天的重大问题上仍存在官僚主义作风，表面上看是侥幸心理和麻痹思想在作怪，实质上是对党和人民群众极不负责的政治表现，违背了"三个代表"重要思想的要求，也危及当前的"防非"大计，必须认真纠正。

（《市场报》，2003年5月23日，第1版）

预案对应对危机、减少损失意义重大。从实践看，目前我国各地政府对预案制定不够重视，预案走过场，流于形式，或不完善，或不具操作性，一旦实战，应对不力，漏洞百出，效果不好，如重庆重大井喷事故就暴露出这个问题。针对公共危机预案制定和执行中存在的问题，我们首先要把公共危机的预防工作落到实处。应对各级政府预案主要内容以法定形式规范，并规定政府应定期演练修改预案，检验预案内容效果。在现实中不仅要加强宣传和教育，让更多公众了解危机预防的知识，真正掌握自救和互救的技能。而且也需要做好危机应急管理工作的思想、组织、制度、物资和技术方面的准备。其次，要做好危机的预警工作。由于危机预警具有预见、警示、缓解、阻止和化解功能，能够很好地对各种危机因素进行预测和监控，一旦发现危机征兆，通过分析和确认，如果认为存在发生重大危机的可能性，就应该考虑启动应急预案。但是预案的启动要严格按照法律规定的程序来进行，

因为如果随便启动应急预案必然造成很大的损失,如果造成的危机不大,破坏性不强,也会使社会公众对公共危机预案的真实性和有效性产生怀疑。

三 印度洋海啸危机治理的启示

2004年12月26日,位于印度尼西亚苏门答腊岛附近海域,由于地震而引发海啸,造成30多万人死亡,50多万人受伤,100多万人流离失所,近200万人需要食物、洁净的水和卫生医疗服务。几年时间过去了,海啸给人们带来的灾难性后果还是令人难以忘记,灾难过后认真反思,缺乏有效的预警成为灾难扩大的一个重要原因。

印度洋海啸发生前的预警缺失主要表现在以下方面:第一,没有建立起高效的危机预警监测系统。在印度洋沿岸,竟然没有一个海啸预警中心,无法收集海啸即将来临的宝贵信息。此次大海啸来临时,科学家和气象监控网络已经记录到了印尼地表的数据。但是在海啸发生的印度洋地区,由于没有部署监控海浪的传感器,科学家无法判断海啸的袭击方向,只能任由海啸袭击前的宝贵预警时间一点点流逝。第二,没有建立起开放、灵敏、准确的信息收集、信息传递和信息确认系统,也未建立相关的制度,自己无法收集和传递海啸来临的信息,即使收集到信息,也没有制度保证有关部门发出预警警报。据泰国《国家报》报道:泰国气象局在收到信息时因为担心会给旅游业造成重大损失而没有发布海啸预警。[①] 第三,预警机制的缺失,还造成印度洋国家在与其他国家分享信息时渠道不畅。此次海啸前,美国地质调查局监测到地震后,试图通知印度洋沿岸各国做好准备,可竟然无法找到与这些国家沟通的途径。由于地震震中在海底,震波传递到海岸一般需要20分钟到2个小时。这次海啸从苏门答腊到斯里兰卡用了半个小时,到印度一个半小时,到泰国一个小时,到马尔代

---

① 中新社:《泰国气象部门有警不报》,载2004年12月31日《重庆经济报》。

夫两个小时，而在大多数地方，人们跑到安全的地方只需要几分钟。显而易见，如果印度洋沿岸各国建立有预警机制，或者与国际海啸预警系统保持密切的联系，就可以在最短的时间内获得预警信息，就能够赢得宝贵的逃生时间，如果当地居民和游客又经过必要的宣传和培训，加之当地政府组织得力，人们完全有足够的时间逃生，大部分死亡完全可以避免。[①]

危机过后，各国都从根本上认识到了危机预警的重要性。例如海啸过后，来自43个国家，16个国际组织的代表于2005年1月29日在泰国普吉府达成共识，发表了《普吉宣言》。宣言说，各国将在充分利用和加强各国和国际组织现有灾难预警系统的基础上，建立一个多层次的预警系统，以实现信息的及时共享，防止类似印度洋海啸这样的自然灾害再次危害人类。目前，泰国南部海啸受灾重点地区普吉府已经在著名旅游胜地东海滩建成初步预警系统，并在普吉府其他海滨旅游景点推广。当地政府负责人说，这只是初步计划，下一步计划要把警报系统普及巴东县的每个学校、酒店和商店，一旦遇到突发情况，将立即通报，并明确地引导当地群众安全撤离。[②]建立预警机制可能要花费巨大的资金，但与危机造成的损失相比，只不过是沧海之一粟。

第四节　我国灾害性公共危机治理法制及评价

我们国家以往在处理各种公共危机事件时，一般都建立在政府管理的基础上，人治色彩较浓，这样一旦重大公共危机事件出现，必然会出现各种各样的越权违法和侵害公民个人权利的行为。

[①] 黄顺康：《公共危机管理与危机法制研究》，北京，中国检察出版社，2006，第20页。

[②] 《泰国南部海啸重灾区建成初步海啸预警系统》，http：//news.sina.com.cn/w/2005－04－05/23025565395s.shtml。

只有将公共危机管理置于国家宪法和法律的保障之下,才能从根本上保障政府公共危机处理工作的顺利进行,依法行政。

一 灾害性公共危机治理法制的内涵与特征

如何应对灾害性的公共危机事件,作为一个由来已久的话题,古今中外莫不如此。"可以毫不夸张地说,在最近历史的任何时期,人类中的相当一部分生活在紧急状态之下。"[1] 在常态之下,国家权力必须严格按照宪法和法律规定来行使,同时人民也享有宪法所保障的广泛基本权利,但在公共危机状态下,控制危机成了一个重中之重的问题。国家权力如何行使,公民权利如何保障,也成为对公共危机管理法律制度的一个重要挑战。

公共危机治理法制就是指"人们为了应对危机、战胜危机而制定的各种法律制度所形成的法律制度体系"。[2] 公共危机治理法制作为一个非技术因素,是灾害性公共危机治理的一个重要组成部分,是以法律的手段进行的灾害性公共危机治理工作。一个有能力的法治政府不仅能运用法律处理好常态下的社会秩序和有效的保护社会公众的权利,而且能够有效地依法处理好非常态情况下混乱的社会秩序并能保证公民的权利不受侵犯。因为法律把政府行使危机管理的各项权力紧紧地限制在宪法规定的范围之内,使其不能违背法律的要求,随意滥用职权、超越职权。就目前情况来看,政府能否在非常态情况下做到有法可依、有法必依、不滥用权力,并能有效保护公众的基本权利,这是对一个政府能力和法治水平的重要考验。

SARS 危机的爆发,使我们认识到必须进行灾害性公共危机治理的法制化建设。在危机处理过程中,经常会听到这样的说法:"危机时刻一切以应对危机为要,权力可以无限授予,公民应以

---

[1] States of Emergency: *Their Impact of Human Rights: a Study Prepared by the International Commission of Jurists*, Geneva, 1983, p. 413.
[2] 黄顺康:《公共危机管理与危机法制研究》,北京,中国检察出版社,2006,第 209 页。

大局为重，公民权利应让位于危机管理"等。这些说法看似合情合理，实际说明了危机管理中法制的缺失。无论在正常状态下，还是在危机状态下，政府行为法制化、依法行政都应是政府实施有效治理的基本原则。为解决危机可以凌驾于法律之上，可以不择手段，最终结果可能会诱发新的社会危机，并对国家法制进程造成长远的伤害。在人们同SARS斗争的过程中，如果没有《突发公共卫生事件应急条例》的紧急出台，把应急处理公共卫生事件纳入法制化的轨道，危机的持续时间可能会更长。同时，也暴露出在危机状态下我国法律制度的严重缺失——只能靠短时间内的紧急立法来完成，这样的立法活动由于时间紧，征求意见的时间较短或者根本没有，所以在实际的运用中难免会有各种问题出现。所以，完善危机治理的法制，重要的是制定一套完备的公共危机管理法，有人也称之为公共危机应急管理法。在现代法治国家，为防止突发公共危机事件的巨大冲击力导致整个国家生活与社会秩序的全面失控，需要运用行政紧急权力来实施应急法律规范，调整危机情况下的国家权力之间、国家权力与公民权利之间、公民权利之间的各种社会关系，以有效控制和消除危机，恢复正常的社会生活秩序和法律秩序，维护和平衡社会公共利益与公民合法权益。

为了能够有效地控制危机，我国公共危机管理法制主要应具有以下特征：一是指权力优先性，主要是指在非常规状态下，与立法、司法等其他国家权力相比，与法定的公民权利相比，行政紧急权力具有某种优先性和更大的权威性。例如可以限制或暂停某些宪法或法定公民权利的行使；二是紧急处置性，这是指在非常规状态下，即便没有针对某种特殊情况的具体法律规定，行政机关也可进行紧急处置，以防止公共利益和公民权利受到更大损失；三是程序特殊性，这是指在非常规状态下，行政紧急权力的行使过程中遵循一些特殊的（要求更高或更低的）行为程序。例如可通过简易程序紧急出台某些政令和措施，或者对某些政令和措施的出台设置更高的事中或事后审查门槛；四是社会配合性，这是指在非常规状态下，有关组织和个人有义务配合行政紧急权力的行使，并提供各种必要帮助；五是救济有限性，这是指在非常规状态下依法行使行政紧急权力造成行政相对人合法权益的损害后，如果损害是普遍而巨大的，政府可只提供有限的救济，如适当补偿（但不得违背公平负担的原则）。具有这些特点的应急法制，不言而喻也具有对公民权利造成严重伤害的可能性。[1]

二 我国灾害性公共危机治理的立法演变与法律体系

我国公共危机法制无论在灾害法还是在紧急状态法方面都有悠久的历史。在自然灾害方面，针对我国自然灾害危害面广，破坏性大，灾害种类多，频度高，强度大，灾情重的特点，古人提出了一系列较为实际的抗灾政策和思想。主要有两类：一是主张灾前积极预防，以增强临灾抗灾能力，包括重农说（发展农业生产以解决灾荒）、仓储说（建立谷物积蓄有备无患的仓库制度）、水利说、林垦说等；二是主张临灾采取应急措施，包括赈济说（以钱、衣服或粮食等救济灾民）、调粟说（移粟就民、移民就粟及平粜等）、养恤说（施粥、居养、贷子等）、除害说等。[2] 在救灾制度方面，虽然古代没有设立专门的救灾机构，但从君主到各地官员都非常重视抗灾救灾，尤其是地方官员都把抗灾救灾当作自己的重要职责。为了保证各级官员履行抗灾救灾的职责，历史上不少王朝都制定了报灾、勘灾、救灾的相关条例，同时还制定了对救灾官员的奖惩制度。特别是对那些玩忽职守和贪污赈灾款项的官员坚决惩治，对抗灾救灾发挥了重要的作用。但由于古代长期奉行人治和诸法合一，因此很少有专门的、系统的、成文的、稳定的灾害性危机治理法律，应对各种灾害和危机的手段往往依靠的是君主或官员个人的素质和才能，各种危机管理措施随意性

---

[1] 莫于川：《公共危机管理与应急法制建设》，http://www.chinaue.cn/2005-11/2005113014140626286.htm。
[2] 吕景胜：《灾害管理》，北京，地震出版社，1992，第186~187页。

强、规范性、稳定性差，成本高，风险大，呈现一种"长治长灾，长治长乱"的情形。

　　新中国成立之后，在公共危机管理方面最重要的立法是关于戒严方面的法律规定，但从1982年现行宪法规定戒严制度之后，为了对紧急状态采取紧急有效的应急措施，全国人大及其常委会、国务院还先后在制定的法律、行政法规中对由自然灾害引发的一般性质的危机状态，规定了相应的措施。如1989年通过的《中华人民共和国传染病防治法》第26条规定：甲类、乙类传染病爆发、流行时，县级以上地方政府报经上一级地方政府决定，可以宣布疫区，在疫区内采取本法第二十五条规定的紧急措施，并可以对出入境人员、物资和交通工具实施卫生检疫。经省、自治区、直辖市政府决定，可以对甲类传染病疫区实施封锁；封锁大、中城市的疫区或者跨省、自治区、直辖市的疫区，以及封锁疫区导致中断干线交通或者封锁国境的，由国务院决定。疫区封锁的解除，由原决定机关宣布。《中华人民共和国防震减灾法》第32条也规定：严重破坏性地震发生后，为了抢险救灾并维护社会秩序，国务院或者地震灾区的省、自治区、直辖市人民政府，可以在地震灾区实行下列紧急措施：①交通管制；②对食品等基本生活必需品和药品统一发放和配置；③临时征用房屋、运输工具和通信设备等；④需要采取的其他紧急应急措施。此外，为了有效地对付由于自然灾害引起的紧急状态，做好灾害应急工作，国务院先后出台了若干"应急条例"。1993年8月4日国务院第124号令发布的《核电厂事故应急管理条例和处理规定》，对核事故应急工作作了比较详细的规定，根据该条例的规定，在核事故应急进入场外应急状态时，国务院指定的部门应当及时派出人员赶赴现场，指导核事故应急响应工作，必要时提出派出救援力量的建议。再如1995年4月1日起正式实施的《破坏性地震应急条例》第一条规定：为加强对破坏性地震应急活动的管理，减轻地震灾害损失，保障国家财产和公民人身、财产安全，维护社会秩序，特制定该条例。为了有效预防、及时控制和消除灾害性公共卫生事件的危害,保障公众身体健康与生命安全,维护正常的社会秩序,特别是为了适应"非典"防治应急工作的要求,2003年5月7日,国务院会议原则通过了《突发公共卫生事件应急条例》,并于2003年5月9日正式实施。可以说,迄今为止,我国法律、法规对紧急状态下如何采取紧急措施,如何调整政府与公民之间的关系以及社会公众之间的关系,基本上建立了一套有效的紧急状态法律制度,不论是自然灾害导致的紧急状态,还是人为原因导致的紧急状态,政府都能够依据相应的法律、法规来采取必要的措施,来应对各种公共危机问题,维护正常的社会秩序。①

目前,总的来说,我国公共危机管理的法律制度比较分散,主要体现在不同种类的法律法规中,整个公共危机管理方法的体系主要有战争状态法,一般紧急状态法,恐怖性事件法,群体性事件法,戒严法和事故灾害应急法。根据本文研究的灾害性公共危机,我国在这方面的法律体系主要由以下几个方面构成。

一是破坏性地震法律。由于我国居于地震多发地带,而且地震给人民的生命财产造成的损失极其重大,地震灾害一直受到关注,目前我国的地震灾害法律体系主要是围绕着1997年12月29日第八届全国人民代表大会常务委员会第29次会议通过的《中华人民共和国防震减灾法》,该法对国家防震减灾的基本原则、管理体制、地震检测疫情、地震灾害预防、地震应急,震后救灾与重建等作出了规定。另外还包括《地震监测设施和地震观测环境保护条例》、《破坏性地震应急条例》、《关于加强地震重点监视区的地震救灾工作的意见》、《地质灾害管理办法》等等。

二是公共卫生事件应急法律。SARS公共危机事件的爆发,为公共卫生事件中法律体系的完善创造了契机。2003年5月9日国务院公布了《突发公共卫生事件应急条例》,该《应急条例》吸

---

① 郭济主编《政府应急管理实务》,北京,中共中央党校出版社,2004,第80~81页。

取了防止非典型肺炎工作的经验教训，在1989年2月21日《中华人民共和国传染病防治法》的基础上，明确了处理指挥体制、制订应急预案及其启动机制、疫情的监测和预警机制、疫情报告、通报和发布制度等应急处理措施，以充分保证传染病应急防治工作的正常、有序、合理展开。

三是核事故应急法律。目前我国有关核事故应急法律主要有《核电厂核事故应急报告制度》、《核事故辐射影响越境应急管理规定》、《核电厂核事故应急演习管理规定》、《核事故应急管理规定》。目前随着技术的发展，核事故应急法律的范围应该扩大，特别是同样具有灾害性的天然气、液化气爆炸事故同样应该引起注意并纳入到这一法律框架之中。

四是环境灾害应急法律。我国的环境应急立法主要集中在《环境保护法》为核心的一些法律中，如《海洋环境保护法》、《水污染防治法》、《大气污染防治法》、《黄河重大水污染应急调查处理规定》等法律中，对于环境灾害的应急工作都作出了一些原则性的规定。

五是防洪应急法律。1997年8月29日通过的《中华人民共和国防洪法》对防洪的基本原则、管理部门、防洪规划、防洪区和防洪工程设施的管理，防洪抗洪等作出了明确规定。以《防洪法》为中心，防洪应急法律还包括《防汛条例》、《关于蓄滞区安全与建设指导纲要》和《黄河水量调度突发事件应急处置规定》等等。

六是火灾事故应急法律。1998年4月29日第九届全国人民代表大会常务委员会第二次会议通过的《中华人民共和国消防法》对火灾管理的基本原则、管理部门、火灾预防、消防组织、灭火救援等进行了规定。除此之外，《仓库防火安全管理规则》、《高层居民住宅防火管理规则》、《公共娱乐场所消防安全管理规定》、《森林防火条例》、《草原防火条例》都对火灾事故应急作出了相应的规定。

七是安全事故应急法律。《中华人民共和国矿山安全法》对矿山安全事故发生之后的应急工作作了原则性的规定。另外《安全生产法》、《矿山安全法实施条例》、《国务院关于特大安全事故行政责任追究的规定》、《特别重大事故调查程序暂行规定》等都对安全事故应急作出了相应的规定。

八是地质灾害应急法律。包括地震、泥石流、滑坡、火山喷发等在内的地质灾害,国家只对危害性相对较大的地震出台了应急法律,而对其他的地质灾害应急工作,还缺乏相应的应急法律和法规。我国目前关于地质灾害防治的法律规定,主要体现在土地资源以及土地保护等法律法规中,如《草原法》、《水土保护工作条例》等。对于那些缺失的法律也应该制定相应的应急条例。

九是气象灾害应急法律。1989年10月31日通过的《中华人民共和国气象法》对气象灾害的管理、气象设施的建设与管理、气象探测、气象预报与灾害性天气警报、气象灾害的防御作出了规定。但是近年来,随着台风的频发以及危害的加大,有必要制定相应的台风灾害应急条例来对台风进行专门的管理。

三 我国灾害性公共危机应急法制的现状及存在的问题

从以上的法律体系分析看,我国的公共危机应急法制虽然没有明显的应用应急法制这一名称,但针对出现的各种类型的灾害性公共危机事件也制定了相应的法律规范,如处理自然灾害的《防震减灾法》和《防洪法》,处理环境灾害的《环境灾害法》,处理火灾的《消防法》,处理核事故的《核电厂核事故应急条例和处理规定》等等。这些法制为我们应对各种公共危机事件提供了重要的保障,发挥了重要的作用,但总的来说,我国的危机应急法制建设还存在着许多问题亟待解决。

概而言之,应急法制存在的问题可以用法律缺失、法律滞后、执行缺位等概括。一方面是公共危机治理龙头法的缺失,另一方面是具体的法律的缺失。如台风防治法、天然气灾害防治法等等。就拿2003年的SARS事件来说,尽管我国早在1989年就颁布了

《中华人民共和国传染病防治法》，1991年又颁布《中华人民共和国传染病防治法实施办法》，但是这些法律本身在制定时就有很大的局限性，没有及时根据社会的发展进行修正和补充，所以应对 SARS 危机时，就会显得极不相宜。我国的《传染病防治法》规定只有国务院才有权增加甲级传染病，卫生部才有权增加乙级和丙级传染病，省级政府没有任何权力根据当地情况增加新的病种，没有为新发传染病的预防和处理提供适当的法律余地。使得 SARS 在广东出现之后，当地政府无法立即按照法律运作来控制传染病，失去了防治和控制的最佳时机，法律的缺失不可忽视。另外，我国目前和传染病防治有关的各种法律法规、规章以及法律性文件共计43个，而其中有41个全部是在2003年4月4日到5月1日之间出台的，这一方面说明了我国政府急群众之所急，在最短的时间内出台了一系列关键性的法律规章，为公共危机治理的有效性提供了法律保障；另一方面也从一个侧面充分说明了我国现有应急法律建设上的缺陷。因为除了针对 SARS 防治的特殊性规定之外，像报告制度、预防交通工具对于疾病的传播，社区防治管理，药品监督和快速审批，公共场所的消毒和隔离等一般性的规范都十分缺乏。因此，虽然我国已经逐步出台了有关方面的公共应急法律和制度，但与实践的要求仍有一定的距离。

小　　结

我国灾害性公共危机的治理，一方面受政府公共危机决策者的观念和能力、社会资本现状、企业社会责任承担和公民参与救治等方面的影响，另一方面，灾害性公共危机的治理作为一个复杂的系统工程，没有相应的组织体系、法律体系以及具体运作的机制，灾害性公共危机的治理只能是一片混乱。具体来说，体制和机制从制度层面规定了灾害性公共危机事件应对的主体、机构、责任以及具体行动的程序、手段和步骤。一般来说，要想合理应对这类危机，就要建立政府和全社会共同参与、相互合作的组织系统，统一指挥、分工协作的组织体制，以及体系完备、责任明确、权利保障合理的法律体系和反应灵敏、功能齐全、协调有方、运转高效的公共危机治理机制。法制为公共危机治理创造了条件。如果当灾害性公共危机出现时，人治高于法治，治理的方式和手段随着领导人的职位、喜好改变而改变，公民无权参与和评价，公共安全就难以保证。政府要真正为全社会建立一个安定和谐的环境，必须建立完善的法制，只有在完善的制度框架下，政府提供公共安全服务的水平和能力才会不断提高。因此，灾害性公共危机治理中体制、机制、法制三者是相辅相成的，任何一方的缺失和不足都会对灾害性危机的应对产生不利。但在同样的条件下，机制的完备可以弥补体制和机制方面的某些不足，反之亦然。总的来说，实行"三制"是化解灾害性公共危机事件的关键所在。

第五章
若干发达国家灾害性公共危机治理：
体制、机制与法制层面的考察

第一节 美国灾害性公共危机治理考察

第二次世界大战以来，随着西方国家的发展和城市化的推进，在财富日益聚集的同时，环境灾害日益严重，各种自然灾害造成的生命和物资财产损失也不断增加。在20世纪90年代，全世界的自然灾害造成的经济损失高达6080亿美元，相当于前40年的总和；仅美国联邦紧急事态管理局对各州提供的灾害援助就达254美元。[①] 在美国，《斯坦福法》对"重大灾害"即灾害性公共危机作了界定，是指"任何在美国任何地方发生的自然的大灾祸（包括飓风、龙卷风、暴风雨、高潮、风卷潮、潮汐浪、海啸、地震、火山爆发、滑坡、泥石流、暴风雪或干旱），或者是不管何种原因的任何火灾、洪水或爆炸；在总统的决断下，认定其引起了达到足够严重量级的损失，必须依据本法授权援助增加州和地方政府以及灾难救助组织的可用资源，以减轻由此引起的损害、损失、艰难和痛苦"[②]。为了应对不断出现的灾害性公共危机事件，西方一些主要的国家，纷纷通过

[①] George D. Haddow, Jane A. Bullock, Introduction to Emergency Management, *Elseveier Science*, USA, 2003, p. 37.

[②] Emergency Management Institute, Idependent Study 239, *Principles of Emergency Management*, March, 2003, pp. 2 – 3.

危机治理体制、机制和法制的建构和完善,来提高对公共危机治理的效率。

一 美国灾害性公共危机治理的演变与现状

美国政府应对灾害性公共危机的水平目前是世界上最高的,这既与其经济和科技实力有关,也与国家的重视程度密切联系。20世纪60年代,美国自然灾害接连不断。1960年、1961年、1962年、1965年和1969年发生了5次飓风灾害,1960年蒙大拿和1964年阿拉斯加发生的强度达到9.2级的大地震,给美国社会发展带来了极大的威胁。面对这种情况,肯尼迪政府于1961年设立了专门应对自然灾害的紧急事态准备办公室,可以说,这是美国应对灾害性公共危机事件管理机构的雏形。1968年,美国国会通过了《全国洪水保险法》(*National Flood Insurance Act*),据此创立了全国洪水保险计划(National Flood Insurance Program, NFIP),将保险引进救灾领域。该法案的出台,一方面减少了政府对受灾区的财政援助支出,将未来的洪灾救助转到保险公司;另一方面是提出了美国应对灾害性公共危机事件的一个重要概念,即"基于社区的减灾"(Community-based Mitigation)。Mitigation又称灾害减除,是指"设计用来减少或消除对人员和财产的风险,或者突发事件的实际或潜在影响或后果的行动"。[①] 社区灾害减除计划规定,如果社区参加保险计划,可以享受联邦政府的补贴,使居民以较低的价格获得财产保险,来减少社区居民的财产损失。

然而,尽管政府对参与保险计划给予补贴,但由于当时人们的保险意识还比较淡薄,计划实施的前几年,参加的社区和居民较少,1969年,飓风"凯米尔"(Camille)袭击了路易斯安娜、阿拉巴马和密西西比州沿岸,又一次造成政府的巨大支出。为了

[①] Homeland Security, *National Response Plan*, December 2004, p. 69; *National Incident Management System*, March 1, p. 132.

第五章 若干发达国家灾害性公共危机治理：体制、机制与法制层面的考察

改变这种状况，联邦政府实施强制措施，将参加保险计划与获得联邦抵押支持的住房贷款挂钩。由于联邦抵押的住房贷款占房贷市场的比例较大，从而推进了洪水保险计划的迅速发展。1972年通过的新的《洪水保险法》吸收了这些内容。1970年的《灾害救济法》使政府开始对受灾的人们提供直接的帮助，建立关于临时住房、法律服务、失业保险和其他个人帮助计划。1971年发生的旧金山大地震，造成重大人员伤亡和财产损失，这又进一步推进了1974年新《灾害救济法》出台，该法不仅设立了对受灾家庭和个人的资助项目，更重要的是，将联邦政府治理灾害的措施从应对和恢复的反应性政策，拓展到减灾和准备的预防性政策。①

1977年美国颁布的《地震灾害减轻法》，通过制定和实行一项有效的地震灾害减轻计划，减轻地震造成的生命和财产危险。这里的"地震灾害减轻"主要是指采用一切手段减少地震所造成的损害，该法被设计成为可向全国提供一个统一的规划，该规划的目的在于对联邦各个工作机构和各州以及地方政府的工作与私人工业进行协调，这种协调的目的是为了避免工作重复并提供可靠的消息。1990年11月制定的《国家地震灾害减轻计划法》对减灾机构的职责、计划的目标和目的作了详细规定，对国家地震灾害减轻计划作了大量的修改。总之，由联邦紧急事务局制定的《美国联邦政府对地震灾害的反应计划》是对《国家地震灾害减轻法》的具体实施，其框架大体上模仿联邦应急计划（FRP）。

联邦应急计划（FRP）最早发布于1992年，并在1999年4月进行新的修订，实质上是对罗伯特·斯坦福减灾和危机处理法案（*The Robert T. Stafford Disaster Relief And Emergency Assistance Act*）（简称《斯福坦法》）的具体执行。设置联邦应急计划的目的是为了协助各州政府、地方政府去应对已超出其有效处理能力

---

① 夏保成：《美国公共安全管理导论》，北京，当代中国出版社，2006，第7页。

灾害性公共危机治理

的大灾害和突发事件，有效地实现救护生命、保护公众健康、安全和财产以及社区重建等目标。该计划适用于任何重大的自然灾害、技术性灾害和紧急事件，如地震、风暴、洪水、火山爆发、辐射与有害物质泄漏等。美国灾害性公共危机事件处理的流程如图 5-1 所示。

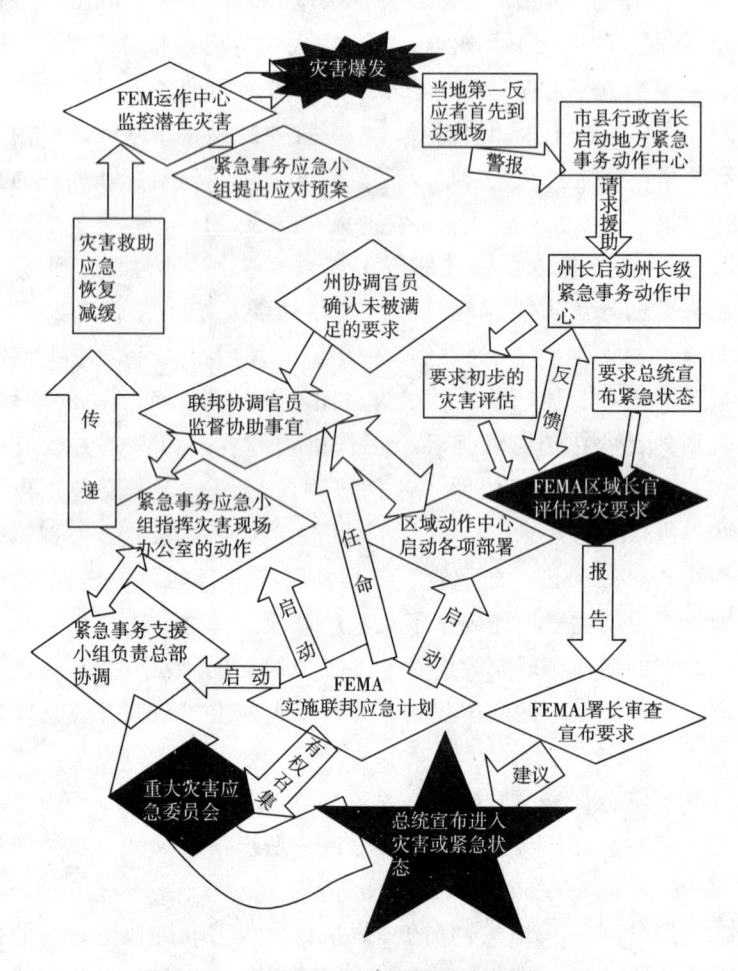

图 5-1　美国灾害性公共危机事件处理流程

资料来源：王镇海、陈洪泉：《城市公共安全管理》，青岛，中国海洋大学出版社，2004，第 172 页。

第五章 若干发达国家灾害性公共危机治理：体制、机制与法制层面的考察

一旦发生灾害性公共危机事件，地方政府首先做出反应，进行自救；能力不足时请求州政府支援，州政府调动州内资源提供援助；当州政府能力也不足时，州长可请求总统宣布重大灾害或紧急状态，以获取联邦政府的援助；总统依据《斯坦福法》宣布灾害性公共危机或紧急状态，并指定联邦协调官；联邦协调官与州协调官联合处理灾害并现场办公，在应急响应小组的协助下实施应急支持功能，调动和提供联邦救灾资源；协调官协调不了的问题交给国家应急支持小组和国家灾害响应小组决定。应急行动所需的费用一般是由各部门或机构从各自的财政中支出，事后在通过联邦紧急事务管理署来实报实销。在特殊情况下，联邦紧急事务管理署可以先行拨款，最后由联邦紧急事务管理署通过白宫预算办公室向国会申请追加预算。

联邦紧急事务管理署系统，作为美国应对危机的负责部门，在各个时期的工作重点也是随着国家遇到的危机形势而不断转变功能。成立之初，联邦危机管理局集中建设指导、控制和预警系统，备战各种紧急事件，主要是外交威胁，包括战争。其协助处理了古巴人质危机等一系列重大危机。冷战结束后，主管詹姆斯·威特开始革新灾害抢救和灾后修复的流程，由以战争为中心转为以灾难和灾害为中心，并且突出了准备工作和减轻损失的重要性。目前联邦紧急事务管理署的工作主要是负责联邦政府对大型灾害的预防、监测、响应和恢复工作，涵盖了灾害发生的各个阶段。因此，联邦紧急事务管理署管理系统的工作可以概括为针对灾害发生周期，建立和维护国家级的紧急事务管理系统。联邦紧急事务管理署内部的机构设置充分反映了它的功能，部门根据灾害发生周期的减灾阶段、准备阶段、响应阶段、恢复阶段来设置。它在全国还常设10个区域办公室和2个地区办公室，每个区域办公室针对几个州，他们的工作是直接帮助各州开展救灾计划和减灾工作。经过了20多年来的蜕变与成长，联邦紧急事务管理署目前已经成为联邦政府处置紧急事务的最高管理机构，集成了从中央到地方的救灾体系，建立了一个联合军、警、消防、医疗、

灾害性公共危机治理 •

民间救难组织等单位的一体化指挥、调度体系，一遇到重大灾害性危机事件即可迅速动员一切资源，在第一时间内进行支援工作，将灾情损失降到最低。①

二　美国灾害性公共危机治理的评析

在面临重大灾害性公共危机时美国公共危机治理之所以能够从容应对，有机协调、高效运转，其全面的危机应对网络发挥着重要的作用，见图 5-2。

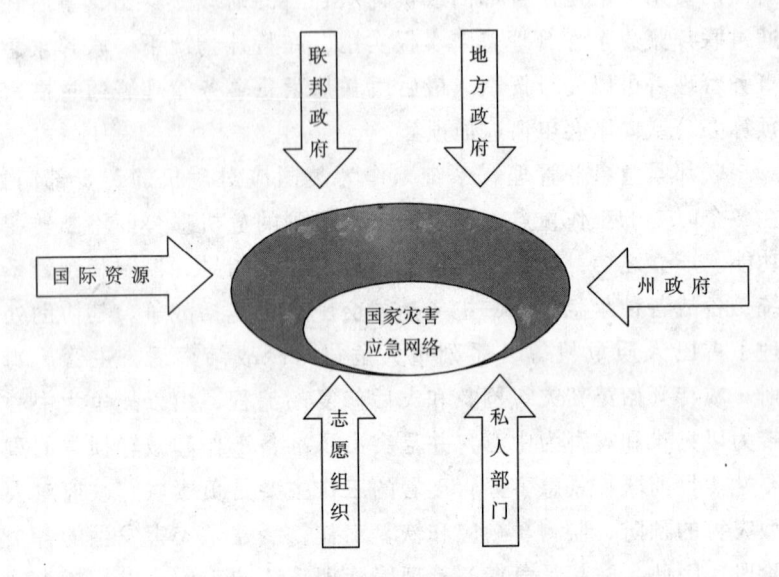

图 5-2　美国国家灾害应急网络图

资料来源：王镇海、陈洪泉：《城市公共安全管理》，青岛，中国海洋大学出版社，2004，第 189 页。

美国政府从长期的危机管理实践出发，经过几十年的摸索，逐步形成了一个"统分结合、模块为主"的指挥机制。实践证

---

① 王镇海、陈洪泉：《城市公共安全管理》，青岛，中国海洋大学出版社，2004，第 179 页。

第五章　若干发达国家灾害性公共危机治理：体制、机制与法制层面的考察

明，这是在保持危机管理统一权威和充分发挥地方积极性之间实行的一种良好平衡，正是这种先进的机制使美国危机管理工作总体上来看有条不紊，走上了制度化、规范化的道路。在联邦政府主要由总统和联邦紧急事务管理署负责。总统主要对紧急事态和灾害状态进行宣布，其程序如下：①灾害一旦发生，受灾的州和地方政府立即同联邦紧急事态管理署的地区办公室接洽；②如果发现灾害超出了州和地方政府现有的应对能力，受灾州应请求联邦紧急事态管理署实施联合初步损失评估（Preliminary Damage Assessments，PDA），参加评估的包括联邦紧急事态管理署、州、地方政府和其他相关联邦部门的代表；③基于评估内容，州长通过联邦紧急事态管理署的大区主任向总统递交申请，要求宣布受灾区的紧急状态和重大灾害状态；④联邦紧急事态管理署的大区办公室将事件的概括、基于初步损失评估结果提出的建议、连同州长的申请一同呈送联邦紧急事态管理署总部；⑤总部高级官员依据这些材料开会，讨论决定给总统的决策建议；⑥联邦紧急事态管理署的建议送交白宫审查；⑦总统宣布紧急事态状态或重大灾害状态或拒绝申请。① 联邦紧急事务管理署的职责主要体现在《罗伯特·斯坦福减灾和危机处理法案》（*The Robert T. Stafford Disaster Relief And Emergency Assistance Act*）中规定的所有职责和权限以及《联邦应对预案》中的职责。具体来说，联邦紧急事态管理署的职责一是减除灾害，方法是采取持久的行动，减少或根除对人民和财产的遭受各种危险及其后果的长期风险；二是制定规划，建立紧急事态管理职业，实现对任何危险有效的准备、减除、应对以及从中恢复；三是实施应对，方法是采取紧急事态行动，通过配置紧急事态装备和供给，通过撤离潜在的受害者，通过对需要者提供食物、饮水、临时住处和医疗服务，提供修复重要的基础设施，拯救生命和财产；四是实现恢复，通过重建社区，使

---

① George D. Haddow, Jane A. Bullock, Introduction to Emergency Management, *Elseveier Science*, USA, 2003, p.70.

个人、企业和政府能够自我运作,恢复正常的生活,保护他们免遭未来的危险;五是增加效率,通过协调有关灾害减除、规划编制、应对和恢复工作来实现。

另外《联邦应急预案》将应急工作细分为交通、通信、公共设施及工程、消防、信息与规划、公众救护、资源支持、卫生及医疗服务、城市搜寻及救援、危险物品、食品、能源12个职能。每个职能由特定机构领导,并指定若干辅助机构,这种组织结构方式使执行各职能的领导机构的专长得到发挥,在遇到不同灾害和紧急事件时,可以视情况启动全部或部分职能模块。各级政府机构既遵循国家应急体系的指导原则与其他机构协调,同时又有一定主导权。总之,从横向来看,各联邦政府部门与机构的应急管理职能明晰,总统、国会、联邦机构之间在应对危机时能够互相协调,共同应对。从纵向来看,美国有上下级政府系统紧急事务管理,紧急事务管理已经成为一种职业,国家立法形式要求各州、县、市设有相应机构,每个部门或单位都指定具体人员负责,而且持证上岗,充分保证下情上达。对紧急事务响应负有重要责任的州级紧急事务管理办公室在灾害期间是本州的协调指挥机构,一旦灾害发生,州级紧急事务行动开始工作,州长动员并部署本州的工作人员、设备及其他自愿到灾区以支持地方政府,该部分的具体操作通过911应急指挥系统来实现。

"在对危机的处理上,尽管世界各国存在着地域上和意识形态上的差异,但反映是相似的。"因此,美国政府在应对灾害性公共危机事件时非常注重通过全球合作,寻求包括各国政府和国际组织在内的国际资源的大力合作、协助和支持,建立有效的全球危机救治合作机制。一方面可以获得更多的谅解,有效消除危机,恢复社会秩序,重建和平、文明的世界,另一方面可以通过全球资源共享,提高灾害性危机事件的救治效率,降低救治成本。

另外,美国灾害应对体系的建设中也十分注重志愿组织的参与和私人部门作用的发挥。对于民间力量，政府让其参与灾害性危机管理的途径主要有：一是指定各级救灾组织、指挥体系、作业标准流程及质量要求与奖惩规定，并善用民间组织及社区救治力量；二是实施民间人力的调度，通过广播呼吁民间的土木技师、结构技师、建筑师、医师、护士等专业人士投入第一线救灾工作；三是动员民间慈善团体参与赈灾工作，结合民间资源力量，成立民间赈灾联盟；四是动员民间宗教系统，由基层民政系统邀请地方教堂、寺庙的领导成立服务小组，有效调查灾民需求，并建立发放赈灾物资的渠道。① 如果危机波及整个社会，危机管理将动用一切可以利用的社会资源，作为私人机构的组织，诸如私立医院、保险公司、银行以及别的商业组织，同样能够积极参与危机的应对，为灾害性公共危机事件的有效应对出钱出力，做力所能及的工作。

第二节　日本灾害性公共危机治理考察

一　日本灾害性公共危机治理的现状

日本灾害性公共危机治理的最大的特色是危机应对的多层面性。其政府公共危机管理体制是以内阁首相为最高指挥官的中央防灾会议，由其统一领导全国的灾害防治工作。在该会议设立之前，由前国土厅内的灾害对策事务局来负责应对有关危机事项，但在即时应对灾害，动用消防、警察系统时就显得力不从心。设立中央防灾会议，将灾害对策职能转到内阁直属机关，就可以更灵活地采取对策，处理危机。具体的机构和人员设置如图 5-3 所示。

另外，在法律方面日本内阁还根据议会制定的《灾害对策基本法》，制定了《灾害对策基本法实施令》，内阁总理还通过了

---

① 王镇海、陈洪泉：《城市公共安全管理》，青岛，中国海洋大学出版社，2004，第 191 页。

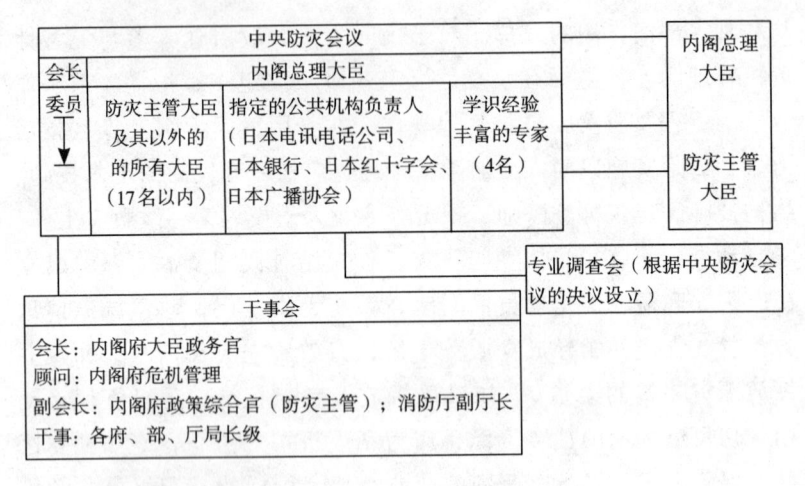

```
┌─────────────────────────中央防灾会议──────────────────────┐      ┌──────┐
│ 会长  │                 内阁总理大臣                       │      │内阁总理│
│总理大臣│                                                   │      │ 大臣 │
├──────┼──────┬──────────┬──────────┬──────────┐          ├──────┤
│ 委员 │防灾主管大臣│指定的公共机构负责人│学识经验│          │防灾主管│
│  ↓   │及其以外的│(日本电讯电话公司、│丰富的专家│          │ 大臣 │
│      │的所有大臣│日本银行、日本红十字会、│(4名) │          └──────┘
│      │(17名以内)│日本广播协会)      │        │
└──────┴──────┴──────────┴──────────┘
                                          │
                                    ┌──────────────┐
                                    │专业调查会(根据中央防灾│
                                    │议的决议设立)      │
                                    └──────────────┘
```

┌─────────────────干事会─────────────────┐
│ 会长：内阁府大臣政务官   │
│ 顾问：内阁府危机管理   │
│ 副会长：内阁府政策综合官（防灾主管）；消防厅副厅长│
│ 干事：各府、部、厅局长级   │
└──────────────────────────────────┘

图 5-3　日本中央防灾会议机构图

资料来源：日本中央防灾会议网，http://www.bousai.go.jp。

《灾害对策基本法实施细则》。可以说，日本虽然没有制定统一的紧急状态法，但以《灾害对策基本法》为核心，形成了一套有序的灾害性危机应对的法律体系，如表 5-1 所示。

表 5-1　日本应急法律体系的主要内容

基 本 法 地震应急	灾害对策基本法	1961 年
	灾害对策基本法实施令	1962 年
	灾害对策基本法实施细则	1962 年
	大地震对策特别措施法	1978 年
	大地震对策特别措施法实施令	1978 年
	大地震对策特别措施法实施细则	1979 年
	根据大地震对策特别措施法第三条第一项规定的关于东海大地震的地震防灾对策加强地区	2002 年
原子能 灾害应急	原子能灾害对策特别措施法	1999 年
	原子能灾害对策特别措施法实施令	2000 年
	原子能灾害对策特别措施法实施细则	2000 年
海洋污染 应　急	关于防止海洋污染和海上火灾的法律	1970 年
	关于防止海洋污染和海上火灾的法律实施令	1971 年
	关于防止海洋污染和海上火灾的法律实施细则	1971 年

续表 5-1

公共卫生紧急事态应对方针和预案	厚生劳动省健康危机管理基本方针 医药品等危机管理实施要领 食物中毒危机管理实施要领 感染症健康危机管理实施要领 饮料水健康危机管理实施要领 国立医院等健康危机管理实施要领 国立感染症研究所健康危机管理实施要领 关于地方健康危机管理——地方健康危机管理指南	1997 年
急　救	急救业务等的条例 急救业务等的条例实施细则 东京消防厅急救业务等规程	1973 年 1973 年 1992 年
灾害救助	灾害救助法 灾害救助法实施令 灾害救助法实施细则 灾害时实施应急措施人员的损害补偿条例 灾害时实施应急措施人员的损害补偿条例实施细则 水难救助法处理手续	1947 年 1947 年 1947 年 1963 年 1963 年 1990 年
原子能辐射救援	原子能辐射救援法的实施细则 原子能辐射救援法的条例 原子能辐射救援法的条例实施细则	1995 年 1975 年 1975 年

资料来源：郭济主编《中央和大城市政府应急机制建设》，北京，中国人民大学出版社，2005，第 198 页。

二　日本灾害性公共危机治理的评析

由于日本地处世界上最大的环太平洋地震带上，因此也是一个灾害性公共危机事件多发的国家，比如地震事件接连不断。所以日本对灾害性公共危机事件的治理也是在不断摸索和总结经验的基础上逐步得以提高。1923 年 9 月 1 日 2 时，日本关东地区发生 8.3 级地震，震中位于关东和横滨两大城市的附近，震害以东京、横滨、横须贺、小田原等地最为严重，受灾人口 340 万人，死亡 10 万人，下落不明 4.3 万人，伤 10 万人，毁坏房屋 70 万栋，经济损失达 28 亿美元。1964 年发生在栗岛附近的 7.5 级地震，使4000栋房屋完全倒塌，死亡26人，伤27人，损失8亿多美元。1995年1月17日黎明时分，仍然在一片沉寂中的关西地区突然出现一道蓝光，随着一声可怕的声音，大地也随之颤动。这就是让人恐惧的发生在大阪、神户地区的阪神大地震，震级为里氏7.2级，造成了6393人死亡、4万人受伤、24万多栋房屋倒塌，受灾户数43.7万户。① 地震除了直接的杀伤力之外，还可能引发其他的灾害性事件如海啸等，从而使日本政府更加重视对灾害性危机事件的救治工作。

可以说，1995年阪神大地震以后，日本的防灾管理体系出现了一次重要的转折，即从"综合防灾管理体制"转向"国家危机管理体制"。这种改变主要表现在以下几个方面：一是把防灾减灾工作上升到国家危机的层次，建立了为确保国家安全和国民生活安定、安心的国家安全管理体制，形成日常行政管理、危机管理、大规模灾害管理的一套管理制度；二是把完善危机管理体制这项工作作为政府行政改革和考核政府绩效的一个重要的内容，加强行政长官指挥能力和现场办公能力以及部门之间的携手合作和资源、技术的整合；三是重新立法，并对现存法律、制度、措施、规划等进行修改和整合，以此提高行政的综合管理能力。特别是把政府防灾减灾工作和政策的内容，从过去简单、粗糙的预防和保护转变为强调防护、有效利用、协调环境相结合，平时的正常运作和安全管理相结合，在规划领域中作为专项规划的放在规划趋向于与其他非灾害性的社会经济发展规划进行综合编制和整合。防灾规划以及最近几年的部门安全管理规划，成为各种非灾害性的社会经济发展规划必须考虑的重要领域；四是改革中央机构和组织形式，完善管理体制，将危机管理直接置于首相管辖之下；五是改变以行政为中心的救灾体系，提出以行政、居民、民间企业、非政府组织、非营利团体、志愿者相互合作的"公救"、"共救"、"自救"体系；六是加强科学研究，使用高技术危

---

① 《日本阪神大地震》，载 http://202.97.179.75/lydzj/dxdz/banshen.htm。

第五章 若干发达国家灾害性公共危机治理：体制、机制与法制层面的考察

机管理信息体系，收集信息，在平时建立部门之间"勤报告"、"多联系"、"快协商"的信息沟通制度；七是中央加强以政府危机管理和部门协调为主要内容的每年一度的防灾训练。地方也根据当地的具体情况（多发灾种）加强防灾训练，特别是跨行政区的合同防灾训练。比如，首都圈的7个地方政府共同签署了"七都县市灾害相互救援协定"，每年要针对任何开展相互支援进行演练；阪神地区的9个地方政府自1995年阪神大地震发生以来每年都进行协同防灾训练。①

总之，随着灾害性公共危机事件的不断出现，造成了巨大的经济损失和人员伤害，日本政府在体制、机制和法制方面都积极对其治理。最有特色之处，一是能够利用科学进行预测和预防。对于像地震这样的灾害性公共危机事件进行科学预测是对其防范和治理的重要路径。所以日本政府投入了大量的人力、物力和财力进行研究，把短期预测和中长期的预测结合起来，为国民的生活和政府危机决策提供借鉴和依据。二是完善各种应急机制，加强组织制度建设。在这一方面主要强调三项功能："强化信息统管功能、提高危机事态和灾害应对能力、加强首都圈大范围的合作。"② 这样便于灾害的预测、应对、信息传递、灾后重建等工作的顺利开展。三是注重公众危机意识教育。日本政府十分重视对社会公众进行日常防灾训练与防灾生活活动，使灾害防御意识深入人心。例如日本经常对公众进行应对地震危机事件的训练，训练以将要发生7.2级地震为假设，参与人员不仅有消防队员、警察、医护人员还有大量的普通市民，政府会不断提醒市民在家中准备好三天的干粮和饮料以备应急之用，装有各种防灾物品的"防灾包"成为各家各户的必备品。社会公众面对危机，沉着冷静，不仅减轻了政府的负担，而且也为危机的顺利治

---

① 薛澜、张强、钟开斌：《危机管理——转型期中国面临的挑战》，北京，清华大学出版社，2003，第236页。
② 赵成根：《国外大城市危机管理模式研究》，北京，北京大学出版社，2006，第149页。

理提供了良好的环境。

第三节 澳大利亚灾害性公共危机治理考察

一 澳大利亚灾害性公共危机治理的现状

澳大利亚是一个灾害性公共危机事件多发的国家,每年仅自然灾害导致的损失就高达几十亿美元。澳大利亚联邦科学和工业研究组织(The Commonwealth Scientific and Industrial Research Organization)指出:①澳大利亚的灾害种类和影响区域可能在21世纪发生重大变化。在某些地区,温室效应对于气候的影响将会增加龙卷风、暴风雨、林区大火和洪水的严重程度。②气候变暖将增加沿海居民区遭受洪水的危险。再加上海平面预期升高,这些都足以加大水灾的破坏程度。③最大的风险莫过于气候的多变性和恶劣程度,其后果是出现更多恶劣的天气事件及大规模异常事件,远胜于平缓的气候变化带来的直接影响。④危险地带未来将发生转移,包括龙卷风带逐步南移,以及一些先前风平浪静的地区现在也开始遭受洪涝灾害。① 所以澳大利亚对灾害性公共危机进行有效治理首先是国内灾情发展的需要;其次是为了实现"建设一个更安全的可持续社会"这一政府发展战略的需要。再次国际环境也起着重要的推动作用。近年来随着全球性灾害事件的不断出现,也使澳大利亚国内尽快建立危机治理体制,以便对将来可能发生的危机事件从容应对,迅速解决。

澳大利亚对灾害性事件的管理组织以及各部门之间的权责分工可以用图5-4来予以说明。

---

① Australian Government Department of Transport and Regional Services, *National Disasters in Australia-Reforming Mitigation, Relief and Recovery Arrangements*, Canprint, 2004.

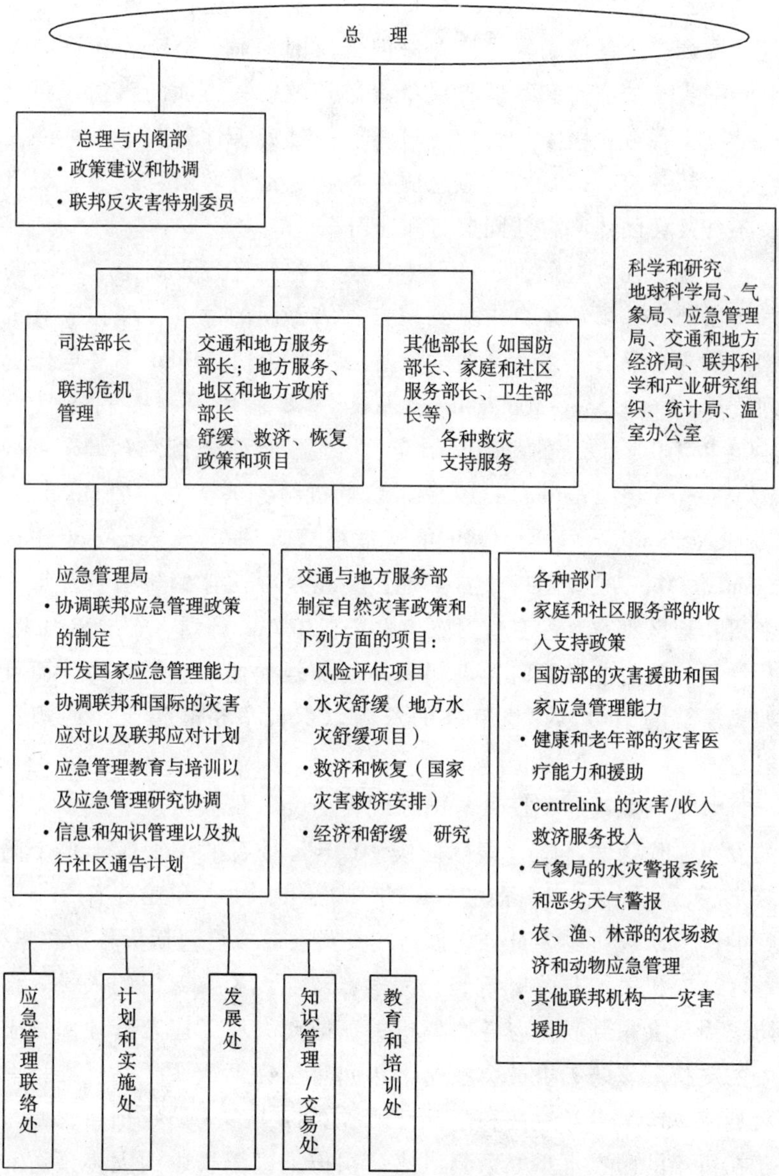

[第五章 若干发达国家灾害性公共危机治理：体制、机制与法制层面的考察]

```
                        总　理
                          │
        ┌─────────────────┼──────────────────────────┐
        │                                            │
  总理与内阁部                                   科学和研究
  ·政策建议和协调                                地球科学局、气
  ·联邦反灾害特别委员                            象局、应急管理
                                                 局、交通和地方
                                                 经济局、联邦科
                                                 学和产业研究组
                                                 织、统计局、温
                                                 室办公室
```

司法部长	交通和地方服务部长；地方服务、地区和地方政府部长	其他部长（如国防部长、家庭和社区服务部长、卫生部长等）
联邦危机管理	舒缓、救济、恢复政策和项目	各种救灾支持服务

应急管理局	交通与地方服务部制定自然灾害政策和下列方面的项目：	各种部门
·协调联邦应急管理政策的制定	·风险评估项目	·家庭和社区服务部的收入支持政策
·开发国家应急管理能力	·水灾舒缓（地方水灾舒缓项目）	·国防部的灾害援助和国家应急管理能力
·协调联邦和国际的灾害应对以及联邦应对计划	·救济和恢复（国家灾害救济安排）	·健康和老年部的灾害医疗能力和援助
·应急管理教育与培训以及应急管理研究协调	·经济和舒缓研究	·centrelink的灾害/收入救济服务投入
·信息和知识管理以及执行社区通告计划		·气象局的水灾警报系统和恶劣天气警报
		·农、渔、林部的农场救济和动物应急管理
		·其他联邦机构——灾害援助

应急管理联络处	计划和实施处	发展处	知识管理/交易处	教育和培训处

图 5-4　澳大利亚联邦政府危机管理机构及其职能

资料来源：http：//www.ema.gov.au。

从图 5-4 可以看出，澳大利亚采取多种途径、集结多方力量，协调多个部门，竭尽全力保护公众的生命、财产和环境的安全，把灾害的应对和管理不单单看作是政府一方面的事情，而是一个社会各方积极参与的应对过程。一旦灾害性公共危机事件发生，联邦政府、州政府、应急服务机构、地方政府、志愿组织以及各种社会团体都将共同参与和应对。

另外，在应对危机的过程中，澳大利亚还逐步制定了相应的危机法律，并形成了自中央到地方各级专门的危机管理和应对机构。就立法而言，澳大利亚危机立法主要包括：1986 年《危机管理法》（Emergency Management Act，主要适用于维多利亚州）；2003 年为保障该法的实施又制定了《危机管理条例》（Emergency Management Regulation）；1998 年《危机服务基金法》（Emergency Services Funding Act）；1999 年《危机管理法》（Emergency Management Act）主要适用于首都地区。正是在法律的规引下，每一个州和地区都有其一套应对灾害性危机事件的计划、安排和组织，并且联邦政府能够及时协助州和地区加强他们的应对能力，而且如果需要的话可以提供额外的资源以保证危机救治工作的顺利进行。

澳大利亚政府积极参与国际减灾活动，最大限度地减少灾害的发生。作为联合国"国际防灾 10 年"号召的一百四十多个国家之一，从加入"国际防灾 10 年"之初，澳大利亚就有一个活跃的国家防灾协调委员会，该防灾委员会的成员包括从联邦和州/地区政府机关、非政府组织、大学、产业到私人部门的人员。该防灾委员会得到联邦应急协调机关，即澳大利亚应急管理部秘书处的支持。该防灾委员会在这十年间每年碰两次头，并且支持澳大利亚、南太平洋地区和国际性的一百四十多个防灾项目，并且还在每年的防灾日举办系列讲座，积极推进学校中的灾害预防和教学工作等等。

二 澳大利亚灾害性公共危机治理的评析

作为一个灾害丛生,生态脆弱的国家,在遭受自然和人为灾害时,及时保护社会公众的生命财产安全成为联邦政府工作的重中之重。具体来说,澳大利亚灾害性公共危机应对中的优势主要表现在这样几个方面。

首先是灾害性事件管理的法制化。澳大利亚从社区到政府,从中央到地方,从国内到国外,都形成了比较完备可行的危机防御法律体系。在中央有以澳大利亚危机管理中心为核心的危机管理体系,在各地区、各州分别有自己单独立法对各地区、各州保护公民人身、财产安全职责的规定。灾害应对和管理的所有工作都以法律和法规为依据,减少政府治理工作中的盲目性和随意性。这样,就可以确保发生重大灾害时救灾资源能够得到充分利用,及时反映第一线的要求,灵活地调度分派救灾资源,不至于因太多层级的官僚体系,而导致救治效率的低下。

其次是危机救治的专业化。随着科学技术的进步和人类生存环境的改变,威胁人类人身、财产安全的各种危机事件将持续存在,甚至成为人类生存的一部分,在这样的背景下,建立专门的危机管理机构,形成专门的危机管理体系和专业的救治队伍就成为必然。在澳大利亚危机救治的专业化主要体现在专业人员素质的培训、救援器材和装备的配备、应急处理专业技术方案的制订等方面。

再次是注重灾害预测,充分发挥社会力量。澳大利亚国家危机管理协调中心通过国家应急行动支援系统建立综合计算机数据库,并进行联网,其日常工作是监督气象局和州应急管理局的态势报告,及时把有用的信息向公众发布,以唤起公众对灾害的警觉。另外,澳大利亚救灾工作坚持民众是灾害应对的重要参与者,准备充分的社会才是更安全的社会,澳大利亚的地方政府和社会团体,在了解本地的需求和能力的基础上,积极组织民众进行有效的、立即的自救活动,帮助他们做好应对灾害性危机事件的充分准备。总之，发挥社会各方面的力量，要求民众时刻保持警惕、了解相关知识并积极行动起来；相关社会团体要明确各自在地方公共危机治理中的职责和角色，并积极投身其中；地方政府要在社会安全问题上切实发挥领导作用，并认真制定得到广泛认可且经过实践检验的各项规章制度。

最后是建立有效的合作和协调机制。有效的合作与协调机制是公共危机治理工作成败的关键。澳大利亚不仅成立了国家危机管理协调中心来统一实现协调工作，还制定了各种计划、协议和程序来规范和优化协调工作。除了重视部门之间的合作与协调，其还鼓励各州之间、各地方政府之间的合作互助，推动资源的共享。

但是，澳大利亚公共危机治理也并非是十全十美的。各地区、各州都有自己的危机管理的法律，但在宪法对联邦政府危机管理权疏漏的情况下，在联邦层次上并没有类似的统一性的法律文件，导致联邦政府在危机管理方面地位十分尴尬。在联邦层次上法律缺失的情况下，使得联邦政府的危机管理可能无法可依，难以实现灾害应对中的前瞻性和确定性。

第四节　比较与借鉴

一　美、日、澳三国灾害性公共危机治理的比较分析

美国、日本和澳大利亚作为西方发达国家，虽然所处的地理位置不同，但是自身却存在着许多的相似之处。

第一，三个国家都是自然灾害多发的国家。美国和澳大利亚由于地域广大，并且又都濒临大海，像地震、龙卷风、暴风雨、泥石流、海啸和林区大火等自然灾害性公共危机事件经常发生。澳大利亚从1967年到1999年的报告分析显示，其平均每年要遭受8次成本在1000万美元以上的重大灾害性公共危机事件，而且这个数字也在不断上升，1998年一年中澳大利亚居然发生了十七

第五章 若干发达国家灾害性公共危机治理：体制、机制与法制层面的考察

起损失在1000万美元以上的重大灾害性事件。正如上文所述，美国同样自然灾害性危机事件不断出现，每年国家都为此消耗和损失大量的人、财、物。日本虽然国土面积不大，但是由于本身是岛国，又地处环太平洋的地震带上，各种自然灾害尤其是重大地震不断发生，给该国的经济发展带来了极大的损失。

第二，三个国家都十分注重灾害性公共危机事件的治理。在美国，政府要求所有的工商业部门和国防部门建立现代危机和灾害管理机构，增强决策能力和有效配置应急资源。由于危机和灾害的发生是不可避免的，随时可以在任何场合下发生，所以应建立长效的管理机制，为此美国成立了联邦紧急事务管理署，统一来应对这类公共危机事件，其目标是把危机和灾害损失降到最小限度。日本组成了以首相为首的中央防灾会议，为了提高应对危机的效果，日本还把每年的9月1日定为国民"防灾日"，在这一天有首相和有关大臣参加防灾演习，充分说明了该国对灾害应对的重视。在澳大利亚公共危机的应对工作也是有总理直接指挥和领导，总理和内阁领导的联邦反灾害特别委员会和灾害应急管理局都起到了重要的作用。

第三，三个国家都十分重视灾害应对中的国际合作。在经济全球化的环境下，人流、物流、信息流加速流动，相互依赖、错综复杂的国际经济活动链可能因一个影响力大的国家发生地震、洪水、飓风灾害而直接波及其他国家。2005年美国"卡特里娜"等飓风袭击美国造成世界原油价值急剧上升。此外跨国界的自然灾害还因灾民流动而引发传染疾病，威胁周边国家的国家安全和社会稳定。因此，近年来世界范围频发的巨灾已引起国际社会高度关注，国际化的防灾减灾工作已成为一个国际合作、共同应对巨灾的重要趋势。在1991~2000年"国际减灾十年"活动之后，联合国《国际减灾战略》确立的防灾减灾目标是：提高公众自然灾害、技术灾害和环境灾害对当代社会造成危险的意识，政府应对保障社会经济基础设施以及应对环境资源危险作出承诺，确保公众参与各级实施工作，增加减灾网络，建立抗灾社区。据统计，

有美、日、澳等21个国家制定了防灾减灾计划，积极响应联合国发布的《兵库宣言》及《兵库行动计划》(2005年)，加强减轻灾害风险的国际合作，促进减灾活动与发展规划和实践的结合，提升区域和国家抗御灾害风险的能力，并确立了2005～2015年全球减灾工作的战略目标和行动重点，包括确保减灾成为各国政府部门的工作重心之一；识别与评估、监测灾害风险，增强早期预警能力；在各个层面上建设安全文化和减灾文化；减少潜在的灾害危险因素；增强灾害准备能力，确保对灾害做出有效反应。

第四，注重运用"全危险方法"（all-hazards approach）。所谓全危险方法，也有称之为"多危险方法"（multi-hazard approach）。用一套公共安全管理安排，处理和应对所有种类的紧急事态、灾害和民防需求。[1] 无论是美国、澳大利亚还是日本都采用同样含义的全危险管理方法。美国联邦紧急事务管理署在1979年成立的时候就提出了"全面紧急事态管理"的理念。1974年2月，澳大利亚政府批准建立了自然灾害组织，来承担民防主任的职责，在灾害事件中协调联邦对州和地区的物资援助，帮助它们提高紧急事务管理的能力。在经历了一系列重大抗灾行动之后，该组织于1993年改成了澳大利亚紧急事态管理署。在日本，灾害应对体系是以内阁首相为最高指挥官，由内阁官员来负责总体协调、联络，通过安全保障会议、阁僚会议、内阁会议、中央防灾会议等制定危机对策，由警察厅、防卫厅、海上保安厅、消防厅等各省厅、部门根据具体情况予以配合的组织体系。所以同样可以根据不同类型的灾害，启动不同的部门来进行有效应对。

但三个国家在灾害性公共危机事件的应对中由于国情的不同，也采取了许多不同的应对策略。特别是在法律体系方面，在美国，制定了专门的《国家紧急状态法》，对危机状态的宣布程序、实施过程、终止方式、危机状态期限以及危机状态期限的权力都作

---

[1] Emergency Management Australia, *Australia Emergency Management Glossary*, *Better Printing Service Commonwealth of Australia*, 1998. p. 5.

出了详细的规定。澳大利亚虽然各州和地方政府都制定有相应的灾害应对的法律和制度，但在中央层级上面还没有制定统一的《紧急状态法》或《公共应急法》。同样作为一个灾害性公共危机事件不断发生的国家，日本也没有制定统一的《紧急状态法》，而是内阁根据议会制定的《灾害对策基本法》，制定了《灾害对策基本法实施令》，内阁总理通过了《灾害对策基本法实施细则》。总的来说，虽然日本没有制定统一的紧急状态法，但以《灾害对策基本法》为核心，形成了一套有序的灾害性危机应对的法律体系。

二 美、日、澳三国灾害性公共危机治理的借鉴

虽然我们与西方发达国家在国家体制、运行机制和国情方面存在诸多不同之处，但是危机的出现是同样不可避免的、破坏性是同样的。"他山之石，可以攻玉。"学习和借鉴其他国家灾害性公共危机应对和处理的经验和教训，对于公共危机治理起步较晚的中国来说，可以取长补短、少走弯路，对我国公共危机的治理工作顺利开展具有重要的意义。

第一，必须实现灾害性公共危机治理的法治化。一个国家公共危机管理机构能否有效运行的基础是法律的制约和保障。法治作为一种治国方略，不仅目前我们国家在提倡，而且早在公元前四世纪，古希腊著名思想家亚里士多德就对法治作过解释：已成立的法律获得普遍的服从，而大家所服从的法律又应该本身是制定得良好的法律。就现代社会来说，法治就是"法律至上"和"限制权力"，是民主、自由、平等这些体现人类追求生命质量与生活质量的基本价值的根本保障。灾害大国日本是较早制定灾害管理基本法的国家，每年防灾预算占国民收入的5%左右，目前拥有各类防灾减灾法律近40部。传统的危机处理行为的不确定性很大，危机管理者在处理具体危机的过程中并存着行为失范、失当的现象，而这种处理危机行为的失范与失当现象既可能造成危机回应行为的无效，还可能给公众与

社会造成额外的权益损失；因此，危机管理者应在危机发生前就为危机回应行为设立规则，降低危机治理中的不确定性，所以法制成为必然。尽管我国有各种单一的灾害性公共危机治理的法律，但是缺乏统一的公共危机管理的法律体系，一旦危机事件出现，往往因缺乏法律的指导而无法有效地开展工作。所以我国可以参照美国或其他发达国家的做法，建立和完善公共危机治理的法律体系，确立中央和各级政府，以及国家、公民和其他社会团体在各种公共危机事件治理中的权利、义务和救治路径，完善危机治理中公共信息的披露制度，通过媒体的合理有效利用来正确地宣传和引导舆论。

第二，建立灾害性公共危机治理中的责任传递机制。灾害性危机事件的有效治理并不只是政府的责任，社会每一个公众，每一个组织都应该主动参与公共危机的治理过程，与政府一起共担责任。例如在澳大利亚政府已经意识到社会公众在公共危机应对中的重要作用，正确通过公共教育、培训等途径来加强公众的危机意识，在不断的训练中来增进公众的参与程度、认知程度和自救能力，从而帮助他们在灾害来临的时候，政府救援力量不能及时到达时能够自力更生，实现自救。另外，大力发展和培育志愿者组织，也是实现危机治理的重要渠道。由于志愿组织的基层组织和成员能够遍布国家的每一个地区，在发生公共危机事件的时候，他们往往最先到达现场，甚至有的志愿组织的成员本身就是公共危机事态的当事人。所以如果能够利用其组织资源和训练有素的技能迅速开展救援应对工作，可以最大限度地减少受灾者的生命和财产的损失。在澳大利亚，2002年18岁以上的志愿者440万人，占澳大利亚全国同龄人口的32%。2005年，这一比例达到近40%。志愿组织又称第三部门，他们既非政府部门，也非私人部门，具有志愿性和独立性，所以在公共危机治理中能够发挥重要的作用。"如果说代议制政府是18世纪的伟大发明，而官僚政治是19世纪的伟大发明，那么，可以说，那个有组织的私人自愿性活动也即大量公民社会组织代表了20世

第五章 若干发达国家灾害性公共危机治理：体制、机制与法制层面的考察

纪最伟大的社会创新。"[1]奥斯本和盖布勒也认为，在提供公共服务方面，第三部门和政府部门各有其优势和劣势。第三部门的优势在于：一是它更容易接近服务对象；二是它更灵活地对服务对象的需求做出反应；三是第三部门更适合处理高风险的社会问题。[2]但是第三部门并非包治百病的灵丹妙药，万能钥匙。正如市场和政府会失灵一样，第三部门也有自身的局限性，也会失灵。主要问题在于政社不分、经费不足、能力有限、法制缺陷。[3]所以对于第三部门自身存在的问题，可以通过资金支持，合理制度设计，市场化或社会化的手段以及提供促进其发展的社会环境等方法，减少第三部门的失灵，使第三部门成为协调政府与公民之间关系的平衡器，从而提高他们在公共危机治理中的效率，实现治理的革命。

第三，组建治理公共危机的专门机构。随着公共危机事件的影响范围和破坏性的加强，任何单一的个人或者单一的部门要对付灾害性的公共危机事件都会显得力不从心。必须建立一个有经验丰富的各个领域专家组成的专门危机应对机构。例如美国在20世纪70年代就建立了以政府首脑为核心的危机管理体制，组成具有针对性的公共危机管理指挥系统。作为一个自然灾害频发的国家，日本政府也十分注重危机治理专门机构的建设。1986年中曾根内阁时期，为了防备将来发生的重大灾害性危机事件，由原官房厅长官腾田正晴负责建立了内阁安全保障室，从而形成了日本内阁的公共危机管理体系。目前，我国除了仅有的几个地方"城市应急联动中心"之外，不仅在地方层面，而且在国家层面上也没有危机管理的综合协调和管理部门，所以当务之急是建立一个

---

[1] 〔美〕莱斯特·萨拉蒙、赫尔穆特·安海尔:《公民社会部门》，载何增科《公民社会与第三部门》，北京，社会科学文献出版社，2000，第257~269页。

[2] 〔美〕戴维·奥斯本、特德·盖布勒:《改革政府：企业精神如何改革着公营部门》，周敦仁等译，上海，上海译文出版社，1996，第328页。

[3] 王名:《中国的非政府公共部门》（下），载《中国行政管理》2001年第6期。

处理危机事务的、独立的政府协调管理机构，日常工作就是定期召集有关专家就某一领域中当年或者是更长时间内可能产生的危机事件进行预警分析，同时，该机构还应当建立年度重大危机事件会商制度，向中央政治局和重要的国家机构提出相应的对策和建议。一旦危机事件发生，随即应当转为国务院处理有关紧急事件的具体指挥机构和协调机构，针对已经发生的突发事件和紧急事务权威地分配各种资源，在灾害的预防和受灾区的创建方面发挥协调有关部门的核心作用。[1]

第四，加强公共危机教育，增强公众危机意识。无论是美国、澳大利亚还是日本都十分注重社会公众危机意识的教育以及避险自救互救技能的训练。例如日本对本国公众危机教育包括日常生活中的危机教育和学校的危机教育等。为了对市民进行防灾教育和培训，日本各地设有许多由政府出资兴建的防灾教育中心，免费向市民开放。由于政府的防灾科普工作做得非常到位，民众对于灾害来临时可能会出现的情况、逃生的要领、急救的知识等都十分清楚明了，遇到灾害时就不会手忙脚乱，具备了自救和互救的本领。[2] 所以我国在这些方面可以借助于学校、广播、电视等多种渠道，向公众介绍各种重大灾害的相关情况，提供危机中自救和互救的方法和路径，从而在治理主体能力提高的前提下，从容应对危机，提高救治效率。

正如有学者所言："在危机管理过程中，组织和人的因素尤为重要，科学技术因素则是第二位的。换言之，危机管理的真谛在于预案在先、机制灵活、临'危'不惧、处变不惊、令行禁止、指挥到位、发挥合力。"[3] 所以作为一个公共危机治理基础较

---

[1] 薛澜、张强、钟开斌：《危机管理——转型期中国面临的挑战》，北京，清华大学出版社，2003，第116页。
[2] 刘长敏主编《危机应对的全球视角》，北京，中国政法大学出版社，2003，第313页。
[3] 中国现代国际关系研究所危机管理与对策研究中心编著《国际危机管理概论》，北京，时事出版社，2003，第5页。

为薄弱，起步晚、任务重的国家，我国的灾害性公共危机治理的水平与国际相比还有一定的差距，但是要建立中国特色的公共危机治理体制，就必须坚持"以人为本"的思想，始终把社会公众的生命和财产安全放在第一位。在发展经济的同时，不断提高社会公众的公德意识、危机意识和社会参与意识，同时积极采用先进的科学技术手段来加强危机的预警协调、信息沟通系统、反馈系统、后勤保障系统、教育培训系统的建设，真正全面提升我国灾害性公共危机应对的水平和能力。

小　结

人类社会的发展史就是一部不断遭受各种自然灾害与人为灾害洗礼的历史，人类文明正是在不断回应各种灾害性公共危机事件挑战的基础上发展起来。无论是发达国家还是发展中国家，都无法逃避各种灾害性公共危机事件的威胁，正是为了应对灾害性事件的冲击，世界各国都根据自己的国内危机事件的具体情况建立了相应的公共危机事件治理的机制、体制和法制。

美国、日本和澳大利亚作为西方发达国家，虽然所处的地理位置不同，但是自身却存在着许多相似之处：自然灾害性公共危机事件多发；国内都十分重视灾害性公共危机事件的应对工作，并为此建立了相应的危机应对机制和法律法规。虽然我们这些发达国家在国家体制、运行机制和国情方面存在诸多不同之处，但是危机的出现是同样不可避免的、造成的破坏也是同样巨大的。

总的来说，美国、日本和澳大利亚灾害性公共危机治理采取的是"全政府型综合管理系统"。其特点主要有以下几个方面：第一，强化危机应急管理的领导权威，构成强有力的指挥协调中枢。尤其是对那些重大灾害性公共危机事件，反映的速度和力度要求之强，这就要求决策和指挥的权威性，要求有效的综合协调能力和快速反应行动。第二，设置直属国家高层领导的综合性危机管理机构。西方各国在公共危机管理的实践中，都逐步建立了直属中央领导的、跨部门的、综合型的危机管理机构，对国家可能发生的各种灾害性公共危机事件在统一的领导下，进行全方位、综合性管理。第三，形成由各方代表共同组成的中央及地方各级委员会，就危机事件的应对进行决策和沟通协调。例如日本，除了中央成立的中央防灾会议之外，在东京也设立了东京都防灾会议，作为东京都防灾行政的最高决策机构。该机构直属知事，知事任会长，由国家的地方行政机关、公共机构、地方公共机构、都由区市町村等的职员或代表组成。第四，以现有的政府组织机构为依托，通过重新界定现有政府组织的职能，重塑现有政府组织职能结构，增加危机管理职能，来构建全能型危机管理系统。第五，加强政府间的相互援助和良好合作，形成政府间危机管理联动系统。[①] 无论是从危机的爆发、蔓延和传播的规律来看，还是从提升危机应对的能力需要来看，在加强危机研究、危机预防和危机处理过程中，政府之间的良好合作和相互援助，都具有重要的作用。

"他山之石，可以攻玉。"学习和借鉴其他国家灾害性公共危机应对之策，对于起步较晚的我国公共危机治理具有重要的意义。

[①] 赵成根：《国外大城市危机管理模式研究》，北京，北京大学出版社，2006，第9~15页。

第六章
若干国内外灾害性公共危机治理案例的实证分析

第一节 SARS 危机治理的审视

一 SARS 危机事件的蔓延及其危害

自有人类以来，疾病尤其是各种传染性疾病，一直是人类挥之不去的幽灵。除了天花、鼠疫、结核病、流感等传染性疾病曾给人类带来灾难之外，2002 年末，一个名为严重呼吸道症候群（Severe Acute Respiratory Syndrome，简称 SARS）的幽灵悄然而至，并肆意延展，一个看不见摸不着的恶性病毒在不经意间演化为一场令人恐惧的公共卫生事件。"SARS 是肆虐全球并严重冲击中国的公共卫生危机，但就其性质而言，尽管人为因素导致了 SARS 的蔓延，它本质上仍然是一个自然灾害危机（或曰'天灾'）。"[①] 所以，本文想通过对 SARS 治理过程的分析提出一个对灾害性公共危机治理可借鉴的路径选择。

根据危机发生的周期理论，SARS 公共卫生事件在我国的发展可以划分为四个阶段。

一是征兆期。从 2002 年 11 月到 2003 年 2 月。2002 年 11 月

[①] 《学习时报》编辑部主编《国家与政府的危机管理》，南昌，江西人民出版社，2003，第 94 页。

16日,广东省佛山市禅城区发现第一位有据可考的SARS患者,虽然广州的一两家报纸对此做过简短报道。然而,在一个充满了喧嚣的繁华地区,在一个动不动就患感冒的南方阴冷季节,在看厌了矿难、车祸报道,对于群死群伤已经见怪不怪的人们心中,大概根本没有人会留意这种新闻。① 到2002年底,广东河源、佛山、中山等地也出现了一些SARS患者。2003年2月以后,随着疾病向全国其他城市和地区蔓延,不同类型的恐慌反应接踵而至。总的来说,在SARS发展的过程中,征兆期虽然出现了多种症状,造成了一定程度的恐慌,但由于受信息不完全和地方决策失误等原因,对危机的严重性未能清醒认识,危机应对中前期准备不足。

二是爆发期。从2003年3月到2003年5月上旬。世界卫生组织在2003年3月12日根据其赴河内、香港地区和北京的专家小组报告,声称一种新的流行病已经全面爆发,并在3月15日再次警告,这种疾病通过搭乘国际航班的旅客,以喷气飞机的速度在全球扩散,构成"全球范围的健康威胁"②。也就是说,在此期间SARS以惊人的速度扩散、蔓延、肆虐、侵国攻城。在我国以广东、香港、北京、太原等地区和大城市为冲击核心,导致谣言四起,抢购成风,造成社会正常秩序的混乱,引起全球震动。2003年4月20日,中国政府新任卫生部常务副部长高强在国务院新闻办公室举行的新闻发布会上坦承,卫生部的工作"确实存在某些缺陷和薄弱环节",并迅速采取措施,建立公共卫生应急反应机制,设立"防火墙",控制危机蔓延,救死扶伤,减少经济损失。

三是延续期。这一时期主要是在2003年5月中旬以后。这一

---

① 郭巍青、朱亚鹏、李莉:《SARS危机应对政策:从灾难中学习》,载中国社会科学院公共政策研究中心和香港城市大学亚洲管治研究中心编《中国公共政策分析》(2004年卷),北京,中国社会科学出版社,2004,第200页。
② World Health Organization, *Severe Acute Respiratory Syndrome (SARS): Status of the Outbreak and Lessons for the Immediate Future*, Genvea, 20 May, 2003.

时期全球SARS新增病例和疑似病例的速度放缓，疫情发展逐步得到遏制。5月17日世界卫生组织"全球控制SARS行动"协调人迈克·瑞恩在日内瓦表示，全球SARS疫情正接近尾声。① 在中国，随着疫情通报政策的公开透明，死亡率下降，负面影响开始减少，国际合作得到进一步加强，社会公众的恐慌情绪得到有效控制，社会正常的工作、学习和生活秩序得以部分恢复，危机治理机制趋于成熟并开始发挥主导作用。

四是病愈期。2003年6月初，危机缓解趋势开始稳定，正常的工作和社会秩序成为可能，防治能力进一步提高，开始转入危机后的总结和善后处理时期。

作为一种新型疾病，SARS以其特有的危险性、破坏性、传染性向人类提出挑战。在其肆虐时期，共有六大洲的30多个国家出现了SARS患者或疑似病例。根据世界卫生组织防治传染病执行干事戴维·海曼的统计，迄今全球共有8439人被SARS病毒侵染，有812人死亡，被感染者中有20%是科学家和医护人员。② 直到目前，人们对SARS流行病学和发病机理还知之甚少。既没有针对这种疾病的疫苗，也缺少特效的治疗手段使该病痊愈。现有的所有诊断、检测方法都有重大的局限性，病人常常由于无法被确诊而耽误进行对症治疗。这种病还具有很强的传染性，由于医院的医护人员在开始时并不知道SARS是一种具有很强传染性的新疾病，在奋力抢救患者生命的过程中，疏于自身防护，导致医务人员的感染率大大高于普通民众，造成医院的人力资源出现短缺，给医院和卫生保健系统带来了巨大的压力。③ 正是由于SARS病毒难以控制的传染途径和有效治疗方法的缺失，从某种程度上来说，其给人类带来的灾害会更大。世界卫生组织传染病检测与反应司的研究指出："经济学家和市场分析家在估算目前和

---

① 肖岩：《非典疫情已近尾声》，载2003年5月19日《环球时报》。
② www.people.com.cn/GB/shizheng/1025/1952921.html。
③ 刘长敏：《危机应对的全球视角》，北京，中国政法大学出版社，2004，第244页。

今后的代价时,初步估计仅远东地区就损失 300 亿美元。"① 根据统计,截至 2003 年 6 月 14 日,中国内地有 25 个省、自治区、直辖市先后发生 SARS 疫情,共波及 266 个县(市、区)。中国内地累计报告 SARS 临床诊断病例 5327 例,其中医护人员累计病例 969 例,已治愈出院 4956 例,治愈率为 87%;死亡 346 例,死亡率为 6.5%。② 在经济方面,灾情最重的北京市,SARS 期间仅经济方面的损失累计超过 100 亿元人民币。③

二 SARS 危机治理过程中的得与失

中国政府在应对 SARS 的过程中既有积极的一面,同时也存在许多问题需要改进。通过对抗击 SARS 危机时重要事项的总结(见表 6-1),能够使人们明白政府在何时都做了什么事情,意义何在,从而为我国在今后类似事件的应对提供重要的对策依据。

表 6-1 SARS 治理进程大事记

时间	事件
2002 年底	11 月 16 日,广东省佛山市发现第一例被称为 SARS 的病例。 2 月 15 日,位于广东东北部的河源市出现了一种"怪病",首先发病的黄某被广东媒体报道为中国"非典"报告患者第一人。当地产生恐慌,抢购药品成风。
2003 年 1 月	2 日,广东中山市中医院呼吸科先后收治了 12 个"不明原因性肺炎"病人,该市随即出现抢购药品风潮。 4 日、16 日,广州《新快报》两次报道"不明原因肺炎"。

---

① 世界卫生组织:《严重呼吸道综合征(SARS):爆发的状况及对最近将来的教训》,www.who.int/crs/sars/en. 2003-05-20。
② 高强:《中国对 SARS 的预防与控制》,在世界卫生组织全球 SARS 会议上的报告,2003 年 6 月 17 日,吉隆坡。
③ 传媒点击栏目:2003 年 7 月 20 日《文摘报》。

续表 6-1

时 间	事 件
2月	病毒进入广州。春节刚过,市面出现抢购药品和食醋的风潮。之后不久,又大范围抢购食盐和大米。 8日,关于 SARS 病情的信息通过电话手机短信传送 4000万次,第二天传送 4100万次,第三天传送 45000万次。同时,互联网论坛和电子邮件也在传播同样的信息。广东出现因群众恐惧而抢购的风潮。 广东各大媒体大量报道非典型肺炎。
2月25日~3月21日	"两会"召开,各媒体停止报道非典型肺炎,"非典"报道出现真空。同时"非典"开始在香港地区流行并开始在北京出现。
4月初	3日,国务院新闻办召开第一次新闻发布会。卫生部部长张文康郑重宣布:"在中国工作、生活、旅游都是安全的!" 卫生部非典型肺炎防治工作领导小组正式成立,下设综合组、疫情信息组、医疗组、现场指挥组、新闻联络组、文件资料组、外事联络组、技术支持组和监督检察组等9个工作组,除监督检查组设在卫生部卫生监督中心外,其他工作组联合集体办公,并对外公布了热线联系电话。 7日,吴仪出任处理非典型肺炎疫情控制小组组长。 同时,吴仪就卫生部门全力抗炎、允许世界卫生组织专家到中国调查、中国香港建立疫情直接通报机制、卫生部及时通报疫情、做好防疫宣传工作等问题做出决定,要求务必扭转防疫工作中出现的疏漏、被动局面。 卫生部印发《传染性非典型肺炎临床诊断标准(试行)》。
4月中下旬	13日,国务院召开全国"非典"防治工作会议,温家宝要求定期公布疫情,用事实说话。 14日,中共中央总书记、国家主席胡锦涛考察广东省"非典"疫情,到广东省疾病预防控制中心与医务工作者座谈,强调全力以赴做好"非典"防治工作。 20日,国务院新闻办召开第三次新闻发布会,卫生部副部长高强公布北京最新疫情。北京"非典"确诊病人和疑似病例,较之前一天成倍增加。 20日,卫生部决定,改原来每五天公布一次疫情为每天公布一次。 "非典"被列入我国法定传染病。

续表 6-1

时间	事件
4月中下旬	20日，由于防治"非典"不力，卫生部长张文康，北京市委副书记、市长孟学农被免职。 22日，王岐山出任北京市代市长。 23日，国务院总理温家宝主持召开国务院常务会议，成立国务院防治非典型肺炎指挥部，国务院副总理吴仪任总指挥。 国务院常务会议决定，中央财政设立非典型肺炎防治基金，基金总额20亿元，从预算总预备费中安排。国务院为支持中西部地区疾病控制机构的建设，在已安排20亿元国债资金的基础上，再安排9亿元；为支持中国疾病预防控制中心一期工程建设安排专项资金6亿元。 北京市通告，对"非典"疫情重点区域采取隔离控制措施。 国务院办公厅通知指出，北京高校学生、农民工近期就地学习、务工。 26日，国务院副总理吴仪兼任卫生部部长。 29日，国务院总理温家宝在泰国曼谷举行的中国—东盟领导人"非典"特别会议上通报中国疫情和防治工作。
5月	7日，卫生部表示，鉴于目前国际上对SARS病原体的最后确认还没有形成共识，我国暂时将SARS归入乙类传染病中的特殊传染病。 世界卫生组织将天津、内蒙古和台北增列为旅游警告地区，建议旅行者除了必要的行程，应该考虑延后前往上述地区。 8日，卫生部发布《公共场所预防传染病非典型肺炎消毒指导原则（试行）》、《传染病非典型肺炎密切接触者判定标准和处理原则（试行）》。 9日，国务院总理温家宝签署国务院第376号令，公布实施《突发公共卫生事件应急条例》。 11日，国家卫生部和国家中医药管理局出台新修订的《传染性非典型肺炎推荐中医药治疗方案》 12日，卫生部起草《传染性非典型肺炎防治管理办法》。 29日，北京新收治确诊"非典"病例首次降到零，当日确诊与疑似病例之和也首次降至个位数。

续表 6 – 1

时　间	事　件
6 月	2 日，北京疫情统计首次出现三个零：新收治直接确诊病例为零，疑似转确诊病例为零，死亡人数为零。 8 日，北京首次迎来新增"非典"病例零纪录。 24 日，世界卫生组织宣布，北京的非典型肺炎疫情明显缓解，已符合世界卫生组织有关标准，因此解除对北京的旅行警告，同时将北京从"非典"疫区名单中排除，这一决定从宣布当天开始生效。

资料来源：节选和改编自郭巍青、朱亚鹏、李莉：《SARS 危机应对政策：从灾难中学习》，载中国社会科学院公共政策研究中心和香港城市大学亚洲管治研究中心编《中国公共政策分析》（2004 年卷），北京，中国社会科学出版社，2004，第 203 ~ 208 页。

　　从上表列出的抗"非典"大事记可以看到，对于 SARS 疫情的治理，2003 年 4 月 20 日是一个重要的转折点。这一天，中央政府不仅以实事求是的态度对待这场突如其来的灾害，而且改原来五天公布一次疫情为每天公布，实现了信息的公开与透明，形成 SARS 防治的信息网络。同时对卫生部长张文康、北京市委副书记孟学农的免职，使国家对 SARS 的应对从单纯的医疗管理转向公共危机管理。对 SARS 危机的应对转向信息公开、社会动员、科技攻关以及国际合作。而且在党中央和国务院的领导下，各级政府从上到下逐级建立和落实应急机制和工作措施。在国家一级成立了突发事件应急工作指挥部，由国务院副总理、卫生部长吴仪任总指挥。与此同时，国务院一方面向全国所有省份派出视察组，指导和督促各地 SARS 防治工作，另一方面抓紧推动相关的立法工作。5 月份，在国务院新颁布的《公共卫生突发事件应急条例》（以下简称《条例》）中，明确规定建立突发事件的应急报告制度、组织领导、遵循原则和其他各项制度、措施各级政府及有关部门、社会有关组织和公民在应对突发公共卫生事件工作中承担的责任和义务，以及违反《条例》行为的法律责任。

　　2003 年 5 月 30 日国务院新闻办举行记者招待会，全国防治非典型肺炎指挥部防治组组长、卫生部常务副部长高强介绍了中国政府在控制 SARS 疫情方面的八项措施：第一，加强法制建设，严格依法管理。中国政府将 SARS 列入法定传染病，依照传染病防治法进行管理。国务院颁布了《突发公共卫生事件应急条例》，卫生部制定了《传染性非典型肺炎防治管理办法》，完善了疫情信息报告制度和预防控制措施，把防治工作纳入法制化轨道。第二，加强组织领导，统一协调指挥。国务院成立防治非典指挥部，吴仪副总理任总指挥。各级地方政府都把防治工作作为当前最主要的任务，明确责任，集中力量，实行统一指挥，整合医疗卫生资源，加大防治力度。第三，加强农村防治，实行群防群控。对返乡农民和学生采取严格的监测措施，控制传染渠道。到目前为止，全国累计报告农民确诊病人 241 人，没有发生大面积扩散。第四，加强交通检疫，建立追踪寻访机制。民航、铁路、轮船、长途汽车都建立旅客监测、等级、跟踪等制度，发现患者立即隔离。第五，集中优势资源，积极救治患者。在有条件的医院设立发烧门诊，对病人进行鉴别，并确定定点医院集中收治患者，防止医院内感染。第六，坚持中西医结合，提高治疗水平。集中最优秀的中西医专家密切合作，研究有效的治疗方法，提高治愈率。第七，加大政府投入，实行医疗救助。中央政府和地方政府已经拨付一百多亿元资金，用于购置医疗设备、药品、防护用品和医院的改造。今后还将拨付巨额资金，用于加强疾病预防的建设、信息网络的建设和医疗救助体系的建设。对农民和城镇困难的居民实行免费医疗和救助。第八，开展技术交流，加强科技攻关。[1]我们与世界卫生组织和有关国家保持着密切良好的合作，交流情况，改进工作。我们与中国香港、澳门、台湾等地区的医学专家多次开展学术交流，相互传递诊断、治疗的经验，共同研究防治 SARS 的有效手段和措施。我们集中国内最优秀的专家学者积极探

---

[1] 高强：《中国政府在控制非典疫情方面采取的八项措施》，http://www.chinanews.com.cn/n/2003－05－30/26/308703.html。

索病因，研究诊断、治疗技术，取得一定成果。正是通过上述措施的实施，使 SARS 疫情得到有效的控制，北京市"非典"疫情迅速缓解是对一系列措施有效性的有力证明。

虽然在 2003 年 4 月 20 日之后，党中央和国务院对实行措施的重大调整，使 SARS 疫情得到有效的控制。但纵观全局，在 SARS 的治理中，特别是在前期的应对中，还存在着不少的漏洞和问题。

首先，危机治理机制的缺失。一方面是公共卫生预警机制的缺失。由于公共卫生领域危机治理机制的不完善，难以形成完善的预警机制。一是非军方和军队医院系统之间存在信息流通障碍，信息的不完全难以保证决策的及时准确。二是中国医疗系统沿用传统的行政管理体制，难以建立科学、透明的信息披露制度。三是在危机潜伏以及有所暴露之际，由于缺乏危机管理机制，相关战略难以有效做出，可以遏制危机发生和蔓延的时机被人为贻误。[1] 另一方面是在缺少危机治理机制的情况下，预案的缺失或不健全成为必然，而且缺乏人、财、物方面的事先准备，无视公共危机的萌芽，听任危机的发生和成长。

其次，危机治理的法制不健全。从法制的角度看，针对 SARS 这样的公共卫生事件，1998 年 9 月 1 日开始实施的《中华人民共和国传染病防治法》显然是捉襟见肘。例如，对违反《传染病防治法》追究刑事责任是与未修订之前的《中华人民共和国刑法》联系在一起的，然而在刑法大规模地修订之后，《传染病防治法》的某些规定已经无法可依，且没有国务院职能部门的条例配合，其有效性大打折扣。另外在公共危机应对中，由于全国性公共危机治理缺乏专门性法制保障，这样在应对中难免会出现无法可依、盲目应对的情况。如果 SARS 事件中法制完善，各种信息不是有意或无意地受阻或隐瞒，政府能依法向人们提供科学、全面的信息，谣言也就没有可乘之机，社会的恐慌也会避免或减少。

---

[1] 《学习时报》编辑部主编《国家与政府的危机管理》，南昌，江西人民出版社，2003，第 94 页。

再次，危机治理的体制不完善。在公共卫生医疗体制不完善的情况下，一方面没有正确处理医院和患者之间、医生与患者之间、医院与医生之间以及医院与医院之间的关系，医院没有对患者实行有效的救治和隔离，结果使医生和医院成为主要传染源。另外，疫情发生时，不同地区的医院和医院之间信息交流的缺乏，也成为导致 SARS 危机事件扩大的重要原因。另一方面，由于长期以来形成的条块分割、各司其职的行政管理格局，各地方政府之间缺乏有效的协作和配合。当一地方政府所在地域发生疫情，其他政府成为旁观者。如当广东发生 SARS 疫情时，北京市等政府都处于旁观状态，事先没有采取必要的应对措施，坐等疫情在北京发生和蔓延，使得在广东省发生的灾害性事件在北京以更强有力、更严峻的形式再现。

三　SARS 危机治理的意义及其模式

SARS 带来的危害是巨大的，但是通过对 SARS 事件的反思，可以"吃一堑，长一智"。实践证明，为应对 SARS，中共中央政治局多次召开会议，研究对策，建立并启动公共卫生应急管理机制，在短短的一个多月内建立起来的危机应对机制合法、合理、合情、高效、透明，成为中国灾害性公共危机管理的一个重要里程碑！

首先，SARS 危机事件增强了政府和公众的危机意识，提高了危机的应对能力。国家开始建立全国性的公共危机应对组织，制定几十个专门的应急预案。地方各级政府也借助于高校和科研机构加大对公共危机事件治理的研究，从"抗非"的经验出发，总结出行之有效的应对危机事件的方法和措施。另外，也通过各种途径和渠道将各种危机的特点、产生和发展的原因，可能带来的危害等向社会公众作广泛的介绍，并积极开展各种形式的危机演练，增强公众的危机意识和灾害中的自救、互救、公救能力。经历了 SARS 危机之后，中国政府和社会公众应对灾害性公共危机事件的能力得到了极大的提高，禽流感的应对和下面的一组数字是有效的证明。2004年8月12日，浙江省遭受台风"云娜"袭击，导致164人遇难，失踪24人，受灾人口达1299万人。2005年浙江省遭受了4次台风袭击，虽然直接经济损失251.5亿元，但是死亡人数与上一年相比，大大减少，其中"海棠"导致5人死亡；"麦莎"导致2人死亡，2人失踪；"卡努"导致14人死亡，9人失踪；"泰利"导致69人死亡，19人失踪。这表明，政府在应对重大公共灾害中是善于学习的，仅仅在短短的一年时间里，一些地方的政府已经学习到了应对台风的科学策略。① 总的来说，SARS危机之后，面对各类危机事件，中国政府由被动应战变为主动应战，公共危机治理成为中国各级政府的"当务之急"和"重中之重"。

其次，SARS危机暴露了我国政府在公共管理中存在的问题和缺陷。长期以来我国缺乏应对公共危机的应急管理机制，也缺乏应对社会突发公共危机事件的训练和准备。以往即使在应对洪涝灾害时，也往往是临时应对，缺少充分的事前准备。SARS事件治理之初，同样出现了横向、纵向两个方面协调不力的被动局面，暴露了我们在危机管理体制上的一些弊端。毫无疑问，政府在公共危机管理中扮演着权威角色，承担着核心责任，政府对所在社会或社区的公共管理和社会公共服务的落实问题，实质是政府如何成为负责任的、有效的、透明的政府的问题。然而长期以来，各级政府对社会公共危机苗头没有引起足够重视。像遍布全国各地的特色服务行业，尤其是餐饮业中普遍存在的对野生动物直接的大规模的残害或消费并没有引起政府责任部门的真正重视，所以像SARS这样的公共危机事件既存在偶然性也存在必然性。②

再次，SARS危机催生了政府问责制。政府问责制是指对政府、政府各部门机构的官员的工作和言行实施责任追究的制度。

---

① 张国清：《灾害、公共危机和政府责任》，载张国清《和谐社会研究——从政治学到政治科学》，北京，人民出版社，2006，第322页。

② 张国清：《灾害、公共危机和政府责任》，载张国清《和谐社会研究——从政治学到政治科学》，北京，人民出版社，2006，第317页。

政府问责制在 SARS 危机的治理中开始运用。2003 年 4 月 13 日，温家宝明确提出："各地区一旦发现疫情，就要采取坚决果断措施，控制传染源，阻断传播途径，防止疫情传播和蔓延。要严格疫情报告制度，所有地方，任何单位都必须及时准确地掌握和上报疫情，绝不允许缓报、瞒报和漏报。否则，要严格追究有关地方、部门领导人的责任。"[①] 根据政府问责制，对疫情处置不力、负有直接责任的卫生部部长张文康，北京市委副书记、市长孟学农被免职，开启了灾害应对中政府问责制之先河。之后，又有许多官员被免职或引咎辞职，其中包括中国石油天然气集团党总书记马富才；密云县委副书记、县长张文；江苏国土资源厅副厅长王明祥等。一时之间，政府问责制成为全国上下讨论的热门话题。孟德斯鸠认为："一切有权力的人都容易滥用权力，这是万古不易的一条真理。有权力的人们使用权力一直遇到界限的地方方才休止。"[②] 正如温家宝总理在政府工作报告中所说："政府的一切权力都是人民赋予的，必须对人民负责，为人民谋利益，接受人民监督。"作为人民的公仆，政府官员不但是对人民负责的官员，也是能够接受问责的官员。所以实施政府问责制似乎是理所当然，但是在一个由"官本位"长期占主导地位的社会，政府问责制的采用不能不说是民主政治的进步。

对公共危机的治理是相关社会尤其是政府的基本职能。政府针对各类灾害性公共危机负有预测、防范、控制和清除的责任。一旦公共治理的某一环节发生偏差，即应对灾害性公共危机的预测、防范、控制和清除上的某一具体环节上存在失误，导致相应的灾害出现或扩展，那么相关责任政府和责任人便应当承担相应的政治责任、社会责任乃至法律责任！

通过对 SARS 危机事件的探讨和分析，结合其治理实践，一

---

① 温家宝：《加强领导，落实责任，坚决打好非典型肺炎防治这场硬仗》，载《人民日报》，2003 年 4 月 22 日，第 1 版。
② 〔法〕孟德斯鸠：《论法的精神》，张雁深译，北京，商务印书馆，1961，第 154 页。

个针对 SARS 事件治理的理想模式应该是这样，如表 6-2 所示。

表 6-2 中国 SARS 治理的理想模式及其实践

		危机管理的理想模式	中国的危机管理实践
制度性前提		1. 全国性危机管理常设中枢机构及其与各领域相联结的机制网络	尚待较完善地建立起来。
		2. 领域性危机管理机制	危机之前，公共卫生领域并未建立起危机管理机制。在危机处理过程中，开始建设国家突发公共卫生事件应急反应机制，并逐步完善。
		3. 完善的信息网络和信息处理中心	危机爆发之前，相关信息不畅通，缺乏功能齐全的信息处理中心，没有建立科学的信息披露制度。危机爆发后，正在逐步建设中。
法制性前提		危机管理的法制保障体系	缺乏全局性"紧急事态法"，全国性危机管理缺乏专门性法制保障。1989 年的《中华人民共和国传染病防治法》不够健全，漏洞较多。
危机预防		完善的预警机制	对相关信息的掌握不完整，未能作出准确判断；信息上报制度未能发挥作用，缺乏公共卫生危机管理机制，未能及时做出战略决策。
危机准备		预案及配套准备	没有预案或预案不健全，没有物质人员准备和预演，危机潜伏期即出现地区性抢购潮和相关物资短缺，凸现准备不充分。
危机处理		1. 最高决策者应迅速判断事件性质和危害程度，做出战略决策	时值中国新旧领导交替之际，4 月 10 日之后决策果断，行动果决，决策能力受到国内外一致认可。

续表6-2

	危机管理的理想模式	中国的危机管理实践
危机处理	2. 立即处理危机处理领导组织问题，由尽可能的高层决策人士挂帅，授予其应急处理的最大权限	4月14日，处理由国务院副总理吴仪领导的国务院"非典"疫情防治工作领导小组。
	3. 制定非常法案，赋予特定部门处置特殊问题的法律依据	4月8日，卫生部决定将SARS列入《中华人民共和国传染病防治法》法定传染病进行管理；5月9日。国务院总理温家宝签署国务院令，公布《突发公共卫生事件应急条例》；5月12日，卫生部公布《传染性非典型肺炎防治管理办法》；5月14日，最高人民法院、最高人民检察院联合发布了《关于办理妨害预防、控制突发传染病疫情等灾害的刑事案件具体应用法律若干问题的解释》。
	4. 建立充分的信息来源渠道，做出准确而切实的战术决策	建立重大、紧急疫情信息报告系统，建立突发事件举报制度，公布统一的突发事件报告、举报电话，以及相关的保障。
	5. 完善危机管理应急机制，设立前线指挥部，派遣危机处理人员、派送危机处理设备和物资，果断处理危机事态	4月14日，决定建立国家突发公共卫生事件应急反应机制，省、自治区、直辖市政府设立地方突发事件应急处理指挥部。4月23日，处理由吴仪领导的国务院防治"非典"指挥部；4月26日由吴仪兼任卫生部部长，统领SARS危机处理工作。
	6. 建立常规性的发言人制度，将危机的真实情况尽快地、主动地、尽可能准确地公布给公众	4月3日，卫生部前部长举行记者招待会，其主要观点引起全球哗然。此后，卫生部主要负责人多次举行新闻发布会，建立一日一报的信息披露制度，主动公布信息，疫情严重的北京也建立了常规性新闻发布制度。

续表 6-2

	危机管理的理想模式	中国的危机管理实践
危机处理	7. 及时通报人员伤亡及其医疗救助、善后等信息	在上述信息发布会和信息公布中，及时通报相关信息，增强政府公信力，动员公众支持政府、参与救治。
	8. 广泛利用社会力量参与危机的处理	社会力量积极参与危机处理，管理体制发挥重要作用，社会凝聚力得到加强，政府公信力得以恢复，公众对政府信任度有所提高。
	9. 防止外国干涉内政，同时争取国际同情和外援	危机初期外国媒体对中国大肆攻击，一时间"中国威胁论"甚嚣尘上，中国国际形象受损。之后，中国采取的果断行动得到国际社会的认可和积极支持，中国与 WHO 等国际组织开始了密切合作，也获得了重要的国际援助，国际形象开始有所恢复和提高。
危机善后	1. 恢复和重建社会秩序	在危机处理过程中，部分社会秩序和工作秩序得以恢复，并着手考虑重建工作。
	2. 总结经验教训，完善危机管理体制	有必要进行全盘、缜密的考虑和分析，并为全国性危机管理体系的建立与完善开始筹划。
	3. 处置责任人	4 月 20 日，对 SARS 危机蔓延负有领导责任的卫生部部长和北京市市长被免除党内职务；4 月 26 日，两人被免除行政职务，开中国高官问责制度之先河。各地方已经对负有责任的官员进行了较为严厉的惩处。

资料来源：《学习时报》编辑部主编《国家与政府的危机管理》，南昌，江西人民出版社，2003，第 97~101 页。

经过刻骨铭心的全球大疫，中国的灾害性公共危机治理在诸多方面都应进行深刻的改革。

第二节　松花江水污染事件治理的反思

SARS 之后，2005 年松花江水污染的公共危机事件又出现在人们的面前。虽然很多人认为松花江水污染的处理还有许多不尽如人意的地方，但总的来说它还是一个比较好的危机处理事件，治理中有许多地方还对我们国家今后的危机治理工作具有重要的价值。

一　松花江水污染事件的起因与危害

2005 年 11 月 13 日，位于吉林省吉林市的中国石油吉林石化公司双苯厂（又称 101 厂）新苯装置，由于 P–102 塔发生堵塞，循环不畅，以及处理不当造成了两个小时连环爆炸六次的重大安全事故。一波未平，一波又起，在爆炸事故发生后，监测发现苯类污染物大量流入松花江，使松花江水呈现出强烈的苦杏仁气味，苯胺、硝基苯、二甲苯等主要污染物指标都超出了国家规定的标准。其中废水中主要污染物及其危害主要表现在以下几个方面。

①固体污染物。水中的固体污染物主要以悬浮状态、胶体状态和溶解状态的形态存在于水体中。这种固体悬浮物，会造成水体外观恶化、浑浊度升高，改变水的颜色。如果沉积于河底淤积河道，危害水底栖息生物的繁殖，影响渔业生产；沉积于灌溉的农田，则会堵塞土壤毛细管影响通透性、造成土壤板结，不利于农作物的生长。②有机污染物。这里所指的有机污染物是指以碳水化合物、蛋白质、脂肪、氨基酸等形式存在的天然有机物质及某些其他可生物降解的人工合成的有机物质。如果排入到水中的有机污染物质含量较高，大量消解了水中的溶解氧，水也就失去了自我净化能力。③油类污染物。主要指含油废水。它不仅可以使鱼窒息而死，不能食用，还影响植物的光合作用。含有油类污

染物的废水进入海洋后，不仅影响海洋生物的生长，降低海洋的自我净化能力，而且影响海洋环境。④有毒污染物。废水中的有毒污染物主要指无机化学毒物、有机化学毒物和放射性物质。无机化学毒物主要指重金属及其化合物。大多数重金属离子及其化合物易被水中悬浮颗粒所吸附，而沉淀于水底的沉积层中，长期污染水体。人通过引用或食物链的作用，使重金属在体内累积而中毒，甚至导致死亡。有机化学毒物具有较强的毒性。放射性物质进入人体后会继续放出射线，危害机体，使人患贫血、恶性肿瘤等疾病。⑤生物污染物。主要指废水中含有的有害生物，如病原菌、炭疽菌、病毒及寄生性虫卵等。它们不仅是使水质恶化的罪魁祸首，对人和动植物也会引起病害，影响健康和正常的生命活动，严重时会造成死亡。⑥营养物质污染。这主要是会因为富营养化现象使水体浮游生物大量繁殖，水体溶解氧含量下降，水质恶化，鱼类及其他生物大量死亡。⑦感官污染。主要是指废水中能引起人们感官上不愉快的污染现象，如水的混浊、恶臭、异味、颜色、泡沫等。

更为严重的是，由于这些污染废水排入占全国流域面积1/20的松花江后，在其沿岸需要饮用江水的数百万人，将面临无水的危机。其中用水人口主要集中在哈尔滨市和吉林省的松原市。哈尔滨，这座拥有三百多万城区人口的特大城市，由于这场突如其来的污染事件，从11月23日起，不得不全城停水四天。如此大规模、长时间的停水，涉及面之宽、影响之大，不仅在哈尔滨市历史上是第一次，而且在全国大城市中也属罕见！这一事件给松花江沿岸特别是大中城市人民群众的生活和经济发展带来了严重影响。虽然经过各方面的艰苦努力，这一事件所造成的危害得到基本控制，但"这次松花江环境污染的教训，是切肤之痛，震惊了世界"①。面对这场跨流域、跨省市、跨国界的公共危机事件，从国家到省、市政府及其相关部门积极应对，这一事件值得我们

---

① 《松花江环境的教训是切肤之痛》，载2005年12月13日《黑龙江日报》。

认真思考我国的灾害性公共危机应对策略。

二 松花江水污染事件前期治理及其问题

与 SARS 危机治理一样，松花江水污染事件的治理过程从有效性上可以分为前后两个阶段，问题主要在前期治理过程之中。

首先，在松花江水污染初期，存在问题是隐瞒、推诿和扯皮。一方面是某些企业领导和政府官员面对危机时的隐瞒、推诿和扯皮现象的存在。从爆炸地点到哈尔滨四方台取水点约有 500 多公里，从吉林石化爆炸到污染带到达哈尔滨需要 10 天的时间，而污染带通过哈尔滨需要四天左右的时间，在此期间政府本来有足够的时间对这次水污染作出预警和处置，但却因为推诿和隐瞒造成了不必要的恐慌。哈尔滨市政府在爆炸后的一周多时间内一直保持沉默，到 11 月 21 日才发出《哈尔滨市人民政府关于对市区停水的公告》，声称停水原因是因为"对市区市政供水管网设施进行检修"，但这种明显经不起推敲的理由导致了社会上更大范围的恐慌，"近期会因发生地震而停水"的流言在社会上四处传播。与此同时，吉林石化公司的主要负责人也对危机事件表现出了极端不负责任的态度。"经吉林市环保部门连续监察，整个现场及周边空气质量合格，没有有毒气体，水体也未发生变化，松花江水质未受影响。"① 即使在哈尔滨市政府发布第二次公告，承认是由于"吉林石化爆炸"导致的污染引起的停水之后，中石油依然表示哈尔滨停水与吉林石化爆炸污染松花江无关，国家环保总局的官员也表示事情还需要进一步的调查。而吉林市委宣传处则有人认为，由于哈尔滨处于松花江下游，哈尔滨多年来一直注重水指标的问题，做水污染的文章，这次停水是否因为吉林石化爆炸所致还不好说。直到中央政府介入之后，各方的态度才在 11 月 24 日发生了转变。事实上，哈尔滨有关部门在事件初期对于这次

---

① 刘治宇：《吉林石化公司称爆炸事故未造成松花江水质污染》，载 2005 年 11 月 15 日《哈尔滨日报》。

停水危机事件的处理与对 SARS 危机事件的处理过程有着惊人的相似：首先是地方政府瞒报，随后是社会恐慌，然后是在各种压力下公布事实真相。① 另一方面也表现出政府危机管理理念的缺失与不足。由于受两千多年"官本位"思想的影响，中国存在的是一种以政府为主导的社会，政府官员是唯一的决策者和领导者，社会公众只是被动的被管理者和政府决策的执行者和接受者。在这种理念的指导下，对于危机事件的处理是"肉食者谋"的事件，而对于普通公众而言只能是"民可使由之，不可使知之"，这实际上是"官智民愚"的典型体现。在现代社会，公众是克危制胜的重要力量。政府只有改变这种治理理念，充分相信和依靠社会公众才能取得危机治理的成功。

其次是灾害性公共危机预防的组织机构欠缺。主要表现在两个方面：一是缺乏应急组织。发达国家一般都设有危机管理的常设机构，这些机构平时负责组织各种危机的研究，总结经验教训，制定有关的政策和措施，组织落实危机预防的各种工作，进行各种准备。危机一旦爆发，这些常设的危机管理机构就成为危机应急的指挥部。然而，我国却并非如此。作为吉林、黑龙江这样的省级人民政府居然没有独立的公共危机管理的常设机构，当公共危机发生后，其应对必然是仓促的，应对效果也是可想而知的。二是缺乏区域合作机制。由于环境问题具有很强的地域空间整体性，不受行政辖区界线的限制，如酸雨污染、流域水污染、沙尘暴等多为跨行政区域的。但我国并没有松花江流域合作组织等类似的组织。值此松花江苯污染事件把"合作"提上日程，包括省际合作、国际合作，在松花江苯污染事件的处理过程中吉林省与黑龙江省、中方与俄方的合作显得尤为重要。

再次是缺乏公共危机预防的技术和物质准备。应对公共危机需要大量的技术和物质准备。包括一定的理论和技术研究、各种

---

① 赵士林：《突发事件与媒体报道》，上海，复旦大学出版社，2006，第 251～252 页。

监控和测试技术、各种评估指标、预防设施、援救设施、各种物资储备等。松花江苯污染事件的技术物质准备主要是依靠外援，如国家质检总局紧急调拨 300 万元检验资金、国家发改委紧急安排应急供水投资 2000 万元、科技部紧急设立 3000 万元经费支持科学治理水污染等，而吉林省、黑龙江省作为省级单位，对松花江水污染的技术人员、技术设备准备不足，缺乏必要的公共危机预防的技术和物质准备，这也是值得我们深思的问题。

三 松花江水污染事件后期治理及经验

虽然在水污染事件发生之初，政府及其有关部门在危机应对中存在着许多的问题，但随着事态的发展，政府在危机应对方面也表现出积极的一面。随着危机事件真相的公布，有关部门积极的态度和做法也为停水危机的顺利解决提供了可行的路径。黑龙江省和哈尔滨市的有关部门在收到松花江上游污染物接近黑龙江流域的报告后，于 2005 年 11 月 21 日，哈尔滨市政府发布停水公告，声称由于 2005 年 11 月 13 日，中石油吉化公司双苯厂车间发生爆炸事故，可能造成松花江水体污染。省、市政府很快启动了应急预案，11 月 22 日，成立了以张左己为组长的应对松花江水污染工作领导小组，黑龙江省和哈尔滨市分别拿出 1000 万元和 500 万元来应对这场突发性公共危机事件。11 月 22 日晚，哈尔滨市人民政府再次发布最新公告，决定于 23 日零时起正式停止市区自来水供应。国务院也派出了由水利部、环保总局、建设部有关人员组成的专家组抵达哈尔滨市开展工作，统一协调、组织、指导公共危机的善后工作。以上分析可知，从 11 月下旬开始，国家与地方政府开始采取积极的措施予以应对，并取得了良好的效果。

第一，解决群众缺水的问题。哈尔滨市政府启动了三级应急预案，一是增打 100 眼深水井，对地下水的开发实行集中管理，所有地下水的开采，由水务局集中管理，合理消配。二是要求哈尔滨市纯净水生产厂家在停水期间保持日最高生产 2500 吨以上。

三是接受相邻省、市以及企业援助的桶装水、纯净水以及瓶装水，来基本解决居民生活用水和部分企业生产用水。

第二，解决水体污染，为日后恢复供水作准备。哈尔滨市政府组织省内外专家开展科技攻关，实行科学治水，制定了《哈尔滨恢复供水实施方案》，用对苯有良好分解作用的颗粒活性炭来替代原有过滤池中的沙和无烟煤。另外，自从新华社发布《哈尔滨急需700吨活性炭用于净水》的消息后，引起全国各地的关注，北京、宁夏、山西、河北等地纷纷与哈尔滨市政府取得联系，表示可以供应活性炭。交通部在11月24日也发布紧急通知，要求河北、辽宁、吉林、黑龙江省交通系统做好活性炭的抢运保障工作，为活性炭的运输车一路开绿灯。这样从全国各地运来的活性炭顺利到位，并于11月26日投放完毕。

第三，稳定市场，防止造成社会混乱。各个市场都有民警和物价人员监督，防止个别厂家哄抬物价。在民警与物价监督人员的巡视下，货架充盈，秩序井然，一些市场门口都堆起了高高的水箱。另外，针对哈尔滨市发生的突发性公共危机事件，消除广大群众的心理紧张、焦虑等不合理心理情绪，稳定社会秩序，11月24日，哈尔滨市心理咨询师协会紧急启动突发事件心理疏导热线，为广大市民进行免费心理疏导。同时，哈尔滨市心理咨询师协会要求住在哈尔滨市所有具备国家职业资格的心理咨询师深入学校、企业、社区为群众义务服务。哈尔滨市心理咨询师协会根据情况将组织黑龙江省内知名专家进行心理答疑，指导广大市民进行自我心理疏导。

第四，与媒体沟通，让公众知情。不但黑龙江省政府召开了新闻发布会介绍政府的应对策略，而且2005年11月24日下午3时，国务院新闻办也举办新闻发布会，由国家环保总局副局长张力军介绍了松花江方面的有关信息、水污染事件的总体情况、采取的应对措施和下一步工作的计划：目前松花江水质总体情况——超标污染物主要是硝基苯和苯，属于重大环境污染事件；污水团的下泄过程始终处于两省环保部门的严密监控之下；国务院对爆炸事故引起的松花江污染事件极为重视,温家宝总理指示环保等部门和地方政府采取有效措施保障饮用水安全,加强监测,提供准确信息。曾培炎副总理也批示要求环保部门加强水质监测,确保用水单位、居民用水安全……另外勇于正视问题、接受全国记者的提问。①

第五,从学生、农民到市民,开展积极互助活动。黑龙江大学历史文化旅游学院学生杨文把自己今年获得的"标兵奖学金"2000元全部捐给学院,主动提出用这笔钱为贫困生买水。在杨文的号召下,学院的学生还自发组织了一个小组去超市买水,送到特困生宿舍。11月24日一大早,南岗区曙光村10余名村民开着改装而成的水车经过消毒后向哈尔滨市送水。有深水井的社区,为缺水市民24小时免费供水。许多企业、社区、医院都主动为市民提供免费水,还纷纷为一些行动不便的人送水上门。一场突如其来的灾难让哈尔滨人的心紧紧地连在了一起。虽然已是寒冬,但哈尔滨这个冬天并不令人感到寒冷。②

第六,未雨绸缪,防患于未然。虽然中国石油吉林石化公司爆炸所引起的松花江水污染14天后才可能给下游的俄罗斯带来影响,但中国为避免给俄罗斯造成危机和影响,中国政府已经数次向俄罗斯方面通报了松花江水体污染的有关情况。中国国家环保总局也于11月24日上午向俄罗斯驻华使馆全面详细地介绍了有关情况和各种监测数据。中俄双方都非常重视这次重大污染问题,双方将及时通报有关信息,建立有关部门和地方政府之间的热线联系。11月26日外交部长李肇星还约见俄罗斯驻华大使拉佐夫,奉命向俄方通报中国吉林市吉化公司双苯厂发生爆炸事故造成松花江水质污染的有关情况和中国政府的措施。另外,中国政府常驻联合国环境规划署副代表张世纲在当地时间11月26日中午约

---

① 央视国际:《国新办就松花江污染防治举行新闻发布会》(实录),2005年11月24日。
② 参见央视国际《我们能为停水做些啥?》,2005年11月27日。

见了联合国助理秘书长、环境署副执行主任卡卡海勒,通报了松花江水污染事件的有关情况,介绍了事情发生的经过,中国政府所采取的措施等等,并承诺今后一段时间内,将通过联合国环境署每天向国际社会通报事态的最新情况,以便国际社会和媒体能及时得到全面、准确的相关信息。

通过政府以及各方面的有力应对,使这场罕有的公共危机事件顺利解决,仔细想来有许多经验值得我们借鉴。

第一,公共危机需要调动各方力量,复合治理。"在现代社会,国家、市场和公民社会构成了预防、分散和减少风险的基本治理框架,它们相互支撑、制衡并弥补了彼此的缺陷,为整个社会提供了稳定的秩序,使个人、团体等行为者能够对自己的各种行为做出有依据的判断"[①]。只有发挥各方面的力量,齐心协力,才是治理危机的重要途径。例如这次松花江水污染公共危机发生后,从中央政府到地方各级政府,从非政府组织、企业到广大市民,他们从忙乱之中镇定之后都开始想到要为这次公共危机能做点什么事,从行动上来为政府分忧。正如黑龙江大学历史文化旅游学院学生杨文所说:"希望能在困难的时候,大家团结起来,共渡难关"。公共危机的治理正是需要政府、社会、企业以及公民的联合行动才能取得决定性的胜利。中国的复合治理版本应该把重点放在加快现代治理机制的构建上,有效应对全球性风险和制度转轨风险。具体来说,首先要提高国家的治理能力。提高国家的治理能力不仅要改革国家内部的治理结构,提高国家对市场和公民社会的监管能力,还要调整国家与市场、公民社会的关系,使它们形成合作互补的关系。其次,要积极培育、完善和壮大市场与公民社会,提高他们的自组织能力和自我规范能力,充分发挥他们的治理功能,尤其要使公民社会成为市场过度扩张的有力制约。再次,要提高个人、组织的责任感、风险意识以及风险的

---

① 杨雪冬:《全球化、风险社会与复合治理》,载《马克思主义与现实》2004年第4期。

识别能力，使他们在行为广度和强度提高的同时，也能提高行为和决策的理性程度。最后，在保护传统共同精神的同时，应扩大社会信任的范围，提高对"陌生人"认同感，培养大共同意识。[①]

第二，公共危机的治理需要建立和完善公共危机的应急反应机制。在吉林石化爆炸发生之后，国家环保总局立即启动应急预案，迅速实施应急指挥与协调，协调吉林、黑龙江两省政府落实应急措施，派专家赶赴黑龙江现场协助地方政府开展污染防控工作。另外，面对全省有史以来的第一次重大突发环境公共危机事件，黑龙江立即启动了应急预案。省政府专门安排1000万元人民币资金用于污染事件的应急处理。以松花江水为主要饮用水源的哈尔滨，先后两次发布全市停水公告，提醒市民储备饮用水，并且紧急调节设备，在全市开凿深水井，同时从周边调运饮用水，平息了抢购饮用水的现象，对稳定社会秩序提供了积极的作用。所以在危机到来时，一方面要建立公共危机事件处理的指挥中心，行使指挥、协调、采取紧急措施的职能，最大限度地保证各种应急资源的有效整合。另一方面要建立公共财政应急机制。公共财政是一种着眼于满足社会公共需要的经济活动或分配活动；公共财政活动的对象是提供公共物品；公共财政的核心是效率；公共财政的立足点是非市场赢利性，公共财政是运行机制法制化的财政。[②]可以说公共财政应急机制是公共危机治理的经济支撑，为此，各级政府部门必须拓宽应急资金的来源，为财政应急支出准备充分的资金。如果没有黑龙江省政府1000万元的资金和哈尔滨市政府500万元的应急资金，危机造成的灾害会更大。

第三，公共危机的治理是以信息的公开透明为前提的。SARS爆发期间，疾病带给全国公众的除了恐慌之外，还有广大群众对政府信息管理的落后，封闭的不满，信息的不公开、不透明在一

[①] 杨雪冬：《全球化、风险社会与复合治理》，载《马克思主义与现实》2004年第4期。
[②] 北京国际城市发展研究院中国城市"十一五"核心问题研究课题组：《城市公共安全与综合减灾应急机制》，载《领导决策信息》2004年第39期。

第六章 若干国内外灾害性公共危机治理案例的实证分析

定程度上导致了疫情的进一步扩大,这已经成为切肤之痛,而松花江水污染的公共危机治理中的做法值得借鉴。在决定停水之前,随时发布新闻和公告,让百姓了解相关情况,积极储水,使在停水期间群众不紧张、不恐惧,真正做到"水足饭饱"。所以信息的公开、透明,使政府的大量工作获得公众的理解、信任和支持,不仅能起到稳定社会秩序的作用,而且在面临危机时,政府与民众拧成一股绳,市民和政府间更多的是心连心,共同面"敌"。正如黑龙江大学新闻与传播学院院长郑亚楠对松花江水污染治理的评价中所言:"此次应对突发事件,省、市政府做到了公开、透明、及时,使流言止于公开,止于事实,政府工作做得很细很到位,真正体现了人民的宗旨。"要做到信息的公开与透明,首先要树立政府及其公务员的责任意识和为人民服务的意识。"行政人员不是简单地为自我实现而工作,而是以增加公共福利的方式为公民服务,他们是公民利益的忠实代表,一切以公众的福利为重。就是说,不管是谁,只要你选择了公务员这一职业就必须准备为公众利益而献身。"[1] 其次,要大力推行电子政府,实行政务的公开透明。电子政府作为一个建立在信息技术上新的政府运行过程主要有以下特点:电子政府是一个每天工作二十四小时的政府过程;电子政府是一个公开的政府过程;电子政府是一个简单化了的政府过程;电子政府是一个高效率的政府过程。所以任何人、在任何地点、任何时间可以查看政府信息,使政府的运作更加透明有效。[2]

第四,相关部门领导的亲和力是稳定民心的重要力量。公共危机是无情的,但各级领导对危机治理的关心体现着浓浓的人情味。11月26日,中共中央政治局常委、国务院总理温家宝来到哈尔滨,不仅查看松花江水体污染情况,而且到群众家中了解群

---

[1] 〔美〕特里·L.库珀:《行政伦理学:实现行政责任的途径》,张秀琴译,北京,中国人民大学出版社,2001,第256页。

[2] 〔美〕吴量福:《运作、决策、信息与应急管理》,天津,天津人民出版社,2004,第173~175页。

众生活用水供应情况,并提出了七点要求:①严密监测水污染情况;②采取各种措施,保证群众饮水需要和水质安全;③切实做好水污染的善后工作;④加强与俄罗斯的联系,以友好、合作、负责的态度,实事求是地说明情况,及时通报监测信息,加强合作;⑤要举一反三,加强安全生产工作,特别是易燃、易爆和危险化学品的安全工作;⑥要认真调查事故原因和责任,严肃作出处理;⑦加强宣传引导。要向群众说明事实真相和政府采取的措施,做好思想工作,取得群众的理解和支持。要加强对饮用水及相关产品的市场价格监管,防止哄抬物价,维护社会稳定。① 另外,在停水危机发生之后,中国石油天然气集团公司副总经理、大庆石油管理局局长曾玉康11月23日也专程前往哈尔滨,代表中国石油集团公司对其所属企业对松花江水体造成污染,给沿江市县群众生产、生活带来的不便,给黑龙江省委、省政府工作带来的影响深表歉意。对于因位于吉林市的爆炸引起的危机,作为吉林市委书记的矫正中也代表吉林省委、省政府对给哈尔滨市民带来的饮水安全问题表示慰问和深深的歉意。虽然这些道歉理所应当,但从一个侧面反映了政府治理理念的变化——政府由"官本位"向"民本位"的变化。作为黑龙江省长的张左己"4天之后,第一口我先喝"的承诺,不仅是对群众负责任的体现和个人亲和力的体现,而且有助于消除市民因猜忌而生的思想混乱,有利于形成共渡难关的凝聚力;当恢复水质的第一天省长在一位工人家中将言兑现为行,喝下供水后的第一口水,也正式宣告了这次供水危机的结束。所以,领导干部在危机中的亲和力是危机治理中不容忽视的一面。

第五,公共危机的治理离不开有效的国际公关。在"非典"之初,由于中国政府没有及时通报,搞好国际公共关系工作,遭到国际社会对中国的"封杀"。而松花江水污染公共危机发生之

---

① 参见央视国际《温家宝到哈尔滨查看松花江水污染情况,看望广大干部群众》,2005年11月26日。

后,中国政府不仅举行了新闻发布会而且向俄罗斯及国际组织及时通告。联合国助理秘书长、环境署副执行主任卡卡海勒在接受新华社记者采访时说:"中国各级政府应对措施是非常及时、全面而且高效的,中国国家环保总局的应急系统也正在发挥积极的作用。中国政府在处理水污染方面有着一流的专家与技术,相信这次危机能够尽快得到有效控制。"他还说,联合国环境署在灾害控制与评估方面有着丰富的经验,愿意在中国政府需要时提供必要的帮助,尤其想在灾害预防、灾害评估、提高公众意识和制订应急预案等领域提供咨询和协助。另外由于中国政府的诚意,俄罗斯政府也采取积极的措施,来共同应对水污染危机。"由于现代风险的高度复杂性(超出了任何单一专家系统可以解释和控制的范围)、广泛影响性(波及每一个社会成员)、危害的全球性(因为现代风险的危害已远远逾越了现代工业所内含的民族国家的发展及其疆域边界的逻辑),因此,风险治理的主体不能再像过去那样由个别的民族政府来承担……应建立起双向沟通的'双向合作风险治理'模式……在各民族政府之间突破国界构筑起共同的治理风险的国际网络(如预警灾害通报)和国际间的信任关系。"① 但是如果离开了良好的政府公共关系活动,国与国之间缺少理解和信任,谈何国际合作治理公共危机?所以,各级政府要对发生的公共危机事件通过举办新闻发布会,或者其他有效的外交途径及时通报,借助于国际社会的力量来共同应对危机。

第六,公共危机的治理需要政府与媒体间的沟通与互动。政府与媒体,一个掌握国家权力,一个号称第四权力,两者都具有强大的力量。在公共危机事件发生时,两者常常是公众心目中的"权威",如果两者有效结合,良性互动,对危机的解决具有不可估量的作用。在松花江水污染的相关报道中,媒体与政府间形成一片和谐之音,不仅有利于帮助公民了解公共危机事态的发展,

---

① 薛晓源、刘国良:《全球风险世界:现代与未来》,载《马克思主义与现实》2005年第1期。

舒缓公众的紧张情绪，消除人们对周围环境的不确定性，宣传政府与公众共渡难关解决缺水危机的精神，而且有助于树立政府良好形象，争取各方面对政府工作的理解和支持。为此，政府与媒体应多从公众的立场考虑，追求政府、媒体与公众三者利益的一致性。首先在危机事件中，普通公众的高度敏感和相对无知共存。政府要照顾公众在危机中对人际传播的敏感，始终讲真话，即使事实是残酷的，但是自己讲总比别人讲好，这样在体现政府透明化的同时又能确保媒体的威信。其次，对问题做出人道反应。因为老百姓普遍对人的关心胜过对经济损害的关心。政府公关多点平民关怀，媒体也就能够比较顺利地建立一个政府与民众间的信息交流平台。这就要求政府主动寻求与媒体的合作，建立与之畅通的交流渠道，借助于媒体发布信息，塑造政府形象。

第三节　日本阪神·淡路大地震危机治理的评析

日本由于位于环太平洋火山、地震多发地带，国内地震、火山等灾害性公共危机事件不断发生，而且由于受台风影响较大，火灾也相应较多。另外由于降水量大而河流短急，洪水灾害也是不断出现。1995年发生在该国的阪神大地震（媒体一般称之为"阪神·淡路大地震"），不仅在日本地震史上具有重要的意义，而且它直接考验了日本的灾害性公共危机应对机制，对后来日本灾害性公共危机的应对提供了经验和借鉴，成为日本公共危机管理史上的一个转折点。

一　日本阪神·淡路大地震灾害性公共危机事件述要

阪神·淡路大震灾（Hanshin-Awaji-daishinsai）是日本时间1995年1月17日清晨5：45分，发生在日本国关西兵库县南部的淡路岛（在从神户到淡路岛的六甲断层带上）一场灾难。地震规模为里氏7.3级。震中在距离神户市西南方23公里的淡路岛，其震源深度约 10～20 公里，属于上下震动型的强烈地震。由于神户是日本屈指可数的大城市，人口密集（105 万人），地震时间又在清晨，因此造成了极为严重的震害。

地震发生后，几万栋房屋顷刻成了一片废墟，路面断裂，地基变形，铁道弯曲，列车脱轨，港口破坏，拦腰折断的大楼倒下来致使道路阻隔，顷刻间一切面目全非。除此之外，这次地震沉重地打击了日本关西地区的支柱企业和高新技术产业。据报道，发生地震的关西地区国民生产总值高达 5700 亿美元，占日本国内生产总值的 17%，其中处于震中地区的阪神工业区的制造业产值占全国的 13%，工厂数占全国的 15%，钢铁产量占全国的 24%，纺织业占全国的 20%，机械制造业占全国的 19%，电器产值占全国的 10%[1]。据资料反映，震灾区共死亡 5400 余人（其中 4000 余人系被砸死和窒息致死，占死亡人数的 90% 以上），受伤约 2.7 万人，无家可归的灾民近 30 万人，毁坏建筑物约 10.8 万幢；水电煤气、公路、铁路和港湾都遭到严重破坏。据日本官方公布，这次地震造成的经济损失约 1000 亿美元。总损失达国民生产总值的 1%～1.5%。这次地震死伤人员多、建筑物破坏多和经济损失大，是日本关东大地震之后 72 年来最严重的一次，也是日本战后 50 年来所遭遇的最大一场灾害。在震后的很长一段时间，达到了谈震色变，在社会上造成了极大的恐慌和不安。

二 日本阪神·淡路大地震治理存在的问题

造成阪神·淡路大灾害的发生，既有主观上的原因，又有客观上的原因。从客观上来说，一是该地震的性质所致。由于这次地震属于城市直下型地震，能量积累慢、周期长，就目前的条件基本无法预测。其震动方式特殊，垂直、水平均有振幅，烈度强，对城市的破坏性极大，而且神户市与震中距离近。二是地理环境

---

[1] 《平成七年的震撼——日本阪神大地震》，http://www.chzy.com/keji/mihuan/dgzn/files/ribenbsddz.html。

因素和基础设施较脆弱。城市大都建设在山坡、斜坡和人工填海造地上，经过强震，地基发生形变。城市抗震设防较差，使房屋（大都是20世纪80年代以前的建筑）、交通设施及生命线工程大量被毁坏，并引起火灾等次生灾害。三是震后救灾工作十分困难。震后，神户市通信不畅，道路阻塞，个个惊恐，客观上给救灾工作带来了极大的困难；使救灾无法按预定设想组织展开。[①] 另外，也反映出日本政府对灾害性公共危机准备不到位，估计不足，行动迟缓。在实际救援中，出现了救灾指挥体系不协调、救贫物资供应混乱和火灾无法及时扑救等情况。具体来说，在这次灾害性地震处理过程中，危机应对中的不足主要表现在以下几个方面：

第一，对灾害性危机事件的预警和心理准备不足。众所周知，目前地震预报在全世界都还没有过关，但由于日本是全世界地震最多的国家，且拥有雄厚的经济实力，其城市抗震设防水平在世界上一直处于领先水平。自1923年关东大地震后，70年间日本又发生了几十次7级以上的大地震，损失大都明显减少，但这次阪神大地震仍然造成如此巨大的人员伤亡和经济损失，从一个方面说明了日本政府的地震预警能力还有待提高。[②] 另外，日本政府和国民更多的是关注关东地区有可能发生地震与否的问题，而对关西发生地震的心理准备不足。据地震发生后"朝日新闻"社进行的抽样调查，100人中竟有97人没有想到大地震会发生在神户，与一般人认为日本国民具有较高的防震意识很不协调。[③] 对地震灾害缺乏心理准备的一个直接后果，就是在地震发生的时候，政府危机管理主体手足无措，不能推出有力的应急措施及时减少地震造成的危害。

第二，政府危机应急决策机制的缺失。像地震这样具有突发

---

① 《日本阪神大地震》，http：//www.nmgrf.gov.cn/fzjz/zhal/zhal13.html。
② 刘长敏：《危机应对的全球视角》，北京，中国政法大学出版社，2004，第171页。
③ 袁一凡、陈永：《日本阪神大震灾在应急救灾上的几点教训》，载《自然灾害学报》1995年11期。

性、次生性和巨大破坏性的灾害性公共危机事件,在发生之后就要求政府危机管理决策系统在最短的时间内适应外部环境并做出快速反应和准确判断,统一应对和指挥,有序地应对急剧变化的危机情景,及时地进行协调组织救援。按照兵库县的防灾计划,发生5级以上的强震时,县厅的全体职员3200人应当立即在灾害对策总部集中,立即投入应急工作。但在阪神地震发生的当天,到达对策总部的工作人员不足20%。另外,由于地震发生之初,"信息不畅、原有指挥决策体系僵化等危机管理体制的缺陷,作为最高指挥决策机构的中央防灾会议及内阁没有能够及时提出对策,在一定程度上耽误了地震初期的救援工作。大地震发生的当日上午,首相及大臣们不是先进入紧急状态,快速制定应对策略,而是按照预定的程序召开例行的内阁会议,内阁会议结束时,神户市的长田区已经是一片火海了。"① 所以由于最初应急决策机制的不足与缺失也是造成阪神·淡路地震危害加重的一个不容忽视的原因。

　　第三,防震减灾管理体制的非健全性。虽然日本的防震减灾工作投入巨大,但在阪神·淡路大地震中仍然有许多方面反映出其防震减灾工作体制的非完备性:首先表现为地震分析预报力量不足,观测监视网不健全,震害预测跟不上,防震减灾宣传不深入等等。其次在地震对策和法律措施上教训也不少。如现行日本大地震对策法对此类地区震后干线公路断裂、塌陷以及多处发生火灾、水源断绝等灾情的严重性估计不足,对老人和儿童的反映能力不足也没能很好关注,对城市用水的静水及活水的合理分布和调剂考虑不周,对有关各省、各厅的协调反映也考虑不够等等。再次,在对地震预防资金的分配上,也存在着突出的问题。为了防备强烈地震,日本政府拨出专款,以国家特别补助金的形式支持地震预测和预防,可是发放补助金,是以可预测的地震发生地

---

① 赵成根:《国外大城市危机管理模式研究》,北京,北京大学出版社,2006,第318页。

区为对象的，至于难以预测的直下型地震，政府在防范上就很难投入。①

第四，社会资源整合利用的不力。在阪神·淡路大地震中，社会各界都积极参与了抗灾救灾工作。政府作为灾害应对的核心和支柱，在人、财、物不足的情况下，应该有效整合利用社会各种资源，从而减少灾害的发生。但是日本政府面对灾害却在整合资源方面表现出不足：一方面，政府在信息传达方面没有发挥应有的作用，又没有利用媒体的力量解决市民的信息需求问题。由于基础设施的局限、震灾破坏严重等因素的影响，政府或许不能为市民及时提供有效的信息，但政府原本可以借助媒体的力量，来实现信息传输的功能。但是由于政府没有与媒体进行有效的沟通和整合，媒体最初的报道都集中在灾情信息方面，后来才转向为居民提供生活方面的信息。如果政府能够整合媒体的力量，那么对减轻地震灾害，促进抗灾工作将有重要的帮助。另一方面，政府没有及时、有效地利用国际援助资源。地震发生后，包括中国在内的七十多个国家和地区、国际组织纷纷向日本伸出援助之手，但日本政府的态度却十分暧昧，令各有关方面极为失望。法国、瑞士的救援队在地震当天就与日本政府联系表示愿意支援，可日本外务省表示同意的答复已经是三天后，两救援队抵日是四天后。同样，美国"救世军"准备了一支250人的医疗队，并将医疗器械运往机场待机，结果一周后他们才获得日本政府的入境许可。② 灾害重大、力量薄弱、孤军奋战、缺少合作，导致了灾害的扩大！

三 日本阪神·淡路大地震后危机治理机制的完善

阪神·淡路大地震发生后，日本政府痛定思痛，总结经验，

---

① 刘长敏：《危机应对的全球视角》，北京，中国政法大学出版社，2004，第174页。

② 赵成根：《国外大城市危机管理模式研究》，北京，北京大学出版社，2006，第321页。

第六章 若干国内外灾害性公共危机治理案例的实证分析

吸取教训,对像地震这样的灾害性公共危机应对中存在的问题进行了补充和完善。具体主要表现在以下几个方面。

第一,完善立法制度。阪神大地震后,日本政府对赈灾和救灾方面法律的不足进行了完善和修订。如,1995年3月,政府部分修改了《地震特别财政法》;1995年6月,部分修改了《灾害对策基本法》;并在同月公布了《地震防灾对策特别措施法》;1995年7月,首相府设立地震调查研究推进本部;同月修改《防灾基本法》;1995年12月,部分修改《灾害对策基本法》及《大规模地震对策特别措施法》,对防震抗灾提出了更高的要求。[①]

第二,完善灾害应急体制。大地震发生之后,日本政府重新审视了这种危机应对的相关体制,同时仿照美国联邦紧急事务管理署(FEMA),改革原有的条块分割、各自为政的危机应对模式,加大内阁首相在危机管理中的权力。阪神·淡路大地震之前,日本中央政府的行政事务由各个主管部门的大臣负责,其指挥监督权也分属各个职能部门,内阁首相无权直接干预各部门的具体行政事务。地震发生后修改的《灾害对策基本法》规定,作为国家灾害对策本部部长的内阁首相在危机管理中有权直接指挥那些被指定为参与危机管理的行政机关以及对警察厅长、消费厅长、防卫厅长等直接发布命令。另外,在发生大规模灾害或骚乱的紧急情况下,内阁首相有权发布紧急事态布告并暂时管制和指挥警察。[②] 通过体制和法律的完善,日本在2003年5月26日宫城、岩手发生里氏7级、烈度6度的强烈地震时能够反应迅速、有条不紊。地震发生后,以浅野知事为本部长的地震对策本部立即在宫城县成立,宫城县还要求驻扎在当地的自卫队部队做好准备。震中的岩手、山形、青森各县也成立灾害对策本部,召开紧急会议,商讨对策,迅速行动正是由于日本政府从中央到地方自治体以及

[①] 刘长敏:《危机应对的全球视角》,北京,中国政法大学出版社,2004,第174页。

[②] 淳于森泠:《日本政府危机管理的演变》,载《当代亚太》2004年第7期。

警察、消防等公共部门行动及时，迅速应对，和 1995 年的阪神·淡路大地震相比，造成的危害和损失都比较小，这次里氏 7 级的大地震只造成了 118 人受伤，其中 12 人重伤。而与其等级相当，由于体制和应对不当的阪神·淡路大地震造成的伤亡则是上万人。

第三，重视防灾建设，加强防灾意识。阪神大地震后，通过总结经验，认为造成人员伤亡的主要原因也在于防灾建设和国民的防灾意识不足。痛定思痛，日本政府首先提高了建筑物抗震的标准。兵库县在 1996 年制定新的地震对策计划并广泛宣传普及《建筑基准法》，使各建筑单位、设计施工单位和广大市民知法守法，对一般公民进行建筑抗震防灾的知识宣传和具体的咨询指导，对重要的公用建筑物进行抗震性能鉴定和相应的抗震加固并形成制度，对所建工程设施严格依法审批管理。[①] 在东京，防灾公园、缓冲绿地随处可见。政府指示各级地方政府建立防灾安全街区、防灾据点和防灾生活圈，在平时就将防灾工作做在前面。另外为了让人们牢记灾害的危害，阪神大地震后，日本政府还建立了阪神地震纪念馆，用于广泛反映和宣传震后的灾害性危机管理工作和地震防灾的基本常识。从而使人们具有危机意识和灾害应对的能力和技巧，在灾害性事件出现的时候，能够及时进行自救和公救。

第四，整合资源，开展国际合作。汲取教训，地震过后日本也积极利用国际和国内资源，进行合作治理。目前，日本政府部门中有国际合作事业团、国际合作银行及外务省等在国际防灾领域发挥着巨大的作用。以日本红十字会为首的民间团体也积极参与世界性的抗灾减灾，为灾区提供援助。为推进亚洲地区多边防灾合作工作，1998 年 7 月，在神户市成立了亚洲防灾中心。而且，日本与美国、韩国之间在地震、水灾方面的防灾合作也日益加强。日美之间设立了"日美地震防灾政策会议"，确定了两国

---

① 何熙平：《日本兵库、静冈县的防震减灾对策》，载《华南地震》1998 年第 3 期。

在防灾合作上的密切关系。日韩之间的防灾合作也进展迅速。另外，2005年1月18日，联合国"减少灾害问题世界会议"在日本兵库县、神户县举行。会议重申了开展国际合作与防灾及可程序发展、消除贫困等问题之间的内在联系。在防灾减灾的国际合作方面，日本政府已经在国际上扮演着越来越重要的角色。[①]

通过对阪神·淡路大地震的总结，日本基本上建立起了灾害性公共危机应对的比较完善的法制、体制和国际、国内资源的整合利用能力。通过对日本在地震灾害应对成败经验的总结，对于我国起步较晚的公共危机管理机制的完善具有重要的意义。该国对灾害过后危机治理机制的完善，在很多方面也是我国在危机治理方面有待解决和提高的问题！

小　　结

SARS公共危机事件发生之后，由于前期的治理不当或疏于治理，给全国人民的生产、生活带来了巨大的灾难。但随着2003年4月20日后中央关注，一系列措施迅速出台，使危机事件得到了有效的遏制，并且提高了政府和社会公众的危机意识和应对能力，开启了官员问责制之先河，为以人为本治理危机打下了良好的基础。同样，松花江危机事件在最初的治理过程中表现出了种种的危机应对方面的不足，如公共危机意识和应急预案的缺失等等。虽然松花江沿岸城市的生活用水、工业用水大多取自松花江，各级政府对松花江的污染重视也不十分到位，从把大型石化厂建在松花江沿岸可窥一斑，而且也未对松花江发生突发性水污染事件进行预案，以致松花江苯污染事件发生后人们一片恐慌。但是以此为契机，国家和各级政府纷纷出台各种预案和危机应对计划，成立专门组织，完善法律。例如松花江水危机事件发生后，国务

[①] 赵成根：《国外大城市危机管理模式研究》，北京，北京大学出版社，2006，第328页。

院于 2006 年 1 月 8 日发布《国家突发公共事件总体应急预案》（以下简称总体预案）。总体预案共 6 章，分别为总则、组织体系、运行机制、应急保障、监督管理和附则。总体预案是全国应急预案体系的总纲，明确了各类突发公共事件分级分类和预案框架体系，规定了国务院应对特别重大突发公共事件的组织体系、工作机制等内容，是指导预防和处置各类突发公共事件的规范性文件。总体预案将突发公共事件分为自然灾害、事故灾难、公共卫生事件、社会安全事件四类。按照各类突发公共事件的性质、严重程度、可控性和影响范围等因素，总体预案将其分为四级，即Ⅰ级（特别重大）、Ⅱ级（重大）、Ⅲ级（较大）和Ⅳ级（一般）。正是在危机的应对中，各种灾害性公共危机治理的体制、机制和法制不断改进和完善，为以后类似事件的治理提供了经验和依据，我们在为 SARS 和松花江水污染事件带来的灾难和不幸的同时，也为此后公共危机事件应对方案的改进感到欣慰。

阪神·淡路大地震对于整个神户地区甚至整个日本的经济都造成了沉重的打击，在暴露出日本原有灾害性公共危机事件救治体制缺陷的同时，也为整个国家灾害性公共危政府的应对体系的完善提供了契机。从大地震本身来看，日本政府的危机应对是有待提高；但是从大地震的长远影响来看，日本政府的危机应对是成功的，在大地震的危机处理过程及震灾后的反省和复兴过程中，日本中央政府、地方政府及民间社会获得了大量的地震灾害防治经验，实现了公共危机治理结构大优化，改进了公共危机治理法律体系中的不足，并借此完善了日本的公共危机管理体制。这可能是阪神·淡路灾害性公共危机事件所能赋予全人类的最宝贵的财富。[1]

---

[1] 赵成根：《国外大城市危机管理模式研究》，北京，北京大学出版社，2006，第 328 页。

第七章
我国灾害性公共危机治理对策：
目标设计与路径选择

第一节　我国灾害性公共危机治理的目标设计

一　化解危机与恢复重建

从总体上来说，灾害性公共危机的治理需要从事前预防、事中化解和事后恢复几个方面入手。但是如果危机事件已经发生，成为一个不可改变的事实，此时此刻最根本和最需要执行的任务就是化解危机。也就是说，政府和有关部门面对灾害，要迅速组织协调有关部门及人员对事发地点进行有效处理，以控制事态进一步恶化和减少二次灾害的发生。并在此基础上启动已经建立的危机事件应急预案，组织各种救援力量进行应对和处理。它是政府对于已经发生和正在肆虐的危机所进行的强力管理，是危急情境中政府维护稳定、保持秩序、恢复社会正常状态的特别施治行动。也就是说，化解危机是从危机正式发生到正式结束之间政府对各种紧急事件和危急事态实施一系列高强度治理的特别公共管理活动，也就是特定紧急情况或者危机状态下政府应对现实危机的具体对策。

在一个完整的灾害性公共危机治理系统中（如图7-1所示），化解危机是其核心。正如前文所言，化解危机是建立在一个系统完备的体制、机制和法制的基础之上,如果缺少这几个方面的完善,化解危机这一危机治理的根本的目标就难以实现。所以要化解危机必须注意两点:一是要根据危机事件大小,合理确定应急队伍及装备设施。化解危机的关键并不是由参与处置的人员的数目决定的,只要人员精干,组织得力,方法正确,往往会起到事半功倍的效果。二是要根据危机事件爆发的特点,合理确定应急防范的范围。应急防范的范围并不是越大越好,范围大当然会起到更好的保护作用,但也会造成巨额的成本。①

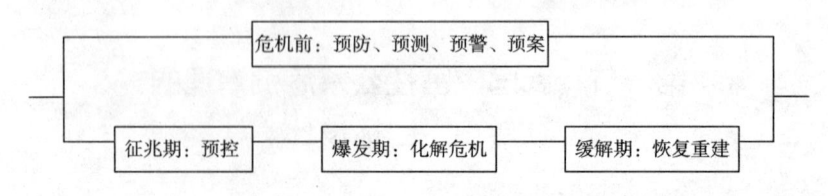

```
              ┌─── 危机前:预防、预测、预警、预案 ───┐
              │                                        │
     征兆期:预控      爆发期:化解危机         缓解期:恢复重建
```

图 7-1 灾害性公共危机治理系统

另外,灾后重建关系到灾区人民的切身利益,关系到灾区的经济发展和社会稳定,也是政府危机治理的根本问题。灾后恢复重建步骤一般可概括为:成立恢复重建领导组织;灾区灾情核查;明确重灾区的范围与恢复方针政策;提出灾区恢复重建规划并进行审定;制定每一项恢复重建工程的具体计划并进行审定;落实实施恢复重建计划的资金及材料供应;实施恢复重建规划与计划;依照法规和条例对恢复重建工程进行核查验收,并进行质量评定和财务审计等。②

在恢复重建过程中,首先灾区领导干部必须强化四种意识:一是要强化质量意识。二是要强化责任意识。三是要强化求实意识。一方面灾区的领导干部要具备求实意识,遵循客观规律,遵

---

① 李经中:《政府危机管理》,北京,中国城市出版社,2003,第48页。
② 邹铭、史培军、周武光、周俊华:《中国洪水灾后恢复重建行动与理论》,载《自然灾害学报》2002年第2期。

循经济规律，加大管理力度，减少行政干预，一切从实际出发，不能为了抢风头而耽误重建质量；另一方面，干部管理部门和宣传部门也应具备求实意识，用科学的态度和方法，客观真实地评价灾后的重建工作，防止浮光掠影，以偏概全，更不能借口宣传的需要而进行人为的拔高，搞"锦上添花"，搞所谓"献礼工程"，误导其他干部片面追求重建的数量和进度。四是要强化监督意识。灾后重建工作要加大政务公开和财务公开的透明度，自觉接受来自各方面的监督。总之，要通过各种措施，促使我们的领导干部，尤其是灾区直接负责重建工程的领导干部，以对党和人民高度负责的精神和科学的态度、科学的工作方法，以求实的工作作风搞好灾后重建工作，使灾后重建的各项工程都能经得起历史的检验，无愧于党和人民的重托。[①]

另外，在灾后恢复重建中要坚持一切依靠群众，充分发挥方方面面的积极性。群众的力量是无穷的，只要把广大人民群众的积极性调动好，发挥好，就能够凝聚起战胜一切困难的强大力量。

二 减灾

减灾一词是从英文"mitigation"一词翻译而来，原来具有镇静、缓和、减轻、平息等含义。在公共危机管理领域也有人把其翻译为灾害减除。根据美国、澳大利亚等西方国家对灾害术语的分析，"mitigation"包含两层意思，一是减少（reduce），二是消除（eliminate）引起突发事件的可能风险或者突发事件的后果或影响。[②] 另外，罗伯特·吉尔（Robert Girr）也认为："危机研究和管理的目的就是要最大限度地降低人类社会悲剧的发生。"[③] 任

---

① 张援朝：《灾后重建要强化四种意识》，载《党政干部论坛》1999年第1期。
② Department of Homeland Security, *National Incident Management System*, March 1, 2004, p.132; Emergency Management Australia, *Australia Emergency Management Glossary*, Better Printing Service, Commonwealth of Australia. 1998, p.76.
③ R. T. Gurr, ed., *Handbook of Political Conflict: Theories and Research*, Collier & Macmillan Publisher Co., 1981, p.7.

何组织或机构在经历了危机之后，都可能面临三种截然不同的结局：一是由于无法承受危机的沉重打击或没有对付危机的准备和能力，组织在危机中全面崩溃，不复存在；二是组织在危机中生存了下来，但是由于没有采取适当、有效的管理危机对策，尤其是没有及时想办法得到公众的理解和支持，在危机后，组织的形象严重下降，极度损害了它在社会中原有的威信和地位；三是危机中，组织不仅经受住了危机带来的种种压力，而且由于它采取了积极、有效的危机治理措施和危机问题解决对策，使组织进一步巩固了社会地位和竞争优势，在公众心目中的良好形象也大幅提高。因此，危机管理就是为恰当处理危机提供指导原则以避开或减少损失。[1] 人类文明在不断进步的同时，人类社会的复杂性和不可预见性也在与日俱增。"可以肯定地说，我们人类社会早已确信，世界上没有绝对的安全，任何时候都会有一些可能存在的风险，哪怕这些风险的可能性小到几乎可以忽略不计的时候，但仍然难以完全避免和排除。"[2] 根据"经济合作与发展组织"（OECD：Organization for Economic Cooperation and Development）的统计数字，在过去十年中，包括洪水、风暴、干旱在内的自然灾害造成了全球范围内大约79000人的死亡，涉及了近20亿人口，经济上的损失高达几千亿美元。从近几年看，传染病对人类社会的正常运转也带来了巨大损失。既然人类不可能避免和排除危机的发生，那么，减少危机带来的伤害就成了危机治理的重要目标。

正因为人类从产生之日起，就无法避免来自自然界和人类的各种危机事件，所以，要减少危机、降低损失就应做到居安思危。思则有备，有备则无患。这就需要一个全面的应急管理过程。澳

---

[1] W. Timothy Coombs, *Ongoing Crisis Communication: Planning, Managing, and Responding*, London: Sage Publication, Inc., 1999, p. 3.

[2] 〔德〕乌尔里希·贝克：《从工业社会到风险社会——关于人类生存、社会结构和生态启蒙等问题的思考》，载薛晓源、周战超主编《全球化与风险社会》，北京，社会科学文献出版社，2005，第62页。

第七章 我国灾害性公共危机治理对策：目标设计与路径选择

大利亚应急管理过程能够为我国危机的治理提供有益的借鉴。同中国一样，作为一个地域辽阔的国家，澳大利亚同样也是一个危机事件频发的国家，因此为了使危机的应对卓有成效，该国把应急管理划分为舒缓、筹备、回应及恢复四个主要环节（具体过程如图7-2所示）。正是在此周密的应急计划下才使该国面对危机达到有效的救治目的。

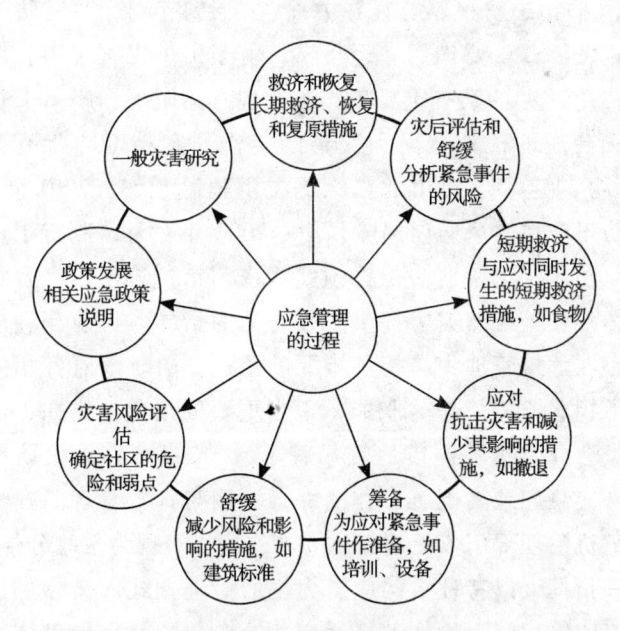

图7-2 澳大利亚公共危机治理的过程与目标

资料来源：*Australian Government Department of Transport and Regional Services*，2004。http://www.ema.gov.au。

2006年，我国遭受了严重的自然灾害，台风、洪涝、泥石流频频发生，而且在四川、重庆等地又迎来了几十年不遇的干旱。这些自然灾害严重危害了人民群众的生命财产安全，在我国这样一个自然灾害频发的国家，怎样采取有效措施防灾救灾，将灾害损失减少到最小？怎样做到以人为本、标本兼治？根据民政部救灾司司长王振耀的观点，除了应建立国家灾害性公共危机事件应急预案系统，并且对各级领导干部进行系统、全面的培训，然后在实践中进行方方面面的落实之外，在应急体系中要特别突出一定要对老百姓进行全面转移保护安全，同时一旦灾害发生，要进行 24 小时的救助到位。同时对群众进行减灾防灾教育也是减少灾害的重要手段。在国内，为了实现公共危机治理的目标，广州、深圳两市也都已形成有效的应对突发事件的应急机制，特别是在"三防"（防汛、防旱、防灾）方面。五十多年来，"三防"指挥机构一直发挥着重要作用。近年来，由于山洪灾害增多，防山洪成为"三防"办的又一重要工作。在现有体制下，广州市在"三防"方面建立了较为全面和完善的工作预案：2002 年 6 月，市"三防"办制定了广州市北江大堤抗洪抢险预案；2001 年 6 月，广州市防汛防旱防风通信保障预案；2002 年 6 月，制定了广州市防汛防旱防风工作手册。工作预案为广州市抗御洪涝、台风、干旱和山体滑坡等自然灾害提供了强有力的指导。目前深圳市应急指挥中心在危机管理中承担了重要的角色，同时政府各相关工作部门也承担着危机管理的职能，担当重要的角色。比如，深圳市民防委员会办公室（挂市地震局牌子），负责全市人民防空、核事故场外应急和地震抗震工作的综合协调与日常管理。各个专门性政府危机治理部门依然起着重要的作用，表现为平时分体运作、战时统一指挥，以特种机构应急为主的管理方式。实际上这是一个以政府职能部门为主体的、社会共同参与的复合治理体系。正是在这样的体系下，在处理自然灾害、生产安全、疾病卫生等方面的公共危机事件时才取得了令人满意的危机治理目标。

三 维护社会公共安全

所谓公共安全是由政府及其社会提供的预防和控制各种重大事件、事故和灾害的发生或保护人民生命财产安全，减少社会危害和经济损失的基础和保障。一场突如其来的"非典"给中国人敲响了警钟，一个国家要获得持续的、长久的稳定发展必须以人为本，树立科学的发展观，把安全放在突出重要的位置。可以说，

第七章 我国灾害性公共危机治理对策：目标设计与路径选择

公共安全状况是社会进步和文明的标志，是社会公众最现实、最关心、最直接的利益所在。

在现在社会，影响公共安全的因素越来越多。一方面，人类对自然资源的掠夺和对自然环境的破坏使得自然灾害性公共危机事件的频度和强度不断上升。海洋灾害、气象灾害、交通、水患、火灾、地震、生物灾害、人为造成的事故和各类衍生灾害等无不时刻威胁着社会公众的安全。另一方面，社会动乱、心理恐慌等社会因素、生产安全、金融安全等经济因素、计算机信息、网络信息等信息因素、公共技术设施保护、高新技术的负面危害等技术因素对公共安全产生的影响都十分巨大。作为影响社会公共安全的重要因素，灾害性公共危机的出现是对社会公共安全的最大挑战，在灾害性危机与人类伴生的过程中，人类文明一直遭受着形态多样的灾害性危机事件的冲击，天灾人祸不知毁灭了多少人的生命，破坏了多少人类文明的成果，毁掉了多少人间的财富。

根据萨缪尔森提出的定义，公益物品是"每个人对这种产品的消费，都不会减少其他人对它的消费"[①]。这说明了公益物品的非竞争性和非排他性。用数学公式来表示就是：

$$X = X_i = \sum_{i=1}^{n} X_i (i = 1,2,3,\cdots,n)$$

X 为某一公益物品的消费量，X_i 为某人 i 消费这一公益物品的消费量，即任意消费者 i 的消费量与所有消费者（包括消费者 i）加总的消费量相等。而对于私益物品，消费是具有竞争性和排他性的，可以用公式表示为：

$$X = \sum_{i=1}^{n} X_i \neq X_i \quad \text{或} \quad X = \sum_{i=1}^{n} X_i \ni X_i (i = 1,2,3,\cdots,n)$$

即私益物品的总消费量等于全部消费者对私益物品消费的总

[①] P. A. Samuelson. The Pure Theory of Public Expenditure, *Review of Economics and Statistics*, November 1954, pp. 387 – 396.

和。当代经济学家安东尼·B. 阿特金森和约瑟夫·E. 斯蒂格里茨也认为:"私益物品位于一个序列的一端;在这一极端中,X 先生消费的增加一个消费单位使得他人的消费减少一个单位;而纯公益物品位于另一极端,X 先生消费的增加并没有导致他人消费的减少。"① 通过分析可知,公共安全理所当然是公共物品。根据人们的理解,公益物品是由公共部门提供的用来满足社会公共需要的物品和服务,所以公害品就是由于自然过程或人类活动产生的对整个社会带来外部性的物品或事物。对于公共危机,这一公害物品进行的治理根本目的是为了使人们能够回归到安全有序的社会生活状态,所以公共危机治理的过程就是为社会公众提供公共安全服务的过程。安全有序的社会环境是社会发展的基础和保障,人人都可以从这种安全有序的社会秩序中受益,而不能把其他人排除在外,同时对于公共危机的治理以后的安全有序的社会环境,任何人也没有进行选择的权力。因为作为客观存在的事物,你无法排除对它的享用,就像你无法避免公共危机带给你的负的外部性是一样的。但是公共安全本身又是一种特殊的公益物品,其特殊性在于:第一,公共安全是其他所有公益物品得以提供和享用的前提和保障。就以地震灾害性危机来说,一旦发生,不仅会造成大量的人员伤亡和财产损失,而且地震可能导致道路不通、铁路损坏、电力中断、通信不畅,还有可能引发一系列次生的灾害,发生不同程度的水灾、火灾、各种危险品、易燃品、易爆品的爆炸,乃至传染病的流行等等,导致社会秩序的严重混乱。所以,避免灾害性公共危机的出现是有效维护社会秩序,使其他公益物品有效供给和享用的基础。第二,尽管与其他公益物品一样,提供者都是公共权力,但是有些安全问题甚至需要国家暴力工具的适当介入。公共安全是关系到主导集团地位的公共物品,失去

---

① 〔美〕安东尼·B. 阿特金森、约瑟夫·E. 斯蒂格里茨:《公共经济学》,蔡江南、许斌、邹华明译,上海,上海三联书店,上海人民出版社,1994,第 621 页。

了安全的环境有可能意味着其主导地位的丧失。第三，尽管公共权力是社会公共安全的最终提供者，但是其他的社会组织、团体和公众也参与了公共安全的供给过程。没有他们的配合或者是积极合作，安定有序的社会环境就无法建立。

所以，采取各种途径来对各种灾害性公共危机事件进行有效的治理，是保证公共安全的重要途径，同时也是保障社会公共安全的重要组成部分，一个灾害性公共危机不断出现的社会，也是一个公共安全缺失的社会。

四 实现社会和谐与可持续发展

一个和谐和可持续发展的社会是一个全体公民各尽所能、各得其所而又和谐相处的社会，是社会各方双赢互利的社会，所以，社会和谐和可持续发展是国家永恒的追求目标。灾害性公共危机的治理是建设和谐社会的一个基础性的工程。为什么是基础性的工程？因为如果防灾救灾工作做不好，如果政府的反应无力，如果人民群众受到了极大的损失、损害，和谐社会的建设就失去了存在的基础。所以防灾救灾在建设和谐社会中有至关重要的作用，如果在社会生活领域内危机事件不断，和谐和可持续发展的目标怎能实现？治理危机不但是我们国家社会发展的目标也是其他国家的愿景与使命。如澳大利亚政府在其应急管理的组织规划中就把"建设更安全的可持续社会"当成一个重要的目标，如图7-3所示。

当然，这一治理目标的实现需要运用各方的力量来共同完成，对我们国家来说要减少危机，实现社会的可持续发展，就要制定社会可持续发展战略规划，并把其纳入政府和社会日常管理和决策的过程中；对地方产业结构和生产方式进行调整，建立内涵式发展的经济体系；将生态环境与自然资源的保护、投资与合理利用，作为促进社会公正、增强可持续社会发展的重要手段；倡导多中心、多样化的治理结构，启动可持续发展中的多种协作治理模式；发展政府与企业、各类民间组织之间的合作伙伴关系，通过政策引导和激励机制，防范企业负面的外部型行为，鼓励企业

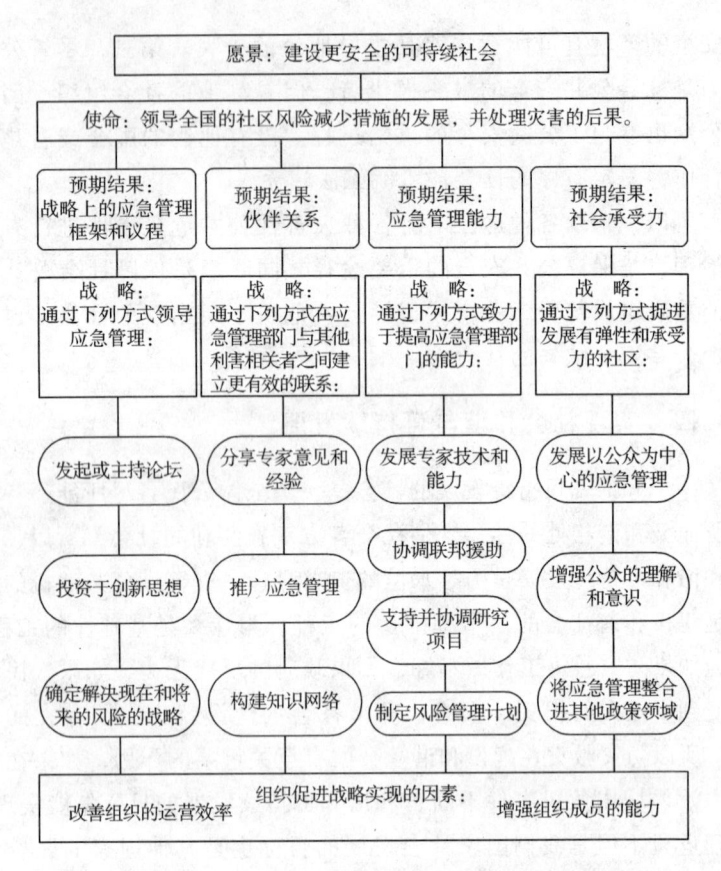

```
                    ┌─────────────────────────────┐
                    │ 愿景：建设更安全的可持续社会 │
                    └─────────────────────────────┘
                    ┌───────────────────────────────────────────┐
                    │ 使命：领导全国的社区风险减少措施的发展，并处理灾害的后果。│
                    └───────────────────────────────────────────┘
```

预期结果：战略上的应急管理框架和议程	预期结果：伙伴关系	预期结果：应急管理能力	预期结果：社会承受力
战略：通过下列方式领导应急管理：	战略：通过下列方式在应急管理部门与其他利害相关者之间建立更有效的联系：	战略：通过下列方式致力于提高应急管理部门的能力：	战略：通过下列方式捉进发展有弹性和承受力的社区：
发起或主持论坛	分享专家意见和经验	发展专家技术和能力	发展以公众为中心的应急管理
投资于创新思想	推广应急管理	协调联邦援助	增强公众的理解和意识
		支持并协调研究项目	
确定解决现在和将来的风险的战略	构建知识网络	制定风险管理计划	将应急管理整合进其他政策领域

组织促进战略实现的因素：改善组织的运营效率　　增强组织成员的能力

图 7 - 3　澳大利亚公共危机治理的战略愿景

资料来源：*Australian Government Department of Transport and Regional Service*, 2004; *Australian Government Emergency Management Australia*, 2005。http://www.ema.gov.au。

选择高技术含量的生产方式，并承担更多的社会责任；通过人民的积极参与和自主管理，自觉维护和提高家园生存环境的质量，选择更为健康的消费模式，形成共同承担责任的观念和意识。[①]社会的和谐与可持续发展与公共危机的治理存在着内在的统一性，

---

① 孙柏英：《当代地方治理——面向21世纪的挑战》，北京，中国人民大学出版社，2004，第 111~112 页。

没有危机的治理，社会就不会和谐安定，可持续发展也只能是一句空话；没有可持续发展的规划与安排，只会为社会今后出现更多的公共危机事件制造机会。为此我们既要对出现的公共危机进行及时的救治，又要从可持续发展的规划和安排上着手提前排除公共危机产生的隐患。

第二节 危机治理中各主体间合作的理论依据与现实基础

一 集体行动的理性与合作

要使灾害性公共危机能够得以顺利治理，就需要若干组织和个体的集体行动。其目的是为了完成共同的目标——公共问题的解决和公共服务的有效供给。在多方共同努力来解决某一问题，需要的是合作，但是长期以来，理论上人们一直认为要使多数人合作和集体行动是不可能的，我们可以从以下经济学中的经典模型中进行说明。

（1）公用地的悲剧。1968年，英国学者加雷特·哈丁列举了一个对所有人都开放的牧场，在这个牧场中，由于受个人自利动机的影响，每个放牧人都有增加越来越多牲畜的动力，承担的只是公共牧场退化而造成成本的一部分。所以，他认为："在共享公共事物的社会中，每个人，也就是所有人都追求各自的最大利益，这就是悲剧所在。每个人都被锁在一个迫使他在有限范围内无节制地增加牲畜的制度中，毁灭是所有人都奔向的目的地，因为在信奉公共事物自由的社会中，每个人均追求自己的最大利益，公共事物中的自由给所有人带来了毁灭。"[①] 也就是说，在"任何

---

① Garett Hardin, The Tragedy of the Commons, In *Science*, Vol. 162, Dec. 1968.

时候，只要许多人共同使用一种稀缺资源，便会发生环境的退化"①。由于"公用地"的公共性，使人们极少对其关心，并进行合作治理，所以像自然环境污染及公共资源的浪费都是其悲剧的体现。

（2）囚徒困境模型。这一模型展现了两个囚犯被警察抓获时不能串供（合作）时所面临的两难选择。在受审时，由于无法合作，他们各自却吃不准到底该拒绝供认以使警察无法定罪，还是应该坦白以期将全部罪刑都推给另一个囚徒，从而争取改善自己的处境。也就是说，他们将面临四个选择：第一个选择是双方都不交代作案事实，警察由于证据不足，只能作无罪释放，这一方案在整体上是最优的方案，但对个体而言却是次优的，因为囚犯可以通过出卖对方而获得最优的结果。第二、第三选择是一方交代、另一方不交代，交代者无罪释放，而不交代者则受以严厉的处罚，这一方案对交代者有利，但对不交代者极其不利。第四个选择是双方都交代，都受以严厉的处罚，从整体上来说是最坏的选择。这四种选择可以用表7-1来表示。

表7-1 囚徒困境模型

		囚犯1	
		不招供	招供
囚犯2	不招供	两人都无罪	囚犯2有罪
	招 供	囚犯1有罪	两人都有罪

在这四个策略组中，最稳定的策略组是博弈双方的不合作，它的均衡点是对博弈者个体最理性的选择，对全体来说是最不理性的选择，而对全体来说最不理性的选择也是对博弈者个体来说

---

① 〔美〕埃莉诺·奥斯特罗姆：《公共事务的治理之道》，余逊达、陈旭东译，上海，上海三联书店，2000，第11页。

是最坏的选择。这一模型成为公共选择经典模型的外在含义体现在：公共事物需要有关当事人精诚合作，但由于在完成过程中，存在着个体成本和个体收益不对称性的问题，在这种格局下，有关当事人的博弈结果就是大家都不精诚合作，最后导致公共事物无法解决。①

(3) 集体行动的逻辑。奥尔森以个人追求他们个自的福利为参照，对促使个人追求他们共同福利的困难性，作了一个密切的考察，并认为："除非一个集团中人数很少，或者除非存在强制或其他某些特殊手段以使个人按照他们共同的利益行事，有理性的追求自我利益的个人不会采取行动以实现他们共同的或集团的利益。"② 这种观点实际上意味着在公共物品和公共服务的供给方面，人们只要不会被排除在获得这一公共物品和公共服务所带来的收益之外，那么这个人就不会有动机为这个公共物品和公共服务供给自愿奉献力量，而只会自愿成为一个"搭便车"者。

上述三个经典模型都暗含着一个基本逻辑：在理性人假设前提下，合作与集体行动的前景是令人失望和渺茫的。然而，在人类社会的现实生活中，却确实存在大量的合作和共同的行动，那么，其动力究竟来自于何处呢？中国人民大学孙柏英认为："如果分析者一旦改变了模型的变量条件（例如变换模式中的分值式、允许对局双方有控制的交流）或者引入其他一些分析要素，人们的行为策略和行为选择就会发生重大变化，表现出合作、共同关注的需要和行动趋向。"③ 比如在囚徒困境中，如果将一次或有限次重复博弈演化为无限次重复博弈，就可以解决不合作的局面。一次性博弈下，双方是不合作，有限次重复博弈作为一次博

---

① 毛寿龙、李梅：《有限政府的经济分析》，上海，上海三联书店，2000，第170页。
② 〔美〕曼瑟尔·奥尔森：《集体行动的逻辑》，陈郁、郭宇峰、李崇新译，上海，上海三联书店、上海人民出版社，1995，第2页。
③ 孙柏英：《当代地方治理——面向21世纪的挑战》，北京，中国人民大学出版社，2004，第90页。

弈的简单重复，各方所得的支付（来折现）仍是原博弈下纳什均衡的支付乘以重复次数而已，仍然是"零和博弈"。在无限次重复博弈下，博弈双方采取触发战略：在第一阶段选择合作，在第 t 阶段，如果前 t−1 阶段的结果都是（合作、合作），则继续采取合作策略，否则采取不合作策略。也就是说，双方在无限次重复博弈中总是先试图合作，第一次无条件选择合作，如果对方也是合作态度，则坚持选择合作的态度，一旦发现对方背叛，不合作，也用不合作来报复，以后永远选择不合作，从而迫使对方选择提供，达到双赢的局面。双方的这种策略在贴现率较大时就会构成无限次重复博弈中的子博弈完美纳什均衡路径。这也是罗伯特·阿克塞尔罗德所谓的"一报还一报"策略。[1] 从无限次重复博弈和"一报还一报"策略中我们也能得到重要的启示：

第一，因为对峙双方要不断地、反复地相遇，因此，选择合作还是背叛，对于他们未来的效用结果有着至关重要的影响。而在这种条件下，合作将能够给人们带来最大的好处。即使基于理性个人的利己主义要求，选择合作也是维系未来关系的最佳策略。这意味着，人们对未来长期持续相互关系稳定性的期待，使他们愿意构建互惠的关系结构，达成战略性的合作伙伴关系。例如SARS危机之下，因为面临了生存与毁灭的挣扎，人人惊吓；因为行为与运作失去规模，社会失序；因为治理管控找不到着力点，政府失灵。整个人类顿觉失去了生活运作的目标。所以面对危机，19世纪法国政治思想家托克维尔提出的"联合的艺术"能够也有可能得到广发的应用。建立那种政府主导、法律支撑、媒体联动、行业部门组织、专家系统协同、社会化救助、非政府组织乃至个人积极参与的抗御危机和灾害救助合作成为必然。

第二，人们在集体行动中可以发展和选择多种形式的互惠关系，产生利他性行为。既然人们有建立合作关系的需求，那么就

---

[1] 〔美〕罗伯特·阿克塞尔罗德：《对策中的制胜之道：合作的进化》，上海，上海人民出版社，1996，第10页。

需要彼此互惠，需要利他的行动。行为学家区分了三种人类利他行为，即亲族型利他、互惠型利他和道德型利他。[①] 亲族型利他是基于血缘和亲情关系而形成的利他行为，它不求回报。互惠型利他则是基于个人的理性和算计而采取的利他行为。换言之，这种行为的出发点十分明确，即利他对自己有利，帮助别人会使自己获得更好，互惠的前提是理性的选择，而行为的结果也是谋求回报的。人类大量的合作行为都是在自利与互惠的交融过程中不断地演进的。道德型利他是人们超越了理性和利益，基于道德规范、信任、良知而采取的利他行为，它引导人们向善而无条件利他，并不追求任何回报。但是，这种利他的基础往往比较脆弱。由于其他人可能并不遵循道德规范，采取"搭便车"等不道德行为，从而使合作得到的基础破灭，这常常又迫使行为者要求回到互惠、回报的合作上来。合作就是在这种行为的交互影响和相互融合中进化的。[②] 而对危及每个社会个体生存安全的公共危机，个体的"原子化"状态不仅大大削弱整体社会抵御灾害的能力，还不可避免地产生迷茫、抑郁、焦躁、惊慌等消极心理，诱发新的社会心理危机。全面合作，团聚所有个体的力量，众志成城，构筑起防灾应变的坚强防线，对所有公众来说，这种集体行动是双赢，是值得的。

第三，促进人们多种形式的集体合作行动，发展合作的策略。在"一报还一报"博弈模型分析的基础上，阿克塞尔罗德提出了发展人们在集体行动中保持长期合作关系的策略：一是增强长远的、未来的因素对人们的影响。通过对未来的预期，使人们相信未来关系的持久性和稳定性，从而促进人们相互合作的形成。二是改变收益值。通过政府或者社会规范对背叛者的惩戒，以及鼓励稳定的合作关系，激励人们的长期合作。三是教育人们相互关

[①] 郑也夫：《信任论》，北京，中国广播电视出版社，2001，第24~29页。
[②] 孙柏英：《当代地方治理——面向21世纪的挑战》，北京，中国人民大学出版社，2004，第90~92页。

心，告知公民不仅要关心自己的利益，而且更要关心他人的利益，关注自身利益与他人利益的结合。四是教育人们关注互惠的回报，并学会懂得回报的价值。纯粹的道德会纵容背叛者的不道德行为，所以，有回报的合作比无条件合作有更好的道德基础，这有助于社会的自主控制。五是提高辨别能力。识别合作的范围与持续合作的意义，增进合作的技巧。① 在公共危机的治理中，上述策略可以通过制度的建构、公民美德和公共精神的培育实施，形成全社会对公共危机的复合合作治理局面。

二　社群共同体思想与合作

公共危机合作治理机制的实现，需要社会中人与人之间的理解和合作，在危机时刻人们能否互相理解与合作呢？社群主义思想为合作治理的实现提供了合作的可能。亚里士多德认为："我们观察到每个城邦都是某种社群组合，而每个社群的建立都是为了某种善。因为人们总是为了某种他们认为是善的结果而有所作为。因此显然所有社群都在追求某种善，而其中地位最高，包含最广的社群当然就会追求最高最广的善。"② 城邦按照亚里士多德的意思是追求最高善的社群。而根据社群主义的观点，完全社群应具有四个特征③：①社群必须共享完整的生活方式，而不只是分享利益或只结合为达成目的的一个手段。②社群是由面对面的关系所组成，因此会产生。③关心所有成员之幸福并且依互惠性义务尽己所能提升幸福。④社群是个人自我认同的核心，其关系、义务、风俗、规则和传统对我不只是重要，而且使我之所以为我。总之，社群主义强调普遍的善（good）和公共利益（public interest），

---

① 〔美〕罗伯特·阿克塞尔罗德：《对策中的制胜之道：合作的进化》，上海，上海人民出版社，1996，第 97~107 页。
② Aristotle: *Politics*, Trans. By Carnes Lord, Chicago: Chicago University Press, 1984, 252a1-6.
③ Crittenden, Jack, 1992, *Beyond Individualism: Reconstituting the Liberal Self*, New York: Oxford University Press, pp. 132-133.

认为个人的自由选择能力以及建立在此基础上的各种个人权利都离不开个人所在的社群。个人权利既不能离开群体自发地实现,也不会自动导致公共利益的实现。正如沃尔泽所言:"在道德问题上,主要的观点乃诉诸共同意义……社群本身是一种善——也许是最重要的善。"① 正是由于这种对共同体生活的向往,对至善的追求,使人们在集体的行动和公共事务的处理中,能够建立互惠、资源共享、相互合作、彼此信任的关系。社群共同体的理论精华主要体现在以下方面:

首先,社群主义强调社群对于自我和个人的优先性,但这绝不是反对个人利益和权利的实现,而是为个人权利划定适当的界限;它也不否认自我的个性,而是为自我个性的形成与存在寻找适当的基础和条件。"共同体里的公民并不必须是完全利他主义的。然而,公民共同体里的公民追求托克维尔所说的'恰当理解的自我利益',即要在更广泛的公共需要背景下来理解自我利益,有远见的'而非'短视的自我利益,这是有助于促进他人利益的自我利益。"② 他们认为社群是个人的自我的构成性要素。现实生活中的任何个人都拥有一定的权利、理想、价值,而这些构成自我的东西恰恰是由社群共同体决定的。社群共同体构成了个人对自我的认同,界定了自我是谁,个人只有通过社群其生命才有意义。社群给个人以美德,诸如爱国、奉献、牺牲、利他、合作、互助、友睦、博爱、正直、宽容。

其次,追求普遍的善(universal good)或者公共利益(public interest),不仅是社群主义所追求的目标,也是人们应当努力追求而不应当放弃的前景。社群主义思想认为个人的自由选择能力以及建立在此基础上的各种个人权利都离不开个人所在的社群,个人权利既不能离开群体自发地实现,也不会自动导致公共利益的

---

① Walzer, M., *Spheres of Justice: A Defence of Complex Equality*, Oxford: Basil Blackwell, 1983, p. 29.
② 〔美〕罗伯特·普特南:《使民主运转起来》,王列、赖海榕译,南昌,江西人民出版社,2001,第 100 页。

实现。反之，只有公共利益，而不是个人利益，才是人类最高的价值。社群主义认为为了追求至善和公共利益，必须反对自由主义的国家中立和公民对国家事务的冷淡倾向。因为虽然公民的美德和善行是促进公共利益的基础，但是公民的美德不是与生俱来的，而是在社会中形成的，是通过教育而获得的。唯有国家才能引导公民确立正确的价值观，也唯有国家才能承担起对公民进行美德教育的责任。如果国家在这些方面保持中立而无所作为，让公民完全自发的作为，自由的个人可能只顾及自己的选择而不顾他人的选择，结果只能是损害社会的公共利益。"总之，用公益政治学替代权力政治学，是社群主义的实质性主张。"①

再次，社群主义思想注重公民美德和公民资格（citizenship）。他们认为，追逐公共利益是公民的一种美德，积极参与公共生活是实现这一美德的重要方式。国家的政治关系到最大多数人的利益，是最重要的公共活动。国家有权要求公民服从其政治目的，公民则有义务去实现国家的政治目的。同时，只有通过积极地参与国家公共生活，个人权利才能得到最充分的实现。米勒认为社群也是与公民资格分不开的。所有社群的前提条件是其成员把自己看作是按照自己的意志去改造世界的积极主体。所以，作为最重要的社群的民族与公民资格是相辅相成的。而作为社群参与者的基本条件的公民资格，不仅是一种占有权利，而且也是一种信仰和作为。只有拥有公民资格，社群成员才能感到自己在决定其社会前途方面起着重要作用，担负着集体决策的责任，并作为社群的一员而投身于共同利益。②

最后，社群主义倡导个人积极参与社会的公共生活。他们主张扩展政治参与有两个依据。一是认为，只有通过积极的政治参与，个人的权利才能得到最充分的实现。他们从实质上把政治权

---

① 俞可平：《社群主义》，北京，中国社会科学出版社，1998，第 21～22 页。
② Deway Mily, *Market, State and Community*, Oxford: Oxford University Press, 1992, pp. 238 - 250.

利界定为个人参与政治决策权力,因而把个人广泛的政治参与当作是民主政治的基础。瓦泽尔和米勒都强调指出,最基本的个人权利不是别的,而正是个人的成员资格和公民资格,没有积极的政治参与,这种成员资格或公民资格就不能真正实现,从而个人权利就不能充分实现。二是认为,个人积极的政治参与是防止专制集权的根本途径。他们大胆地主张包括政府在内的各种政治社群应当在保护和促进公民的公共利益方面更加有所作为,甚至为了社群的普遍利益可以不惜牺牲个人的利益。[①]

社群主义思想由于关注公共利益、注重公民资格、重视公民美德、倡导公民参与,为公共危机复合合作治理提供了理论上的支撑。复合合作治理中政府、企业、第三部门、国际组织乃至公民个人之所以能够进行合作,形成一个坚强的实体,社群的力量是其推动力。通过作为社群一种的社区的活动,能够对其作用窥其一面。例如在谈到美国西部社会的形成过程中有人谈道:"无论哪种情况,西部社区总是先与政府而存在。是社区的存在与发展规模推动了镇、市、州政府的建立,也由社区自己决定地名和选举各级政府官员。总之,政府是自下而上地建立的。居民为了自己社区的繁荣昌盛,为了吸引更多的移民,争取更多的投资,为了成为政府的所在地,真可谓不遗余力地摇旗呐喊、捐钱捐物,个人利益和公共利益在此已融为一体。"[②] 正如学者迈克华尔采所言:"人们之所以走到一起结合成各种社群,是以为他们拥有共同的需要。人类的生存与繁荣需要他们的共同努力,而社群为其成员提供利益的方式,直接体现了人类的各种不同的社会制

---

① 俞可平:《从权利政治学到公益政治学——新自由主义之后的社群主义》,载公共论丛《自由与社群》,北京,生活·读书·新知三联书店,1998,第81页。
② 钱满素:《个人·社群·公正》,载公共论丛《自由与社群》,北京,生活·读书·新知三联书店,1998,第4页。

度。"① 具体来说社群共同体思想对公共危机复合合作治理的意义体现在以下几个方面：

（1）只有当人们进入社群，并积极参与社群共同体生活之后，才能摆脱危机中的恐慌和无援。"非典"过后，当我们环顾和审视基层社会生活的时候，我们发现，人们往往无奈地以个人和家庭对抗"非典"，一个个"原子化"的个人在疫病的惊涛骇浪中无助漂泊，一个个家庭变成了疫情泛滥中唯一的避难"孤岛"。在北京，抢购者堵住商场，希望囤积食物和日用品，足不出户，挨过疫期。在安徽，数万出省民工逃回老家，躲进了家庭这一抵御灾难的最后堡垒。在部分疫区省市，"非典"不仅对人们的健康和生命构成了前所未有的威胁，更导致了暂时的社会无序状态，社会个体面对灾害普遍产生了恐慌的心理。从怀疑、担心害怕直至恐惧，人们游离于社会之外，陷入了人人自危、孤立无援的境地。② 面对这种局面，我们是否需要邻里互助、社区关怀、共同合作的危机治理方式呢？这是必需的，也是未来危机治理中必然的趋势，因此我们必须引导"原子化"的个人融入社群之中，学习合作协商的民主精神，鼓励个人参与社会群体活动，培育互助团结的共同体成员，使那些处于"原子化"的个人重新找到失落的精神家园。

（2）社群思想强调的公民资格，不仅使公民具有参与危机治理的意识，而且也是公民实现自己权利和价值的重要手段。在社群主义看来，公民资格是公民参与公共生活的基础，如果公民没有体认到公民资格这种"集体的权利和义务"③ 是公民权利与公共责任的相互统一，是自己的权利和责任，那么公民参与公共生

---

① 转引自俞可平《社群主义》，北京，中国社会科学出版社，1998，第100～101页。

② 徐中振：《单位人·自然人·社会人——非典磨难呼唤发育社会支持网络》，载《SARS、全球化与中国》，上海，上海人民出版社，2004，第138页。

③ Turner B. S. and Hamilton P., *Citizenship: Critical Concepts*, London Routledge, 1934.

活就会成为一种盲目的乃至可有可无的行动,这样公共利益的实现便会是空中楼阁。帕特南就认为:"对于公民共同体来说,至关重要的是,社会能够为了共同利益而进行合作",而公民参与和"自愿的合作可以创造出个人无法创造的价值,无论这些人多么富有,多么精明。在公民共同体中,公民组织蓬勃发展,人们参与多种社会活动,遍及共同体生活的各个领域"[1]。随着社会的发展,有才智的人也需要通过与他人合作来成就自己,政府、社会、个人之间的合作越普遍,双赢局面出现的频率就会更高。那些不懂得合作,不会合作的个体步入社会时,公共生活就会出现不顺畅的局面。在危机出现时,将那些具有参与意识的个人资源汇聚起来,就是为了形成"1+1>2"的超能效果。相互支持,努力合作,协调共事,在保留自我意识和权利的基础上,形成有效的群体合作,不但是公共危机复合治理的需求,也是民主政治真正的需求。如果在民主政治建设中只培育人们保护自己的权利意识,而没有同时培养人们的合作意识,民主社会的秩序将会出现混乱。

(3) 积极公民性有利于公民主动参与社会公共事务和承担社会责任。由于公民性是责任的必然结果:公民的含义是在共同体的管理中能够发挥作用、承担责任,而不仅仅是享有权利。这就意味着公民能够也应当参与社会,并组成一个集体。这就是英语中 empowerment 的意思:有能力承担一种责任。事实上,从古希腊和罗马时期以来,一直存在着两种公民性:一种可称为"被动公民性",与之相对应的是因为历史的原因归属于某个共同体;另一种可称为"积极公民性",具体体现为参与国家事务,与其他公民维持契约关系。一旦将责任置于我们时代的伦理中心,则必然倾向于第二种公民性观。[2] 福山论证了公民参与社会公共生

---

[1] 〔美〕罗伯特·普特南:《使民主运转起来》,王列、赖海榕译,南昌,江西人民出版社,2001,第215页。
[2] 〔法〕皮埃尔·卡蓝默:《破碎的民主》,高凌瀚译,上海,上海三联书店,2005,第85页。

活对个体与社会带来的益处:"实际上,这种自我组织的能力不仅意味着政府不必以自上而下的等级制的方式推行了某种制度,公民协会也是一种'自治学校',他可以培养人们的合作习惯,并把郑重习惯带到公共生活之中。"① 由于这种公民性或公民资格有助于公民的共同体意识和责任意识的生成,在进行公共活动时,在保全自己的时刻,也能够勇敢地承担起作为一个积极公民的责任,所以在今后的危机治理中可以通过社群的活动培育公民资格,加快危机活动的顺利治理。

(4) 倡扬公民美德,充分发挥公民美德在危机治理中的作用。公民美德(civil virtue)作为社群共同体倡导参与社会公共生活并承担责任的一种公共精神,本身就包含着权利、参与、互动、友爱、合作信任等价值,"人除了赤裸裸的自我中心感之外,还具有识美向善和在他人个性中认识正直、仁慈和完美等品质的能力"②。同时,公民具有和倡扬这些美德是社会公共生活和实现公共利益必不可少的。因为公民认定社会整体具有一个共同的善,是社会成员共同的事业,因此成员之间只有一种相互的承诺(mutual commitment),而这个相互承诺本身就有其价值,个人愿意为社会整体或社会其他成员的福祉,作出必要的牺牲。"非典"的扩散使人们意识到,如果个人只按照自己的意愿行事而不顾及社会公德和公共利益,缺乏公民美德,势必导致公共危机事态的恶化,加剧公共灾难延续的速度和规模。

三 第三部门与灾害性公共危机治理

当政府大规模地从它不该管,也管不了的社会领域中退出后,谁来管理国家让渡出来的社会事务而不至于留下管理的真空呢?市场(企业),这是长期以来人们给出的答案。但市场犹如一把

---

① 〔美〕福山:《大分裂——人类本性与社会秩序的重建》,刘榜离、王胜利译,北京,中国社会科学出版社,2002,第22页。
② 〔美〕贝拉:《心灵的习性——美国人生活中的个人主义与公共责任》,徐克继等译,北京,生活·读书·新知三联书店,1991,第384页。

双刃剑，它在实现资源的有效配置、提高效率的同时，也会产生各种各样的问题。正因为市场不是万能的，所以20世纪50年代，一些西方国家单纯依靠政府，实行从摇篮到坟墓的福利型改革；同样，政府也并非是万能的，它也有自己内在的缺陷，否则，20世纪70年代以后自由主义也不会重新抬头。特别是面对公共危机这种情境，单靠政府或企业均无法提高救治结果，危机治理必然有多方的参与，而在"公域"和"私域"之外的第三部门的发展，为复合治理公共危机提供了现实的依据和可能性。

第三部门是西方制度文明的产物。西方用third sector来表示。在国内，third sector有两种不同的译名，即"第三域"和"第三部门"。这两种译名之间的含义没有太大的差别。所谓"第三域"指的是和公共领域（公域）、私人领域（私域）相对而言的另一个领域。第三部门指的是和公共部门、私人部门相对而言的另一个部门。它们所指称的都是各种非政府、非营利性的民间组织。相比之下，第三部门的用法更加通俗易懂一些。以非政府组织和非营利组织为对象的第三部门的研究兴起于20世纪80年代，它起初和公民社会理论的关系并不密切。这是因为当时的公民社会理论家主要是在政治哲学的层面展开规范的研究，而第三部门研究则偏重于从组织理论和行政管理理论的角度开展研究。进入90年代后，这种情况发生了很大的改观。公民社会理论家开始转向从政治社会学的角度对作为一个社会实体的公民社会进行实证的研究，而第三部门研究者也开始关注诸如非政府组织或非营利部门的作用及其与国家和市场的关系等更加一般的理论问题。双方开始找到理论的契合点。公民社会理论和第三部门研究的关系也因此越来越密切，这两种研究出现了合流的趋势。① 本文正是从公民社会和第三部门作用的一致性基础上进行研究说明的。俞可平也把公民社会与第三部门相等同。"我们把公民社会看作是国

---

① 何增科：《公民社会与第三部门研究引论》，载《马克思主义与现实》2004年第1期。

家和政府之外的所有民间组织或民间关系的总和，其组成要素是各种非国家或非政府所属的公民组织，包括非政府组织、公民的志愿性社团、协会、社区组织、利益团体和公民自发组织起来的运动等，它们又称为介于政府与企业之间的第三部门。"① 虽然第三部门具有"自愿组织"、"非营利组织"、"非政府组织"、"公民社会"、"社团"等不同的名称，但它们都具有以下特征：①正规性。"第三部门"组织有自己的章程和组织机构，具有根据国家法律注册的正式身份，是一个法人；而那些临时聚集起来的人不能算作"第三部门"的一部分。②私立性。它既不是政府机构的一部分，也不是由政府官员主导的董事会领导。③非营利性。即它们不把获取利润当作生存的主要目标，而通常把提供公益和公共服务当作主要目标，虽然在一定时期它也吸取一定的费用，但这样做是为了组织的存在和正常的运作。④自我治理性。它不受外界力量的控制，自主地开展活动。⑤自愿性。即其成员的吸纳和活动的开展均建立在自愿而非强制的基础之上的。⑥公益性。即这些组织的存在不是仅仅为了满足参加者的利益，而是服务于公共目的和为公众奉献。②

在对公共事物的管理方面，第三部门具有以下几个方面的优点：①可以满足公众需求的多样性。政府对公共服务的供给反映的是一般的民众的要求，结果部分人的过度需求和特殊需求往往被忽视，"第三部门"恰恰通过拾遗补缺为这些人提供个性化的服务。②可以减少政府公共开支的增长。③可以培养社会成员的自主意识。"第三部门"的自我组织和自我管理有利于在全社会形成互助和自助的氛围，从而降低了民众对国家的过度需求。④"第三部门"的发育和成熟是保证国家职能转变、防止国家机关过度膨胀的坚实的社会基础。随着第三部门的不断发展和壮大，

---

① 俞可平：《中国公民社会的兴起及其对治理的意义》，载《中国公民社会的兴起与治理的变迁》，北京，社会科学文献出版社，2002，第190页。
② 李亚平、于海：《第三域的兴起》，上海，复旦大学出版社，1998，第58页。

在社会管理中发挥越来越大的作用。①

戴维·奥斯本和特德·盖布勒总结了政府、市场和第三部门的优势和适用范围,见表7-2和表7-3。②

表7-2 公营部门、私营部门、第三部门对提供服务者服务质量的期待

对提供服务者服务质量的期待
（H＝高；L＝低；M＝中等水平）

	公营部门	私营部门	第三部门
公营部门优势			
稳定性	H	L	M
处理中心任务以外的问题的能力	H	L	M
不受偏爱的影响	H	M	L
私营部门优势			
对迅速变化的形势做出反应的能力	L	H	M
革新的能力	M	H	M
模仿成功的倾向	L	H	M
放弃过失或失败项目的倾向	L	H	M
愿意冒风险	L	H	M
产生资本的能力	M	H	L
职业专长	M	H	M
获得规模经济的能力	M	H	L
第三部门优势			
向各色人等服务的能力	L	M	H
同情心和责任心	M	L	H
对问题的全面处理	L	L	H
产生信任的能力	M	L	H

---

① 曾峻：《公共秩序的制度安排》，上海，学林出版社，2005，第203页。
② 〔美〕戴维·奥斯本、特德·盖布勒：《改革政府——企业精神如何重塑着公营部门》，周敦仁等译，上海，上海译文出版社，1996，第329~331页。

表7-3 公营部门、私营部门、第三部门的适用范围

公营部门、私营部门、第三部门的适用范围
(E = 有效果；I = 无效果；D = 取决于环境)

	公营部门	私营部门	第三部门
最适合政府部门			
政策管理	E	I	D
管理实施	E	I	D
实行公平	E	I	E
防止歧视	E	D	D
提高社会凝聚力	E	I	E
最适合私营部门			
经济的任务	I	E	D
投资任务	I	E	D
产生利润	I	E	I
提高自足能力	I	E	D
最适合第三部门			
社会的事务	D	I	E
影响自愿劳动的任务	D	I	E
产生微利的任务	D	I	E
提高个人的责任心	I	D	E
加强社区	D	I	E
提高对他人福利的责任心	D	I	E

通过表7-2、表7-3可以看出，第三部门不但具有同情心和责任心，而且在向社会公众提供服务和对问题的全面分析处理方面具有较高的能力和效率，同时由于在赢得社会信任方面的能力远远高于政府和私营部门，所以理所当然成为公共事务管理不可忽视的一方力量。

由于第三部门在公共事务管理中具有重要的作用，而公共危机是公共事务的重要方面。不可否认，第三部门在公共危机的治

理中同样能够发挥重要的作用。在危机管理过程中,由于政府自身在资源禀赋、人员结构、组织体系等方面存在各种局限性,所以有的学者主张在不可能出现重大的社会革命的背景下,"单纯的反危机未必能奏效,反而可能导致新的集权;单纯的政治体制改革也未必能解决问题,除非改革为社会组织和社会运动的发展开辟真正的空间,即落实'小政府、大社会'的政治许诺和法律架构"①。所以在政府没有必要也不可能提供全部的公共产品和公共服务之时,第三部门应该积极参与。并且与其他部门相比,第三部门具有极大的灵活性,它既独立于政府官僚体系,又不同于政府官僚组织结构,也与政府运作的等级制权力原则不同,而是实行多样的、灵活的、平等的参与组织结构,因而在提供公共物品、公共服务时比政府更具有低成本、高效率、灵活多变的优势。在危机管理中政府与第三部门具有不同的功能,如表7-4所示。

在公共危机治理过程中,第三部门的作用主要表现在以下几个方面。首先,第三部门在危机之后的救援工作中能够发挥重要的作用,尤其是危机之后混乱不堪、交通不畅,外援力量不能及时赶赴现场的情况下,当地的非政府组织发动的救援行动,对控制和减少人员的伤亡具有重要的作用。特别是在那些腐败无能的政府对灾难束手无策时,第三部门组织通过各种网络,动员民间社会自发力量代替政府的角色,更显得重要。例如,1999年土耳其玛尔拉地区发生7.4级大地震,超过1.7万人丧生。土耳其政府在灾难发生后即陷于瘫痪,官员亦未能及时做出反应,受到社会责难。四十多个第三部门组织立即组织"公民社会地震协调委员会",统筹救援工作,为超过25万灾民提供物资,并搭建大量帐篷以供灾民栖身。②

---

① 吴强:《社会危机与社会控制》,载《中国研究》2002年第2期。
② Jalali, R. (2002), "Civil Society and the State: Turkey after the Earthquake", *Disasters* 26 (2), pp. 120 – 139.

表7-4　政府与第三部门参与应急管理的异同

比较内容	政府	非政府组织
应急目标	维护公民的生命财产安全 维护法纪 维护社会秩序 若为冲突事故，则可包括维护国家安全	保护受灾人群的基本权利
中立性	如果政府为其中的冲突一方，则政府参与应急管理不具备中立性	一般而言中立（不分种族、国际、宗教、性别、政治面貌等），并按实际需要提供援助
工作地点	管辖区域	一般比政府小得多，按本身的网络、政策、资源而定
行政决策过程	视中央和地方权责划分而定	在问责与效率之间取平衡，强调独立志愿人员的参与
资源调动	从政府财政支出	部分机构有储备资源可作周转，但一般也需要尽快筹集，募捐专业资金
应急手段	若为暴力或特别重大的危机事件，政府可能动用军队、警察等暴力机器	人员派遣、物资援助募集资金、心理援助

资料来源：薛澜、张强、钟开斌：《危机管理：转型期中国面临的挑战》，北京，清华大学出版社，2003，第137~138页。

其次，第三部门在危机之后的灾难重建工作中能够发挥重要的作用。危机的突发可能只需要短短的几秒时间，但灾后的重建，对人们心理的恢复，不但时间长，而且耗资巨大。如果单独由政府承担，将对公共财政造成相当大的压力。第三部门组织筹集资源，则有助于舒缓问题。美国社会于"9·11"事件后短短三个月内，共筹得一亿五千万美元捐款，其中57%的捐款是由不同基金组织筹集的。这些捐款再分发到各慈善机构，协助纽约市重建和帮助死难者家庭。① 在心理救助方面这些组织也发挥着重要作用。如我国 SARS 发生后，2003 年 5 月初上海浦东新区社会发展局、浦东新区社会工作者协会共同发起了"抗击非典，与你同行"的社会工作服务计划，项目部分资金由上海市慈善总会浦东新区办事处资助，乐群和上海华爱社会服务管理中心共同承办了此次活动。他们开展的具体活动包括"公民抗典大同行"、心心相印纪念卡，"伴你走过"特别支持行动，开通彩虹专线等。② 此外，由于这些第三部门组织贴近居民生活，较熟悉灾后的情况，在灾后重建工作中更能满足受灾者的各种需求。例如，根据 Bolin 和 Standford 的研究，1994 年美国加州 6.7 级大地震后，虽然联邦政府设立了许多灾后重建资助计划，但是由于政府的资助方式欠缺弹性，灾区内大部分的低下阶层未能受到援助。例如，联邦政府提供的灾后居住维修贷款，无助于增加廉价房屋供应，对大部分失去家园的移民并无好处。

这种情况，同样出现在我国。2006 年 8 月 27 日《焦点访谈》播出的《闲了资金伤了民心》，充分暴露了政府部门救灾过程中的一些问题。根据报道事情是这样的：

2003 年 8 月，陕西省华阴市遭受特大洪灾，当时有 11 个村庄被淹，3400 多户村民无家可归。此情此景下有村民写道："洪水袭庄淹田全部完蛋，万物毁灭移民悲苦流泪。"为了尽快帮助受灾群众恢复生产、生活，国家发改委拨 5906 万元移民迁建补助资金到陕西省。这笔专项资金按照每户 17000 元的标准用于华阴市灾区 11 个村 3000 多户受灾群众的迁建安置，其中 15000 元用于补助每户灾民建房，而另外 2000 元则用于公用基础设施建设。然而 3 年过去了，这些灾民过得怎么样呢？下面是记者在陕西省华阴市罗西镇罗西村——那场特大洪灾中受灾最严重的村庄——

---

① 陈健民：《互助与监督：香港公民社会与非典危机》，载《SARS、全球化与中国》，上海，上海人民出版社，2004，第 188 页。
② http://finance.sina.com.cn, 2003 - 05 - 21.

所做的采访：

> 郗新继（华阴市华西镇罗西村村民）：2004年正月十五搬进来的，搬进来的时候，这边房子里的水有一米深。就是房子里的水还有这么深。
>
> 记者：当时水还没膝盖？
>
> 郗新继：是。
>
> 记者：那现在漏雨吗？
>
> 郗新继：下大雨的时候就不行了。
>
> 记者：像今天这个雨漏吗？
>
> 郗新继：今天这个雨全部又挡了一层。
>
> ……
>
> 记者：在这里面住了多长时间了？
>
> 桂兰（华阴市华西镇罗西村村民李宁的母亲）：快三年了。
>
> 李宁：别人家的帐篷都收回去了，我们这儿没办法收，收了就没办法住了。

资料来源：《闲了资金伤了民心》，央视《焦点访谈》，2006年8月27日。

建房资金早已到位，为什么灾民迟迟住不到新房呢？根据群众的分析原因有三：一是灾后搬迁给居民的生产生活带来诸多不便。搬迁后的群众要回原来的村子里种地，少则要跑四五公里，多则要跑十来公里，起早贪黑，生产生活极不方便。二是搬迁方案无法解决被淹的根本问题。由于政府制定的移民新村方案的造址高度大概相当于现在的村台，不能根本上解决今后如果大发洪水时，村庄受淹的问题，搬迁方案劳民伤财。三是补助资金不足，盖不起房。在华阴市移民新村盖一幢房子要花六、七万元，即使再给每户15000元，对于受灾的当地群众来说，绝大多数也盖不起房。

正是因为华阴市和有关部门制定的搬迁方案不切实际，当地绝大多数群众当然也不愿意，也无法搬迁，因此就导致了这样一个尴尬局面。一方面，部分受灾群众长期住在透风漏雨的简易房里；另一方面，国家下拨的救济资金闲置长达三年，迁建资金没能派上用场。对于这种现象，Maskery 指出，由于社区"深深植根于社会和社区的文化之内，让人们能够表现自己的真正需求，并设计出响应问题的方法，灾难发生后，人们透过社区组织明确提出针对他们真正需要的恢复和重来策略"[1]。

最后除了救援、灾后重建等功能，第三部门在危机中也能发挥反映民意和监督政府的政治功能。公民自发组织的网络有助于形成讨论社会问题的"公共空间"，就潜在的社会问题作出控告，就如社会的报警系统一般。危机过后如果政府反应缓慢，或处理危机的方式不同，社会的声音有助于政府作出改善。世界银行总结墨西哥城 1985 年大地震的经验时指出，社会参与在危机事件的治理中发挥了重要的作用。在危机发生后的两周内，灾民"大规模动员起来，清晰表达他们要求政府作出行动的实质要求"[2]。他们通过举行多次大规模游行，令政府当局"感受到他们的存在，看到他们的'诉求'"[3]。有人通过对中国香港第三部门在抗击"非典"疫症中的正负作用进行分析，得出第三部门在危机救助方面存在以下特色：

第一，多元性。参与的第三部门组织来自不同界别，从传统到现代、从工会到商会、不同宗教背景、不同的地域，形形色色，包罗万象。例如内地在抗击"非典"过程中，北京开通了两条"非典"心理援助热线，这两条心理热线都是由来自北京大学、

---

[1] Maskery, P., *Disaster Mitigation: A Community - based Approach*, Oxford: oxform. 1989, p. 84.

[2] World Bank, "Bank lending for Reconstruction: the Mexico city Earthquake", (*Operations Evaluation Department Precis* NO. 47. 06/01/1993, Washington).

[3] World Bank, "Bank lending for Reconstruction: the Mexico city Earthquake" (*Operations Evaluation Department Precis* NO. 47. 06/01/1993, Washington).

清华大学、北京理工大学的心理学研究专家和青青热线、北京红报妇女热线、进城务工热线和残疾人热线等社会公益热线的负责人志愿组织起来开通的。心理热线的专家们还商议主动向媒体投稿，扩大影响，让更多市民了解心理知识，热线的开通体现了民间专业机构和大学科研资源的结合，同时也体现了参与危机治理的多元性。[1]

第二，民间性。绝大部分参与危机救治的组织都是非政府组织，与政府保持友好却非从属关系。虽然"心连心全城抗灾大行动"得到政府较大的支持，但始终为非官方组织。

第三，互助性。参与危机救治的团体发挥了高度互助精神，在预防、教育、信息提供、支持病人及前线人员方面所作的贡献，这远非政府部门所能做到。危机之后，整个社会似乎比以前更加团结。

第四，监督性。中国香港第三部门组织在抗"非典"期间扮演重要的监督及倡议角色，但大部分对政府的批评和建议来自医疗、农业、工会及工商团体，而非专职倡议性组织或其他政治及压力团体，这在内地也很普遍。

第五，分散性。虽然一些活动及抗灾组织是由多个团体合办，但也有不少活动各自为政，缺乏协调，更无法整合成一个大型的抗灾运动。组织之间的合作需要进一步的发展。[2] 例如对 SARS 病毒的研究，是防控病毒的有效途径。但是据报道，中国农业大学的罗云波教授为了找到 SARS 病毒的阳性对照样本，几次去一个高校系统以外的单位，均被拒绝，最后向德国国家病毒所求援，才得到所需的样本。国内很多 SARS 研究专家在研究过程中都经历过各个系统相互封锁的事情。这就要求在今后的工作中，实现资源共享，协同作战。

---

[1] http：//finance. sina. com. cn, 2003 – 05 – 21.
[2] 陈健民：《互助与监督：香港公民社会与非典危机》，载《SARS、全球化与中国》，上海，上海人民出版社，2004，第 205 页。

第三部门在公共危机事件的救治过程中能够减少危机的蔓延和扩散,是公共危机治理不可忽视的一方力量。在20世纪80年代以后,中国的第三部门开始萌生、发展。具体表现在:民间组织的数量迅速增加;民间组织的种类大大增多;民间组织的独立性明显增加;民间组织的合法性日益增大。以社团为例,从20世纪50年代一直到改革开放前的70年代各种社团和群众组织的数量非常小,50年代全国性的社团只有44个,60年代也不到100个,地方性社团大约在6000个左右。到了1989年,全国性社团剧增至1600个,地方性社团达到20多万个,1989年之后,政府对各种民间组织进行了重新登记和清理;民间组织的数量在短时期内稍有减少,但不久后即重新回升,到1997年,全国县级以上社团组织达到18万多个,其中省级社团组织21404个,全国性社团组织1848个。[1] 这些民间组织和机构作为公共危机治理中的不可忽视的力量,要发挥其作用,必须在以下几个方面努力:一是要深化行政体制改革,治理整顿各种"官办"的第三部门组织,实现政企、政事的彻底分开;二是通过职业道德教育和业务培训等途径,着力培养和引进具有较高管理能力和执法素质的中介人员,重新对第三部门进行能力构建;最后,政府部门要制定相应的政策法规,在加强引导和服务的同时,建立健全管理制度,努力为第三部门加强自我约束与规范发展,提高自身素质创造良好的社会环境。[2]

总之,第三部门在公共危机治理中发挥了重要的作用,它不但可以弥补政府工作的不足,也可以通过有组织的途径反映对问题的意见和看法,对政府进行监督,令政府有更好的决策和危机应对策略。同时,第三部门的发展也使其成为公共危机治理中不可忽略的一方。

---

[1] 俞可平:《中国公民社会的兴起和治理的变迁》,载俞可平《治理与善治》,北京,社会科学文献出版社,2000,第329~330页。
[2] 周晓丽:《论城市突发公共安全事件的复合治理》,载《中共四川省委党校学报》2006年第1期。

四　民间组织与灾害性公共危机治理
——以浙江瑞安"老板消防队"为例

人常说:"水火无情。"一场大火如果不能及时控制,其导致的不仅是人们生命财产的直接损失,有可能使当地经济停滞不前,导致更大的危机出现。在政府治理能力有限的情况下,浙江省瑞安市"老板消防队"的出现,是值得我们认真思考的一个问题。下面是《南方周末》的报道:

"你们快点去!汀田镇大典下村着火了!"(2004年)3月21日下午4:20,阮世楷突然接到浙江省瑞安市消防大队的电话。

阮世楷像弹簧一样从椅子上跳了起来,开上自己的尼桑阳光直奔汀田镇。

5分钟后,阮世楷和另外9人赶到火场,拿出小车后备箱里的消防服,飞速穿上,接着拉出水带,扛起水炮,"噗"的一声,一条水龙直冲大火而去。

4:28,火势被控制,已无蔓延的危险。

4:35,大火扑灭。

这时瑞安市消防大队的两辆救火车也从市区赶来了。"已经没问题了,你们回去吧。"阮世楷有点得意地告诉他们。

4:40,阮世楷脱下消防服,放回后备箱去。"一会还有个订单要谈呢。"阮世楷说着钻进了小车,赶回位于莘塍镇的厂里。

在瑞安市莘塍镇,阮世楷和他的队友们有着双重身份。第一重是鞋厂老板,在被称作"中国休闲鞋基地"的瑞安,这不稀奇;第二重身份则是莘塍镇"西岸志愿消防队"队员。这个消防队,几乎全由莘塍镇西岸居民区的私营企业主组成,每名队员的"身家"均超过百万,多的有数千万资

产，被称为"老板消防队"。

"老板消防队"救火的情形
资料和图片来源：戴敦峰：《"老板消防队"涌现瑞安》，载 2004 年 4 月 1 日《南方周末》。

那么"老板消防队"的起因和意义又是什么？

通过文中的报道我们可以知道是大火"烧"出了消防队。在经济发达的浙江省瑞安市莘塍镇制鞋业发达，几乎每家每户都从事这一行业。30 平方公里区域集中了 500 多家鞋厂。并且由于制鞋材料属易燃物品，再加上许多企业主消防意识淡薄，火灾的发生成了家常便饭，有"三天一大火，一天一小火"之说，经济损失惨重。这事实上也体现出政府火灾救治能力的不足。一方面表现在公共消防资源分配上的不合理。随着经济的发展，经济发达且容易出现灾情的地方应该及时配置消防资源，但是公共消防资源的配置还按既有的行政模式，对已经发生的变化反应缓慢。在这种情况下，民间消防力量为了自救的需要会自然地发展起来。另一方面也说明政府在人、财、物方面的不足，使其不能根据实际的需要来配置消防人力、物力以及设备等。正如瑞安市消防大队大队长徐忠所说"首先需要投入巨额的资金，一辆好的消防车要三四百万；其次设立公安消防站点的审批手续非常复杂，需要长时间的规划；另外，公安消防队员属于武警，总人数是没法增加的，设立新的消防站点人员配置也很难跟上"。①

在浙江瑞安，像阮世楷领导的这样的"老板消防队"单莘塍镇就有11支。虽然他们不是正规军，却反应迅速，动作敏捷。据介绍，仅春节期间，他们就行动21次，协助瑞安市消防队扑灭了11场火灾，去年共出动600余次，为该镇挽回经济损失逾千万元。②发生火灾不单单等消防队的"远水"来救，还找"老板消防队"的"近水"，这已经成了莘塍镇及周边老百姓的习惯。如今，"老板消防队"还和瑞安市消防队达成互助协议，一方发现火情，第一时间通知另一方，这样，一旦有火灾发生，就可以争取尽快赶到现场，减少损失。

平安和谐社会的建立，安全生产是个重要环节。这些老板们既是消防安全的受益者，也是消防安全的贡献者，他们的一举一动，比一般的消防教育更能促进社会安全防范意识的提高。老板消防队的出现对社会管理和公共服务很多领域都有借鉴作用。

首先，"老板消防队"的出现使人们看到了联合的力量。瑞安作为"温州模式"的主要发祥地，民间经济发达。但与此不相协调的是，由于消防力量的薄弱，它也是浙江省火灾多发的地区。一次次惨痛的教训，促使人们合力打一场消防翻身仗。目前除了有正规公安消防部队外，由各种职业的志愿者组成的消防队也是一支重要力量。一旦发生火灾，他们积极承担起"灭小、扑早"任务，有效地缓解了公安消防部队远水难救近火的矛盾。同时，他们在宣传消防知识，维护社会安定，防灾减灾等方面起着不可或缺的作用。

---

① 戴敦峰：《"老板消防队"涌现瑞安》，载2004年4月1日《南方周末》。
② 《"老板消防队"为百姓救回千万财产》，温州新闻网，2004年2月15日。

第七章　我国灾害性公共危机治理对策：目标设计与路径选择

其次，"老板消防队"的出现是危机自主治理的表现。如果没有这些自主治理的"老板消防队"，一旦发生火灾，由于瑞安市消防队从市区赶到这里需要 10 分钟，一帮老板们只有眼睁睁地看着大火肆虐。正如阮世楷所说："远水救不了近火啊，多烧一分钟就要多损失几十万甚至上百万。如果我们村里有一辆自己的消防车，救起火来要方便得多了。"① 于是在阮世楷的号召下，不到 3 天工夫，大家竟凑到了 111.9 万元。阮世楷便和另外 4 名当地老板赶到上海松江挑选消防车，最后买了一辆 47 万的水罐车，加上一个 8 万元的水泵，两台 3 万元的空气呼吸器，两只 3000 元的手电，还有消防服等等。从此，这个自愿组织的老板消防队在危机时刻不但能够自救，而且还在一定程度上弥补了政府救助力量的不足。

最后，"老板消防队"反映了公民社会责任意识的增强。作为"身家"达数百万元甚至上千万元的老板，他们为什么要参加没有一分钱补贴，还要冒生命危险的救火工作呢？他们也像普通的消防战士一样深入火场而置自身生命于不顾吗？事实上，这种行为很好地反映出那些在改革开放中富裕起来的老板们的心声：为社会做点善事回报社会。正因为有着这样的服务于社会的责任意识，这些老板才能一接到火情警报自己顾不得换装就赶向现场，等到救火回来，发现自己的高级手表淋湿了，高档皮鞋也泡了汤，有的还因此负伤，都无怨无悔。他们这种服务社会的思想得到了政府和社会的高度评价。正如阮世楷参加了在北京人民大会堂举办的"2004 中国公益事业先进典型事迹报告会"后，戴着金灿灿的"热心公益"奖章回到瑞安时所言："为地方做了点事，想不到得到这么高的荣誉。"②

浙江省瑞安市"老板消防队"作为民间力量成功参与灾害治理，有许多做法值得推广。但是，由于行政管理体制方面的制约，

---

① 戴敦峰：《"老板消防队"涌现瑞安》，载 2004 年 4 月 1 日《南方周末》。
② 《瑞安市"老板消防队"队长载誉归来》，浙江消防网，2004 年 11 月 19 日。

还有一些问题需要解决。一方面是合法性问题,这些义务服务的"老板消防队"做的是公益事业,得到了地方当局和人民的认可,但消防车的牌照问题怎么解决,国家法律没有规定,地方也只能把它当成是悬而待决的问题。

火灾的治理需要民间组织的大力参与,"老板消防队"给我们提供了典范。同样,其他的危机事件的治理更需要包括民间组织在内的社会各种组织广泛的参与。特别是对于更为复杂的危机事件,仅仅依靠政府单一力量已经无法及时有效控制危机的扩大,消除突发事件所带来的危害,社会政治力量、经济力量的支持和参与显得尤为重要。浙江作为经济比较发达的地区,瑞安又位于民间力量活跃的温州市辖区内,在这里"老板消防队"的出现并不是偶然的。但是从全国来看,我国民间力量的发展还相对比较薄弱,其管理还存在许多问题,这都需要国家根据现阶段民间组织的实际情况,并借鉴国外有益的经验,逐步制定和完善相互配套的有关民间组织的法律、法规和规章,用法律的形式明确各类非政府组织的情况、地位、宗旨、组织形式、经费来源,使民间组织的活动做到制度化、规范化和法制化,真正能够为公共危机的治理工作出力献策。

总之,相对于传统的社会组织、政府组织和社会经济组织,第三部门有着其他社会力量无法比拟的社会优势。特别是在危机的前后,不仅能够做到及时预见危机的到来并向社会发出警示,完整跟踪危机事件的发展,并及时向政府和社会提供专业化的咨询信息,为政府决策提供依据,而且可以以自身专业化的队伍和经验协助政府进行社会动员,开展社会救助,募集救灾资金,联络国际救援,还可以就危机引发的社会心理问题、造成的危害进行深度的研究,提出进一步的治理意见。为此,我们完全有理由相信第三部门在现代社会发展过程中是不可缺少的一支重要社会力量,如果没有第三部门以及社会各方面的支持和帮助,而仅仅依靠单一的政府力量,我们就很难及时有效地抗御各种危机。在向现代化国家迈进的过程中,我们必须大力发展第三部门,完善社会结构，实现社会的良性发展。

五 社会信任的增量建设与灾害性公共危机治理

(一) 信任的内涵

卢曼认为："在其最广泛的含义上，信任指的是对某人期望的信心，它是社会生活的基本事实……每一天，我们都把信任作为人性和世界的自明事态的'本性'。"[①] "在尽管有不确定性和风险而我们还不得不行动的情景下，第三种态度引人注目，那就是信任（trust），为应对不确定的和不能控制的未来，信任（trusting）变成了至关重要的策略。"[②] Lewis J. D 和 Weigert A. 从社会学的角度提出，信任可以分为三种，即认知型信任、情感型信任及行为型信任。[③] 面对危机我们更需要的是面向合作的信任，顺利沟通的信任，激励参与的信任。

面向合作的信任，主要是指信任对于合作的价值。危机治理中的合作就是指政府以及社会各方在思想和行动上自愿相互理解对方的需要和要求，以联合的形式解决问题的过程。研究表明，信任与合作和沟通存在很强的正相关关系。[④] 信任是合作的基础，没有信任就没有合作，特别是相互信任，以相互信任作为公共危机治理中各主体合作的基础是非常重要的。信任就是合作关系产生的前提，也是合作成功的重要推动力。正如艾里克·M. 乌斯拉纳所言："信任促进合作，它引导人们在其社区发挥积极作用，

[①] 〔德〕尼古拉斯·卢曼：《信任》，瞿铁鹏、李强译，上海，上海世纪出版集团，上海人民出版社，2005，第1页。

[②] 〔波兰〕彼得·什托姆普夫：《信任：一种社会学理论》，程胜利译，北京，中华书局，2005，第32页。

[③] Lewis J. D., Weigert A., "Trust as a Social Reality", *Social Forces*, 1985, (63).

[④] Anderson J. C. Narus J. A., "A Model of Distributor Firm and Manufacture Firm Working Partnerships", *Journal of Marketing*, 1990, 54 (1): 42–58.

端正行事及合作妥协。"① 一方面，信任有助于主体对合作关系的投入。在公共危机治理中，如果组织、公众及政府彼此之间相互信任，就会增加对危机顺利治理的信心，以饱满的工作热情投入到合作治理事务之中。另一方面，信任能够增强合作关系的灵活性，如果合作各方缺乏信任，当危机情境发生变化时，往往会出现各方对危机后果预测不一致而相互猜疑，从而延误对危机策略的调整，使合作的局面破裂。各个主体之间缺乏信任，影响合作治理的成效；而各主体之间没有信任，公共危机合作治理的局面则成为一句空话。

顺利沟通型的信任主要在于信任为沟通搭建了有利的平台。信任作为教化和交流的媒介，可以增进沟通的效果，提高沟通的质量，高质量信息的自由传递一定要建立在相互信任之上。信任与沟通之间存在一种互动的内在逻辑，即在双方目标（利益）取向一致时，随着沟通的增加，双方信任程度上升；而信任的结果，使得双方能够产生有效沟通。有效的沟通要以相互信任为前提，这样在危机中，公众的意愿和要求才能得以传达，政府的决策和计划才能有效贯彻执行。

"随着更大部分公众政治参与的增加，政府的决定承担了更大的重要性和合法性"，② 而随着公众之间信任度的递增，就会激发人们的参与欲求，基于信任的激励是信任与激励的一体化，更符合人类本性的激励。从积极参与团队合作到社会生活，激励参与的形成也显出了信任的重要性。

（二）社会信任在灾害性公共危机治理中的作用

在危机时刻，民众与政府之间的相互信任对危机治理具有重要的作用。首先，信任有利于危机中社会秩序的稳定。信任作为社会系统中无所不在的一种社会控制工具，与社会秩序的稳定有

---

① 艾里克·M. 乌斯拉纳：《民主与社会资本》，载马克·E. 沃伦《民主与信任》，北京，华夏出版社，2004，第 114 页。
② 〔美〕拉雷·N. 格斯顿：《公共政策的制定》，朱子文译，重庆，重庆出版社，2001，第 2 页。

着重要的关系。根据社会学家的研究，信任与社会秩序可以有四种类型的关系，如表7-5所示。

表7-5 信任与社会秩序

	秩 序	无秩序
无信任	1	3
信 任	2	4

资料来源：郑也夫：《论信任》，北京，中国广播电视出版社，2001，第115页。

根据郑也夫教授的观点，第四类型"有信任无秩序"在现实中不存在，第三类型"无信任也无秩序"意味着社会生活的混乱无方。第二类型"有信任的秩序"可望成就一个自由繁荣的社会；第一种类型则是一个在追求秩序中牺牲了自由与繁荣的社会。"在公共危机中，如果人们对政府出于一种不信任状态，政府公信力就会瓦解。那么，流言、谣言甚至迷信活动就会趁机泛滥，从而给社会造成更大的混乱和危害。"[①] 所以在"非典"肆虐之时有人呼吁："政府要给民众更多信心；民众要给政府更多信任。"

其次，信任有利于公众对公共危机决策的认同，提高危机治理的效率。在现实社会中，只有当政府制定的决策得到社会公众普遍的认同和接受，当且仅当得到了广泛的社会支持，它才能拥有较高水平的合法性，政府工作才能具有效能。而普遍的信任则是公众对决策认同、遵守和支持的基础。吴宜蓁从民意与危机方面来对此说明："所谓'民意的后盾'，经常是因为某些组织平时具有良好形象（尤其是公益形象），民众对其有一定的信任与肯定，因此在危机事件发生时，民众有可能展现支持、谅解甚至同情的情况。"[②] 所以一个具有公信力的政府、一个公众普遍信任的

[①] 周晓丽：《论公共危机中政府形象及其重塑》，载《重庆社会科学》2006年第2期。

[②] 吴宜蓁：《危机传播——公共关系与语义观点的理论与实证》，台北，五南图书出版公司，2002，第93页。

政府，其方针、政策不但能得到国内公众的支持与帮助，而且在国际上也能树立良好的权威，赢得其他国家的理解和支持，从而有助于公共危机治理效率的提高。

最后，信任有利于社会公众广泛参与危机治理。由于公共危机具有危险性、不确定性以及紧迫性，所以必须在极短的时间内及时处理，一旦放置，就有进一步恶化的可能性。所以仅有政府的参与是不够的，政府的财力毕竟有限，还需要社会的广泛参与。因此要提高政府治理公共危机的效率，政府、公民与第三部门乃至国际组织必须密切配合、联合行动、复合治理。同时，由于公民参与公共危机治理所具有的多元性、互助性、民间性，不但弥补了政府工作的不足，也通过不断的监督和倡议，令政府有更佳的决策及施政素质，并且当公民积极投入公共危机治理工作时，有助于一个互助互勉共同治理群体的建构。但是，如果政府与公众之间缺少信任，公众对政府制定的政策、方针拒不配合，公民参与危机治理就不可能，一个有效的治理机制也就难以形成。

（三）信任增量建设的路径选择

公共危机治理的有效性以各个治理主体间相互合作的有效性为基础，一个社会的信任体系是否健全稳固直接影响到该社会对公共危机的治理能力。制度因其公正性、有效性以及非人格特征成为人们选择相互信任、相互合作的保障。"制度以两种方式在陌生人中引起信任：第一，由于它们具有的所谓'道德合理性'以及对别的每个人预期的形成影响，它们激发起顺从；第二，由于提供的具有保护性的法律权力，它们能够一定信任陌生人的可成风险"。制度体现的信任生产价值可用表7-6表示。

表7-6 制度对信任的价值

	真　实	正　义
消极的	讲真话	公　平
积极的	守　约	团　结

资料来源：克劳斯·奥弗：《我们怎样才能信任我们的同胞?》，载〔美〕马克·沃伦《民主与信任》，北京，华夏出版社，2004，第69页。

第七章 我国灾害性公共危机治理对策：目标设计与路径选择

在此，制度将信任推展到一般地要求成员讲真话的程度，让他们监督和敏锐地觉察对规范的违背；守约，以及更特殊地尊重契约的优点，是讲真话的积极形式；信任的普遍化也可以通过制度促进那些体现公平、公正和中立的价值观的实践而得到增强；最后那些超越法律面前平等，并通过再分配的干预和选择性保护——须经由法律和"依照"法律的生活机会平等措施——而实现的社会权利，是信任产生的团结潜力的基础。[①] 因此在公共危机治理中，要使各治理主体相互信任，必须用法律和制度的形式对各自的权利、责任和义务加以规范，而信任就如同制度运行中的润滑剂，可以减少制度运行中的摩擦，提高其运行效率。政府要想重建信任必须从两个方面着手。

一是建立信息公开制度。信息公开是建立政府与公民良好信任关系的基础。"信任对于政府的成功可能是至关重要的。那些最留心政府的人，也将是那些对政府行为和结构有充分了解，以至于能判断政府或至少其某些机构是值得信任的人。"[②] 信息公开作为公民了解政府动向的一个窗口，及时、客观、全面、准确地了解公共危机发生、发展的有关信息，不仅是危机管理者正确决策的前提，也是社会公众信任、参与危机管理、进行自我管理的必要前提和条件。信息的公开能够"减少猜疑、增强公众的信心和力量，培养公众对政府的信赖感"[③]。就目前我国的实践来看，保证信息公开，促进政府与公民互信的方式主要有以下两种。

（1）新闻发言人。政府形象的评定者是公众，所以政府形象的形成必须以政府信息公开为基本前提。新闻发言人制度的建立，正是政府信息公开的一种实践，它本身就体现了政府的一个基本

[①] 〔美〕克劳斯·奥弗：《我们怎样才能信任我们的同胞？》，载〔美〕马克·沃伦《民主与信任》，北京，华夏出版社，2004，第69页。

[②] 〔美〕罗素·哈丁：《我们要信任政府吗?》，载〔美〕马克·沃伦《民主与信任》，北京，华夏出版社，2004，第30页。

[③] Communicating Risk, by Department for International Development – UK. http：// www.ukresilience.info/risk/index.htm.

形象特征:开放。新闻发言人制度作为信息公开的第一步,体现了政府对于民众的信任。新闻发言人在实践中以制度的形式固定下来,新闻发言人的形象就是政府的形象,新闻发言人凸现在公众面前,政府的亲民姿态就会跃然而现。自 2003 年 4 月 20 日开始,卫生部在疫情统计中建立了严格的零报告制度,不管有没有发现疫情,各地医院都必须定时上报"非典"病例的统计数字,哪怕确诊"非典"病例为零,也要按时上报以确保统计数字的准确性。从 4 月 21 日起,又将原来五天公布一次疫情改为每天公布一次,将疫情公布模式与世界卫生组织接轨。从中央到地方,各级政府的新闻发布会、疫情通报每天都有,人们可以及时了解各地疫情的准确数字及被隔离区域的具体位置。敢于公布信息,这无疑是一个负责任的政府能力和信心的具体体现,也让我们看到了"民知多而不乱"的事实。为了更好地发布新闻,首先,应按照分级负责的原则,相关政府的新闻发言人要参与突发事件的处置。在处置过程中,从新闻专业角度提出意见和建议。其次,在政府突发事件处置预案中,应有明确的媒体应对运作流程。流程应包括以下要素:突发事件发生的第一时间,应通知新闻运作部门;明确什么情况下进行发布;媒体沟通的目标是什么;由谁发布(可以是政府发言人,也可以是政府部门发言人);发布口径由谁提供,由谁审批;发布形式(根据实际情况,可以召开新闻发布会、书面发布、提供新闻稿等多种形式);要保证的主流媒体是哪些等等。"制度促进着可预见性,并防止着混乱和任意的行为。制度协调人们的各种行动,建立起信任,并能减少人们在知识搜寻上的消耗。"① 所以严格的新闻发布制度不但对政府形象而且对满足公众对信息的需求都具有重要的作用。

(2)新闻媒体自由法。新闻媒体对任何组织而言都具有三种意义:一是组织传达信息的载体:组织运用电视、广播、报纸和

---

① 〔德〕柯武刚、史漫飞:《制度经济学》,北京,商务印书馆,2002,第 113 页。

杂志等大众新闻媒体，将信息传达给大众，大众媒体是组织对外传达信息和与公众进行沟通的一种重要的载体。二是最能影响组织对外形象的力量：一般人将"大众新闻媒体"称为"第四权"，将记者成为"无冕之王"，大众新闻媒体已成为社会的一种"建制"。三是组织的"关键公众"：因为新闻媒体具有传达信息和影响组织形象这两种意义，① 所以组织很需要争取媒体记者及新闻界人士的支持，让他们为组织说好话，让他们看见组织的事情，进而争取他们的好感和认同，甚至当组织发生危机时，媒体能够用比较客观和友善的态度来对待组织。同样媒体对政府形象的建构具有重要的作用，但是在危机发生时，许多政府既不举行新闻发布会发布信息，甚至还对新闻媒体带有抵触和排斥情绪，加剧政府与媒体间的矛盾与冲突。新闻自由是公众知情权的最好保障，如"水门事件"、"南丹煤矿透水事件"都是由新闻媒体披露而为人知的。我们国家也强调新闻舆论的监督作用，但至今还没有一部规范的新闻自由法，在对待新闻监督的态度上面，机会主义、实用主义立场很明显。媒体可能隐瞒或歪曲危机的相关情况，或者因为对危机轻描淡写造成公众对危机的麻痹大意，或者因为夸大危机造成公众不必要的恐慌。所以一部完整的新闻自由法既能保证媒体自身的权利，又有利于真实信息的公布，对公共危机的治理具有重要的作用。

二是建立政府与公众之间双向对等的沟通模式。② J. Gruning 和 Hunt 以沟通的方向和目的两个维度，将组织和公众之间的沟通划分为四种模式：新闻宣传模式、公关信息模式、双向不对等模式和双向对等模式。新闻宣传模式属于单项且不对等的沟通模式，组织不主动了解和探询公众的意见，传递信息以宣传为目的；公关信息模式虽然也属于单向沟通方式，但沟通的目的是在客观地

---

① 姚惠忠：《公共关系理论与实务》，北京，北京大学出版社，2004，第328页。
② 周晓丽：《论公共危机中政府形象及其重塑》，载《重庆社会科学》2006年第2期。

传递信息，告知公众，而非控制或说服公众的行为，所以本质上偏向对等的立场。双向不对等模式是为了让公众按照组织或采取组织所希望的行为，组织深入了解公众的意见或态度，以作为拟定说服策略的依据。而双向对等模式主要运用科学方法深入了解公众和公众的需求，以此作为沟通决策的参考依据，以增进双方的了解和合作的目的。在这种双向对等的沟通模式之下，一方面，政府本着公开透明的原则向社会公众公开公共危机方面的信息，并作出相应的解释，提高公众对公共危机的认识能力，消除公众的各种恐慌和误解；另一方面要高度重视舆论和民意，通过各种渠道广征民意，并将其作为决策和行政的依据。所以在双向对等沟通模式之下，政府不再是高高在上的统治者，而是一种在平等基础之上的合作互动关系。这样，不但能加强政府与公众间的沟通互动，取得公众的信任和支持，而且对政府良好形象的建立具有重要的作用。

第三节　增强政府应对灾害性公共危机能力

由于灾害性公共危机来势凶猛，给社会造成强大的冲击，个人的力量面对巨大的灾难显得极其渺小，微不足道，人类只有依靠组织化的力量才能与灾害抗衡。灾害性公共危机的治理作为社会公共事务，是政府公共管理的重要职能，作为公共事务主要管理者的政府必然要担当起应对公共危机的重任，这就对政府能力提出了严格的要求，政府怎样才能使危机状态"柳暗花明又一村"呢？

一　观念的转换和创新

灾害性公共危机治理就是为公众服务的过程，如果政府官员认为政府管理就是把人民当作统治管理的对象，而不是看作可依赖、服务的对象，那么，管理的目标就很难实现。要切实转变和提高政府官员的思想意识，还有许多方面需要努力。

首先，注重公务员的德性建设，提高公务员素质。麦金泰尔把德性看作是"一种人类必须具备的素质，拥有它并运用它就可以使我们获得那些实践所固有的福利，如果没有它则就会阻碍我们获得那些实践所固有的福利"。① 所以，"如何界定和选择具有德性的人来当公务员以及如何培养那些已经在职的公务员的德性，这些都是最前沿的公关行政伦理学问题"②。无论是马克思的"公仆论"，毛泽东的"全心全意为人民服务"，邓小平的"管理就是服务"，江泽民的立党为公、执政为民、"三个代表"，还是胡锦涛的"权为民所用、情为民所系、利为民所谋"，无不包含着为人民服务的理念。所以，要加强对公务员相关理论知识的学习。"在一个具有积极公民权的世界里，公务员的角色发生了变化。公共行政官员将会日益扮演的不仅仅是一种提供服务的角色——他们将会扮演的是一种调解、中介甚或裁判的角色。而且他们依靠的将不再是管理控制的方法，而是促进、当经济人、协商以及解决冲突的技巧。"③ 另一方面，要加强对公务员公共危机中应变能力与技巧的培训，使他们随着危机状态的发展和变化能随机应变，理智而又机智地处理问题，提高政府形象。

其次，要培育以公共利益为出发点的危机治理理念。公共利益"是一种思维模式，该模式力争保持一种献身于社会发展的精神，一束投向遥远未来的目光，以及包容一切的公平感。它认为公务员能意识到自己首先是公民中的成员，自己的命运沉浮将取决于公共利益以及在公共行政活动中得以实现的公平"。④ 从古到今，从东到西，任何国家的政府及其公务人员都应该把公共利益

---

① Notre Dame, *After Virtue* (2nd ed.) Ind. Notre Dame University Press. 1984. p.191.
② 〔美〕特里·L.库珀：《行政伦理学：实现行政责任的途径》，张秀琴译，北京，中国人民大学出版社，2001，第160页。
③ 〔美〕珍妮特·V.登哈特、罗伯特·B.登哈特：《新公共服务：服务而不是掌舵》，丁煌译，北京，中国人民大学出版社，2004，第81页。
④ 〔美〕特里·L.库珀：《行政伦理学：实现行政责任的途径》，张秀琴译，北京，中国人民大学出版社，2001，第74页。

当作自己立身做事的出发点,特别是在危机情况下,更应该如此。"凡照顾到公共利益的各种政体都是正宗的政体;而那些只照顾统治者们利益的政体就都是错误的政体或正宗政体的变态……平等的公正得以城邦整个利益以及全体公民的共同善业为依据。"①那么,怎样培育公共利益至上呢?盖伊·彼得斯认为:"公共利益可以通过鼓励员工、顾客和公民对政策和管理决策进行最大参与来体现。"②他还指出这种参与可以通过四种机制来实现,一是对政府服务不佳或制度运作不当的申诉权;二是通过增强员工独立决策和影响组织政策方向的能力来实现;三是公共政策应该让有政策影响力的公众通过对话过程来做出;四是有赖于公民本身能够投入政策选择及提供服务的过程。所以在公民与政府公务员共同管理之下,公务员在处理与公共利益相冲突的事件时,首先要具有公众利益和公共利益至上的思想理念。如果只从政府部门的利益出发考虑问题,丧失公共利益,只能使公共危机造成的影响越来越坏,越来越大。

再次,切实转变观念,树立政府工作人员的公关意识。公共关系是特定公众疏导、获取信息的方法、手段和步骤的科学,是一种为本组织树立良好形象的艺术。而政府公共关系又不同于一般的"人际关系"或企业关系,它是指政府通过与社会各界公众的双向沟通,树立政府形象,争取公众对政府工作理解和支持的自觉活动。可以说,政府公共关系对我国透明政府的建设,提升公众民主参与政府治理的能力,完善现代政府决策手段,塑造政府在国内和国际上的良好形象等方面具有重要的作用。但是由于公共关系的研究在我国起步较晚,且其研究和应用主要局限于商业领域。对塑造政府形象具有重要作用的政府公共关系研究,无论是在理论还是在实践上都需要进一步的完善和发展,有的甚至

---

① 〔古希腊〕亚里士多德:《政治学》,吴寿彭译,北京,商务印书馆,1997,第132~153页。
② 〔美〕盖伊·彼得斯:《政府未来的治理模式》,吴爱明、夏宏图译,北京,中国人民大学出版社,2002,第80页。

在某些方面还处于空白,所以当危机出现时,不知道用政府公共关系的基本原理,以客观现实和社会公众的整体利益出发,发挥公共关系和信息、决策、宣传、外交和沟通功能,宣传、督促、引导公众贯彻执行政府的有关决策。[①] 另外,可以让一些女同志充实到危机公关团队中,因为她们大都精力充沛,做事细致认真,沟通能力强,而且女同志感情更为细腻,在危机中与公众能更加有效地沟通和交流,有助于公关工作的顺利展开。针对公共关系人员素质不高的问题,政府可以通过教育和培训的方式来进行,具体可以借助于当地的大学来全面系统地掌握公共关系的基本理论和知识;也可以通过参加短期培训或自我学习来提高自己的素质;另外,在实践活动中加强经验的积累和总结,也是提高政府公共关系人员素质的重要途径。

最后,提高政府国际公关能力,寻求危机治理的国际合作。"当一个人确认人类能力无限、权力无限时,他是愚昧的,当他真切认识到人类能力有限、权力有限时,他开始聪明了。"[②] 正因为一国人、财、物的有限性,在全球化形势下,公共危机的解决必须借助于国际组织的力量来共同应对和治理。但是如果政府信息不公开、不透明,国外公众无法从中国媒体和政府方面的及时报道中了解情况,就只能通过本国媒体了解事态的发展,但大多国外媒体,故意扩大和缩小危机,必然使我国的国际形象受损。正如钱其琛所言:"现在是信息社会,任何事情发生以后的第一时间内,公众都能够得到大量的有关信息,所以对外事务的社会性增强了……现在有人提问时,我们经常回答说无可奉告,这也是个办法,但从根本上讲,现在'无可奉告'不能解决问题了。"所以,一方面通过建立有效新闻发言人制度,让高水平的新闻发言人代表中国发布信息,获得国际社会的理解和信任。一个高水

[①] 周晓丽:《论公共危机中政府形象及其重塑》,载《重庆社会科学》2006年第2期。

[②] 谢遐龄:《全球化与人的有限性》,载《SARS、全球化与中国》,上海,上海人民出版社,2004,第28页。

平的新闻发言人在面对国外媒体时应做如下准备：一是要认真研究我党和政府的方针和政策，并以符合国外大众心理习惯的语言进行说明；二是能参与危机处理，熟悉情况，了解媒体专业特性，对提问有预见性；三是博闻强记，不容易被问倒或出现常识性错误。所以政府利用公共关系网络使外国政府与国际组织及时、客观、准确地了解公共危机发生、发展的相关信息，不仅是危机管理者正确决策的前提，也是国外组织参与危机治理的重要条件。

思想认识观念的转变是提高公务员危机治理素质和能力的基础，是公共危机治理的"软环境"，是提高政府危机治理能力的基础性工作，在危机治理中发挥着先导性作用。

二 危机治理文化与意识的形成

对灾害性公共危机应对的最好的方法不是在危机形成和爆发后的干预，而是在于排除可能导致灾害与危机产生的可能性，从根本上防止危机的形成与爆发，也就是要做到"防患于未然"。也就是说，当代公共危机管理的要义在于危机预防与准备。根据国际经验，公共危机治理应该是一个由危机预防、危机准备、危机回应与危机恢复四部分组成的循环；危机预防与危机准备现在已经成为公共危机管理的重中之重。然而由于种种原因，政府与社会公众对于危机的警惕性不够、重视性不够，因而缺乏解决危机的制度化手段，采取的措施大多是以权宜性为特征，所以在长期缺少理性解决危机意识形态话语和文化环境的情况下，政府与整个社会对危机的看法往往比较坚硬，缺少共同的规范和共同使用的语言。对全球化下所滋生的各种灾害和危机认识不足，缺乏危机意识和危机治理理念，导致缺乏危机发生前的有效预警和危机发生后的积极救治。例如 SARS 第一例病例早在 2002 年 11 月 16 日在广东发现，但人们被告知危机发生和正式启动非常态的危机管理机制却是在 2003 年 4 月 20 日之后。所以，一定要加强政府公共危机管理者和社会公众的预防文化和危机意识。

众所周知，在传统意义上灾害与风险主要是指外部自然原因导致的灾害与危机，如风暴、洪水、灾荒等，随着社会的发展与进步，各种人为的灾害与风险如社会危机、生态危机也都不断出现，而且，自然环境的恶化，各种传染性疾病如 SARS、禽流感等生态灾害不仅威胁着个人的生命和人类的繁衍，而且还会极大地影响社会政治和经济的发展。"当人类因为认知、观念、思维模式的惯性而无法有效应对风险时，延误的或者错误的判断以及心理的波动甚至会起到推波助澜的作用。例如，对病原体的模糊认识，就造成了整个防治工作的混乱，引发了社会的恐慌心理，误导了医疗工作者和社会公众，从而产生了一些极端行为；最初对 SARS 疫情信息的刻意隐瞒也反映出习惯性的思维模式在风险面前是有害而无益的。"[1] 所以，政府必须加大投入，有计划地传播、吸收、优化和发展中西内外各种灾害意识与预防文化。具体可以通过电视、广播、办学、培训、科普、文艺、专题宣传、知识竞赛、全民安全知识教育等途径来进行。

建立预防文化，形成危机意识，不能只针对少数人，而是要让社会公众都认识到，危机管理与人人有关，危机管理人人有责。为此，除了政府要利用各种手段进行预防宣传之外，也要大力加强危机演练。例如泉州市政府在市区刺桐公园应急避难场所组织开展地震应急救援演练。14 个部门模拟在地震发生后，统一行动参与抗震救援，保障市民衣、食、住、行等需求，将"灾"后人员伤亡和财产损失降低到最低程度。通过演练检查了各有关部门地震应急保障计划应急指挥机构，地震应急队伍、物资和救灾设备，地震应急救灾行动方案落实情况；刺桐公园避难场所的功能和运行情况，以及地震应急宣传预案的启用和市广播电台、电视台的地震应急宣传措施。同时也鼓励广大民众积极参与危机预防工作，让其学会在灾害和危机状态下自救、互救以及有效配合公救，真正在全民中形成灾害性公共危机的预防文化和危机意识。

---

[1] 杨雪冬：《风险社会与秩序重建》，北京，社会科学文献出版社，2006，第 199 页。

三 法治理念的更新与升华

法治作为一种治国方略，不仅目前我们国家在提倡，而且早在公元前4世纪，古希腊著名思想家亚里士多德就对法治作过解释：已成立的法律获得普遍的服从，而大家所服从的法律又应该是本身制定得良好的法律。就现代学者来说，法治就是"法律至上"和"限制权力"，是民主、自由、平等这些体现人类追求生命质量与生活质量的基本价值的根本保障。无论在正常状态下，还是在危机状态下，政府及其工作人员行为的法制化、依法行政，是政府实施有效治理的基本原则。国家的法律生活与公共危机事件的产生与发展密切相关，而且任何立法和司法活动的缺陷，都可能导致极具危害性的公共危机事件。

与在常态时相比，在危机时刻，政府更要依法行政。这是因为：一是应急状态需要政府承担起法律赋予的应急职责，发挥领导和指挥核心作用，在一定程度上运用政府的权威采取非常的应急手段（紧急处置权）应对突发事件，但这必然扩大政府的权力，稍有不慎，就有可能会导致公共权力的无比强大，导致权力的滥用和法律权威的弱化，最终引发更大的社会危机。二是与此相应，为了全社会和最大多数公众的利益和长远发展，还需要在一定程度上消减和限制个人的权利和自由。而对私权利的消减和限制直接关系到保障公民权利（人权）的突出问题，事关重大，因此，必须要有充分的法律依据，符合严格的法律程序。三是只有法制这种制度化的设计才能明确政府在紧急状态下的职能和责任，界定各种社会组织和个人的权利和义务，才能提供沉着应对各种危机的应急机制、程序和规范，才能保证社会的有序运作和发展。[①] SARS 作为重大的公共卫生危机事件，使我国危机治理方面法律的缺陷得以显露。正如温家宝所言："SARS 突出暴露出我

---

① 王晨光：《非典突发事件冲击下的法制》，载《清华大学学报》（哲学社会科学版）2003年第4期。

国在处置重大突发公共卫生事件方面机制不健全……迫切需要完善相应的法律法规。"① 从立法角度看,我国虽然先后制定了应对各种社会动乱的《戒严法》,应对重大自然灾害的《防震减灾法》、《防洪法》和《消防法》,应对安全事故的《安全生产法》,应对公共卫生的《传染病防治法》,但与其他国家相比还存在一定的差距。例如美国实行的是联邦和州两级危机管理法律体系,在法律中对以下内容做了明确的规定:建立州、县、市级政府危机管理部门;明确州或各地方组织在应急救助中的职责和作用;确定宣布危机救助状态的行政权力;提供与邻近州、地方管辖的应急部队协作的必要条件;设计危机预防、急救等方面的管理计划和行动方案;准备、储存以及提供有关危机救助的设备和一切物质资源;组织并进行危机救助的培训;确立政府在危机管理中的侵权责任;等等。

目前,我国公共危机管理方面法制和法治理念的缺失在一定程度上都影响公共危机的治理。"制度的关键是增进秩序……它具有系统性、非随机性……秩序鼓励着信赖和信任,并减少着合作的成本。当秩序占据主导地位时,人们就可以预见未来,从而能更好地与他人合作,也能对自己冒险从事创新性试验感到自信。"② 创新政府公共危机治理方式,其重点是在改革和完善政府危机体制过程中,加强政府对公共危机的法制建设。由于法制与法治的理念带有根本性、全局性、稳定性和长期性,所以应从科学民主决策程序、会议和公文审批管理、出席内事活动、作风纪律等方面,量身定做一条"规范轨道",来确保政府公共危机治理行为的持续性,不因人为因素的改变而改变,使政府危机治理由随意性转向法制性。

---

① 温家宝:《在贯彻实施〈突发公共卫生事件条例〉座谈会上的讲话》,载 2003 年 5 月 15 日《光明日报》。
② 〔德〕柯武刚、史漫飞:《制度经济学》,韩朝华译,北京,商务印书馆,2002,第 33 页。

第四节 相关治理主体能力的培育

一 媒体与灾害性公共危机的治理

在资讯业高度发达的今天,新闻媒体作为一种重要的社会力量,在灾害应对和公共危机管理中越来越成为一支不可忽视的力量。诚如普利策所说:"倘若一个国家是一条航行在大海上的船,新闻记者就是船头的瞭望者。他要在一望无际的海面上观察一切,审视海上的不测风云和浅滩暗礁,及时发出警告。"具体来说,媒体在灾害性公共危机事件的报道中的作用可以从社会层面、政府层面和个人层面得以体现,如图7-4所示。

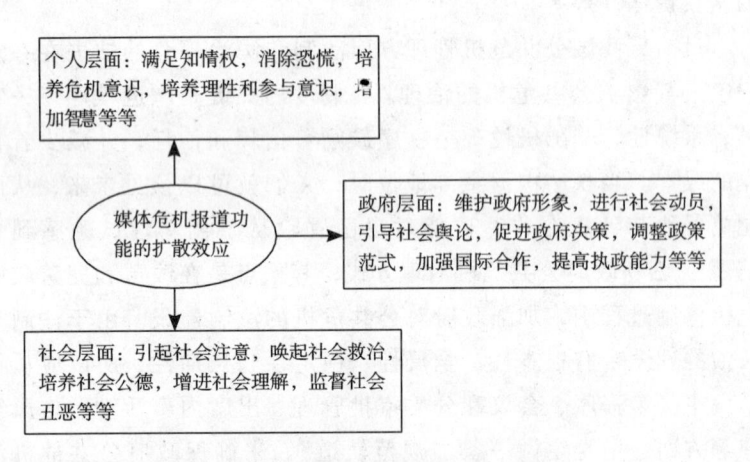

```
个人层面:满足知情权,消除恐慌,培
养危机意识,培养理性和参与意识,增
加智慧等等
                ↑
媒体危机报道功能    →   政府层面:维护政府形象,进行社会动员,
的扩散效应              引导社会舆论,促进政府决策,调整政策
                        范式,加强国际合作,提高执政能力等等
                ↓
社会层面:引起社会注意,唤起社会救治,
培养社会公德,增进社会理解,监督社会
丑恶等等
```

图7-4 媒体危机报道功能的扩散效应

资料来源:赵士林:《突发事件与媒体报道》,上海,复旦大学出版社,2006,第86页。

在商业化浪潮下,新闻媒体在对危机事件的报道中既有积极的作用,又有负面的效应。政府必须注意处理好与媒体在公共危机中的互动与合作关系,充分发挥其积极的作用,把社会公众对危机的舆论引导到有利于公共危机解决的正确方向上来。例如可以借助媒体发挥现代传媒在政府与社会力量之间的沟通，安抚社会情绪，缓解社会紧张状态。最重要的是媒体可以满足公众对灾害性公共危机事件的知情权，不仅向公众提供有关灾害性危机事件的信息，还可以向公众提供一个政策参与的途径，动员社会、非政府组织的资源，加快危机救治体系的建立和完善。

作为一个灾害频繁出现的国家，日本政府在应对灾害时就非常注意处理好与媒体的良性互动关系。例如1995年阪神大地震发生的时候，由于地震区同外界的通信联络全部中断，政府也根本无法了解灾情。在这种危机情况下，日本媒体发挥了重要作用，采访用的18架直升机全部出动，在震区上空了解情况，并通过电视画面将这些情况迅速而正确地传递给人们。兵库县厅所在的神户市在遭到重灾后，当地电视台克服种种困难，从17日早上6点开始进行无广告、无节目台本的连续69个小时的震灾特别节目现场直播，将整体受灾状况与生活密切相关的消息及时传达给政府及国民。震后的当日，政府的信息来源主要依靠电视等新闻媒体。正是在媒体与政府的良性互动，灾区居民的协助和支持下，日本的抗震救灾工作顺利进行，震后没有出现可能发生的疫病。[①]

在灾害性公共危机的处理和应对中，由于报道内容的特殊性和信息传播带来的巨大社会扩散效果，更需要政府危机治理者与媒体作深入的沟通、协调与合作，构建两者之间的良性互动。但是要保证媒体报道的真实性，正如上文所言，最重要的是建立和完善媒体自由法，来确保媒体的权利、责任和义务，使其真正在各个阶段发挥重要的作用。

二 公众危机意识及其防范能力的构建

公共危机事件关系到社会的每一个人，普通公民作为公共危

---

① 刘长敏：《危机应对的全球视角》，北京，中国政法大学出版社，2004，第309页。

机事件直接的"受灾体",他们自身的危机意识、危机防范能力和危机应对水平也是关系公共危机治理成败的关键因素。当公共危机发生时,政府危机管理部门和志愿者没有能力解救每一个处于危险中的人,政府和慈善机构也没有能力或责任完全弥补每一个家庭或个人在公共危机中遭受的财产损失,所以每个公民个人,就要在公共危机事件发生的前前后后,最大限度地实现对自我生命和财产的保护。那么普通公众在公共危机中怎样定位自己的角色呢?一是积极了解突发公共危机事件的性质以及事实的信息,并了解自己在这个事件中处于什么样的位置,然后在对个人利益和整体利益认真思考的基础上,采取自己的行动:一方面配合行动,帮助国家处理突发公共危机事件;另一方面,根据自己的情况采取有效的行动,既保护自己同时又帮助政府,但对普通百姓来说,最重要的就是帮助自己,帮助了自己就等于帮助了国家。二是在平时就应该积累各种各样公共危机事件的救治常识。比如说,一旦地震发生,每一个公众都应该首先明白自己当时处在什么位置,应该马上采取什么措施。如果公众自身相对安全,不要随便拨打急救电话,以免导致手机或电话通信系统因过度使用而陷入瘫痪。另外,在确保自身安全的同时,当危机得到缓解以后,可以有效地参与公救。如在松花江水污染危机事件中,作为公众第一要确保不要去喝受污染的水;第二是在发现别人在喝水的时候,应该告诉他不能喝等等,对喝了水怎么处置,如果公民个人有这方面的常识,不但可以去帮助别人,最后也可以成为急救小组的核心人员。①

要使公众具有自防、自救和救人的能力,必须提高公民自身的危机意识。"科学的危机意识是策略化、实效化、艺术化处理危机的保障。"② 公民危机意识就是公民普遍抱着应对危机状况的

---

① 毛寿龙教授 2005 年 1 月 10 日做客"强国论坛",解读《国家突发公共事件总体应急预案》时的讲话。
② 张岩松:《企业公共关系危机管理》,北京,经济管理出版社,2000,第 46 页。

思想，预先考虑和预测可能面临的紧急和极度困难的形势，在心理上和物质上做好应对危机或灾难的准备，以防止在危机发生时束手无策，无法积极回应而遭受无法挽回的损失。具备公共危机意识的公民通常充分认识到危机事件对家庭或个人日常生活可能产生的危害，从而购买适当的家庭财产保险或个人人身保险；制订应急计划并做好准备；尽可能减少住所内的危险因素等等。

为了提高公民的危机意识和应对危机的能力，这方面有不少经验值得借鉴，如日本小学教育中近40个课时的危机教育，内容分别被安排在地理常识、历史启蒙、人与自然、国文课程中。台湾危机教育从小学一直延续到大学阶段，其间内容不断丰富与充实。[①] 另外，就拿反恐行动来说，在以色列，学者们在大学课堂里讲授政治学意义上的恐怖这一范畴和特殊性方面的课程，并向社会各界人士开放，学校教育还开设有关在恐怖事件发生时如何进行救护方面的课程，讲授如包扎、人工呼吸等急救知识，并当场作示范演习。在美国，"9·11"事件发生后，政府马上制定了具体的行动规则，加强防恐训练。目前，美国已经确定在120个人口密集的城市开展反恐怖训练，重点是防范类似于东京地铁毒气袭击那种使用大规模杀伤性武器的恐怖事件。总的来说，通过广泛的教育和培训，许多国家收到了动员群众、群策群力地进行反恐斗争的效果，使反恐怖深入人心，成为全面的事业。[②]

我国政府在强化危机教育，增强规模危机应对能力方面还要做许多工作。一方面，通过广播、电视、报纸、网络的宣传，让政府机关公务人员、职工、学生和普通民众了解公共危机事件的特征、危机爆发的规律、危机造成的巨大危害性以及公共危机应对的一般经验等等。SARS危机期间有很多宣传途径就非常有效：①举办讲座。请有关医护人员对SARS危机的病征和预防方法等

---

① 《公民危机意识应得到强化》，载2005年11月24日《新华日报》。
② 刘文光：《国外政府危机管理的基本经验及其启示》，载《中共云南省委党校学报》2004年第2期。

方面的知识进行说明，使公众对 SARS 有基本的了解。②开设课程。分别为医护人员和大众进行授课。为医护人员教授的内容主要是防御感染的方法，处理诊所清洁及防疫苗应用的知识，后者则是指通过上课以教导学生有关 SARS 基本知识，尤其是预防方法等等。③设立热线。即通过热线的形式解答公民有关 SARS 的问题。④开放网络。政府通过电子政务对 SARS 疫情有关信息进行通报，满足公众知情权及其对有关信息的了解。在应对其他的公共危机方面，应对 SARS 宣传教育途径仍然值得借鉴。

另一方面，政府可以组织危机演练。由于危机状态与正常状态之间有很大差别，危机治理所需要的特殊技能、知识、经验和心理状态不可能通过有意识地去经历真正的危机而获得。政府通过模拟一些典型的危机事件，既让政府公务人员、职工、学生和普通公民参与其中，使他们在实践中直接感受到危机的破坏力和处理好危机的方法和经验，而且还可以检验危机管理中各项应急计划的适应性，促使政府和公众危机防范意识和防范能力的提高。

三 社区参与危机治理能力的优化

公共危机的治理需要最大可能地吸纳各种社会力量，调动各种社会资源共同应对危机，形成社会复合应对的网络。以社区为主的社会基层结构的发展，能够有效提供高质量的公共服务，提高公共危机治理的效率。"过去半个世纪以来，世界政治尤其是发达国家的政治和经济在国家干预和市场自由两极间不停地来回摆动，而治道变革的新走向，是将福利卸给社区的自愿活动，更多地依靠社区的自治实现公共福利。"[①]

（一）社区的内涵及其在公共危机治理中的作用

"社区"作为一个外来语，最早是由德国社会学家腾尼斯提出的。他在 1881 年出版的《社区与社会》一文中首先使用"社区"一词来规范他们研究的一种社会群体。他认为社区是指那些

---

① 杨团：《社区公共服务论析》，北京，华夏出版社，2002，第 43 页。

具有共同价值取向的同质人口组成的关系密切、出入相友、守望相助、疾病相扶、富有人情味的社会关系和社会团体。1955年美国学者希拉里通过对全球已有的94个关于社区定义的表述作了比较研究，他发现，其中69个表述包括地域、共同纽带与社会交往三方面的含义，认为这三者是构成社区必不可少的共同要素，由此，后来的学者大都认为至少可以从地理要素（区域）、经济要素（经济生活）、社会要素（社会交往）以及社会心理要素（共同纽带中的认同意识和相同价值观）的结合上来把握社区这一概念。所以社区就被认为是生活在同一区域内，具有共同意识和共同利益的社会群体。[①]

自20世纪80年代末90年代初国家倡导发展社区以来，在各地政府领导下，我国的社区服务事业蓬勃发展，在保持社会稳定方面发挥了不可替代的作用。在不远的将来，随着单位意识的淡化，单位所有制的消失，社区将成为人们生活的重要组成部分。作为最基本的社会生活单位，公民个人的需要可以在社区的层次上获得更大的满足。就其社会功能而言，社区可以成为合作、关心、精神生活和智慧创造的蓄水池。在危机时刻，社区是开展规范的社会动员的重要场所。例如在"非典"之时，上海有的社区构建了横向到边、纵向到底的"非典"防治工作网络。其中既包括了组织领导、专业防治与社区基层监控相结合的防控体系，又包括了街道、居委会、楼组三级疾病监控网络。通过在全市各社区普遍进行各种渠道的防"非典"知识宣传活动，有效提高了每位市民的自身防护意识与能力。通过发动社区群众和各类组织投入群防群治，加强社区自愿参与，共同监控疫情，有力遏制了灾害的蔓延，维护了市民社会生活的安定。在整个防治"非典"的过程中，上海的基层社区充分发挥了防灾应变的"缓冲带"、"安全阀"作用，使政府行政决策与民间的社会行动形成互补、协

[①] 杨团：《社区公共服务论析》，北京，华夏出版社，2002，第45页。

调、合作的新格局。①

在南京，社区对全面应对危机争取了时间。例如，2003年4月20日，各级政府下令排查来自疫区人员，而早在4月10日，南京的有些社区如将军庙社区就已经开始部署防SARS的工作，这些社区的行动没有任何一级政府的行政命令，所有的行动指南都来自媒体所报道的新闻和相关资料。在防"非典"行动正式运作起来之后，南京市的各个社区居委会，自5月7日得到政府的要求，彻底排查社区里与疫区相关的人员，很多居委会在48小时之内就将6000居民的户籍详细报给政府部门。而且在每一页登记材料上，每个家庭的人员构成、近期有无外来人员入住等资料一一记录在案。总之，一场公共危机发生后，由于受难者众多，通信联络中断或道路阻塞等原因导致危机救援的正式人员不能及时到达之时，人们不得不依赖相互帮助以满足救生的瞬时之需，人们更要在发生危机时，家人、朋友、左邻右舍的相互帮助。从以上城市对SARS危机事件的处理，我们深深地感受到社区自我管理在公共危机治理中的作用。

（二）社区培育和发展的路径

在危机时刻把社区建设成为一个具有居民共有、共享、认同和参与的群体，真正发挥居民主动性和创造性，提高社区的危机自救和使其成为政府实施公共危机管理的重要力量，还有许多工作要做。由于社区发展的最终归宿是社区自治，这就离不开社区居民自觉自愿的参与，离不开大量社会志愿组织提供的服务和管理。例如南京的志愿者，几乎每个社区都有数十名帮助居委会工作，有的志愿者一个社区就有100多个，他们在SARS危机时帮助张贴有关SARS的宣传海报、横幅，给隔离的居民买菜购物，对外来人员进行登记和检查等等。为此，大力发展以志愿参与为

---

① 徐中振：《单位人·自然人·社会人——"非典"磨难呼唤发育社会支持网络》，载谢遐龄主编《SARS、全球化与中国》，上海，上海人民出版社，2004，第150页。

基础的第三部门，本身即是培育居民的参与和奉献意识，使更多的居民主动参与到社区建设中来。居民规范的参与不仅意味着参与社区事务的运作，从其参与程度上讲，还体现为民主决策、民主管理和民主监督，这就为社区走向自治打下了坚实的群众基础。为此，政府要为第三部门的发展提供广阔的扩建空间，如在法律方面，完善村民委员会组织法、社区居委会组织法，让它们真正具有自主治理的性质；完善物业管理法律和法规，真正保证业主的权利，发挥业主委员会自主治理的作用；完善社会团体、非营利组织的相关法规，取消各种各样无效率的限制，改登记制度为备案制度。在财政上给予积极的支持，为第三部门组织融资和公共服务收费方面提供更多的空间。[1]

除了发展志愿者组织来帮助社区发展外，从目前我国社区的发展情况和管理模式来看，政府可以采取以下措施来发挥社区的作用。一是政府帮助社区成立志愿者危机救援队，为其提供专业培训和必要的救援物品。一旦危机发生后专业救援人员不够时，能够以社区救援队作为一种手段实施社区成员自救，这也是政府与公众合作的良好机会。二是加强社区危机教育。通过社区海报、社区广播，广泛宣传防灾减灾，应对危机的知识和技能，建立民间社区灾难联防体系，实行群防群控，以提高社区公众的危机意识和公众的自救、互救能力。三是支持开展危机自救的模拟演习，提高公众的危机自救能力。

第五节　灾害性公共危机治理的重要手段：电子政务和遥感技术

一　电子政务与电子化政府

电子网络的发展为我们这个信息时代提供了一个广泛的交流

---

[1] 毛寿龙：《萨斯危机呼唤市民社会》，载《中国改革》2003年第7期。

的空间和场所。它不仅提高了公民对事物的认识和自身的参与能力，而且也消除了国与国之间、城乡之间的有形界限，使有共同兴趣和爱好的人们，都可以通过网络进行交流，了解各方的信息，参与政府的公共活动，表达自己的思想和看法，"所有的国家、集团和个人，在网络上的行为只能构成部分，而不是整体。而且国家、集团和个人在这种空间里，也都是平等的。在国际互联网上，有时候个人的影响可能超过集团，乃至国家。"[①] 总之，电子网络时代的信息传输系统为公民参政提供了优越的物质技术条件，公民可以不再为不能及时了解有关政策而苦恼，双向信息传输系统为公众搜集信息、综合信息提供了便利。公民可以根据自己的意愿登录任何网络，了解最新的数据资料、新闻、政策法规，寻求政府服务，与政府进行沟通和交流等等。

作为信息技术的产物，电子化政府就是政府充分利用网络技术的产物。对于电子化政府，有不同的称谓，有人认为电子化政府就是办公自动化，有人认为电子化政府就是政府信息资源的管理，也有人认为电子化政府就是"政府上网"。联合国公众经济管理和美国公共管理协会（ASPA）把电子化政府定义为一个使用最新的信息通信技术，即从简单的传真机、无线手持设备等多方面来进行日常管理的政府。它是一个"通过提高成本效益、有效服务、信息和知识来改善公民和政府的关系，有政府承诺的永久性机构"。事实上，随着信息技术的发展变化，人们对电子化政府的概念会有着新的认识。政府信息化的进程从全体来看大致经过三个发展阶段。第一阶段我们称之为办公自动化（OA）。时间大致从20世纪70年代中期至80年代中期。其主要特点是利用各种信息处理设备和通信技术，处理办公室内部业务，主要进行文件的制作、传送和储存。第二阶段是从OA走向建立公共管理职能，针对决策所需要的信息选择、存储、处理及查询，而由人员

---

① 航亿苇、孙晏新、杨茂东：《电脑思想库》，广东，广州出版社，1997，第658页。

设备和程序所构成的一种新型的管理体系。20世纪80年代中后期，管理信息和局域网成为政府部门应用的主流，对决策分析的支持也取得了一定的发展，在许多领域还取得了成功的经验。第三阶段是从公共管理信息系统走向电子化政府。20世纪90年代以后，随着国际互联网技术的发展和在政府管理中的应用，人们提出电子化政府或网络化政府治理这一概念，主要是指在政府内部行政电子化或自动化的基础上，利用网络等信息与通信技术，连接政府各单位以及各数据库，进一步对各系统进行整合，建立其电子化、数字化以及网络化的政府信息系统；并通过政府网络体系的建立，为社会公民提供信息和其他服务。自从美国1993年提出全国信息基础设施计划（NII）以来，各国都在投入力量进行筹划、建设并展开激烈竞争。1995年2月西方七国集团与欧盟召开了"信息社会会议"，提出了"全球信息社会"的宏伟目标，认为信息高速公路建设是"一场具有深远社会和经济意义的新的工业革命"。1996年5月在南非召开的"信息社会与发展"的大会上，发展中国家一致认为，要立足于自己的国情，依靠自己的力量来推动信息化建设，以促进综合国力的提高。在一系列信息化发展计划的推动下，电子化政府浪潮在全球范围内迅速扩展。根据联合国教科文组织在2000年对62个国家（23个发展中国家，39个发达国家）所进行的调查，89%的国家都在不同程度上着手推动电子化政府的发展。在世界各国积极倡导的"信息高速公路"的五个应用领域中，"电子化政府"被列为第一位。[①] 通过对电子化政府过去和现在情况的分析，我们可以认为电子化政府就是对现有工业时代政府形态的再造，它是和信息社会新生产力模式相适应的、有效和全面的管理和服务体系。这个管理和服务体系是以信息共享和数据获取为基础，以电子化、网络化、程序化办公为依托，以信息安全为支撑，以公共服务为导向，目的在于将现在的政府改造成一个高效、精简、弹性、能够创新、有应

---

① 黄健荣：《公共管理新论》，北京，社会科学文献出版社，2005，第455页。

变能力和具有更高服务品质的政府。

1998年,我国香港特别行政区政府开始实施"21世纪数字战略"计划,该计划把电子化政府定义为:"借助电子手段,无论何时何地都可以进行的,对于国内运行所提供的面对大众的政府服务引导(包括获得政府信息和完成政府事务的处理)。"1999年为我国的"政府上网年"。从1999年1月22日国家经贸委经济信息中心和中国电信联欢会在北京的政府部门,共同发起政府上网工程以来,得到了从中央到地方各级政府部门的积极响应,迄今已经取得了可喜的成绩,并且随着形势的发展和需要,许多地方搞起了电子政务的创新活动。

民事行政"网上办案"。为了解决长期以来民事行政办案的"倒三角"结构(每个案件从基层检察院建议抗诉、市院提请抗诉,到省院抗诉,通过要经过三级检察院审查才能终结),这导致上级法院尤其是省级法院民事行政案件的积压问题。2005年8月,浙江省检察院民事行政部门和检察技术部门共同设计,开办网上办案系统,并对所有的民事行政检察人员进行了操作培训。由于这一办案系统的设计严格依照立法和司法解释的要求,从案件处理、立案审查终结、电子归档都做了周密的规范,既提高了办案速度,又限制了办案人员的随意性,提高了办案的透明度。

上海市"数字海洋"。通过卫星、遥感飞机、海上探测船、海底传感器等进行综合性、实时性、持续性的数据采集,把海洋物理、化学、生物、地质等基础信息装进一个"超级计算系统",使大海转变为人类开发和保护海洋最有效的虚拟视觉模型。"数字海洋"能在防御包括地震、海啸在内的海洋灾害上大显身手,为海洋综合管理和公益服务带来了革命性的变化。

"一窗式"服务。山西省太原市交通征稽部门在缴费制上实行银行代征和异地征费,并在汽车租赁公司合同化服务,这种"一窗式"服务,简化程序,方便车主。

"城管数字化"。2006年扬州市城管系统投资4000万元,采用"万米单元网格"管理方法和城市部件管理方法相结合的方式，在全国推行先进的"城管数字化"，该系统的信息采集范围覆盖扬州市140平方公里。当地监督员和市民通过"城管通"手机或城管热线电话，能在第一时间、第一现场将城市管理问题的各类信息，实时传送到监督中心，监督中心收到信息的受理案件，由分析员确定是否立案，再由指挥中心的派遣员进行任务派遣，各职能部门的处置员再进行任务处理。该系统依据电子政务平台，沟通各区、各部门，实现基于基础平台的数字化城市管理。

"阳光行政"。国土资源部先后在广东、深圳、海口等地方部门进行了依法行政工作试点，一些地方窗口办公制度、内部会审制度、政务公开制度、信息可查制度、执法责任追究制度等方面取得了显著的成效，由于一改过去的流水线作业并行办公、互动运作，提高了办事的速度和效率，国土资源部称之为"阳光行政"。

由此可见，对信息的接受和处理的速度和广度是未来政府治理的重要尺度。政府作为公共问题的管理者，这又依赖于对公共问题信息的分析、判断和把握。可以说信息以及信息网络作为现代化政府的神经中枢，如果置之高阁，政府就会不可避免地陷入混乱之中。从积极方面来看，电子化政府的作用主要体现在以下方面。

（1）提高政府决策的科学性和政府公共服务的质量。赫伯特·西蒙认为在管理决策过程中，决策者进行理性判断和抉择的能力是有限的，在有限理性下，决策只能达到满意化，而不可能做到最优化。有限理性阻碍了行政决策科学化的实现，而造成人类理性有限的主要原因是信息的缺乏与不足。但在政府各部门工作的网络化、信息化、系统化，可以使其准确、迅速、及时地获取和掌握国家政治、经济、社会发展诸领域的可能信息，从而制定正确的决策、做出理性的判断及采取必要的行动，进而提高了政府决策和公共政策的水准和质量。网络时代的政府管理将由管理型向服务型转变，"领导就是服务"、"管理就是服务"的口号将不再仅仅是口头与文字的表述，政府与公众的信息共享已成为现实。在传统状态下，行政服务是整齐划一的单项供给型服务，人们没有选择的自由，所以不能提出更高的服务质量要求。而在电子化时代，只要人们打开能上互联网的电脑，就可以了解政府对某项管理和服务的计划情况，参加各式各样的讨论组，发表自己的意见。"自由的公众选择机制实际上是对公共服务部门的垄断所导致的官僚主义、效率低下及其对公众利益侵犯的一种修正。"[1] 同时公共机构自动化、程序化的服务，使人们没有必要担心"门难进、脸难看、话难听、事难办"的官僚主义作风，人人在网络面前都会受到一视同仁的待遇。总之，由于电子网络可以把所有的公众更加紧密地整合起来，形成了更加强大的系统，从而具有更为强大的能量处理公共事务，做出更明智的决策，提供更加高质量的服务，来实现公共利益。

（2）电子化政府有助于提高政府服务效率，降低行政成本。在互联网技术的支持下，一部分政府的运作已经不再受时间、地点和各部门之间不同功能的限制。在运作过程中的环节减少了许多，从而使整个过程简单化了，这个高效率的政府过程可以从以下几个方面表现出来：需要在政府办事的居民或当地工商企业不用再一趟一趟地到市政府来当面接洽；许多政府的程序变得简单了；通过互联网的使用，政府机构的操作在最大程度上自动化了。比如，居民通过市政府的网页缴纳水费，整个过程只需要几分钟而且没有政府工作人员的参与；另外，任何人可以在任何时间、任何地点在线查询政府文件，从而使政府的运作更加透明。[2] 从目前的情况来看，政府信息化使传统的部门组织朝着网络组织方向发展，打破了地域、层级、部门的限制，促使政府组织和职能的整合；政府信息化促使政府办事的程序和办事的流程更加简明、畅通；节约了人力、物力和财力资源。所有的这一切都对政府服

---

[1] 王运生：《公共行政民主化运作》，载《社会科学》2000 年第 7 期。
[2] 〔美〕吴量福：《运作、决策、信息与应急管理》，天津，天津人民出版社，2004，第 175 页。

务效率的提高起了巨大的推动作用。

同时网络技术的发展，将大大减少管理的中间层，一个人可以干更多的工作，使行政组织规模大大缩小，精简机构和人员的力度会更大。所以网络使政府用于工作人员的工资、福利等财政开支总费用将减少，这将使政府以较少的投入获得较大的产出，减少政府治理成本。

（3）电子化政府有助于政府信息公开，建设开放型政府。政府机关及其工作人员负有依法向公民及社会公开信息的责任和义务。原美国司法部长拉姆兹·克拉科说："如果政府是属于人民、来自人民、为了人民的话，人民就应该详细了解政府的活动。没有什么比秘密更毒害民主政治了。只有公众拥有信息，市民自治、广泛参加国家事务才有可能。我们如果不了解信息，怎么才能进行统治！"信息公开作为民主政治的基础，也是开放透明型政府的根本。经由政府网络系统的处理，政府信息系统中除个人隐私、商业秘密、国家机密等不宜公开外，其余的均可以依其性质向社会、组织、企业和个人公开使用，这不仅可促使政府信息的加值利用，而且，政府的信息化建设推动和加速了整个社会的信息化发展，便于社会公众、新闻媒体监督政府行政，起到政务透明和公开的作用。特别是在政府采购中引入了竞争制度之后，政府可以通过电子化方式进行招标、商务谈判、采购等，这可以保证这些活动的竞争性、公开性和高效性，尽可能地避免交易中的各种腐败现象。有人曾经形象地将其比喻为从政府"盖红戳"工作时代到"点击鼠标"工作时代的转换。

（4）电子化政府有利于提高政府的回应力，扩大公民参与，加强政府与公民之间的合作。在传统条件下，公民对政府的意见和看法，通过层层渠道到达决策层时至少也要耗时几个月，但是目前通过政府网站设置的市民信箱，公众的意见、建议、投诉可以通过网上固定的表格形式进行，这样在无形中拉近了政府和市民的距离，有利于政府提高自身的服务质量。电子化政府作为一个每天工作二十四小时的政府过程，能够建立起政府组织之间、政府与社会、政府与企业、政府与公民之间的广泛的沟通网络，这种沟通网络可以打破时空和层级的约束与限制，提高政府内外的沟通效率，及时传达政府之施政意图、方针与政策，反映公民的要求与呼声，从而提高了政府治理的反应能力和社会回应力。同时，政府借助因特网、电子邮件、电子布告等新兴的科技方式，与公众建立一个迅速、有效的沟通途径和意见反馈机制，从而实现和扩大公民对政府公共事务管理的参与。

概言之，电子化政府改进了政府工作的行为和方式，使政府工作由神秘、封闭转为公开透明，使管理由间接转向直接，使公务员由"高高在上"的官僚变为提供优质服务的公仆，从而有利于实现政府公共服务的职能，建立一个高效、透明、负责任和有回应力的政府。

二 电子政务在公共危机治理中的功能与价值

随着对实施电子政务战略意义认识的不断深化，我国的电子政务建设也在逐步加大，如果借助于网络信息技术的发展，将公共危机管理与我国正在迅速发展的电子化政府相结合，把公共危机管理作为电子政务的一部分，利用电子政务平台建立起来的计算机网络，通过完善的政令传播及信息反馈系统，建立起同电子政府管理体制相适应的危机管理系统，这必将切实有效地加强对危机的预防和治理过程的管理和控制，使公共危机能够更为顺利地得以治理。其原因在于以下方面。

第一，电子化政府的信息发布与传递功能，为社会公众了解公共危机治理信息提供了一个良好的电子信息平台。公共危机事件作为自然或人为的对社会公众波及较大的危险性事件，不仅会对公众的心理产生影响，而且会威胁社会安全与稳定。在突发性的危机事件发生后，如果政府不及时向外界公布危机信息，就会导致谣言四起。如我国"非典"疫情最初出现在广州后，由于政府没有及时将"非典"疫情的传播途径、危害程度、预防措施等相关知识公布给公众，以至于谣言四起，百姓恐慌，不法商贩趁机哄抬与防疫相关物品的价格。因此，在危机救治中，政府必须及时客观地公布信息，让公众了解实情，消除他们的顾虑，树立政府的公信力。英国危机公关专家杰斯特就曾提出危机处理的"三T"原则："Tell you own tale"（以我为主提供情况）；"Tell it fast"（尽快提供情况）；"Tell all"（提供全部情况）。而作为政府对外信息收集和处理主要工具的电子化政府，正好满足提供危机信息的功能，利用电子化政府传递危机信息不但体现了政府的勇气和形象，而且能够打击小道消息传播造成的后果。电子化政务可以实现公共信息的数据共享，因此是危机治理中必须重视和利用的一个平台。

第二，利用电子化政府及时有效地收集信息，有利于扭转局势，控制危机的进一步升级。危机作为一种紧急事件，要求政府必须在较短时间迅速做出决策，如果公民不能及时从权威机构了解危机真相很可能会使那些别有用心的人兴风作浪，增加社会的恐慌心理和危机处理难度，通过政府权威的门户网站发布危机信息就会对此进行有效的遏制。例如 2003 年 4 月 20 日之后政府在其网站上推行了疫情一日报，将疾病的症状、病例总数、痊愈人数和实际死亡人数、政府已经和正在做出的努力、公民应该采取的预防措施等全面、准确地向社会公布，从而稳定了社会公众的情绪，使全社会没有出现大规模的恐慌心理。政府通过网上疫情通报，不但赢得了公众的信任，而且也使公共危机事件得到了卓有成效的控制。

第三，电子政府能够提升政府危机形象，增强政府的责任心。约瑟夫·斯蒂格利兹在其题为《透明化在公共生活中的作用》的演讲中指出："在民主社会，公民有知道和被告知政府在做什么以及为什么要那样做的基本权利。保密是具有腐蚀性的：它与民主的价值背道而驰，并且削弱了民主的进程。它是建立在治理者和被治理者之间互不信任的基础上的；同时，它又使互不信任更加恶化。"① 因此在危机时刻，如果不能及时、准确、有效地获取

---

① 〔美〕托马斯·萨斯曼：《电子化政府与人民知情权的辩证分析》，载《当今要论》2001 年第 11 期。

相关危机的信息,公众对政府的信任感就会急剧下降,公民和政府之间的相互信任和相互支持也将受到威胁。借助于电子化政府,公众可以把对政府的看法、批评以及有关危机治理中存在的问题进行及时的反馈,有利于政府接受公民对处理危机事件的监督,强化政府在危机决策和治理行动中的责任心。

第四,电子政府是保障危机中公众知情权的需要。知情权作为公众重要的社会权利之一,自然要得到尊重和保护。知情权又称信息权,最早由1949年联邦德国基本法确立。"二战"以来,美国、澳大利亚、英国等国通过法律制度或司法对公民信息权的保护呈现出强化的趋势。"信息公开是普遍原则,而不是例外。一切人均有平等阅览政府信息的权利。不可阅览的文件,证明其保密的合法性责任在于政府,而不是阅览人。阅览请求被非法拒绝时,个人拥有权利要求法院发布禁止令制止其侵权,给予救济。"[1]电子政务如果在致力于消除"数字鸿沟"(digital divide)[指的是出于不同社会经济层面上的个人、家庭、企业和地理区域之内,对享有信息和通信技术(TCT)的机会程度以及对用之参与广泛活动的互联网的使用程度的差异][2],努力缩小"信息穷人"和"信息富人"之间的差距,真正做到"执政为民"、尊重公民知情权,那么电子政务建设将会发挥更大的能量和政治效益,成为政府在危机时刻提供信息、保证公民权利的最佳工具。

概而言之,电子政府作为公共危机时刻,政府收集资料和信息,公民表达民意、了解信息的重要渠道,如果运用适当,就会充分发挥其直接、高效、灵活、大容量、权威性的特点,帮助政府和社会更快、更早、更敏锐地判断形势、发布信息、安抚民心,真正发挥电子政府具有的基本应对公共危机的能力,使其在传统政府管理方式受到危机攻击不敷使用的时候,能够发挥其应有的作用。

---

[1] 刘迪:《现代西方新闻法制概述》,北京,中国法制出版社,1998,第57页。
[2] 参见(OECD)2001年报,《理解数字鸿沟》,第5页。

三 遥感技术在灾害性公共危机中的运用

遥感技术集中了空间、电子、光学、计算机通信和地学等学科的最新成就，是当代高新技术的一个重要组成部分。我国先后建立了国家遥感中心、国家卫星气象中心、中国资源卫星应用中心、卫星海洋应用中心和中国遥感卫星地面接收站等国家级遥感应用机构。同时，国务院各部委及省市地方纷纷建立了一百六十多个省市级遥感应用机构。这些遥感应用机构广泛地开展气象预报、国土普查、作物估产、森林调查、地质找矿、海洋预报、环境保护、灾害监测、城市规划和地图测绘等遥感业务，并且与全球遥感卫星、通信卫星和定位导航卫星相配合，为国家经济建设和社会主义现代化提供多方面的信息服务。遥感领域的技术进步在国民经济与社会发展中的贡献与日俱增，尤其在灾害性公共危机治理方面显示出了巨大的潜力。遥感技术在减灾领域的应用是最能出效益，最能发挥遥感全天候、全天时、动态监测能力的领域，也是各个国家灾害管理和应对的重要手段。

气象卫星遥感技术的基本原理是在气象卫星上，用可见红外和微波波段探测器对地球表面进行遥感，这种遥感是通过不同光谱波段的辐射测量进行的。其之所以能够感知大气和地球表面的许多特征，在于大气和地球表面对太阳光具有吸收、散射和反射，同时自身又产生辐射。这些辐射在不同的波段因大气和地表所具有的不同的物理和化学特性而不同。因此，大气窗口和地物的光谱特征是遥感的基础。[1] 从 20 世纪 80 年代中期开始，遥感技术的发展步伐明显加快。加之与 GIS/GPS 等技术的结合，在灾害性危机事件的管理工作中发挥了如下重要作用。

一是灾害监测。对灾害性公共危机的监测是遥感技术最先应用的领域之一。主要包括早期的灾害发现和灾害过程监测。监测

---

[1] 叶民权、吴其勇、储长江：《卫星遥感技术在地震监测中的应用》，载《减灾技术与方法》2006 年第 2 期。

内容包括灾害的类型、发生地点、范围、扩散与移动路径、影响区域和持续时间等。监测方法可以分为目标识别方法和参数反演方法。遥感技术在我国减灾领域第一次应用是成功监测了1987年5月6日至6月2日发生在东北大兴安岭的特大森林火灾。此后，随着遥感卫星性能指标的提高，应用理论和技术的发展，遥感技术在灾害监测领域的应用不断深入，基本可以满足灾害的全天候、全天时、多尺度、动态监测能力的需求。遥感设备不断从可见光波段向两端延伸，远远超越了人类视觉的极限。通常，可将遥感技术分为光学遥感、红外遥感、雷达微波遥感三类。雷达遥感因其不受白天黑夜以及云雾的限制，能够对自然灾害进行全天候、全天时的监测。国外已广泛地利用雷达遥感监测洪水灾害。如我国在1998年特大洪涝灾害期间多次利用雷达遥感进行洪水监测。雷达遥感在海洋油污染监测方面也有独特优势，得到广泛应用。干涉雷达利用从雷达复图像数据中衍生出的相位信息来提取地表三维信息，是近些年雷达遥感发展的重要方向。干涉雷达除了在测绘领域的应用之外，在减灾领域可以进行地震、滑坡、泥石流、地面沉降等地质灾害的监测。

二是灾害风险分析和预警。灾害风险分析和预警的基本目标是及时应对灾害和消除风险因素，最大限度地降低灾害带来的生命和财产的损失。遥感技术改变了我们观测地球的方式，弥补了地面观测的不足，发展成为自然灾害的"天地一体化"监测，大大提高了灾害风险分析和预警的能力。随着全球观测体系和信息交换方式的改进，灾害风险评估理论和方法的提高，结合灾种的多专业的风险评估模型的不断建立和在应用中的不断优化，灾害预警的准确性和超前性也在随之提高。灾害的风险性分析主要是对灾害的危险性和易损性进行监测和分析。随着过去几十年科学技术的发展，遥感技术结合气象、海洋、地震等部门建立的针对大气、陆地、海洋的有关科学观测数据，同时结合社会经济发展等数据，在GIS技术的支持下，可以建立空间技术支持下的灾害风险评估和预警技术体系。在全球尺度上可以监测分析到包括厄尔尼诺现象在内的各种气候现象所导致的灾害风险并进行早期的预警。在一些具有过程性特点的灾害中，由于遥感技术的支持，可以做到灾害过程的动态风险评估和预警，灾害发生的上游监测信息为下游提供预警信息，有利于在灾害的动态监测中做出科学的应对措施。

三是灾情评估。遥感技术是灾害损失评估的最佳手段。通常借助地理信息系统技术，综合利用受灾区域基础地理数据，土地利用/覆盖数据、社会经济数据、灾前遥感数据组成的背景数据库，借助于专业模型进行评估。可以将灾情评估分为灾前预警、灾中动态评估和灾后全面评估三个阶段。评估结果即包括灾害发生的范围、面积、灾害强度、灾害等级和损失程度及其分布等定性的内容，也可以对房屋倒塌、受灾人口、农业损失、生态环境破坏等定量评估。

四是决策支持。遥感技术促进了灾害风险评估、灾害预警、灾情评估技术方法发展和准确率的提高。进而提高了政府应对灾害的决策能力和决策水平，甚至影响到减灾政策的制定。在国家有关灾害应急预案中已经将遥感技术作为重要的依托手段。[1]

遥感技术在灾害管理中的应用同样体现在灾害的恢复重建方面。综合分析灾后灾情的评估结果和灾区社会经济发展状况等信息，可以评估恢复重建的需求。对恢复重建、灾民安置进行科学选址和规划。利用高分辨率遥感数据可以监测和评估恢复重建的进展和绩效等。对于自然灾害造成生态环境退化的情况，利用遥感技术可以规划生态环境的恢复计划，并对恢复效果进行持续监测评估。在制定区域减灾规划方面，近些年以遥感技术为代表的空间技术越来越发挥着重要的作用。总的来说，遥感技术支持下的灾害应对结构如图7-5所示。

遥感领域的技术进步将不断提高卫星传感器的监测能力和地面应用处理技术，国家灾害管理水平将随之提高。一是遥感技术在灾害管理常规应用领域的能力将不断加强。主要体现在灾害监

---

[1] 范一大：《遥感技术支持下的灾害管理》，载《中国减灾》2005年第2期。

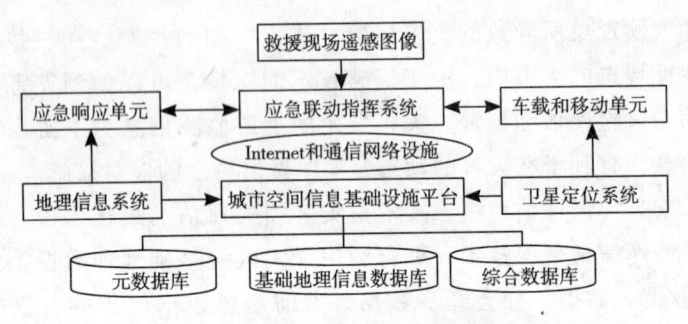

图 7-5　遥感技术应用结构图

资料来源：陈秀万、杨凯欣、方裕、陈斌：《基于空间信息技术的城市应急救援联动系统研究》，载《地理与地理信息科学》2003年第4期。

测、预报预警、风险制图、灾情评估、减灾决策等方面能力的提高，并由过去的应用研究服务向长期业务运行产品服务过渡。遥感技术将不断从科研机构走向灾害的业务管理部门，直接为国家灾害管理与国民经济建设服务。二是遥感技术将在与灾害管理有关的更多领域得到应用。如流行病的预测。过去对流行病的预测主要是采用间接的方法。通过检测与疾病流行有关的地理、生态、气象等来预测疾病流行的危险性。其基本步骤是：在大量文献调查的基础上，弄清疾病（媒介生物）与环境生态之间的联系及强度，以确定该疾病被遥感监测的可能性。并在此基础上建立"疾病（媒介生物）——环境"模型，研究这些相关因素在卫星遥感资料中的表现形式，对疾病相关因素进行卫星遥感监测的试验性研究，对遥感资料进行分析处理，排除干扰信息，提取目标信息，并不断校正，重复检验，直到取得满意结果，建立相关因素分级标准，设计现场研究方案，进行现场试验性研究，成功后再扩大现场研究，确定其适用范围及实用性，最后进入实际流行病学应用阶段。[①] 现在值得关注的是，自然灾害所导致的健康问题是遥

---

① 王松俊、廖应昌：《卫星遥感技术在流行病学领域的应用研究》，载《解放军医学情报》1994年第8期。

感要解决的一个新领域。需要将对地观测数据转换成反映环境指标的信息，综合与环境有关的健康统计信息，通过数据同化和建模提供信息服务产品，输出结果应该包括灾区环境状况、健康危险以及处于危险中人口、食用水的质量和数量以及传染病等。

我国正处于经济体制和社会体制的转型期，将遥感技术纳入到我国灾害管理业务工作还有很长的路要走。除了需要提高我国遥感卫星的性能和加强我国遥感减灾技术的基础研究之外，还需要不断完善我综合减灾技术领域的协调与合作机制。根据国家综合减灾的需要，加强遥感技术在减灾领域的应用研究，克服以往减灾领域的科学研究与应用脱节的弊端，将减灾技术领域分散的科技进步和研究成果尽快向灾害管理的业务应用转化，加强减灾领域信息基础设施建设，建立并不断完善跨部门、跨地区的国家综合减灾信息共享平台。打破信息壁垒和信息垄断，实现减灾领域的信息共享。重视自然灾害风险管理研究，将自然灾害风险管理纳入到国家灾害综合管理的范畴，逐步建立国家自然灾害风险综合管理的组织体系、研究体系、技术体系和决策体系，不断加强遥感技术在内的应用技术在灾害管理工作中的应用需求和应用潜力研究。加快我国综合减灾领域中的信息技术能力建设，将国家综合灾害管理提高到一个新的水平！[①]

小　结

在现代西方国家公共事务的治理过程中，各种社会组织和普通公众的高度参与，社会多中心的自主治理和社会自治，政府之外的各种社会组织和机制的发展，治理主体和治理模式的多元化，已经成为一个核心事实和主要的发展趋势。在公共危机管理中，政府与社会的边界应该是相互开放，相互流通的。公共危机的有效治理需要政府为主体进行及时应对，负起相应的责任。但是政

[①] 范一大：《遥感技术支持下的灾害管理》，载《中国减灾》2005年第2期。

府也不是万能的，如果没有社会其他主体的参与，危机也难以顺利治理。要实现化解危机、减灾、社会重建、维护社会公共安全、社会和谐和可持续发展以及实现危机损失的最小化的减灾救灾目的，就必须重建面向合作的信任，顺利沟通的信任，激励参与的信任。而危机治理过程中信任的重建必须通过建立信息公开制度，实现政府与公众之间双向对等的沟通。

同时，由于灾害的应对和治理应是一个多元参与的多中心治理过程，所以，必须提高政府、公民、社区及媒体在灾害性公共危机治理中不可或缺的作用，培养能力，积极有效地参与公共危机的治理工作。只有政府与社会其他主体共同参与，建立起合作共助、共担风险、共渡难关的机制，危机治理才能顺利实施。政府和社会要相互合作。首先，政府与社会其他主体在开放的接触中要及时发现对方的需求并做出相应的反应。政府需要借助有效的电子传媒，主动地向公民公开信息、征询意见、解释各种危机管理政策并发现和解决公共危机管理中的问题。同时也要利用遥感技术及时地发现和预测灾害性危机事件。其次，政府也要根据法律的规定，充分发挥社会自治组织在灾害性公共危机治理和应对中的自我服务、自我规制和自我救助，形成一个政府与社会组织之间的互动化、网络化行动结构，从而实现政府与社会其他组织的优势互补。但是，根据我国现阶段的实际情况，治理公共危机还存在着诸多不利因素，因此，在今后的治理工作中，需要进一步完善和提高。

第八章
我国灾害性公共危机治理对策：
体制、机制和法制的创新

第一节 完善灾害性公共危机治理体制

随着全球化的推进，各种灾害性的公共危机事件特别是公共卫生危机日益呈现出多元化、交叉化和复杂化的趋势，面对风险社会的来临、灾害的增多，建立有效的各种灾害性公共危机管理的组织体制，打破条块分割、增强政府应对各种公共危机事件的技术和资源配置能力、整合能力成为公共危机管理体制改革不容回避的重要内容。

一 政府主导：政府的权与责

与日常公共管理不同，公共危机管理一般是在紧急突发状态下进行的，政府决策者要克服时间紧张造成的巨大心理压力，迅速协调不同部门做正确的决策，并采取有力措施控制危机局势进一步升级，以免政府的统治力受到怀疑，合法性受到损失。另外政府作为公共服务的提供者、公共政策的制定者、公共事务的管理者，以及公共权力的行使者，在公共危机事件的处理中处于更加重要而特殊的地位，所以以政府为中心的各参与主体的权力与责任的建构与调适成为公共危机治理的核心问题。总体来说，就是保证中央政府在危机管理中的领导与指挥的核心地位的前提下，通过内部的权力划分，以及对外的权力授予，形成若干大大小小的权力主体，分别课以相应的责任，对各个权力主体形成有效的监督和制约机制，并通过法律的制定和实施来确保这种责与权的实现。

(一) 政府内部权力划分

对于政府这一重要的公共危机治理主体来说，首先是政府内部纵向权力的划分。纵向权力划分就是指为了应对危机，中央与地方政府直至最基层政府之间对权、责的配置和划分。[①] 危机情况一旦产生，往往时间紧迫，存在资源有限、信息流通不畅等困难，这就要求政府部门打破常规管理中的权、责划分机制，根据灾害性公共危机事件产生的现实情况，合理地对政府权力进行有效的配置。

重要的是政府危机最高决策中心的适度集权。由于公共危机事件一般具有突发性、危害性等特点，客观上要求政府和社会公众动员一切力量在最短的时间内予以消除和化解，因此，在中央政府设立一个独立的、居于核心地位且具有最高权威的指挥机构成为重中之重。因为具有统一的最高决策机构，才能有效地指挥相关部门，调配相关资源，协调各个方面的冲突矛盾，对各级政府和部门的救治行为进行指挥和监督。所以，最高决策中心在危机治理中的一定集权是必需的。通过与常规决策的比较可知（见表8-1），由于危机本身导致的事态不确定、时间紧迫性、信息有限等因素决定了在决策时具有更高的要求，建立高素质、专业化的公共危机决策机构具有重要的意义。

例如，美国1979年成立的联邦紧急事态管理局（The Federal Emergency Management Agency，FEMA）就是一个在危机管理中处于核心地位的联邦常设机构，又称为联邦危机管理局或联邦应急中心，是一个直接向总统负责，报告并处理国家灾情的独立政府

[①] 曹现强、赵宁：《危机管理中多元参与主体的权责机制分析》，载《中国行政管理》2004年第7期。

表8-1 常规决策与公共危机决策的区别

决策类型＼比较点	所需时间	信息的质与量	目标取向	行为模式	决策效果
常规决策	在充分论证的基础上做出，所需时间较长	信息质量高，数量多	追求决策的最优化	有规律可循，程序化模式	可预测
危机决策	在紧急状态下做出，所需时间极短	信息不充分，容易失真	控制事态的蔓延，减少损失	无规律可循，非程序化模式	不可预见性，后果不确定

资料来源：颜佳华：《公共决策研究》，湖南大学出版社，2005，第353页。

机构。多年来该机构已经发展起一套综合应急管理系统，应付各种类型和各种规模的天灾人祸，从火警、地震、飓风到爆炸直到危机的最高形态——战争无所不管。其战略目标包括三个方面：一是保护生命并预防所有由灾难造成的损失；到2007年底，使各种灾难造成的人员伤亡减少10%，使经济破坏的损失减少15%。二是减少灾难发生后受害人的痛苦，以加快恢复进程。具体目标是：使人们经受灾难的影响和痛苦减少25%，用于公共服务的设施储备增长20%，在2007年之前使其增长的速度基本上达到个人、公司单位和公共部门能实现灾后的恢复，用5年的时间用于反馈和恢复的战略性研究，以提供达到此目标的评估资料。三是保证社会公众能及时地并以有效的方式享受灾后服务，使FEMA所提供的应急服务效率提高20%，享受FEMA应急服务的人员的满意程度达到90%。FEMA在发展过程中经过一系列改革，在应对公共危机事件中起到了重要的作用，但是由于这种常设机构权力过大，地位过于突出，在危机状态下倒是可以发挥巨大作用，但在常态之下，该机构有可能滥用本部门的权力，干扰各级政府和各个部门的正常工作，使行政系统混乱；这种常设机构还往往会以增强危机管理能力为名，不断增加自身规模，导致机构恶性膨胀。

目前，我国中央政府应对灾害性公共危机事件，主要利用临时性灾害应对机构来代替专门性机构的工作。虽然这种临时性危机处理机构能够避免政府机构的膨胀，但与此同时，中央政府也必须加强危机管理的制度建设，规定在什么样的危机下，成立什么样的危机管理指挥中心，由什么样的部门主要负责，什么样的部门提供辅助性的服务，哪些专业机构和专家组成智囊团来进行参谋等。一旦危机爆发，就可以按照事先的方案，迅速组织起危机管理的核心机构。

政府在危机治理中的权、责划分还体现在纵向的权力配置上。[①] 最高决策中心保持权威是必须的，但集权必须与分权有效结合，否则同样会使灾害性公共危机事件的救治工作不力。这是因为，第一，最高决策中心的人力有限。灾害性公共危机事件一般范围广泛、危害巨大，情况紧急而复杂，危机在各个地点、各个时间段的表现不一样，如果所有决策都由最高决策中心做出的话，最高决策中心就会不堪重负，出现效率低下的情况。第二，信息失真的存在。由于基层政府和地方政府可能最先了解危机的真实信息，但如果有关危机的信息从最基层通过层层环节达到最高决策中心，不但时间久，周期长，而且其复杂性可能大打折扣，即使信息准确，这种环节过多的信息传达机制必然会延误时间，影响效率。第三，各级政府和部门如果决策权缺失，也必然导致责任承担的缺失和不足。面对危机，各级政府和部门不愿真正地、认真地承担危机救治的责任，而是相互推诿、扯皮，甚至掩盖真相。所以，最高决策中心必须向各级政府和各部门授权，进行权力的合理配置，同时课以相应责任。集权与分权，统一指挥与分权治理相互依存，有机结合。这种划分体现的是最高决策中心权力的微观弱化和宏观强化。但这种权力的授予和制约要有一个平

[①] 曹现强、赵宁：《危机管理中多元参与主体的权责机制分析》，载《中国行政管理》2004 年第 7 期。

均点。不可否认，由于"经济人"的特性使然，各级政府领导人在应对灾害性公共危机事件时会从个人利益出发进行虚假治理、掩盖真相，以求保住官职。如果对其在危机治理中授权过小，制约过大，其承担的责任相应也会较小。此时，往往会出现下级政府不愿主动承担责任，而是消极应对，遇事请示、报告、谨小慎微，不敢越雷池一步，且遇事会互相推诿、扯皮，贻误危机应对的有利时机。

因此，问题的关键在于如何使分权及制约达到一个平衡点。在这一平衡点上，要既能激励下级政府积极主动地承担责任，处理危机，又能避免下级政府隐瞒危机真实信息，为下级政府提供一个可行的正向激励机制成为必然。而事先制定"危机分级制度"，按危害性的大小（如伤亡人数、财产、损失数量、影响范围）对危机中的紧急情况进行细致的等级划分，成为使各级政府承担责任的一个重要方面。什么样的情况可以由地方全权处理，什么样的情况必须由省级政府处理，什么样级别的危机必须由中央处理，都要进行严格界定。省级政府和地方政府在处理危机情况时，既要不违背最高决策中心制定的总体方案和原则，又要充分发挥自身的灵活性和创造性，提高危机救治效率。

另外，需要注意的是政府内部横向的权力划分与制约。[①] 横向权力划分主要是指政府各部门之间的权力划分，即各主要职能部门之间应拥有的权力和承担的责任。危机状态一旦出现，在各级政府决策中心统一指挥下，某一个或几个职能部门主要负责，其他相关职能部门提供辅助性的服务，各自负责危机管理某一方面的具体事务。横向权力划分要重视两方面的问题：一方面，对各职能部门的职责一定要明确，落实到危机救治的每一个细节，以避免出现职能不清，权责不明，互相推诿、扯皮的现象，使各职能部门协同完成作战的任务。要加强各部门之间的协调、沟通，

[①] 曹现强、赵宁：《危机管理中多元参与主体的权责机制分析》，载《中国行政管理》2004 年第 7 期。

以全局为重，避免出现部门分割，各自为战的现象。使整个公共危机救治系统成为一个有机的整体，协调运作，有条不紊。特别是在危机现场，情况紧急而复杂，要真正有效解决各部门之间的协调、沟通问题，首要的是在危机治理中打破各个部门的界限，对各种力量进行分化和合理重组，建立若干救治分队，每个分队都包含各个部门的人员、设备，这样，决策中心指挥的就不是一个个单独的部门，而是一个个有机结合重构的分队。各个分队在危机现场完全可以自由调动本分队所属的部门的人员、设备、资源，协同作战，有效应对灾害性公共危机事件。比如，在一个应对火灾的分队中，就可以包括消防员、警察、医疗工作人员，甚至武警、军人。由决策中心指定的领导进行统一指挥，这样，多部门间沟通的困难和弊端就能得到有效解决和控制。

二　协同参与：政府以外主体的权与责

关于公共物品和公共服务的供给方式，以 P. 萨缪尔森为代表的福利经济学家认为，由于公共物品和公共服务的非排他性和非竞争性的特征，以及考虑到社会公平、公正等问题，通过市场方式提供公共物品，实现非排他性是不可能的或者成本是高昂的。并且在规模上缺乏效率，导致市场在提供公共物品时存在着失灵现象，加之公共物品的思想起源于对政府职能的讨论，所以传统的观点认为政府是公共物品和公共服务最好的提供者，公共物品和服务也只能由政府来提供。新福利经济学家还从理论的高度论述了政府提供公共物品的必然性。在实践中，几乎所有的国家和地区都接受了上述观点并把政府视为公共物品的当然提供者。[1]改革开放以来，政府虽然逐渐地从私人物品的供给领域中退出，但政府全包全揽的情况在公共物品和公共服务的提供领域中基本没有改变，各级政府仍然是公共物品的主要提供者。特别是对于

---

[1] 金红磊、王守宽：《公共物品提供主体的多元化》，载《公共行政》2006 年第 4 期。

公共危机这一类事件。从现实来看，政府应该在危机治理中处于核心地位，发挥主导作用，但是仅仅依靠政府应对危机是远远不够的，必须实现危机治理主体的多元化，调动一切可以调动的社会力量和资源来应对危机，以弥补政府功能之不足，减低政府救治成本。也就是说，公共危机的治理格局应由原来的以政府为唯一主体的治理格局和模式逐渐呈现出治理主体的多元化趋势。除了政府之外，在危机管理中能够发挥作用的主体还有以下几个方面。

一是非营利组织。政府作为公共权力的载体，长久以来在公共事务治理领域中扮演着重要角色，而非营利组织则在它诞生后的大部分时间一直处于暗淡之中，游离于社会的边缘。随着社会的发展，政治资源呈"弥散——辐射"式散布，非营利组织能够在政治资源的配置中占有一席之地，就使得原来传统的"封闭——单子式"政府逐渐演变成了现代的"开放参与式"政府，与此同时，政府公共权力的治理边界不得不在适当领域缩减，而作为社会发展力量重要代表的非营利组织也就自然在适当的领域扩张，并一跃成为公共事务治理领域中的重要参与者。大量的非营利组织纷纷开放自己的组织世界，表达组织利益，汲取资金支援，传播组织理念。由于具有组织性、非政府性、非营利性、自治性和自愿性的非营利组织以促进社会公共利益为己任，"可以向社会提供众多服务，承担一些政府部门不该做或做不好，企业做却未必有效的社会事务"[①]。所以，这些能够贴近于民间和公众，对社会公共危机反应积极，便于整合和筹集民间资金，发挥公众志愿精神，有效吸纳相关民众的利益要求并向政府组织输入的非营利组织理所当然地能够成为公共危机治理的重要主体。

由于非营利组织参与危机救治是出于公益性和志愿性，但是如果这种自发的参与热情得不到政府的指挥，只能是散兵游勇，

---

① 〔美〕戴维·奥斯本、特勒·盖布勒：《改革政府——企业精神如何改革着公共部门》，周敦仁等译，上海，上海译文出版社，1996，第22页。

各自为战，无法形成整体性力量，甚至有可能导致混乱。同时，不可否认的是，非营利组织也有自身的利益要求，不能排除他们借助于危机救治进行投机获利的错误倾向，这就要求政府对他们的参与行为进行引导和监督。因此，非营利组织应由政府授权参与危机管理，使之形成一种基于公共危机顺利救治为基础的"委托——代理"关系。政府作为"委托人"，授予非营利组织一定的权力，期望其在危机中按公众利益要求发挥应有的作用。为此，作为委托人的政府就应该做到：既要授予非营利组织相应的权力，同时也要满足其部分合理要求，从而为非营利组织真正参与危机救治提供一种正向激励；另外，也要对非营利组织进行严格的制约和监督，防止其自利行为。这种权力的授予和制约必须保持一个平衡点，权力既不能过大，也不能过小。如果授权过大，制约不足，会导致非营利组织的自利行为；如果授权过小，制约过度，则无法发挥非营利组织的灵活作用，使其丧失参与热情。为此，政府既要制定严格的法律法规来规范制约非营利组织的行为，增加惩罚性成本；同时，也要加强政府对非营利组织的监督作用。只有在制度激励和约束并存之下才能向非营利组织大胆放权，而不必担心其自利倾向。[1]例如，美国非营利组织的发展及其提供公共物品和服务也需要政府提供多种条件，除了经济增长，收入提高和文化传统，政府的政策导向起着重要的作用。美国政府对非营利组织取得的捐款实行源头激励、捐赠税收扣除、与非营利组织签订合同委托生产，有条件时还给予非营利组织一定的捐助，这些政策激励和支持不但促进了非营利组织的发展和参与公共服务的热情，同时，通过法律对非营利组织及其活动范围加以明确和严格的界定，对其财务状况进行审计监督，以保证优惠政策物有所值，防止其自利倾向，使社会资金有效使用，这些对中国非营利组织的发展都具有重要的借鉴意义。

---

[1] 曹现强、赵宁：《危机管理中多元参与主体的权责机制分析》，载《中国行政管理》2004年第7期。

二是营利组织（企业）。"'非典'对企业的考验是全方位的，不仅考验企业的经营管理机制和应对突发事件的能力，而且考验企业对社会主动承担义务、履行社会责任的意识，主动承担义务的企业有可能获得超越同等支出的广告宣传效应。反过来，那些'黑心'企业如果趁此机会，昧着良心发横财，就会完全丧失企业的信誉。企业回报社会，社会将接受和认同企业；企业关爱员工，员工将维护企业的利益。"[1] 虽然企业是以利润最大化为目的的，但并不意味着这些以营利为目的的企业就不会参与公益性强的危机管理活动。在"非典"肆虐之时，有远见并有社会责任感的企业家如果向医疗单位、攻克病毒的研究机构或被病痛折磨的病人捐钱、捐物，就会得到老百姓的广泛认同和赞许，打破了一个常见的看法或偏见：企业在市场竞争中追求的唯一目标就是利润最大化，企业与社会的关系就是一手交钱、一手交货的关系，企业奉行利大大干、利小小干、无利不干。另外企业在危机出现时积极投入危机的救治还在于社会中存在的高度信任感。"社会中存在高度信任感，能够促进大规模企业的产生，如果大科层组织能够透过现代化信息技术，使小一点的公司慢慢转型并加入他们的网络，这时候拥有高度信任感就如虎添翼了。"[2] 也就是说，社会团体中人们之间彼此信任，蕴涵着比物质资本和人力资本更大而且更明显的价值，高信任度的社会，组织创新的可能性则会更大。在公共危机出现之时，许多企业是愿意为公共危机的治理贡献自己的力量。因为这种责任的承担对企业来说带来的不只是经济利益，更是社会资本与长久利益的获取。他们通过在危机治理中发挥自身的作用，改善自身的社会形象，提高在社会上的知名度和美誉度。在经济竞争越发激烈的时代，企业充分发挥自身的经济运作强势，扩大企业的社会资本，促进和协调更广泛的

---

[1] 杨瑞龙：《非常时期，企业信心哪里来》，载2003年5月29日《经济日报》。
[2] 〔美〕弗朗西斯·福山：《信任——社会美德与创造经济繁荣》，彭志华译，海口，海南出版社，2001，第41页。

经济利益关系，不仅能够解除公共危机对自身的影响，进而也能达到商业性目的。例如在松花江水污染的治理过程中，如果没有许许多多的活性炭生产厂家、纯净水生产厂家的鼎力投入，恐怕停水和缺水造成的社会恐慌会更大。

虽然这样，营利企业在参与公共危机救治时也必须接受政府的统一领导。政府一方面要大力鼓励营利组织参与公共危机的救治，特别是在免费或低价提供救灾物资方面，在另一方面考虑到企业的自利性，不宜像对非营利组织那样，对其授以相应权力，即便为了救治危机的需要，迫不得已对企业授权时，也要对其进行严格的制约和监督。为此，政府必须制定统一的灾害应对和管理的法律法规，防止和打击个别企业在应对和治理危机中的不法行为。如严厉禁止企业在提供救灾物资时以次充好，假冒伪劣，规定救灾物资的最高限价；再如对负责灾害赔偿的保险公司，禁止其推诿责任、不愿赔偿的行为发生。通过法律法规的制定和实施，加大对不法企业的打击力度，增加惩罚性成本，从而规范企业的行为。同时，除了运用法律来进行制度的约束之外，也要加强媒体、公众对企业的监督，拓宽对不法企业进行举报和曝光的渠道和路径。[①]

三是社会公众。公共危机事件不仅仅是对一国政府能力的严峻挑战，更是对公众和社会整体应对意识和能力的综合考验。在一个开放、分权和多中心的社会里，面对危机，没有社会公众的参与是不可想象的。但是社会公众作为公共危机事件直接威胁的对象，或者说直接的"受灾体"，面对危机，其脆弱性的一面就会表现出来。这种脆弱性不仅是危机应对过程中的一个关键的薄弱环节，而且其状况会直接影响整个危机事件的处理结果。在危机事件本身的危害和政府应对能力一定的条件下，危机的实际损失将主要取决于民众的脆弱性状况。危机的损失与民众的脆弱性

[①] 曹现强、赵宁：《危机管理中多元参与主体的权责机制分析》，载《中国行政管理》2004年第7期。

程度呈正相关关系,也即公众的脆弱性程度越低,危机损失就越小,反之就越大。所以危机造成的损失可以用以下链条表示:

$$\underset{(灾害体、灾害源)}{危机事件危害} + \underset{(灾害干预主体)}{政府能力} + \underset{(受灾体)}{民众脆弱性} \rightarrow \underset{(客观的危机后果)}{危机损失}[1]$$

正因为社会公众本身的脆弱性一面,所以就会出现日常危机防范意识不强、危机时刻的消极或过激心态,这样社会公众在自发参与危机救治时就需要政府的帮助。在政府为之搭建的平台之上,使公众能够联合起来。通过集体的行动,运用大家的智慧,摒弃社会公众在单独行动时造成的混乱。为此政府应从以下方面着手培养公众的危机应对能力,吸纳公众的参与。一方面,在事前应加强对一般公众危机防范意识的传输。对国家机关、企事业单位的人员进行强制性、系统性的危机处理培训。增强公众的危机防范意识,减少危机时刻的盲目从众心理。另一方面,政府、非营利组织也可以通过招募志愿人员的形式,把那些素质高、危机意识强、能力较强的社会公众吸收到正式组织中,通过正式的渠道参与危机的救治工作。

对于公众政府也应通过法律法规的制定,明确个体在危机状态下的行为准则,对个人在危机救治中的违法行为进行严厉制裁,使公众的参与真正做到有效,使救治行为达到事半功倍的效果。例如,1995年1月17日,日本兵库县南部(阪神·淡路大地震)发生7.2级地震,死亡6433人。日本人一向对关东地震随时防范,而对关西包括阪神地区缺乏警觉,在神户市,只有2.5%的居民加入了地震保险。所以,在此次地震中被毁的房产与财物,几乎无人能得到赔偿。一个人毕生甚至几代人的私有财产,顷刻间化为乌有。许多人在睡梦中被惊醒,穿着单衣逃生,富翁瞬间变成赤贫。当地震发生后,看不见有任何人维持秩序,然而,对俯拾皆是的财物,没有人去动一动,全部是"视而不见"。至于

---

[1] 彭宗超、钟开斌:《非典危机中的民众脆弱性分析》,载《清华大学学报》(哲学社会科学版) 2003 年第 4 期。

在混乱中抢劫更是闻所未闻。神户市政当局从来未派过一个警察上街去维持秩序，所有警察及自卫队员都全力以赴，夜以继日地投入挖掘，抢救埋在废墟中的伤亡者。临时避难所大都设在学校及政府办公楼，成百上千的灾民拥挤在一起过集体生活。所有食品都实行供给制，老人、孩子及妇女优先。领取救济食品或购买东西的队伍，有时长达数十米，都没有一个人插队。在避难所里，妇女主动承担起众人的"主厨"角色。老年、残疾等行动不便的人，得到素不相识的人的帮助更是习以为常。为方便人们寻找亲友及与外界联络，所有未损坏的电话都集中放到街头公用，无论是打国内电话还是打国外电话，一律免费。大灾面前的日本人从来不为自己占便宜而争先恐后，而依然互相谦让。素不相识的灾民会自动组合成一个生活集体，选出负责人，大家轮流做事。在如此巨大的打击面前，日本国民表现出令人难以置信的镇定。①日本人能够战胜阪神·淡路大地震给我们留下了深深的启示：首先，没有公众的配合，政府的危机治理只会是事倍功半。政府采取一系列的应急措施之后，必须有公众的配合与动员，才能形成真正有效的社会治理机制，使危机得到有效的控制。其次，面对危机，公众的自组织能力起到重要的作用。灾难当头，如果公众的自组织能力强，并能利用各种非政府组织来自救和救助别人，就可以从很大程度上减少政府的人力、物力和财力的消耗。所以公众的科学有效的危机应对能力是至关重要的。最后，社会公众的救治行为要在一定的法律框架之内进行，应用法律来对危机中公众的部分行为和自利行为进行制约，才能保证危机救治的顺利有序实现。

四是国际组织。随着科学技术信息化、世界经济全球化和政治的多极化，世界各国联系日益紧密和加强，单个国家或地区的危机也有可能拓展为多国甚至全球性危机。因此各国政府在危机来临时一方面要认真做好准备，应对危机；另一方面，如果在危

---

① 《学习时报》编辑部：《国家与政府的危机管理》，南昌，江西人民出版社，2003，第35~36页。

第八章 我国灾害性公共危机治理对策：体制、机制和法制的创新

机发生时，能够在经验技术、物资、信息资源方面获得援助，将可以大大提高危机的救治效率，降低救治成本，有效消除危机，迅速恢复社会秩序。因此，与国际组织或外国政府进行危机的合作治理，具有重要的意义和作用。

由于这种合作机制在某种程度上存在着权力的让渡和转移。也就是说，在危机状态下，一国若与国际组织进行合作，寻求援助，必然要以让渡出部分主权为代价。例如，在 SARS 和禽流感危机中，我国政府为了尽快消除危机，减少灾害性公共危机带来的损失，主动向世界卫生组织（WHO）汇报危机发展和救治状况，邀请 WHO 专家来国内进行视察，充分尊重和体现 WHO 的指导原则。虽然危机属于本国内政，但我国接受 WHO 的指导，这实际上是一种权力的转移。这种权力的转移不应是长期的，而应只是暂时的、有限的，是危机状态下的一种变通。一旦危机事件得到有效缓解，权力一定要收回，并且在总体上，一国政府在危机救治中仍拥有绝对的权威，国际组织只是拥有少许的指导权，不能因此而侵犯一国的主权和干涉一国的内政。由于这种权力的转移与国家主权密切相关，因此，国际组织参与一国危机救治必须具有合法性。只有当一国政府以会员国的形式加入该国际组织，才能使该国际组织能够合法地行使指导权和监督权。同时，该国际组织必须有着悠久的历史，拥有众多的会员国，在国际社会中拥有极高权威，能获得绝大多数国家的认同。因此，为了充分尊重一国主权，以及保证危机救治的有效，只有联合国才具备资格在一国危机中行使相当大的指导权和监督权，而这种权力的行使也仅限于危机是有在全球蔓延的危险性的情况之下。其他国际组织，如国际红十字会、世界卫生组织等必须在联合国的授权下或者参与联合国的救治行动，其干预一国国内危机的行为才具有合法性。[1] 正如世界卫生组织驻华代表汉卫（Henk Bekedam），这位

---

[1] 曹现强、赵宁：《危机管理中多元参与主体的权责机制分析》，载《中国行政管理》2004 年第 7 期。

拥有医学博士学位，曾经在非洲和亚洲的贫苦百姓中工作过十几年的荷兰人在总结抗争"非典"胜利经验时所言："任何国家都无法靠单打独斗赢得这场胜利，一个国家遭遇这种陌生的病毒之后，国际合作就成了制胜的法宝之一。"

五是公共媒体。作为大众传播的主要媒介，媒体既是政府的宣传工具，又是政府与公众双向沟通的渠道。媒体由于能够触及最广大的公众，已经不可否认地成为一股重要的政治力量。同时，媒体也因其自身的特点成为危机管理体制中不可或缺的一部分。正如传播学创始人韦尔伯·施拉姆指出："媒体一经出现，就参与了一切意义重大的社会变革。"早在1959年，毛泽东同志在写给胡乔木和吴冷西的一封信中说："广东大雨，要如实公开报道。全国灾情，照样公开报道，唤起人民全力抗争。一点也不要隐瞒。政府救济，人民生产自救，要大力报道提倡。工业方面重大事故灾害，也要报道，讲究对策。"[1] 这一番话虽然不长，但深刻地揭示了媒体的作用：危机处理和信息提供、宣传沟通以及危机预警等等。在社会透明度日益增强的今天，媒体作为推动社会进步的力量，不应该、也不可能被排斥在危机管理之外，这是媒体义无反顾的责任，也是政府危机管理中必须正视的问题。媒体在危机事件中所扮演的角色主要有以下几个方面：发现并向政府通报危机事件；及时向公众通报危机事件真相和政府危机公关行为；积极配合政府行为，有效引导社会舆论，为政府树立良好形象，以赢得公众的支持。也就是说，恰当的媒体危机报道策略可以在很大程度上帮助政府处理危机。

媒体能够满足公众对信息的需求，政府可以借助于媒体来稳定公众情绪，实现政府与公众的良好互动，重塑政府形象以及获得社会的支持。但是我们也必须认识到，在公共危机的治理中，媒体是一把"双刃剑"，它既有积极的一面，如果利用、引导不当，媒体对公共危机的救治也会产生极大的负面影响。

---

[1] 《毛泽东新闻工作文选》，北京，新华出版社，1983，第214页。

第一，媒体对危机事件相关信息的报道存在着失真的可能性。作为信息的过滤器，媒体会按照自身的原则和倾向，通过对相关信息的选择和处理，提炼报道某些危机事件的情况。由于媒体传播的扩散性，其报道具有放大作用和潜在的社会效应，传输过程中的信息也可能变形、失真。

第二，媒体有可能导致危机进一步扩大的可能性。随着商业化浪潮的不断推进，媒体的经营发展正在朝着企业化、市场化和商业化的方向不断发展，为了谋求自身利益的最大化，为了吸引公众的眼球，片面追求阅读和收视听率，这样，在向公众提供信息的过程中就会出现竞争混乱、无序和传播内容庸俗化、哗众取宠的倾向，甚至为了扩大社会辐射面和影响力，人为制造热点，炒作新闻，把一点点小事扩大成引起广大公众注意的社会现象，引起社会的恐慌和混乱。在应对危机，特别是当社会上存在一定恐慌气氛时，新闻媒体就不仅要让人们看到事情的真相，看到治理危机的力量，更要让人们看到希望，看到战胜危机的曙光。

第三，媒体在报道方式上的模式化。例如在"非典"报道中，面上报道的突出反映出的是媒体对危机报道存在着某种模式化的"习惯"，例如负面事件的正面报道。即使是对医务人员救死扶伤英雄事件的报道也较容易令人联想到以往对英雄人物的报道模式，多少让人觉得未能脱离模式化的套路，致使报道的内容趋同，形式趋同，大大削弱了传播效果。

第四，媒体记者报道对危机救治的耽搁。在危机发生时，大量的记者为获取独家新闻会纷纷向危机现场蜂拥而至，如果记者不考虑危机情境，忙于自己所谓的"工作"，就有可能导致交通阻塞，妨碍救援车辆的通行和救援队伍的到达，甚至可能破坏有价值的现场，给危机救治工作带来更大的困难。

媒体在危机救治过程中既可能成为真实信息的传递者，公众和政府的"喉舌"和传话筒，也可能成为更大危机的制造者、促进者乃至危机治理的妨碍者。因此政府与媒体进行良好的沟通具有重要的意义。作为政府,在与媒体打交道时要注意两点:① 第一,一定要定期举行新闻发布会,而且到规定的时间一定要举行,否则会引起媒体的猜测。第二,发布的信息一定要准确,不要留下让媒体自行解释的余地,对媒体的两面性的最好办法是尽快进行新闻立法,确保媒体在法律规定的范围内作真实报道,实行信息的公开有效传播。除此之外,还应在具体的规章制度中,鼓励和引导媒体及其新闻工作者,坚持正确的政治方向,捍卫社会良知,维护社会公正,面向广大人民群众,反映底层社会忧虑,加强职业道德,提高自身素质。

公共危机治理应是一个强调公众、社会力量参与的以分权为重要特征的危机治理模式。在这种治理模式中,主要需要注意以下几个方面:发展政府在危机救治中的主导作用。由于公众心理的脆弱性,他们需要强大有力的政府;建立政府与非政府组织的协同合作机制,发挥非政府部门的力量,实行合作共治;加强与媒体的沟通与合作,利用媒体发布信息,传达精神;加强全球合作,在联合国框架内进行全球合作,一方面各国间可以获得更多的谅解,有效消除危机,恢复社会秩序,重建文明世界,另一方面也可以提高各国危机救治效率,降低救治成本。

三 集中统一:条块结合、以块为主,属地管理、分级响应

建立这样的体制就是要打破过去在灾害事故管理中各个相关部门从自身的角度,"九龙治水,各管一摊"的弊端,把部门公共危机治理的经验和技术优势与各级政府强有力的统一调度协调能力合理地结合起来,采取"属地管理",把任务进行层层分解,使每个地方都成为独立的指挥管理中心,这样可以充分地调动地方的积极性,减少信息传递的层次,更好地协调各部门、各单位

---

① 〔美〕吴量福:《运作、决策、信息与应急管理》,天津,天津人民出版社,2004,第272页。

的力量。另外，对于灾害性公共危机事件按照其可预测性程度的大小分为两大类：一类是可预测的，如凭借现代科技检测手段可提前预测的自然灾害型公共危机事件，另一类是无法预测或难以预测的，如技术灾害、事故灾害。对于可预测的灾害性公共危机事件，应当启动相应的公共危机治理机制。对于不可预测的危机事件，在危机情况下由于难以确定其性质、发展和影响，即具有不确定性，往往无法马上确定是何等级别的灾害性公共危机事件以及应启动哪一级政府应急响应。因此，应当根据事发地政府是否有足够的应对能力来决定。如果省级政府有足够的能力应对已经发生的灾害性公共危机，就应当由其负责组织危机应对工作，中央部门可以予以技术、资金、物资方面的援助，强化属地政府的责任；省级政府感到无力对付或危机规模跨省时，再升级到由中央政府负责组织应对。对于已经发生或预测到可能发生的跨部门、跨省区的重大灾害危机，可以由中央政府直接应对。[①] 其具体应对体制如图 8-1 所示。

总之，在现在这样一个危机多发的社会，增强政府的危机意识，建立有效应对各种危机的组织体系，打破条块分割，增强政府应对突发公共危机事件的技术和资源调动能力，成为政府管理体制改革不容忽视的重要问题。要真正建立这一体制，可以从以下方面入手：

首先，必须改革目前条块分割的危机管理体制，把一部分决策权下放到以块为主的地方政府。条块分割的管理体制，之所以弊端种种，主要在于各级政府的职权分工不够合理，政府职能没有真正落实到服务之上，而是把权力和利益之间画等号。面对利益的诱惑，往往从各自的本位出发，寻求本位利益的最大化。所以解决的基本原则，应是"凡地方能够解决的给地方，地方解决不了的交中央"，在确保中央集中统一，确保中央统筹力度的前

[①] 郭济主编《中央和大城市政府应急机制建设》，北京，中国人民大学出版社，2005，第64页。

灾害性公共危机治理

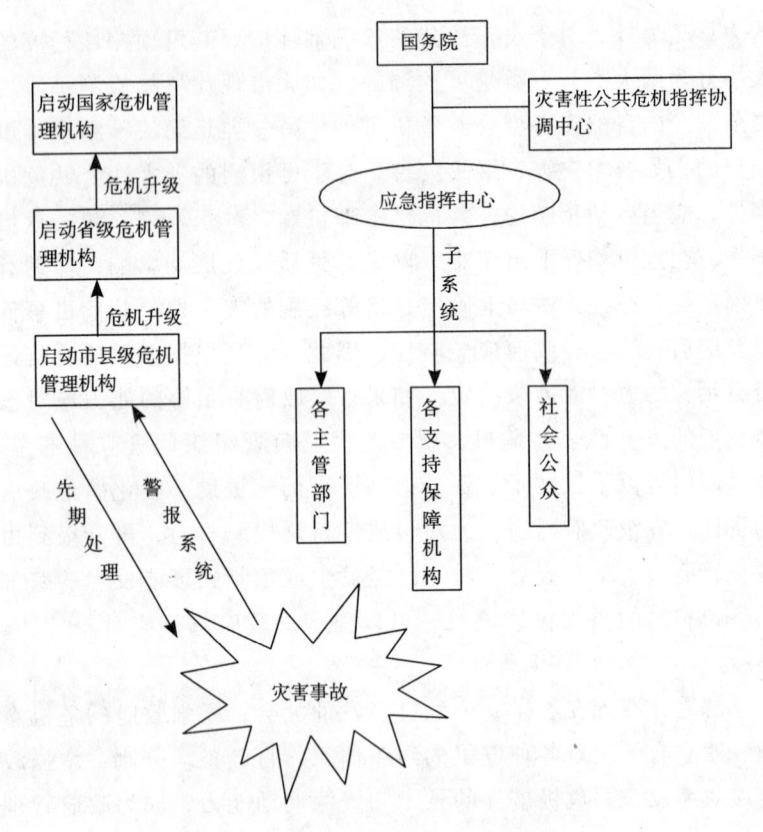

图 8-1 我国灾害性公共危机治理体制

提下，把一部分决策权下放到以块为主的地方政府手中，加强属地管理，使地方因地制宜，迅速反应，及时处理。特别是我国地域广大，幅员辽阔，如果在地方发生的危机事件都要事事上报中央，请求上面的决策和支援，必然导致危机最佳治理时机的丧失。所以，对公共危机的治理在体制上还需要大力推进政府职能的转变，实现"条"、"块"之间良好的沟通和协调，以属地管理为主，对危机事件早发现、早治理，减少危机带来的损害。

其次，公共危机管理组织要实现纵向与横向之间的职责分工明确、相互关联。公共危机管理的职能组织体系主要是指"主管国家安全事务，直接负责危机防范、危机检测和危机控制的主要职能部门或机构","它们依据决策指挥中心的方针、政策,具体主管、执行某一方面的危机管理事务"。① 目前,我国在中央层次上直接履行有关危机管理职能的组织有军队、国防部、国家安全部、国务院国家安全生产监督管理局、国务院政府值班室以及地震、防洪抗旱指挥部等。在地方层级,主要有各级地方政府以及上级垂直领导的相关职能部门。在危机时刻,如何把这些层级关系,结构功能不同的部门进行有序的整合,保证在危机状态下能够高效地协调各职能部门的关系,尽快地控制危机局势,恢复社会秩序,必须设立一个具有权威性、独立性的处理危机事务的政府协调机构。目前,我国除了仅有的几个地方"城市应急联动中心"之外,不仅在地方层面,而且在国家层面上也没有危机管理的综合协调和管理部门。所以当务之急是建立一个处理危机事务的、独立的政府协调管理机构,日常工作就是定期召集有关专家就某一领域中当年或者是更长时间内可能产生的危机事件进行预警分析。同时,该机构还应当建立年度重大危机事件会商制度,向中央政治局和重要的国家机构提出相应的对策和建议。一旦危机事件发生,随即应当转为国务院处理有关紧急事件的具体指挥机构和协调机构,针对已经发生的突发事件和紧急事务权威地分配各种资源,在灾害的预防和受灾区重建方面发挥协调有关部门的核心作用。② 这样可以保证政府各部门有条不紊的工作,避免各部门争权夺利现象的出现。

另外,要实现政府危机管理权力向社会的转移。随着社会的发展进步,政府公共管理的方向必然是从全能型政府向有限政府转变,从以政府为中心向公民为中心转变,实现政府与社会的复合治理。所以政府进行危机管理也要尽量培育和发展社会力量,而不要将一切事情都统属于自己的管理之下。在责任意识增强的

---

① 胡宁生主编《中国政府形象战略》,北京,中共中央党校出版社,1999,第1242页。

② 薛澜、张强、钟开斌:《危机管理——转型期中国面临的挑战》,北京,清华大学出版社,2003,第116页。

同时，突出自己的主导地位，淡化自己的整体地位，学会运用社会的人力、物力和财力资源来弥补政府危机管理能力和有效性的不足。因为许多社会组织，特别是一些非政府部门，在知识、技能、人员、网络等多方面具有政府部门很难具备的优势，在应对公共危机时效率会更高，效果会更佳。

最后，建立危机管理的财政保障体系。把危机管理经费纳入国家预算体系，建立国家反危机基金，建立资金的社会动员体制也是建立危机管理的财政保障体系所必需的。从目前我国现有的政府财政支付能力和财政体制来看，集中应对少数突发事件的力量是具备的。但从全方位防范、常规性防范、现代化防范的广度和深度的要求看，资金的来源和保证还显不足。解决资金问题除了政府承担主体责任，扩大财政在公共事务方面的投入外，还应建立社会动员机制，扩大社会保险的覆盖面，广泛筹集社会资金。鼓励商业保险机构开发多种国民安全保障险种，引导公民进行长期自我保障投资，提高自我保护的能力和水平。

总的来说，现代危机管理就是要建立中央统一指挥、分工明确、相互协作的体制，否则，各部门条块分割，各自为政，公共危机的治理就会是一句空话。

第二节　创新灾害性公共危机治理机制

现代公共危机的多样性和复杂性决定了公共危机治理必须遵循全面危机管理的原则。一方面全面公共危机管理意味着政府对各种类型危机的全方位管理，另一方面意味着政府对危机事件和危机状态进行全过程的管理。20 世纪 80 年代后，人们普遍认识到危机的发生和发展有其生命周期，危机治理是一个系统的治理和循环。因此，对于公共危机的治理不应仅仅着眼于某一环节，而应该是一个复杂的过程。其中有准备、回应、处理、恢复、重建等多个环节，但在具体应对方面应建立相应的机制，以便顺利实施。

第八章 我国灾害性公共危机治理对策：体制、机制和法制的创新

本文在第四章分析了"四预"的重要性及其缺失，我们在应对灾害性公共危机方面要认真贯彻预防为主、常备不懈的基本指导方针，改变重治轻防的实际，切实加强预防、预控的人力、物力、财力、装备、科研的投入，化解各种危机和危险，尽可能把潜在的灾害威胁消灭在萌芽状态，或阻止或减缓突发灾害事件的发生，降低受灾程度和减少灾害覆盖范围。预测、预警、预防、预控是宣传指导，防患于未然，是灾害性公共危机管理的关键所在。

在公共危机的预防阶段，首先要有危机意识、责任意识。其次是要建立公共安全责任制，强化风险评估工作和隐患排查工作，主动深入地检查公共危机事件易发的部分和环节，并采取相应的预防措施减少和消除隐患，防患于未然，避免盲目自信，麻痹大意。"凡事预则立，不预则废。"有人认为做好了预控、预防工作，就等于做好了公共危机管理60%甚至是100%的工作：由于预控、预防而最终没有使危机发生，就等于做好了危机管理的100%的工作；由于政府做了预控、预防工作而减轻了危机的损害，就至少是做好了政府危机管理的60%的工作。[①]

与治理公共危机的其他环节相比，危机预防具有以下特征：一是前瞻性，即危机预防是在危机征兆出现以前提前介入，先发制人地采取各种预防措施。我们传统逻辑上的危机应对往往是在危机爆发后才采取应急措施，以尽量减少危机造成的损害。这样匆忙应对效果很差，往往以失败而告终。而危机预防则是变事后应急为事前预防。二是主动性。传统危机应对常常是在危机爆发后被动应战，而危机预防则是变被动为主动，在危机发生前主动向可能发生的危机事件发起挑战。三是综合性。危机预防既具有宏观性又具有微观性。一方面，公共危机产生的根源往往存在于宏观性的制度、规则体系之中，即使是自然灾害，有时其发生的源头也与人类不适当的生产方式和经济结构有关；另一方面，危

[①] 李经中：《政府危机管理》，北京，中国城市出版社，2003，第46页。

机预防也涉及众多的具体措施。要搞好危机预防，既要从宏观的制度入手，又要在微观的制度上努力。四是长期性。危机预防不可能一蹴而就，一劳永逸，立竿见影，而是要付出长期的、持续不断的努力。从实践中看，危机从预防到出现征兆，到危机的爆发，到危机应对，到危机消除都会经历一定的过程。在历史进程中，危机总是此起彼伏，连续不断，一个危机的结束往往意味着另一个危机的萌生。因此，对于现代社会来说，危机预防是一项不能停止的重要工作。①

但是，对于不同原因引发的公共危机事件，政府也要采取不同的预防措施和手段。对由于自然灾害因素引发的危机事件，可以采取一些直接的控制或者防范措施，如对洪水的预防，可以采取加固堤防或者让受灾者搬迁等措施来进行。对于由于疾病传播而导致的公共卫生事件，如 SARS，可以通过寻找病源，开发高级的预防药品，购置相关的医疗设备和隔离等措施来防止人群聚集而感染传播。做好预防阶段的各项危机管理工作，能够以最小的成本取得最大的受益。如 1985 年我国东辽河洪水泛滥，因为没有重视河道清障等防灾工作，结果排水不畅。洪水直逼盘锦市和油田工业区，引发了 30 万军民拼搏十几个昼夜的"盘锦保卫战"。经过奋力抢险，虽然保住了盘锦市和油田，但也造成了 47 亿元的巨大经济损失。此后，当地政府吸取教训，投入 3000 万元资金进行河道清障等预防性工作，1986 年的洪水虽然比 1985 年更大更凶猛，但盘锦市和油田却安然无恙。② 另外 2005 年发生的台风"麦莎"，最初到达登陆地点浙江省时是危害最大的，因为最大风力超过了 12 级，由于该省危机预防工作得力，死亡人数 2 人；而台风经过上海、江苏、山东、河北、天津、北京到达辽宁时，虽然风力已经大大减弱，但由于预防措施不力，竟然造成了 9 人死

---

① 黄顺康：《公共危机管理与危机法制研究》，北京，中国检察出版社，2006，第 107~108 页。
② 张书庭：《中国灾害管理》，哈尔滨，哈尔滨出版社，1996，第 222 页。

亡，29人失踪。①

一 预测和预警机制

（一）预警机制的特征、原则与等级

首先，建立一种"警之于先"的公共危机预警系统。其主要有以下特征：一是快速准确性。危机一旦发生，时间就是一切。这就要求预警系统能够快速准确地收集、传递、处理、识别和发布信息，如果失去快速性，就无法及时发布危机预警警报，危机预警系统就失去了存在的意义。同样，如果对收集到的信息判断不准确，也会影响到危机管理的成败。二是全面公开性。预警是一个全方位的系统，它可以综合考察各方面的不稳定因素，一旦有相关方面的信息确认就要及时地向社会公开，以便遏制由于隐瞒真相而造成的谣言满天飞的情形。三是立体层次性。公共危机的预警，政府发挥着积极主导作用，但仅仅依靠政府的力量却很难做到高效、快速、协调、灵活。它是一个由社会各方参与的从中央到地方多层次的一个系统。

直至今日，还有许多种类的自然灾害，人们不能对其进行有效的控制，如地震、海啸、台风、洪涝等等。但是通过有效的预警可以使人们通过规避危机的办法来减少损失。所以危机预警在进行控制、减少危机损失，防止危机扩大和升级等方面有着不可替代的作用。具体来说，危机预警功能主要通过两个方面得以发挥：一方面是对危机进行监测，监测包括监视和预测两方面的内容。危机监视是指对可能引起危机的各种因素和危机的征兆进行严密的观察。危机预测是指对未来可能发生的危机类型及其危害程度做出估计，通过危机监视和危机预测及时收集和发现危机信息，并对其进行快速分析处理，然后根据科学的信息判断标准和信息确认程序对危机爆发的可能性做出准确的预测和判断。危机

---

① 新华社：《麦莎肆虐，辽宁9人死亡，29人失踪》，载2005年8月15日《重庆经济报》。

监测是危机预警的前提条件，没有危机监测就不可能有危机信息的收集和确认；另一方面是及时向公众发布危机可能爆发和即将爆发的信息，从而引起有关人员或全社会的警惕。[1]但这种预警机制的建立必须遵循以下原则：

一是以人为本原则。灾害性公共危机事件治理的根本目标就是为了最大限度地挽救人的生命、保护人的生命安全，最大程度地预防、减少灾害性公共危机造成的人员伤亡和财产损失，减轻这类公共危机对人民造成的痛苦和对社会生产力的破坏，保障人们的基本生存条件，失去了"以人为本"，灾害性公共危机事件的预警也就失去了存在的价值和意义。

二是以防为主原则。无论是自然或人为或二者兼而有之的灾害性公共危机事件，都应该把对公共危机的各项管理工作落实在日常管理中，完善检测网络、增强预警能力，防止事件发生或尽可能地减少损失。"以防为主"主要有两方面的内涵：一是通过预测、预警、预控来防止危机的发生；二是通过采取预防措施，使无法防止的危机事件带来的损失减轻到最低程度。因而，"以防为主"并不是说要将危机事件完全防止，对无法防止的危机事件，采取预防措施使其损失减轻到最小程度，也是属于"防"的内容。因此，这里的"防"是"预防"而不是防止的意思。[2]

三是共同参与原则。由于我国灾害性公共危机事件种类较多，其预警必然是一项艰难复杂的系统工程，涉及很多部门和权威，如公安、消防、卫生、防疫、地震等，如果公共危机的治理工作政出多门、律由己出，则根本无法实现减灾资源配置的整合优化以达到损失最小化。只有充分发挥政府的统一领导和指挥功能，进行各部门和各领域间的资源整合与信息共享，才能降低灾害预警成本，实现高效预警。

---

[1] 黄顺康：《公共危机管理与危机法制研究》，北京，中国检察出版社，2006，第120页。
[2] 李经中：《政府危机管理》，北京，城市出版社，2004，第302页。

四是国际合作原则。在全球化的情况之下,公共危机事件不是孤立的,地区性的危机也可能变成全球范围内的国际性危机,这就决定了公共危机处理需要世界人民的共同努力,因此在公共危机的应对与治理方面应积极参与多边国际合作,除了主权国家之间的合作之外,国际组织以及非政府组织都是解决公共危机的有效行为体。联合国的许多机构的宗旨就是为了解决地区性和世界性的危机事件。如联合国难民署、联合国儿童基金组织、世界卫生组织等,他们都直接介入危机和灾变的管理。因此政府有责任与国际组织和社会进行合作,争取他们在资金、技术、教育和培训上的支持。但与之合作时,一定要保持互惠互利、共同治理的目标。

西方国家政府预警系统一般强调对危机进行分类预警管理,对程度不同的危机实行不同的认定和响应对策。如日本由于所处的地理位置以及地质构造和气候因素影响,常常引发自然灾害危机。所以日本将灾害分为一般灾害和非常灾害四大类,前者属地方管理范围,后者属国家管理范围。同样美国在 "9·11" 事件后,建立了一套五级国家威胁预警系统,并用绿、蓝、黄、橙、红五种颜色代表从低到高五种威胁程度。

由于灾害性公共危机事件造成的危害程度、发展情况、波及范围、紧迫性及发生概率都有所不同,所以以此为根据,国家把突发公共危机事件分为四个等级,Ⅰ级(特大)、Ⅱ级(重大)、Ⅲ级(较大)、Ⅳ级(一般),并依次用红、橙、黄、蓝来表示。所以对灾害性公共危机可以做同样的划分。第一,红色等级(Ⅰ级)主要针对那些随时可能发生、事态正在不断蔓延,一旦持续下去可能对国家大部分地区和国家经济带来危害的灾害性危机。这种危机一旦发生需要调动和协调整个国家的资源和力量来进行处置和应对,这一等级主要适用于那些影响面积特别大、危害时间长、后果特别严重、发生概率特别大的灾害性事件,如核事故、传染性疾病等。

第二是橙色等级(Ⅱ级),主要针对那些发生概率较大,事件一旦发生难以在有限时间、空间内进行处置,需要宣布一定区域实行危机状态、需要动员一定区域的所有社会资源和力量,才能对突发危机进行应急处理，这种预警等级适用于那些面积大或危害后果大、持续时间长、发生概率较大的危害性公共危机事件，如洪水、地震、森林火灾等。

第三是黄色等级（Ⅲ级）是对那些事件已经临近，事态有扩大趋势，发生概率较大，事件一旦发生能够在有限时间和空间内处理，进行较重预警、这种预警等级适用那些影响面积小或持续时间较短、链发性相对较弱、发生概率较大的事件，如冰雹、台风、海啸等灾害。

第四是蓝色等级（Ⅳ级）。预计将发生一般以上灾害危机，事件即将临近，事态可能扩大，发生概率较低时进行这类预警。这种预警针对在灾害发生时只需要调度个别应急处理部门就能进行处置的事件使用。

（二）科学预警机制建构与实施

一个科学稳定的预警机制，并不是孤立存在的，它是由预警监测系统、咨询系统、组织网络和法规体系共同构成的，如图 8-2 所示。①

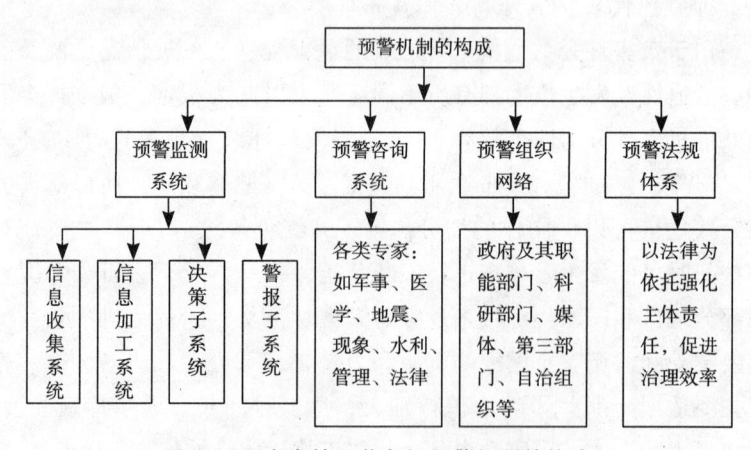

图 8-2　灾害性公共危机预警机制的构成

---

① 郭济主编《政府危机管理实务》，北京，中共中央党校出版社，2004，第 123~124 页。

[第八章 我国灾害性公共危机治理对策：体制、机制和法制的创新]

正确及时的预警的前提是科学稳定的预警机制能够顺利运作。系统的建立与维护、操作者的培训等等都需要投入大量的资金、人力和物力。在预警机制的建设上，应该发挥市场经济运行条件下突发事故与灾害应急管理的运行机制。建议各级政府对企业在这方面的投入做出强制性要求和规定。在各项工程建设中，无论投资主体是谁，都要按国家要求，将防灾减灾纳入工程设计，将所需资金纳入概算预算，用制度和法规保障突发灾害与灾害预警投入到位。把防灾减灾预警工作纳入国民经济和社会发展计划，使防灾减灾预警系统的建设、运行和扩展有经济基础。各级政府的投入要与国民经济和社会发展相协调，并随着财力的不断增强而相应增加；企业要积极参与当地公共危机的救治，充分发挥保险对灾害损失的补偿作用，调动一切积极因素，加强突发事故预警，缓解突发事故与灾害对公共安全的冲击。[①]

二　应急联动机制

应急管理作为公共危机治理的核心，对于无法避免的危机事件，政府必须采取应急行动，尽可能迅速控制危机，最大程度地保护人民的生命财产安全，对于已经遭受危机侵害的群众和物资要立即紧急救援。如果缺乏高效的应急联动体系，势必影响危机的高效处理。

（一）应急联动的内涵和作用

应急联动又称应急服务联合行动，是指对公众的报警和呼救采用统一的号码，建立统一的中心和处警平台，通过集成信息和通信网络系统，将治安、消防、急救等各应急部门统一在一套完整的体系中，实现不同警种及联动单位之间的配合和协调，面对公共危机事件时采取高效快速的联合应对行动。

应急联动建设通过对公众应急服务资源的综合，进行统一指

[①] 董华、张吉光等编著《城市公共安全——应急与管理》，北京，化学工业出版社，2006，第151页。

挥，联合行动，为公民提供相应的紧急救援服务，为社会公共安全提供强有力的保障。依赖该系统，公民的任何报警、急救、求助只需简单拨打同一个号码，在应急联动指挥中心实现统一接警后，通过集成的计算机辅助决策调度系统调度相应的资源。由于建立了统一的指挥调度平台，大大加强了不同警种及联动单位之间的配合和协调，从而对一些特殊突发、应急和重要事件做出快速、有序而高效的反应，打破了原有多个应急指挥中心条块分割、各自为政的传统机制，这种集中投资、统一管理的方式，不仅实现了信息资源和通信手段的共享，对应急管理效率的提高也具有重要的意义。

（二）我国目前公共危机应急联动机制存在的问题

虽然我国先后出现的特别报警系统如110、122、119、120为公众提供过良好的服务，但是在危机时刻，这种种类繁多的特服号却又会带来很多麻烦，产生很多问题。

首先，多而杂的公众特服号并存。现在我国的特服号码有：公安特服号码110，火警特服号码119，急救特服号码120，交警特服号码122等等。种类繁多的特服号码不仅没有有效解决群众报警求助的问题，反而导致群众困扰，无所适从，经常出现报错警，不知向谁报警的情况。重庆就曾经出现过"拨错一位数，枉送一条命"的事情。①

其次，各个指挥中心并存。在单一危机下，这种分散独立的指挥中心可以按各自的预案做出反应。但在需要联合行动时，由于缺乏一个统一的指挥平台和法律法规上的监督和约束，不同警种和联动部门之间无法进行很好的配合与协调，必要的联合行动难以迅速高效展开，无法充分发挥实际处警的需要。

最后，各个部门资源共享的缺失。这种资源的缺乏包括政府财力资源和信息资源两个方面。在财力资源方面，在多个指挥中心并存的情况下，只会出现多头投资、重复建设、设备类同、职

---

① 朱亮：《拨错一位数，枉送一条命》，载2004年12月21日《重庆晚报》。

能交叉,造成资金、人力的严重浪费,同时由于资金分散使用,使各指挥中心设备普遍落后,满足不了实际应急之需。在信息方面,没有联动,信息只为某一部门所独有。在将不同部门的应急指挥系统有效整合的情况下,通过系统之间实施大容量数据交换、安全传输,信息资源的共享就成为可能。

(三) 我国公共危机应急联动机制的建设

在应急联动建设方面,南宁市的做法有许多值得借鉴之处。该市第一家建立了由政府管理的与市公安局平级的社会应急联动中心。其运行模式是:"集中接警,一级处警"。具体地说,就是利用集成的数字化、网络化技术将110、119、120、122纳入统一指挥调度系统。市民只要拨打其中任何一个号码就能及时得到处警服务。目前,南宁市社会联动服务中心的处警大厅面积有600平方米,设有接警席8个,处警席12个。接警席的主要任务是负责受理报警电话,输入接警情况,并根据接警事件性质立即将其转至相应的处警席,处警席接到情报后,则要分别按照刑事治安、交通事故、消防火灾、医疗急救等事件的性质直接向有关单位下达出警指令。南宁市突发事件管理模式的主要特点是:市政府直接主管社会应急联动中心,联动中心依据政府规章对突发事件实行集中接警和一级处警,统一调度指挥全市相关单位和部门,以提高应急管理的效率和水平。[①]

目前,我国应急联动机制的建设,可以从以下方面入手:

一是整合国家资源。在国家资源的支持下,创造条件探索管理体制的创新,改变目前各应急单位分属不同部门管理的现状,尝试对110、119、120、122等部门在行政体制上进行合并,纳入行政直属单位,在统一的行政体制下,实行综合联动应急救援。

二是统一调度指挥。打破现有多个指挥中心共存的状况,集中投资和管理,避免发生重复投资和重复建设,以保证设备的先

---

① 李程伟、张德耀:《大城市突发事件管理:对京沪穗应急模式的分析》,载《国家行政学院学报》2005年第3期。

进性，这样既可节约资源，又使分散的数据库和信息资源得以相互联动和共享，发挥更大作用。

三是完善立法工作。完善统一调度指挥的法律和法规，使得跨部门、跨警区、不同警种之间的相互配合、统一指挥、协调作战有法可依，在法律的框架内真正实现社会服务联合行动。

四是争取技术支持。应急联动必须以有线和无线通信系统为依托，以ELS接处警系统为核心，集成GPS地理信息系统和计算机辅助决策预案系统为指挥平台，才能在统一的管理体制下，实现高度集中、统一协调行动，最大限度地提高应急联动的效率和水平。

一个完善的应急指挥系统对公共危机的治理至关重要，一个完善的应急指挥系统应由以下部分组成：统一接线警负责对来自不同网络（电话、手机、互联网、消防、技防、车载GPS等）和报警方式的报警信息，进行集中的接警和处警，分类分级处警系统提供各联动单位对来自指挥中心的案情进行处理和反馈的系统；指挥调度系统包含指挥长系统、部门领导指挥室系统、特殊环境指挥室系统、移动指挥系统。指挥长系统通常是在发生重大事件，需要多部门联合行动时使用。通过指挥长系统，指挥首长可以综合使用电脑、音频等手段下达指令，跨部门、跨警种进行指挥调度，同时监督各部门的处警情况。部门领导指挥系统是供各联动单位领导或值班室使用的指挥调度系统，该系统与指挥中心实时联网，让部门领导及时掌握全局的案情发展，同时指挥、监控本部门案情处理情况。特殊环境指挥室系统是指在安全地方（如地下）并且采取了特殊的防御措施的指挥系统。通常是在危机情况下，如发生地震、核泄漏、空袭等，为保证指挥首长的安全，将指挥首长转移到特殊环境指挥室进行指挥。移动指挥系统是对常规指挥系统的补充。为了便于在突发危机情况下能在第一时间进行指挥，为领导提供的在指挥车、直升机、甚至指挥舰上进行指挥的手段和技术。计算机辅助决策系统室为了帮助指挥人员更科学地进行指挥而提供相关技术支持，主要包括目标定位、电子地图服务（GIS）、战术标绘系统、综合查询系统和主动预警系统。[①]

三 物资储备和保障机制

为了应对公共危机事件，事前物资的充分准备具有重要的作用。如果事前物资准备不足，不但不能战胜危机，还有可能引发新的灾害。如洪涝灾害发生后，政府资金短缺，救灾所需物资不到位，就可能引发疾病的流行，使洪涝灾害转化为公共卫生灾害。对物资的准备，必须从以下方面着手：一是按照各地制定的公共危机应急预案和以往各种灾害危机平均发生情况，根据各地政府财政能力的大小，以及红十字会等非政府组织的能力大小制定详细的危机管理应急物资储备总体计划，以及针对每一种可能发生的危机分别制定详细的物资储备分计划。原则是既要满足危机应急处理的需要，又不要造成浪费，然后按照计划建立应急物资储备机构，专门负责应急物资的采购和储备工作。二是建立石油、粮食、棉花等战略物资的应急储备和应急供应制度，以保证在遇到战争、敌国封锁等重大危机时不会出现战略物资的短缺现象。三是各级政府应做好危机管理的物资储备和设备维护工作。对各类危机都需要的通用物资储备应由各级危机管理常设机构进行统筹和协调，形成一方有难，八方支援，避免各自为政，造成浪费。四是建立应急物资的快速调运渠道和调运方式，一旦公共危机发生，就能在第一时间把各种救援物资运送到灾民手中。为了提高救援物资储备和供应的效率，有些地方政府与流通企业建立了联系机制，特定企业保证在紧急状态下可马上调运粮食等救灾物资。许多地方还采取了救援物资储备和供应社会化的手段，与相应的供货商签订了供货协议，一旦危机发生，就要求供货商在规定的时间内将物品运到灾区，这种做法避免了食品等易腐烂物品的长期储藏，减少了不必要的损失。实践证明，通过市场机制增强救灾设立，在已经发生灾害的部分

[①] 黎明网络有限公司：《城市应急联动指挥系统》，载《网络安全技术与应用》2003年第1期。

四 恢复和重建机制

灾害性公共危机事件得到有效遏制并不意味着整个应对过程的结束。有的学者就认为，危机管理的目的主要有两个，一是限制危机源，通过对可能导致突发性事件等危机原因进行限制，以达到避免危机的目的；二是建立和完善危机管理组织和制度，以应对未来可能发生的危机，在有限的时间等严格制约条件下，使事态恢复平常。② 所以除了事前准备预警，事中积极应对，事后恢复也是灾害性公共危机管理中不可忽视的一环。

首先，变应急管理为常态管理。在公共危机发生后，常态下的管理手段和措施已经不能完全适应危机发展与管理的需要，紧急状态就成为必然。在这种状态下，一是公民的一些权利会受到限制。如"非典"之时，"五一停假"、"学校停课"、"公民禁止出行"、"随时隔离"等紧急措施对公众的应有权利和生活产生了重要的影响。二是政府权力的膨胀。由于危机来势凶猛，损害极大，所以从常态管理转向应急管理往往是形势所迫，势在必行。但是危机过后，如果不能从应急状态转换到常态，同样会给人们带来损失。因为在紧急状态下，政府、一些团体和组织依法享有了正常状态下不可能享有的巨大权力，如果不能很快恢复到常态，最终必然导致的是权力的扩张和膨胀。

其次，制定方针，安定社会。大灾之后，百废待兴。公共危机对社会或组织生存和稳定的破坏力是很大的，往往造成了组织社会的失衡和混乱，使人们的生活陷入了高度的不稳定之中，因此，政府就要尽快制定有关措施，帮助受灾公众进行生产自救，以便尽快推动社会正常的企业生产和商业经营秩序。

---

① 黄顺康：《公共危机管理与危机法制研究》，北京，中国检察出版社，2006，第117~118页。
② 杨建顺：《论公共危机管理中的权力配置与责任机制》，载《法学家》2003年第4期。

这主要包括：给予企业必要的经济援助，尽量弥补其在危机中的损失，启动生产；组织、调节供销渠道，及时提供民众生活的日常和急需物品，保障公众的正常生活；对受灾群众进行针对性的心理指导，帮助他们摆脱危机阴影。实践表明，危机后社会公众的心理往往呈现出反弹和低落状态，表现为"创伤后紧张综合征"，这些对于社会整体的安定和平和是很不利的。考察政府以往的做法，在恢复人民生活设施方面的做法还是很值得称道的。1998 年特大洪水一结束，中央政府就把人民的基本生活放在首位，根据全面规划、统筹兼顾、标本兼治、综合治理的原则，确立了"封山植树，退耕还林；平堤行洪，推田还湖；以工代赈，移民建镇；加固堤防，疏浚河湖"的灾后重建方针。帮助灾民抢建过冬住房，解决灾民的吃粮问题，有效地安抚了民心，保障了社会的有序运行。①

再次，多方支援，灾后重建。在灾后重建工作中，各级政府是否具有"权为民所用、利为民所谋、情为民所系"的意识，直接影响到重建的速度和效率。2006 年 8 月 10 日，"桑美"超强台风，以 17 级的风力登陆，直接袭击福建省避风良港沙埕港，当时倒海翻江、道路不通、通信中断，停泊在沙埕港海域避风的 952 艘福建籍船只沉没，造成重大人员伤亡和经济损失，这在世界的台风灾害史上也是罕见的。2006 年 9 月 12 日民政部救灾司司长、国家减灾中心主任王振耀在深入福建省漳州、宁德市督察各级恢复重建资金拨付到位情况，灾区恢复重建方案制订和相关工作措施的落实情况后称："我对恢复重建的速度非常吃惊，整个福鼎就像一个大工地，民房毁损的瓦片都盖好了，重建民房有的砌了地基，有的主体结构已经完成一半，目前物价也基本正常了。最使我惊讶的就是'邻帮邻亲帮亲'，70 多岁的老人都在互相帮忙，从遭受世界级灾难至今不过一个月，恢复重

---

① 韩大元、莫于川：《应急法治论——突发事件应对机制的法律问题研究》，北京，法律出版社，2005，第 293 页。

建速度惊人。相比遭受同样大灾的国外，据我的经验，我国起码强十倍。"[1] 除了政府一心为民的情操外，为了保证灾后重建工作的顺利进行，政府救灾资金、政策方面的支持必不可少。另外，也要充分发挥媒体、非营利组织、企业等组织的作用。因为每一次大的灾难之后，媒体都要举行一些晚会和捐助会，让有心投入救灾赈灾的社会各阶层人士可以方便地找到捐赠途径，从而给政府减轻一些经济上的负担。如盛夏七月，湘南大地，暴雨肆虐，洪水泛滥。郴州、衡阳、永州等大湘南地区局部严重受灾。一方有难、八方支援，在灾区军民团结抵御洪魔的关键时刻，由湖南省委宣传部和湖南省广播电视局主办，湖南电视台和湖南省赈灾募捐办公室承办的"情系大湘南"赈灾文艺晚会2006年8月3日浓情上演。湘南灾情深深牵动了社会各界乃至海外同胞的心。截至"情系大湘南"赈灾募捐晚会结束，湖南省赈灾募捐办公室共获得募捐现金人民币8078.344023万元，港币20万元，美元300万元，物资价值1822.430871万元，衣物32.2144万件，晚会观众席中认捐163.66万元。[2] 这些捐赠及时缓解了政府的压力，解决了灾民的基本生活。许多非政府组织在灾后重建中帮助政府照顾、安置灾区公众，以及在社会上为灾后重建募集资金来减轻政府的负担。企业通过自身的捐助以及对重建物资的生产在灾后重建过程中发挥重要的作用。

最后，总结经验，吸取教训。"祸兮福之所倚，福兮祸之所伏。"危机带给社会的破坏和伤害是巨大的，但在某种程度上，每一次危机带给我们的是更多的深刻反思，通过对危机中的经验教训、对危机发生的原因、危机的处理过程进行细致的分析，对事前预警、准备以及事中应急救援措施的评估，吸取教训，对改进今后的危机治理工作具有重要的意义。政府应该积极总结，结

---

[1] 《民政部官员督察福建灾后重建：当地公布并未瞒报》，http://news.163.com/06/09/19/04/2RBT179V000120GU.html。

[2] 林俊：《泪纷飞，爱相随》，http://www.sina.com，2006-08-07。

第八章 我国灾害性公共危机治理对策：体制、机制和法制的创新

合每次危机事件处理的情况，变危机为机遇，顺利进行观念转变、组织变革、政策更新，把危机作为契机，加强与公众的沟通交流。例如，"非典"过后，各地对防治"非典"工作进行了认真研究，总结经验教训，对公共卫生建设、防治"非典"长效体系建设、应急准备工作等进行了全面部署，后续工作不间断。特别是2003年10月9日全国预防"非典"工作会议后，全国各地结合本地实际，进一步落实应急预案、工作方案及各项规范和要求，各项防范准备工作更加深入。这主要表现在：组织健全，领导指挥体系完整；预案科学性、可操作性强，组织落实预案情况良好；加强了疫情监测和信息报告系统、医疗救助体系及专家组建设；加强了重点场所和重点区域防范工作；公众的预防宣传教育，做到工作有安排有落实；加强了对实验室的管理等。

通过以上分析，我国灾害性公共危机的治理机制可以用图8-3表示。

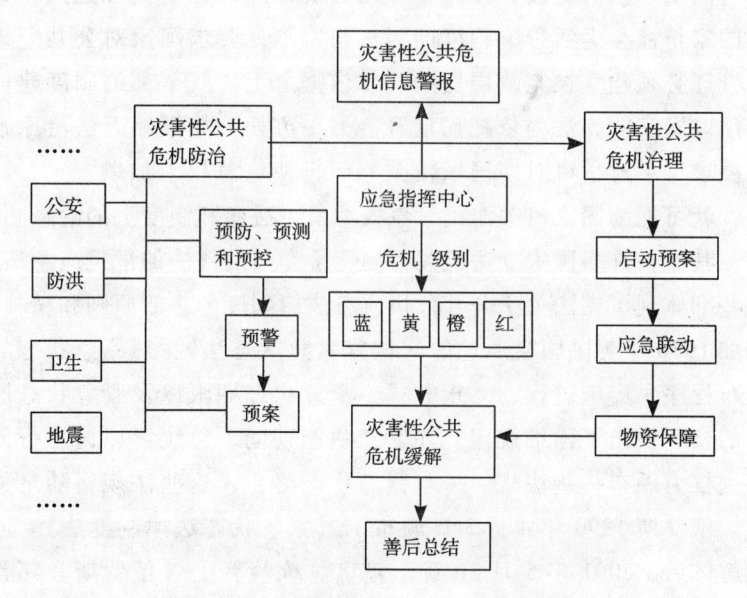

图8-3 我国灾害性公共危机治理机制

第三节 健全灾害性公共危机治理法制

一 国外公共危机应急法制的构成与特征

一个国家灾害性公共危机治理机制的成熟和完善不仅表现在具有健全的组织系统方面，更为重要的是须从法律规范的角度对相关公共危机事务进行制度性安排。从国外公共危机管理的实践来看，法律手段是公共危机管理的重要途径，是各国目前普遍采用而且行之有效的控制方式。

首先，绝大多数国家宪法中都对公共危机应急法做出了明确规定。这些规定都是以宪政为依托，基于法治原则的要求。因为一方面国家对灾害性公共危机加以治理的过程，将涉及各主要国家机构职权设置及相关关系的重大变动，涉及人民基本权利的保障与国家赔偿的责任，涉及各种社会资源的广泛动员和运用，其对国家与社会生活影响程度的深刻与剧烈，要求国家对公共危机的管理必须建立在宪政层面的法律依据之上，其全部的制度建构必须以国家的宪法为依托而展开。另一方面，如果缺乏法治原则的要求，不对危机时期国家机关如何行使应急权力加以规定，那么，就可能为国家机关滥用紧急权力留下法律和制度上的隐患。

其次，许多国家立法机关都制定了专门的统一的危机应急法。这些都体现了宪法关于公共危机应急法律制度的一般原则和精神。例如1976年美国国会通过的《国家紧急状态法》，对紧急状态的宣布程序、实施过程、终止方式、紧急状态期限以及紧急状态期间的权利做出了详细规定。在紧急状态期间，总统可以为了行使特别权力颁布一些法规，一旦紧急状态终止，这些法规将随之失效。俄罗斯1990年4月3日颁布了《紧急状态法律制度法》。苏联解体后，2001年5月30日，普京总统签署了《俄罗斯联邦紧急状态法》，2002年1月30日，又签署了《俄罗斯战时状态法》，俄罗斯危机管理的法律体系基本确立。法国1955年4月3日颁布

[第八章 我国灾害性公共危机治理对策：体制、机制和法制的创新]

了《紧急状态法》，对紧急状态的宣布作了规范，法国的紧急状态消除了适用于武装冲突的紧急情况外，更侧重于针对公共秩序遭到严重破坏的恐怖事件以及水灾、地震、爆炸等重大自然灾害和灾害性事件。加拿大1985年制定的《危机准备法》和《危机法》，也对相应的危机类型进行了区分。"这种统一的紧急状态法或者危机管理法能够在由于复杂原因产生的紧急状态有一个统一的指挥机制以及程序规范，既可以加强应对应急事件的效率，及时应对紧急事件，使受到严重威胁的经济与社会秩序迅速恢复常态，又能避免因为法律的漏洞而使政府随意扩大紧急行政权力，从而使公民权利保障有一个底线，不至于造成公民权利在紧急状态期间遭受公共权力的随意侵害，而无法获得有效的法律救济。"①

此外，许多国家的行政机关根据议会关于应急法律规范的立法，也制定实施了一些危机法律的行政法规。同时，在西方国家除了统一的紧急状态法之外，各国还针对各种法律规定的危机类型制定了各种单行法，或由行政机关制定紧急状态基本法的实施细则。

总之，西方国家公共危机法制主要有两个重要特征：一是在宪法中规定了紧急状态制度，确立了政府在紧急状态时期的基本法律权限，使得政府在紧急状态时期行使紧急权力的行为严格地限制在宪法所允许的范围之内，由此来维护以此为核心价值的法治原则；二是制定统一的紧急状态法，来对各种紧急状态下的政府行政紧急权力作统一规定，这种做法既可以使政府在紧急状态时期有章可循，防止政出多门，特别是防止滥用行政职权或者是超越行政职权，破坏依法行政的法治理念。② 另外，紧急状态时期的各种制度集中于同一法律中，便于社会公众遵守法律的规定，同时也可以对政府在紧急状态时期所采取的行政紧急措施进行必

---

① 韩大元、莫于川：《应急法制论》，北京，法律出版社，2005，第223页。
② 郭济主编《政府应急管理实务》，北京，中共中央党校出版社，2004，第94页。

要的监督。如果关于政府行政紧急权力的法律规定分散在不同的法律形式中,那么,对大多数社会公众来说,很难弄清楚政府是否在依法行使行政紧急权力,自己的权利是否已经受到了不必要的限制。

二 我国灾害性公共危机的立法构想

"他山之石,可以攻玉。"通过对国外公共危机应急法律体系的分析,结合我国的政府公共危机立法的现实,本文认为我国的公共危机管理法律可以在统一的前提下分为两大类,一类是针对良性的公共危机事件,一类是针对恶性的公共危机事件。[①] 但在制定法律时两种状态可以统一于一部《公共危机管理法》或《公共紧急状态法》。由于它们对社会造成的影响不同,所以采取不同的法律措施来进行应对。本文中所研究的灾害性公共危机事件,也主要指良性的公共危机事件。具体来说,我国公共危机应急法制的框架,如图8-4所示。

当公共危机事件出现的时候,国家权力机关或国家行政机关可以依法宣布启用良性公共危机应急法律体系,或紧急状态法律的规定。当战争、恐怖性分裂活动、恶性群体性活动出现时,国家权力机关可以根据《紧急状态法》的规定,宣布进入紧急状态,并采取戒严、动员等紧急措施。但戒严措施、动员措施通常情况下不应适用于良性公共危机状态,特别是由于灾害性公共危机引起的紧急状态,"即使是由于自然灾害诱发了社会动乱,也应当主要采取应急措施的办法解决,只有在战争状态期间,才应

[①] 良性的公共危机其影响是负面的,但其基本不涉及颠覆国家政权,变更核心价值,危及政治稳定和社会根本秩序,处理过程中容易形成合作机制,凝聚向心力,从而推动危机管理体制的建立、优化和完善。本文研究的灾害性公共危机基本上属于良性公共危机的范畴。恶性公共危机则体现为政治化和意识形态化的政治冲突,直接危及国家政权的稳定,有造成政治分离之虞,如战争、恐怖分裂活动、像法轮功那样的大型群体性事件。参见胡鞍钢《如何正确认识SARS危机》,载《国情报告》SARS专刊,2003年第9期。

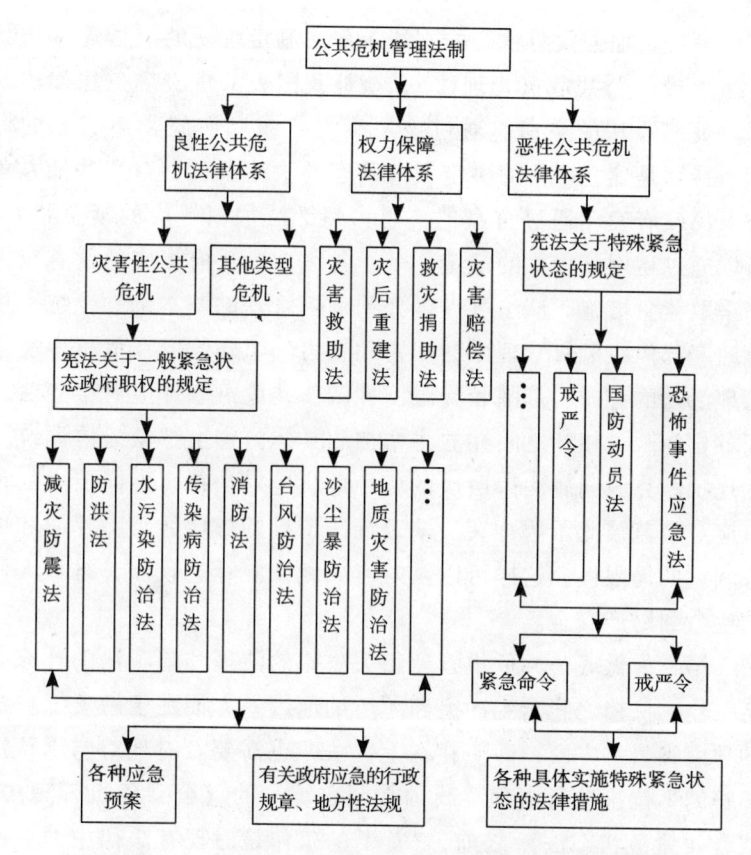

第八章 我国灾害性公共危机治理对策：体制、机制和法制的创新

图 8-4 公共危机及灾害性公共危机应急的法制框架

当使用戒严措施。因为在一般危机状态下，主要是通过政府行使行政权力来维持社会秩序，即使是发生了社会骚乱，也应当依靠警察来维持社会治安，而只有在战争状态下，当国家政权受到内外部敌对势力的严重威胁时，才能由军事机关来暂时代替行政机关，由军队来维持，对社会实行全面的军事管治"[1]。要使公共危机治理的立法设想变为现实，具体来说应该在以下方面做好工作：

---

[1] 郭济主编《政府应急管理实务》，北京，中共中央党校出版社，2004，第95~96页。

第一，加强紧急状态的立法工作，制定统一的《国家紧急状态法》或《公共危机管理法》，填补我国公共危机应急法律体系中"龙头"法的空白。通过该法确立宣布和实施紧急状态的标准，特别是确立严格的决定紧急状态的法律条件，对那些地方各级人民政府确实通过自身的应急力量无法加以解决的紧急状态，可以通过运用该法律的规定，赋予各级人民政府相应的紧急权力来采取紧急措施。该法可以做公共危机管理的基本纲领，统一规范政府部门在危机管理中的职责和权力。明确政府在危机中实施管理活动的方向、范围和界限。打破公共危机事件应对中各法之间各自为政，相互之间在立法精神和具体内容上都缺乏协调统一的现状。克服同属法律层次的各种危机应对法律、不同层次的危机应对规范彼此矛盾冲突、缺乏统一指导的弊端，破除部门和地方利益的局限性。这样可以及时有效地恢复社会秩序，维护人民的生命和财产安全。

第二，做好公共危机管理相关法律的清理和单项法的补充制定工作。法律之间产生冲突和矛盾的原因一方面在于缺乏上位法的约束，另一方面，即使存在上位法，也需要及时地对与上位法不符的下位法进行清理。我国在制定统一的《公共危机管理法》或者《紧急状态法》之前，"首要的工作是对现有法律中的一些有关突发事件，突发事件等基本概念作出解释，尽量使旧法的资源和潜力能够发掘出来"[①]。所以，可以通过修改法律、法律解释、废除法律等方式对法律和法规进行清理。从应对恶性公共危机事件来说，国防动员法，一般的紧急状态法，恐怖性突发事件法，在我国至今仍是空白。在公共危机发生时，首先应考虑与之相对应的法律规范，如地震出现时，可以应用《破坏性地震应急条例》；核事故出现时，可以考虑应用《核事故应急条例》；但是在灾害性公共危机领域，还缺少《台风防治法》，以及除地震以外的其他地质灾害方面的法律。

---

① 韩大元、莫于川：《应急法制论》，北京，法律出版社，2005，第194页。

第八章 我国灾害性公共危机治理对策：体制、机制和法制的创新

第三，完善公共危机治理中公民权利保护的法律救济制度。在公共危机应对中要把保护公民生命和财产安全当作危机治理的首要任务。但是在紧急状态下，对公民财产造成的损失，应该如何去做呢？有学者认为，应"在宪法中加入对公民财产征用或征收给予合理补偿的规定，防止政府在紧急状态时期随意征用公民、法人或其他组织的财产，在政府应急管理与公民的权利保护之间建立一个必要的协调机制"①。也有学者认为应该进行公共危机法律救济制度的完善，通过建立完备、科学、有效的法律救济机制，在公共危机事件处理过程中，对合法权益受损害的人员给予及时安抚；在事后恢复阶段，应展开专门调查，给遭受的损失予以赔偿或补偿，并依法追究有关人员的法律责任，增强政府的公信力；另外，还应大力拓展保险业务范围，积极采用市场机制的办法加大救济力度。②

三 灾害性公共危机治理的法治化

公共危机应急法制作为应对公共危机事件的法律保障体系，是"关于突发事件引起的公共紧急情况下如何处理国家权力之间、国家权力与公民权利之间、公民权利之间的各种社会关系的法律规范和原则的总和"③。也有人认为是："对国家在应对威胁其生存的紧急状况时所采取的一系列与正常状态下的民主宪政的一般原则及实践所不同的关于国家紧急权力行使的方式、程序、原则及人权保障与人权克减的手段和界限的法律制度的总称。"④也就是说公共危机或者是灾害性公共危机应急法制是静态的法律

---

① 郭济主编《政府应急管理实务》，北京，中共中央党校出版社，2004，第96页。
② 韩大元、莫于川：《应急法制论》，北京，法律出版社，2005，第194页。
③ 莫于川：《公共危机管理的行政法治现实课题》，载《法学家》2003年第4期。
④ 郭春明：《论我国紧急状态法律制度的完善》，载中国人民大学宪政与行政法治研究中心编《宪政与行政法治研究》，北京，中国人民大学出版社，2003，第194页。

制度，是人们对灾害性事件进行管理的准则和依据。制定并实施公共危机事件应急法制的目的就是为了实现应对灾害性公共危机事件和其他公共危机事件治理的法治化。公共应急法治是"依法治国，建设社会主义法治国家"的基本方略中与"常态下的法治"相并列的另一重要内容，是法治在公共危机事件下的一种特殊表现形态。

具体来说，公共应急法治的内涵主要有以下三个方面：①指导政府与公民在突发事件应急立法、执法、司法和守法等环节，树立科学、正确的法治观；②按照宪政、行政法治的精神构建科学完善的公共应急法制；③所有政府机构、公民和其他组织都认真遵守和严格执行公共应急法治的要求。[①] 具体来说，一方面，"公共危机应急法制"是实现公共危机治理法治化的前提，没有灾害性公共危机治理的法制化，就没有灾害性公共危机治理的法治化；另一方面灾害性公共危机的法治是"灾害性公共危机法制"的保障。没有灾害性公共危机应对的法治，灾害性公共危机治理的法制就是一躯空壳。所以公共危机治理的法制是为了保证"有法可依，违法必究"，而公共危机治理的法治是为了更好地做到"有法必依，执法必严"。

应对突发性公共危机事件不仅是政府机关的行政任务，建立和实现灾害性公共危机应急法治，同样不能仅仅依靠政府的呼吁、立法、执行和自我约束。从灾害性公共危机应对的法制化到灾害性公共危机应对的法治化，是一个庞大而艰巨的系统工程。政府、公民或其他社会主体都是该工程的子系统或者子系统中的构成要素，不能仅把自己当成消极的法律服务者和被管理者，而同时应当明确自己作为公共应急法律关系的参与者、监督者和社会主人的身份：一方面要本着公共应急法治的理念积极参与公共危机应急法治的立法，促进公共危机应急法律制度内容的合理化；另一方面要以"有法必依，执法必严，违法必究"的法治标准严格监

---

① 韩大元、莫于川：《应急法制论》，北京，法律出版社，2005，第39页。

督行政紧急权力的行使，保证政府应急行为的合法性，尤其是对于违法侵害自己合法权益的现象要依法进行斗争。作为社会的一员，依法维护自己的合法权利，不仅是对自己的一种义务，更是对社会、对法律的一种义务。只有这样，才能实现从公共危机应急法制到公共危机法治的转变。总之，只有在法律的规范下，在法治的保障下，才能顺利治理灾害性公共危机和其他类型的公共危机。

小　　结

面对风险社会的来临、灾害的增多，建立有效的各种灾害性公共危机管理的组织体制，打破条块分割、增强政府应对各种公共危机事件的技术和资源调动能力、配合能力成为公共危机管理体制改革不容回避的重要内容。现代公共危机的多样性和复杂性决定了公共危机治理必须遵循全面危机管理的原则。一方面全面公共危机管理意味着政府对各种类型危机的全方位管理，另一方面意味着政府对危机事件和危机状态进行全过程的管理。所以要有效应对危机必须建立健全灾害性公共危机事件的预测和预警机制、应急联动机制、物资储备和保障机制和恢复和重建机制。

一个国家灾害性公共危机治理机制的成熟和完善不仅表现在具有健全的组织系统方面，更为重要的是须从法律规范的角度对相关公共危机事务进行制度性安排。现阶段，我国首先应加强灾害应对方面的立法工作，制定统一的《国家紧急状态法》或《公共危机管理法》，填补我国公共危机应急法律体系中"龙头"法的空白。同时，也要做好公共危机管理相关法律的清理和单项法的补充制定工作，完善公共危机治理中公民权利保护的法律救济制度。在这一过程中，最重要的是实现灾害性公共危机治理的法治化，真正做到"有法可依、有法必依、执法必严、违法必究"。

结　语

　　作为一个灾害性公共危机事件多发的国家，中国的灾害性公共危机治理应该从我国的现实出发，构建一个体制、机制和法制相互配合，互相支撑，社会各个主体密切合作和参与的复合治理框架。在危机应对中，坚持以人为本，把社会公众的生命和财产安全放在第一位，以法制来约束公共危机的治理行为，以法治的理念指导各行为主体，从事前准备、事中应急、事后恢复等各个方面进行全面危机管理。同时，为了全面提高我国的灾害性公共危机治理水平和能力，实现社会稳定和谐发展，今后我国的公共危机治理体系必须是一个在法制、组织、资源等各方面全面发展的体系。

　　第一，实现灾害性公共危机治理的法治化。公共危机治理法治化就是为了使公共危机治理工作做到有法可依、有法必依、执法必严、违法必究，使公共危机治理在一个统一的指挥机制和程序规范约束下进行。这样既可以提高应对公共危机事件的效率，使受到威胁的经济和社会秩序迅速恢复常态，又能避免因为法治缺失而使政府公共权力任意扩张，从而使公民权利的保障有一个底线。世界上大多数国家都制定了比较统一的紧急状态管理法和公共危机管理法，来作为公共危机管理的"基本法"，对紧急状态下行使权力的主体、程序，对公民权利的限制以及权利救济等内容作了明确的规定。因此通过各方努力，实现公共危机治理的法治化是公共危机治理中不可缺少的一环。但健全法制，将危机和正常状态的政府行为纳入法制化轨道，还需要很多立法努力。

结　语

　　第二，实现组织机构专门化和人员的专业化。从世界各国危机管理的经验出发，国家有必要在中央政府建立高层次危机管理的领导、指挥和协调机构：制定危机管理的战略、政策和规划；进行危机信息管理，进行危机风险评估；在非危机时期，负责危机的预防和预警工作；在危机发生期间，负责危机管理的监督管理工作；对政府管理者和社会公众进行危机管理的教育和培训等。[①] 另外，危机中有的工作技术性很强、危险性很高、时间要求紧迫的工作，应该由经过专门训练，各种装备精良、行动迅速的专业人员来完成，以提高危机救治的效率。根据我国公共危机治理的需要，应该研究组建危机救治的专业队伍，提高专业技能，改变过去由于缺乏专业技能、设备不足，没有科学安全的作业规范而救治不善的境况。

　　第三，实现灾害性公共危机治理的多元化、立体化和网络化。由于灾害性公共危机事件危及社会稳定和社会正常的生活秩序，如果得不到及时、合理、有效的应对，危机便会损害政府和有关部门的公信力和权威地位，甚至使人们对政府机构和整个社会治理体系失去信心。所以危机的治理不是诸如警察、消防或医疗机构哪一个部门单独可以应对的，需要来自不同部门、机构的联合与协调。因此必须以多元化、立体化、网络化的管理体系来共同应对危机。以瑞士国家应急管理中心为例：该中心的运作往往不是独立进行的，而是通过直接的沟通渠道与国家的一些部门、机构如核电站、州警察指挥中心、瑞士广播公司地方播音室等合作，并在国家应急管理中心和联邦委员会的运作部门之间建立了视频网络，以便将事件局势、信息和报告无延误地及时送达相关部门。在国内，国家应急管理中心为有效实现其救治目标，和许许多多的联邦机构、州政府、军队以及民防部门协作。在国际上与比邻国家（如德国、法国、奥地利和意大利等）、维也纳国际原子能

[①] 张成福：《公共危机管理：全面整合的模式与中国的战略选择》，载《中国行政管理》2003 年第 7 期。

组织、欧盟以及国际核能组织都进行密切的协作。①

　　第四，公众参与的制度化和有序性。在危机救治中，政府虽然拥有人、财、物方面的优势，但也不可避免地存在局限性。所以不管是在危机预警、危机准备还是在灾难的救助阶段，都应该积极吸纳和发挥社会公众的作用和力量，形成政府、非政府组织以及公众责任共担的危机治理机制。例如 FEMA 强调全民的参与，在个人的层面，FEMA 强调加强个人对灾难的认识，提供基本应变常识，协助设计家庭应变计划，购买合适的灾难保险（洪水、地震等），并呼吁灾变时对老弱病残的帮助；在社会层面，建立完善的捐募系统，让有心投入救灾赈灾的社会阶层人士可以方便地找到捐赠途径，以有效汇集救灾资源，并将赈灾物资及时送达灾民手中，同时对救灾资源做最有效的统筹分配。因此，我国今后的救灾活动也必须为公众和社会组织的参与开辟广泛的渠道，提高参与的有效性。

　　第五，危机预警、物质和财政支持的完备化和合理化。作为危机管理的前奏曲，完善的预警有利于及时的预防和避免危机的发生。在某种程度上，有效的预警比危机事件的处理更有意义。因为它可以避免社会资源的巨大浪费，节省人力、财力、物力，有效地防止社会混乱出现。所以完备的预警系统的建构是必须进行的一项危机管理内容。财政资源作为公共危机管理的基础，各级政府必须把危机管理的预算纳入政府的预算体系之中；政府有必要设立必要的专项基金，用于应对各种突发事件和危机，并且建立监督制度和程序以保证基金的合法、合理及有效的使用。政府有必要建立并完善各种战略资源的储备制度；建立资源目录，以便在关键时期有效地调动资源；同时就危机状态下资源的征用问题加以立法。②

---

① 韩大元、莫于川：《应急法治论——突发事件应对机制的法律问题研究》，北京，法律出版社，2005，第 230 页。
② 张成福：《公共危机管理：全面整合的模式与中国的战略选择》，载《中国行政管理》2003 年第 7 期。

第六，危机防范培训与演练的正常化和制度化。国家危机管理能力的提升，有赖于政府与公众危机防范意识的提高，危机管理方面相关知识的培训和演练是应对危机的一个不可缺少的部分。政府必须在日常工作、学习、生活中加强危机防范方面的训练，向公众提供相关资源，借助于高校以及非政府组织的活动来进行培训，可以用法规的形式对相关危机的演练予以制度化、规范化。在全社会树立正确的危机防范意识，并通过培训和演练提高防范能力，是公共危机管理中的重要内容，这样不仅可以在灾害发生时减少损失，减轻社会振荡，而且对于灾后重建和恢复平常状态都具有积极的意义。

总之，面对灾害性公共危机对人类社会的严重威胁，人们必须采取一切有效措施有效治理公共危机。很显然，在现实情况下，如果体制和机制不健全，法制不完善，或是仅仅依靠政府力量，并采取单一措施，都不可能有效治理公共危机。因此，在将来的公共危机治理过程中，尽快建立一个体制顺畅、机制有效、法制完备和各方共同参与的公共危机治理模式是政府和社会的一个最优化和最明智的选择！

参考文献

一　中文著作

1. 李维：《风险社会与主观幸福》，上海，上海社会科学院出版社，2005。
2. 薛晓源、周战超：《全球化与风险社会》，北京，社会科学文献出版社，2005。
3. 杨雪冬：《风险社会与秩序重建》，北京，社会科学文献出版，2006。
4. 薛澜、张强、钟开斌：《危机管理：转型期中国面临的挑战》，北京，清华大学出版社，2003。
5. 黄顺康：《公共危机管理与危机法制研究》，北京，中国检察出版社，2006。
6. 郭济主编《政府应急管理实务》，北京，中共中央党校出版社，2004。
7. 郭济主编《中央和大城市政府应急机制建设》，北京，中国人民大学出版社，2005。
8. 刘刚：《危机管理》，北京，中国经济出版社，2004。
9. 中国现代国际关系研究所危机管理与对策研究中心：《国际危机管理概论》，北京，时事出版社，2003。
10. 北京太平洋国际战略研究所：《应对危机——美国国家安全决策机制》，北京，时事出版社，2001。
11. 曹随、陆奇：《政府机关形象设计与形象管理》，北京，经济管理出版社，2002。
12. 鲍勇剑、陈百助：《危机管理——当最坏的情况发生时》，上海，复旦大学出版社，2003。

13. 《学习时报》编辑部：《国家与政府的危机管理》，南昌，江西人民出版社，2003。
14. 房宁：《突发事件中的公共管理——"非典"之后的反思》，北京，中国社会科学出版社，2005。
15. 谢遐龄、于海、范丽珠：《SARS、全球化与中国》，上海，上海人民出版社，2004。
16. 赵士林：《突发事件与媒体报道》，上海，复旦大学出版社，2006。
17. 薛晓源、陈家刚：《全球化与新制度主义》，北京，社会科学文献出版社，2004。
18. 冯惠玲：《公共危机启示录——对SARS的多维审视》，北京，中国人民大学出版社，2003。
19. 龚维斌：《公共危机管理》，北京，新华出版社，2004。
20. 李经中：《政府危机管理》，北京，中国城市出版社，2003。
21. 刘长敏：《危机应对的全球视角》，北京，中国政法大学出版社，2004。
22. 许文惠、张成福：《危机状态下的政府管理》，北京，中国人民大学出版社，1997。
23. 汪汉忠：《灾害、社会与现代化——以苏北民国时期为中心的考察》，北京，社会科学文献出版社，2005。
24. 韩大元、莫于川：《应急法治论——突发事件应对机制的法律问题研究》，北京，法律出版社，2005。
25. 刘小枫：《现代性社会绪论——现代性与现代中国》，上海，上海三联书店，2000。
26. 陈晏清：《当代中国社会转型论》，太原，山西教育出版社，1998。
27. 虞维华、张洪根：《社会转型时期的合法性研究》，合肥，中国科学技术大学出版社，2004。
28. 郑航生、李强：《当代中国社会结构和社会关系研究》，北京，首都师范大学出版社，1987。

29. 刘祖云：《从传统到现代——当代中国社会转型研究》，武汉，湖北人民出版社，2000。
30. 夏书章：《行政效率研究》，广州，中山大学出版社，1996。
31. 李亚平、于海：《第三域的兴起》，上海，复旦大学出版社，1998。
32. 曾峻：《公共秩序的制度安排》，上海，学林出版社，2005。
33. 迟福林：《门槛——政府转型与改革攻坚》，北京，中国经济出版社，2005。
34. 郭春明：《紧急状态法律制度研究》，北京，中国检察出版社，2004。
35. 曹沛霖：《政府与市场》，杭州，浙江人民出版社，1999。
36. 胡宁生主编《中国政府形象战略》，北京，中共中央党校出版社，1999。
37. 曹荣湘：《走出囚徒困境——社会资本与制度分析》，上海，上海三联书店，2003。
38. 李惠斌、杨雪冬：《社会资本与社会发展》，北京，社会科学文献出版社，2000。
39. 句华：《公共服务中的市场机制——理论、方法与技术》，北京，北京大学出版社，2006。
40. 李军鹏：《公共服务型政府》，北京，北京大学出版社，2006。
41. 赵成根：《国外大城市危机管理模式研究》，北京，北京大学出版社，2006。
42. 颜佳华：《公共决策研究》，长沙，湖南大学出版社，2005。
43. 史安斌：《危机传播与新闻发布》，广州，南方日报出版社，2004。
44. 张永桃：《行政管理学》，南京，南京大学出版社，1996。
45. 杨冠琼：《政府治理体系创新》，北京，经济管理出版社，2000。
46. 俞可平主编《治理与善治》，北京，社会科学文献出版社，2000。

47. 俞可平：《社群主义》，北京，中国社会科学出版社，1998。
48. 俞可平：《民主与陀螺》，北京，北京大学出版社，2006。
49. 孙柏英：《当代地方治理——面向21世纪的挑战》，北京，中国人民大学出版社，2004。
50. 杨团：《社区公共服务论析》，北京，华夏出版社，2002。
51. 马长山：《国家、市民社会与法治》，北京，商务印书馆，2002。
52. 郑也夫：《信任论》，北京，中国广播电视出版社，2001。
53. 刘迪：《现代西方新闻法制概述》，北京，中国法制出版社，1998。
54. 〔中国台湾〕朱延智：《危机处理的理论与实务》，台北，台北幼狮文化事业公司，2000。
55. 〔中国台湾〕汪明生：《冲突管理》，北京，九州出版社，2001。
56. 董华、张吉光编著《城市公共安全——应急与管理》，北京，化学工业出版社，2006。
57. 薛克勋：《中国大城市政府紧急事件响应机制研究》，北京，中国社会科学出版社，2005。
58. 肖鹏军主编《公共危机管理导论》，北京，中国人民大学出版社，2006。
59. 李世宏：《灾场——百年困惑与世纪挑战》，北京，西苑出版社，1999。
60. 〔中国台湾〕吴宜蓁：《危机传播——公共关系与语义观点的理论与实证》，台北，五南图书出版公司，2002。

二 外文译著

1. 〔德〕乌尔里希·贝克：《风险社会》，南京，译林出版社，2004。
2. 〔德〕芭芭拉·亚当、乌尔里希·贝克、约斯特·房·龙：《风险社会及其超越》，北京，北京出版社，2005。

3. 〔德〕乌尔里希·贝克:《世界风险社会》,南京,南京大学出版社,2004。

4. 〔德〕乌尔里希·贝克:《自由与资本主义——与著名社会学家乌尔里希·贝克对话》,杭州,浙江人民出版社,2001。

5. 〔美〕劳伦斯·巴顿:《组织危机管理》,北京,清华大学出版社,2002。

6. 〔澳〕罗伯特·希斯:《危机管理》,北京,中信出版社,2000。

7. 〔美〕吴量福:《运作、决策、信息与应急管理》,天津,天津人民出版社,2004。

8. 〔英〕迈克尔·雷吉斯特、朱瑟·拉尔金:《风险问题与危机管理》,北京,北京大学出版社,2005。

9. 〔美〕叶海尔·德罗尔:《逆境中的政策制定》,上海,上海远东出版社,1996年。

10. 〔日〕金子史朗:《世界大灾害》,济南,山东科技出版社,1981。

11. 〔英〕安东尼·吉登斯:《现代性——吉登斯访谈》,北京,新华出版社,2000。

12. 〔英〕齐格蒙特·鲍曼:《全球化》,北京,商务印书馆,2001。

13. 〔美〕安东尼·B. 阿特金森、约瑟夫·E. 斯蒂格里茨:《公共经济学》,上海,上海三联书店、上海人民出版社,1994。

14. 〔美〕约翰·F. 沃克、哈罗德·G. 瓦特:《美国大政府的兴起》,重庆,重庆出版社,2001。

15. 〔美〕凯恩斯:《就业、利息与货币讨论》,北京,商务印书馆,1993。

16. 〔美〕萨托利:《民主新论》,北京,东方出版社,1998。

17. 〔美〕卡罗尔·佩特曼:《参与和民主理论》,上海,世纪出版集团、上海人民出版社,2006。

18. 〔美〕弗朗西斯·福山:《信任——社会美德与创造经济繁

荣》，海口，海南出版社，2001。

19. 〔德〕尼古拉斯·卢曼：《信任》，上海，上海世纪出版集团、上海人民出版社，2005。

20. 〔波兰〕彼得·什托姆普夫：《信任：一种社会学理论》，北京，中华书局，2005。

21. 〔美〕罗伯特·普特南：《使民主运转起来》，南昌，江西人民出版社，2001。

22. 〔美〕罗伯特·阿克塞尔罗德：《对策中的制胜之道：合作的进化》，上海，上海人民出版社，1996。

23. 〔法〕皮埃尔·卡蓝默：《破碎的民主》，上海，上海三联书店，2005。

24. 〔美〕福山：《大分裂——人类本性与社会秩序的重建》，北京，中国社会科学出版社，2000。

25. 〔美〕贝拉（Bellah）：《心灵的习性——美国人生活中的个人主义与公共责任》，北京，三联书店，1991。

26. 〔德〕柯武刚、史漫飞：《制度经济学——社会秩序与公共政策》，北京，商务印书馆，2001。

27. 〔美〕文森特·奥斯特罗姆：《复合共和制的政治理论》，上海，上海三联书店，1999。

28. 〔美〕文森特·奥斯罗姆等：《制度分析与发展的反思——问题与抉择》，北京，商务印书馆，1992。

29. 〔美〕查尔斯·沃尔夫：《市场或政府》，北京，中国发展出版社，1994。

30. 〔美〕道格拉斯·C.诺思：《制度、制度变迁与经济绩效》，上海，上海三联书店，1994。

31. 〔美〕埃格特森：《新制度经济学》，北京，商务印书馆，1996。

32. 〔美〕埃莉诺·奥斯特罗姆、拉里·施罗德和苏珊·温：《制度激励与可持续发展》，上海，上海三联书店，2000。

33. 〔美〕曼瑟尔·奥尔森：《集体行动的逻辑》，上海，上海三联书店、上海人民出版社，1995。
34. 〔美〕珍妮特·登哈特：《新公共服务：服务而不是掌舵》，北京，中国人民大学出版社，2004。
35. 〔澳〕欧文·E. 休斯：《公共管理导论》，北京，中国人民大学出版社，2001。
36. 〔美〕O. C. 麦克斯怀特：《公共行政的合法性——一种话语分析》，北京，中国人民大学出版社，2002。
37. 〔美〕乔治·弗雷德里克森：《公共行政的精神》，北京，中国人民大学出版社，2004。
38. 〔美〕库珀：《行政伦理学：实现行政责任的途径》，北京，中国人民大学出版社，2001。
39. 〔美〕尼古拉斯·亨利：《公共行政与公共事务》，北京，华夏出版社，2002。
40. 〔美〕盖伊·彼得斯：《政府未来的治理模式》，北京，中国人民大学出版社，2002。
41. 〔英〕简·莱恩：《新公共管理》，北京，中国青年出版社，2004。
42. 〔美〕罗伯特·B. 登哈特：《公共组织理论》，北京，中国人民大学出版社，2003。
43. 〔美〕约翰·克来顿·托马斯：《公共决策中的公民参与：公共管理者的新技能与新策略》，北京，中国人民大学出版社，2005。
44. 〔美〕拉雷·N. 格斯顿：《公共政策的制定》，重庆，重庆出版社，2001。
45. 〔美〕马克·E. 沃伦：《民主与信任》，北京，华夏出版社，2004。
46. 〔美〕丹尼斯·C. 缪勒：《公共选择理论》，北京，中国社会科学出版社，1999。
47. 〔美〕古德诺：《政治与行政》，北京，华夏出版社，1989。
48. 〔美〕乔治·斯蒂纳：《企业、政府与社会》，北京，华夏出版社，2002。

49. 〔美〕迈克尔·麦金尼斯主编《多中心体制与地方公共经济》，上海三联书店，2000。

50. 〔美〕迈克尔·麦金尼斯主编《多中心治道与发展》，上海，上海三联书店，2000。

51. 〔美〕埃莉诺·奥斯特罗姆：《公共事物的治理之道》，上海，上海三联书店，2000。

52. 〔美〕埃莉诺·奥斯特罗姆等：《公共服务的制度建构》，上海，上海三联书店，2000。

53. 〔美〕戴维·奥斯本、特德·盖布勒：《改革政府：企业精神如何改革着公营部门》，上海译文出版社，1996。

54. 〔美〕阿尔蒙德：《公民文化》，北京，华夏出版社，1989。

55. 〔美〕文森特·奥斯罗姆：《美国公共行政的思想危机》，上海，上海三联书店，1999。

56. 〔美〕约翰·F. 沃克、哈罗德·G. 瓦特：《美国大政府的兴起》，重庆，重庆出版社，2001。

57. 〔古希腊〕亚里士多德：《政治学》，北京，商务印书馆，1995。

58. 〔英〕洛克：《政府论》（上、下），北京，商务印书馆，1981。

59. 〔美〕亨廷顿：《变动社会中的政治秩序》，北京，华夏出版社，1988。

60. 〔美〕利普赛特：《政治人：政治的社会基础》，北京，商务印书馆，1993。

61. 〔德〕尤尔根·哈贝马斯：《合法化危机》，上海，上海人民出版社，2000。

62. 〔英〕弗里德利希·冯·哈耶克：《自由秩序原理》（上、下），北京，北京三联书店，1997。

63. 〔美〕罗尔斯：《正义论》，北京，中国社会科学出版社，1988。

64. 〔美〕罗纳德·德沃金:《至上的美德》,南京,江苏人民出版社,2003。
65. 〔法〕卢梭:《社会契约论》,北京,商务印书馆,1980。
66. 〔美〕约瑟夫·熊彼特:《资本主义、社会主义与民主》,北京,商务印书馆,1999。
67. 〔英〕保罗·皮尔逊:《福利制度的新政治学》,北京,商务印书馆,2004。
68. 〔德〕马克斯·韦伯:《经济与社会》(上、下),北京,商务印书馆,1997。
69. 〔美〕杜赞奇:《文化、权力与国家》,南京,江苏人民出版社,1994。
70. 〔美〕查尔斯·沃尔夫:《市场或政府:权衡两种不完善的选择》,北京,中国发展出版社,1998。
71. 〔英〕汤因比:《人类与大地母亲》,上海,上海人民出版社,1992。
72. 〔美〕詹姆斯·布坎南:《自由、市场与国家》,上海,上海三联书店,1989。
73. 〔美〕蓝志勇:《行政官僚与现代化》,广州,中山大学出版社,2003。
74. 〔美〕彼特·M.杰克逊主编《公共部门经济学前沿问题》,北京,中国税务出版社,2000。
75. 〔美〕帕金森:《走向二十一世纪:中国经济的现状、问题和前景》,南京,江苏人民出版社,1999。
76. 〔澳〕杨小凯:《杨小凯谈经济》,北京,中国社会科学出版社,2004。

三 英文著作和论文

1. C. F. Hermann 1972. *International Crisis*: *Insights From Behavioral Research*. New York: Free Press.
2. Uriel Rosenthal etc. (ed.) 1989. *Coping with Crises*: *the Manage-*

ment of Disasters, *Riots and Terrorism*. Springfield, Illinois: Charles C. Tomas Publisher LTD.

3. The Nonprofit Sector in the 1999s, *Philanthropy and the Nonprofit Sector in a Changing America*. Indiana University Press 1999.

4. Ray Robinson & Hen Judge, "Public Expenditure. Privatization and the Welfare State Britain", King's Fond Institute Discussion Paper No. 1, September, 1986.

5. Hansmann, H. B. 1987, *Economic Theory of Nonprofit Organizations*, in W. W. Powell (ed.), New Haven: Yale. University.

6. T. levett, *the third Sector: New Tactics For a Responsive Society*. New York, AMACO. 1973.

7. Drabek, Thomas E. (1986), *Human System Response to Disaster: An Inventory of Sociological Findings*. New York: Spring-Verlag.

8. Fink, Steven. (2002), *Crisis Management: Planning for the Inevitable*. Lincoln, NE: Universe.

9. Gottschalk, Jack. (2002), *Crisis Management*. Oxford: Capstone.

10. Harper, Charles L. (1989), *Exploring Social Change*. Englewood Cliffss, New Jersey: Prentice-Hall.

11. Hermann, Charles F., ed. (1972), *International Crises: Insights From Behavioral Research*. New York: Free Press.

12. Lerbinger, Otto. (1997), *The Crisis Manager: Facing Risk and Responsibility. Mahwah*, New Jersey: Lawrence Erlbaum Associates.

13. Nudell, Mayer and Ankotol, Norman. (1988), *The Handbook for Effective Emergency and Crisis Management*. Lexington, MA: Lexington.

14. Buntin, J. (2001. Dec.). "Disaster Master". Governing Magazine.

15. Childs, D. R. & Dietrich, SD. (2002). *Contingency planning and disaster recovery: a small business guide*. Hoboken: John Wiley & Sons, Inc.

16. Drabek, T. E. (1986). *Human system response to disaster: an inventory of sociological findings.* New York: Springer-Verlag.
17. Drabek, T. E., Hetmer, G. J. (Ed). (1991). *Emergency management: principles and practice for local government.* Washington, D. C. : ICMA.
18. Hoffan, S. M. & Oliver-Smith A. (2001). *Catastrophe & Culture: the anthropology of Disaster.* Santa Fe: School of American Research Press.
19. Sikich, G. W. (1996). "Emergency management planning handbook". New York: McGraw-Hills, Inc. Sostek, A. (2003, August). Orange crush. Governing Magazine.
20. SUGS. (2002). "Earthquake Facts and Statistics" [Online] Available: http://neic.usgs.gov/neis/eqlists/eqstats/html [2003, Sept].
21. Thompson, B. J. The Evolution of fire service. In Ed., Coleman, R. J. & Granito, J. A. (1988) Managing fire services. Washington, D. C. : ICMA.
22. World Health Organization. (1999). *Community emergency preparedness: a manual for managers and Policy-makers.* Geneva: WHO.
23. Winslow, F. (2001). "Recent trends in Emergency management: education. 24". [Online] Available: http://www.aspanet.org/publications/COLUMNS/archives/2001/Oct/winslow1013.html [2002, Sept.].
25. R. T. Gurr, ed. *Handbook of Political Conflict: Theories and Research.* Collier & Macmillan Publisher Co., 1981.
26. W. Timothy Coombs. *Ongoing Crisis Communication-Planning, Managing, and Responding.* London: Sage Publication, Inc., 1999.
27. Pierre Burt and Loic Wacquant, *Invitation to Reflexive Sociology.* Chicago: University of Chicago Press, 1992.
28. Portes, "The Economic Sociology of Immigration: A Conceptual Overview", in Portes (ed.) *The Economic Sociology for Immigra-*

tion: *Essays on Networks, Ethnicity and Entrepreneurship*. New York: Russell Sage Foundation, 1995, p. 12.
29. Nahapiet J, Sumantra Ghoshal. "Social Capital, Intellectual Capital and the Organizational Advantage" in *Academy of management review*, 1998, p. 253.
30. Lewis J. D., Weigert A. "Trust as a Social Reality". *Social Forces*, 1985, (63).
31. Anderson J. C., Narus J A. "A model of distributor firm and manufacture firm working partnerships". *Journal of Marketing*, 1990, 54 (1): 42 -58

四 学术论文

1. 张成福：《公共危机管理：全面整合的模式与中国的战略选择》，载《中国行政管理》2003年第7期。
2. 杨雪冬：《全球化、风险社会与复合治理》，载《马克思主义与现实》2004年第4期。
3. 曹现强、赵宁：《危机管理中多元参与主体的权责机制分析》，载《中国行政管理》2004年第7期。
4. 王晨光：《非典突发事件冲击下的法制》，载《清华大学学报》（哲学社会科学版）2003年第4期。
5. 毛寿龙：《萨斯危机呼唤市民社会》，载《中国改革》2003年第7期。
6. 李程伟、张德耀：《大城市突发事件管理：对京沪穗应急模式的分析》，载《国家行政学院学报》2005年第3期。
7. 马建珍：《浅析政府的危机管理》，载《长江论坛》2003年第5期。
8. 胡鞍钢：《如何正确认识SARS危机》，载《国情报告》SARS专刊，2003年第9期。
9. 刘利：《危机管理论信息化时代的公共危机管理》，载《四川大学学报》2004年第4期。

10. 周晓丽：《论公共危机的复合治理》，载《中共长春市委党校学报》2006年第3期。
11. 周晓丽：《论公共危机中政府形象及其重塑》，载《重庆社会科学》2006年第2期。
12. 周晓丽：《论城市突发公共安全事件的复合治理》，载《中共四川省委党校学报》2006年第1期。
13. 周晓丽：《论政府公共关系与公共危机的治理》，载《理论月刊》2008年第5期。
14. 周晓丽：《21世纪政府施政的十大理念》，载《党政论坛》2006年第2期。
15. 周晓丽：《公民参与：公共政策合法性的路径选择》，载《中国政治》2005年第9期。
16. 刘杰、周晓丽：《论信息公开在公共危机治理中的作用》，载《社科纵横》2006年第10期。
17. 周晓丽：《论社会资本与中国和谐社会的实现》，载《重庆社会科学》2005年第10期。
18. 金太军：《政府能力引论》，载《宁夏社会科学》1998年第6期。
19. 张康之：《论公共管理者的价值选择》，载《中共中央党校学报》2003年第4期。
20. 冯周卓：《论公民社会与国家治理》，载《理论与改革》2003年第6期。
21. 徐金发、王其富：《论政府、市场、公民社会部门之间的博弈关系》，载《云南社会科学》2003年第4期。
22. 何增科：《公民社会与第三部门研究引论》，载《马克思主义与现实》2004年第1期。
23. 刘婧：《现代社会风险分析》，载《浙江社会科学》2005年第1期。
24. 斯科特·拉什：《风险社会与风险文化》，王武龙编译，载《马克思主义与现实》2002年第4期。

25. 薛晓源、刘国良:《全球风险世界:现在与未来——德国著名社会科学家、风险社会理论创始人乌尔里希·贝克教授访谈录》,载《马克思主义与现实》2005年第1期。
26. 薛晓源、刘国良:《全球风险世界:现代与未来》,载《马克思主义与现实》2005年第1期。
27. 杨雪冬:《风险社会理论述评》,载《国家行政学院学报》2005年第1期。
28. 周战超:《当代西方风险社会理论引述》,载《马克思主义与现实》2003年第4期。
29. 曾迎红:《实现人与自然和谐发展,构建社会主义和谐社会》,载《科学中国人》2005年第9期。
30. 王绍兴、胡鞍钢、丁元竹:《经济繁荣背景下的社会不稳定》,载《战略与管理》2002年第3期。
31. 薛澜、张强、钟开斌:《防范与重构:从SARS事件看转型期中国的危机管理》,载《改革》2003年第3期。
32. 郁建兴、李小君:《论危机管理中政府行为的合法性》,载《毛泽东邓小平理论研究》2003年第4期。
33. 王强:《公共危机应急管理体系:反思与重建》,载《公共行政》2004年第7期。
34. 金红磊、王守宽:《公共物品提供主体的多元化》,载《公共行政》2006年第4期。
35. 中国行政管理学会课题组:《强化政府社会管理职能提高政府社会治理能力》,载《中国行政管理》2005年第3期。
36. 彭宗超、钟开斌:《非典危机中的民众脆弱性分析》,载《清华大学学报》(哲学社会科学版)2003年第4期。
37. 杨雪冬:《治理的制度基础》,载《天津社会科学》2002年第2期。
38. 王运生:《公共行政民主化运作》,载《社会科学》2000年第7期。
39. 王颖:《培养有中国特色的应急管理人才》,载《国际人才交流》2004 年第 4 期。
40. 郭忠华：《社会资本视角下的中国善治问题研究》，载《上海行政学院学报》2003 年第 2 期。
41. 金太军：《第三部门与公共管理》，载《公共行政》2003 年第 1 期。
42. 杨建顺：《论公共危机管理中的权力配置与责任机制》，载《法学家》2003 年第 4 期。
43. 北京国际城市发展研究院中国城市"十一五"核心问题研究课题组：《城市公共安全与综合减灾应急机制》，载《领导决策信息》2004 年第 39 期。

五　报刊资料

《闲了资金伤了民心》，央视"焦点访谈"，2006 年 8 月 27 日。

《公民危机意识应得到强化》，载 2005 年 11 月 24 日《新华日报》。

刘治宇：《吉林石化公司称爆炸事故未造成松花江水质污染》，载 2005 年 11 月 15 日《哈尔滨日报》。

新华社：《麦莎肆虐，辽宁 9 人死亡，29 人失踪》，载 2005 年 8 月 15 日《重庆经济报》。

杨雪冬：《全球风险社会呼唤复合治理》，载 2005 年 1 月 10 日《文汇报》。

中新社：《泰国气象部门有警不报》，载 2004 年 12 月 31 日《重庆经济报》。

朱亮：《拨错一位数，枉送一条命》，载 2004 年 12 月 21 日《重庆晚报》。

戴敦峰：《"老板消防队"涌现瑞安》，载 2004 年 4 月 1 日《南方周末》。

《一串沉重的数字》，载 2004 年 2 月 4 日《经济日报》。

杨瑞龙：《非常时期，企业信心哪里来》，载 2003 年 5 月 29 日《经济日报》。

杨团：《公共理性现代社会和公民责任》，载《世纪经济报道》，2003年5月21日。

鄢烈山：《信息公开的观念预设》，载《南方周末》，2003年2月21日。

温家宝：《在贯彻实施〈突发公共卫生事件条例〉座谈会上的讲话》，载2003年5月15日《光明日报》。

陆大生：《去年全球灾害致死4万人，气象灾害数量上升》，载《新华时报》，2002年6月18日。

《纽约统计最新失踪人数是4763人》，载《南京日报》，2001年9月15日。

新华社：《爆炸引发抢购——全球油价应声上涨》，载《新华日报》2001年9月12日。

六　网络资源

唐新林：《SARS危机与政府治理机制创新》，www.chinareform.org.cn/ad/zhuanxingzhf/12.htm。

政协致公组：《加强物种引进监督，防止外来生物入侵》，www.china.com.cn，2003-03-05。

董晓宇：地方公共事务及其治理方式的反思与探索，http://www.pssw.net/essays.asp?id=181。

《今日说法——直面非典》，http://www.cctv/program/lawtoday/20030515/100726.shtml。

周敏，张璟：《媒体在政府危机管理中的角色》，www.media.tsinghua.edu.cn，2004-09-30。

http://finance.sina.com.cn，2003-05-21。

《"老板消防队"为百姓就会千万财产》，温州新闻网，2004年2月15日。

《瑞安市"老板消防队"队长载誉归来》，浙江消防网，2004年11月19日。

后　记

在南京大学从硕士到博士六年的学习生涯，在这里白天图书馆浩渺书海的淘漉，晚间键盘前的苦思与敲击，已悄然画上句号。改完博士学位论文的最后一字，忽觉万千思绪奔涌而来。我的老师、同学，帮助过我的人们，南大校园的一草一木，以及南大的朴实宽容，无不让感恩之情充盈我心！

首先要感谢我的博士导师黄健荣教授。黄老师不仅根据我的研究兴趣提出并鼓励我进行公共危机相关问题的研究，而且还让我参与"建立健全社会预警机制与应急管理体系研究"这一国家社会科学重大攻关课题的研究工作，为论文的研究工作提供了强大的资源支持。他严谨的治学态度、深邃的洞见、渊博的学识和对学生的严格要求使我终身难忘！两周一次的面谈，一月一次的学习总结和读书报告，不断的电话与 e-mail 的沟通和交流，不仅帮我厘清了论文的写作思路，而且更坚定了我把题目认真完成的信心。从最初的选题，到提纲和论文的多次修改，再到最后的定稿，每个环节都凝聚着黄老师的心血！另外，也要特别感谢师母姜秀珍老师在学习和生活上的照顾，她在导师和学生之间的桥梁和纽带作用，为我们的学习和生活带来了极大的便利。在此，衷心地表示我的感激之情！

我要感谢我的硕士导师张永桃教授，他不仅帮助我开启了学术研究的大门，而且也为我的成长和发展倾注了心血。他渊博而宏大的学识使我不断吸取知识的营养；他仁厚而谦逊的长者风范树立了榜样的力量；他忙碌而不知疲倦的身影是我学习的典范；

他的关怀不断减少了我在求学路上的艰辛！感谢王明生教授和陆江兵教授在论文开题时提出的意见和建议，没有他们的意见和指导，论文就难以顺利成稿。

感谢张凤阳教授、严强教授和间小波教授。在南大学习期间，张凤阳教授热情与理性并重的教学，教会了我用哲学的思维分析问题；严强教授课堂上出口成章的睿智成为我今后教学的一大梦想；间小波教授政治思想史课上高屋建瓴的分析和讲解，总能给我以启迪和思考。感谢公共管理学院的童星教授、冒荣教授、孔繁斌教授、魏姝副教授、李永刚副教授的教育和培养！感谢公共管理学院的施友方老师、王建华老师、沈伯平老师、王志松老师、孙昊老师、赵娟老师对我的关心和照顾。感谢院系资料室和办公室所有任劳任怨为我们的顺利学习工作提供便利的老师们！

感谢中国行政管理学会的高小平老师！高老师不仅阅读了论文的初稿，而且提出了许多有价值的意见和建议。听他的学术报告使我豁然开朗，e-mail 中缕析义理的指导为我破解了迷津，热情的鼓励和肯定增加了写作的信心，来南京时赠送书籍更是我难忘的美好记忆！

感谢中央民族大学管理学院党秀云教授，她不仅为我论文的写作提供了大量的资料，而且对我学习和生活上无私的帮助使我没齿难忘。难忘参与她主持国家985课题时她对我的关心和如沐春风的学术引导。这样一位宽厚而仁慈、博学而善意的女性永远是我学习的榜样！

我还要深深感谢在海军指挥学院工作，既是老乡，又是同学，还是同门师兄的杨占营副教授。他给予我的经济上的援助、学习上的帮助使我在南京大学学习期间感受到亲人般的温暖！特别是在写作论文的过程中，他不但对框架和思路的修正提出了很好的建议，而且也是我对论文写作讲解乃至抱怨的倾听对象！我的感激之情难以言表，希望我这里所表达的深切的谢意能够说出我此时此刻的心境之万一！同时，也要感谢我的同学柳云飞及其爱人对我生活上的关心和照顾！

感谢我在郑州大学任教时教过的学生,目前正在南大行政管理专业攻读硕士的李小勇、纽莹菡、杨瑞以及我的老乡钟敬一对我论文写作的帮助。他们快速地将论文草稿整理录入,使我有时间查找更多的资料,从而为论文的顺利完成节省了大量的时间!另外,在中国人民大学学习的陈建国和冯金磊对资料的搜集提供了大量的帮助,在此也表示衷心的感谢。

我要感谢我的家人。几年来,他们替我承担着大量理应我来完成的工作,并积极鼓励我完成学业。没有他们的支持我就无法完成学业,希望论文的顺利完成是对他们关爱的一份回报!

论文付梓之际,临别母校之时,唯念感恩!感谢南大!感谢所有帮助过我的老师、同学和朋友!

周晓丽谨识
于南京大学南园
二〇〇七年五月九日

补　记

《灾害性公共危机治理》一书，是本人2007年7月从南京大学毕业时所作的博士论文。本该把文章好好修改、润色之后再出版，但由于时间紧迫和教学任务繁忙等方面的原因，目前呈现给读者的基本上还是"原文"。故期盼各位专家、学者和读者朋友赐教和指正！

承蒙抬爱，中国行政管理学会副会长兼秘书长高小平先生、中国人民大学公共政策研究院执行副院长、本人答辩委员会主席毛寿龙教授为本书作序，使该书增色不少，在此表示衷心的感谢！

另外，自本人到中央民族大学管理学院工作以来，得到了李俊清院长、田宁书记、党秀云教授以及管理学院其他老师的许多关爱和帮助，在此表示深深的谢意！

要感谢我的家人一直以来对我工作和生活的关心和照顾！正是他们不求回报的无私奉献，做了许多本应由我来做的工作，我才能安心于学业和工作，才有该书的顺利完成和出版。尤其要感谢我的哥哥马炎峰先生和嫂子刘秀莲女士数年来在经济上的帮助和生活上的无私关爱！

最后，要感谢中国社会科学文献出版社的武云博士为本书出版所付出的时间和精力！

周晓丽

2008年6月1日

·现代管理论丛·

灾害性公共危机治理
——基于体制、机制和法制的视界

著　　者／周晓丽

出 版 人／谢寿光
总 编 辑／邹东涛
出 版 者／社会科学文献出版社
地　　址／北京市东城区先晓胡同 10 号
邮政编码／100005
网　　址／http：//www.ssap.com.cn
网站支持／（010）65269967
责任部门／皮书出版中心（010）85117872
电子信箱／pishubu@ssap.cn
项目经理／武　云
责任编辑／李建红　李天明
责任校对／赵士孝
责任印制／岳　阳

总 经 销／社会科学文献出版社发行部
　　　　　（010）65139961　65139963
经　　销／各地书店
读者服务／市场部（010）65285539
排　　版／北京鑫联必升文化发展有限公司
印　　刷／三河市世纪兴源印刷有限公司

开　　本／787×1092 毫米　　1/20
印　　张／19.5
字　　数／337 千字
版　　次／2008 年 11 月第 1 版
印　　次／2008 年 11 月第 1 次印刷
书　　号／ISBN 978-7-5097-0362-5/D·0146
定　　价／45.00 元

本书如有破损、缺页、装订错误，
请与本社市场部联系更换

版权所有　翻印必究